संजीव

मूर्धन्य कथाकार संजीव का जन्म 6 जुलाई, 1947 को सुल्तानपुर, उत्तर प्रदेश में हुआ। 38 वर्षों तक एक रासायनिक प्रयोगशाला में कार्यरत रहे। सात वर्षों तक 'हंस' समेत कई पत्रिकाओं का सम्पादन और स्तम्भ-लेखन किया। लगभग दो वर्षों तक महात्मा गांधी अन्तरराष्ट्रीय विश्वविद्यालय, वर्धा और अन्य विश्वविद्यालयों में अतिथि लेखक रहे।

संजीव का अनुभव-संसार विविधताओं से भरा हुआ है। साक्षी हैं उनकी प्राय: दो सौ कहानियाँ और 'अहेर', 'सर्कस', 'सावधान! नीचे आग है', 'धार', 'पाँव तले की दूब', 'जंगल जहाँ शुरू होता है', 'सूत्रधार', 'आकाश चम्पा', 'रह गईं दिशाएँ इसी पार', 'फाँस', 'रानी की सराय', 'मुझे पहचानो' आदि उपन्यास। नवीनतम कृतियाँ हैं—महात्मा जोतिबा फुले पर केन्द्रित उपन्यास 'ज्योति कलश', छत्रपति शाहू जी पर केन्द्रित उपन्यास 'प्रत्यंचा', पुरबी के अनन्य गायक महेन्द्र मिश्र पर केन्द्रित उपन्यास 'पुरबी बयार' और 'प्रतिनिधि कहानियाँ'। कुछ कृतियों पर फिल्में बनी हैं, कुछ की उन्होंने पटकथाएँ लिखी हैं।

उन्हें 'साहित्य अकादेमी पुरस्कार', 'कथाक्रम सम्मान', 'इन्दु शर्मा अन्तरराष्ट्रीय कथा सम्मान', 'पहल कथा सम्मान', 'सुधा कथा सम्मान', 'श्रीलाल शुक्ल स्मृति इफको साहित्य सम्मान' समेत अनेक सम्मान प्रदान किए जा चुके हैं।

सम्प्रति : स्वतंत्र लेखन।

सम्पर्क : writersanjiv@gmail.com

सूत्रधार

संजीव

राधाकृष्ण पेपरबैक्स

पहला पुस्तकालय संस्करण
राधाकृष्ण प्रकाशन प्राइवेट लिमिटेड द्वारा
2003 में प्रकाशित

राधाकृष्ण पेपरबैक्स में
पहला संस्करण : 2004
छठा संस्करण : 2026

राधाकृष्ण पेपरबैक्स : उत्कृष्ट साहित्य के जनसुलभ संस्करण

राधाकृष्ण प्रकाशन प्राइवेट लिमिटेड
जी-17, जगतपुरी, दिल्ली-110 051
द्वारा प्रकाशित

शाखाएँ : अशोक राजपथ, साइंस कॉलेज के सामने, पटना-800 006
पहली मंजिल, दरबारी बिल्डिंग, महात्मा गांधी मार्ग, प्रयागराज-211 001
1, अनमोल सोराबजी सन्तुक लेन, धोबी तलाव, मरीन लाइंस, मुम्बई-400 002

वेबसाइट : www.radhakrishnaprakashan.com
ई-मेल : info@radhakrishnaprakashan.com

बी.के. ऑफसेट
नवीन शाहदरा, दिल्ली-110 032
द्वारा मुद्रित

मूल्य : ₹450

SOOTRADHAR
Novel by Sanjeev

ISBN : 978-81-7119-892-4

खुद बेजमीन रहकर भी जिन्होंने
जातीय संस्कृति की जमीन बनाई,
देश के ऐसे लाखों लोक-कलाकारों
के नाम

सूत्रधार के सूत्र

आग्रहों के बेतरतीब उलझाव और रंग-बिरंगी बुनावट से सत्य का सन्धान कर पाना कितना दुःसाध्य कर्म है, यह मैंने लीजेंड बन चुके भिखारी ठाकुर पर लिखते हुए मर्म-मर्म में महसूसा। देश, काल, पात्र और किंवदन्तियों, साक्षात्कारों तथा पर्यवेक्षण के अन्दर-बाहर की यात्रा कर जो चित्र उकेर पाया हूँ, आपके सामने है। पक्का दावा नहीं कर सकता कि सत्य सिर्फ वही और उतना ही है, यह सहज मेरे शोध और रचनात्मक विवेक की अभिव्यक्ति है।

जीवनी लिखना इससे कहीं सरल कार्य होता, कारण, तब आप परस्पर विरोधी दावों के तथ्यों का उल्लेख कर छुट्टी पा सकते हैं। जीवनीपरक उपन्यास में आपको औपन्यासिक प्रवाह बनाते हुए किसी मुहाने तक पहुँचना ही पड़ता है, यहाँ द्वंद्व और दुविधा की कोई गुंजाइश नहीं है। दूसरी ओर उपन्यास लिखना भी जीवनीपरक उपन्यास लिखने की अपेक्षा सरल होता है, कारण आप तथ्यों से बँधे नहीं रहते। यहाँ दोनों ही स्थितियाँ नहीं थीं। भिखारी ठाकुर तीस वर्ष पहले तक जीवित थे; उन्हें देखने और जाननेवाले लोग अभी भी हैं। सो, सत्य और तथ्य के ज्यादा से ज्यादा करीब पहुँचना मेरी रचनात्मक निष्ठा के लिए अनिवार्य था। इस प्रक्रिया में कैसी-कैसी बीहड़ यात्राएँ मुझे करनी पड़ीं, ये सारे अनुभव बताने बैठूँ तो एक अलग पोथा तैयार हो जाए। संक्षेप में कहूँ तो असहयोग भी मुझे कम नहीं मिले, और सहयोग भी...। इन तमाम मित्रों, सुहृदों, दूर-दूरस्थ ग्रामवासियों, कला-मर्मज्ञों का मैं ऋणी हूँ, (जिनमें से कुछ नामों का ही 'आभार' में उल्लेख कर सका हूँ), जिनके सहयोग के बिना यह उपन्यास सम्भव न हो पाता।

मानव संसाधन विकास मंत्रालय (संस्कृति विभाग) भारत सरकार का कृतज्ञ हूँ जिसकी आर्थिक सहायता और प्रोत्साहन ने मुझे संबलित किया।

—संजीव

आभार

श्री राजेन्द्र यादव, नई दिल्ली
प्रो. (डॉ.) तैयब हुसेन 'पीड़ित', सीवान
प्रो. अफ्फाक, सीवान
प्रो. अजीम, सीवान
प्रो. वृजनन्दन किशोर, सीवान
प्रो. (डॉ.) विश्वरंजन, छपरा
श्री राजेन्द्र ठाकुर, छपरा
श्री गौरीशंकर ठाकुर, कुतुबपुर, छपरा
श्री शीलानाथ ठाकुर, कुतुबपुर, छपरा
श्री सरजू सिंह, कुतुबपुर, छपरा
श्री गुप्तेश्वर सिंह, कुतुबपुर, छपरा
श्रीमती मानती सिंह, छपरा
श्री नागेन्द्र सिंह, पटना
श्री अनुरंजन प्रसाद सिंह, पटना
डॉ. चन्दनप्रसाद सिंह, पटना
कथाकार श्री नरेन, पटना
कथाकार श्री हृषीकेश सुलभ, पटना
कथाकार श्री प्रेमकुमार मणि, पटना
कथाकार श्री हेमन्त, पटना
कथाकार श्री रामधारी सिंह दिवाकर, पटना
कथाकार श्री श्रीकांत, पटना
कथाकार श्री नीरज सिंह, आरा
कथाकार श्री मधुकर सिंह, आरा
कथाकार श्री काशीनाथ सिंह, वाराणसी
कथाकार श्री गौतम सान्याल, चित्तरंजन
कथाकार श्री मनमोहन पाठक, धनबाद
समीक्षक श्री सुधीर सुमन, आरा
समीक्षक श्री नारायण समीर, बैंगलूर
समीक्षक श्री रविशंकर सिंह, रानीगंज
समीक्षक श्री दिनेश, रानीगंज
श्री संजय भालोटिया
समीक्षक श्री मनोज, रानीगंज
समीक्षक श्री सुशील मौर्य, आसनसोल
श्री रामदास राही, आरा
श्री अविनाश चन्द्र विद्यार्थी, पटना
श्री रवीन्द्र भारती, पटना
श्री बालेश्वर सिंह, आरा
श्री रवीन्द्र सिंह, लाइकडीह, धनबाद
श्री ओमप्रकाश भारती, दिल्ली
श्री आर. सी. ओझा, रांची
श्री हरिशंकर तिवारी, रानीगंज
श्री रामजी शुक्ल, बल्लभपुर, रानीगंज
श्री सरयू प्रसाद, लवकुशपुरा, छपरा
श्री एम. एन. सिंह, पारबेलिया, पुरुलिया
श्री बलिराम राय (लच्छनराय के पुत्र), छपरा
डॉ. शंकर, निदेशक बिहार, संगीत नाटक कला अकादमी, पटना
सॉन्ग एण्ड ड्रामा डिवीज़न, पटना, सोनपुर
बिहार सांस्कृतिक विचार मंच, लाइकडीह, धनबाद
श्री रामचन्द्र राम और भिखारी के दल के कलाकार
भिखारी शोध संस्थान, कुतुबपुर
भिखारी ठाकुर के परिवार के सदस्य, कुतुबपुर
संजय झा, आरा
श्री दयाराम पाल, मऊ
श्री नारायण सिंह परिवार, धनबाद
श्री देवनाथसिंह, बलिया
संगीत नाटक कला अकादमी, नई दिल्ली

एवं

मानव संसाधन विकास मंत्रालय, संस्कृति विभाग, (भारत सरकार), नई दिल्ली का जिसकी 'सीनियर फेलोशिप' के सहयोग के तहत यह उपन्यास लिखा गया।

सूत्रधार

1

निचाट दुपहरिया वैशाख की। तपता हुआ दूर-दूर तक का दियारा। न कोई आदमी है, न चिरई, न जिनावर। बरम्ह बाबा के पीपर के बाद उत्तर चिराँद तक एक भी पेड़ नहीं, जहाँ रुक कर छँहाया जा सके। बस हैं तो इक्की-दुक्की कँटीली झाड़ियाँ—वह भी बबूल की ! छोटे-छोटे बवंडर उठते हैं तो इन झाड़ियों में उलझ कर फनफना उठते हैं, जैसे मरकहे भैंसे की नाथी पकड़ ले कोई। फिर जिन्न की तरह नाचते हुए आगे निकल जाते हैं। सारा सीवान (सीमांत) आँवा की तरह धधक रहा है। लम्बे-चौड़े उस गोरे-गँठीले जवान ने गमछे से कस कर सिर को लपेटा और उस धधकते आँवे में प्रवेश कर गया।

कंठ सूख रहा है। पाँव झुलस रहे हैं। मनमनाती दुपहरिया में कोई इक्का भी तो नहीं दिखता। इक्का मिल भी गया तो पैसे कहाँ ?—चलो, ऐसे ही चलो और जरा तेज-तेज चलो। एक-डेढ़ घंटे चलते रहने के बाद कहीं सरजू जी की छाड़न मिलेगी। तब तक चलना है, चलते ही रहना है। वहाँ भी पानी होगा क्या ? गर्मी में तो! सूख जाती है 'छाड़न'। लगता है, पाँव में फफोले पड़ रहे हैं। किसी मरे हुए बाभन की फेंक दी गई पनही लेते आए थे बाबूजी। वही पहनता रहा अब तक। इसका तल्ला बिल्कुल ही घिस चुका है। पाई-पाई वसूल लिया था बभना ने। मक्खीचूस कहीं का! बाबूजी अपनी बहादुरी को बखानते नहीं थकते कि किस तरह घाट के डोम से लड़कर ला पाए थे वे इस 'दुर्लभ चीज' को। नरक में भी ठेलाठेली। क्या करे इसका ? खिसियाकर निकाल कर फेंक देता है, मगर फिर मजबूर नजरों से देखता है। ऊपर तो ठीक-ए लगता है, तल्ला लगवा ले तो चार-छह महीने आराम से खींच ले जाएगा। उठा लेता है, मगर पैसा...? ऊँह! चिराँद में केले के थम्ब की छाल या ढाक के पात काट कर तल्ला बना लेगा..., लेकिन तब तक...? कम से कम पानी ही मिल जाता ! मर जाएँगे क्या ?

मर ही जाता तो अच्छा होता। मुक्ति तो मिल जाती ! बाप ने कैसे फटकारा था उसे ! वही बाप जो बिगड़ैल बाभन राजपूतों के आगे कितने नरम सुर में बोलता है, उसे काट खाने को दौड़ता है।

"मगर बाबूजी करते भी क्या ? और तुम भी खिसिया कर चल ही दिए। पानी तक नहीं पिए।" अन्दर से कोई टुहुँकता है।

"पानी पूछा किसी ने ? वे तो बाहर से आते ही सीता माई कह कर पिल पड़े।"

"जिद नहीं करनी चाहिए थी। तुम्हारी ही तरह कई और लोगों ने जिद की और दियारा पार नहीं कर सके, बीच में ही 'टें' बोल गए। साँझ तक झुलसती पड़ी रही देह।

उन्हीं की पियासी आतमाएँ खींच कर ले आती हैं तुम जैसों को यहाँ मरने के लिए।''

''ऐसी गरमी ! बाप रे !...नहीं 'बाप' को नहीं पुकारना था।'' मन को दूसरी ओर मोड़ता है, ''कल लालाजी कौन तो एक ठो गाना, कि का तो कहते हैं, 'कविता' सुना रहे थे...''

'भरी दुपहरी जेठ की, छाँहौ चाहति छाँह !' माने कि छाँह भी छाँह माँगती है। वाह ! क्या कहा है! मगन मन चला जा रहा है। चल नहीं, दौड़ रहा है। दुलकी चाल सियारों की तरह। बस आ गए। सामने ही तो है उँचास पर चिराँद गढ़-मोरध्वज की नगरी ! धरम के लिए अपने बच्चे तक को चीर दिया आरा से। तब से यह कहानी कितनी बार दुहराई जाती रही। चीर रहे हैं माई-बाप बच्चों को दूसरों के लिए। कहीं इसी बात के चलते तो आरा का नाम आरा नहीं पड़ा ?

क्या वह इस विश्व ब्रह्मांड में अकेले ही भटक रहा है ? नहीं, उसी की तरह कितने नाई न्यौता पहुँचाने के लिए भटक रहे होंगे ! कितने-कितने कँहार काँवर भर-भर कर बोझ से दबे आ-जा रहे होंगे। और भी कितने-कितने परजा-पउनी मर-खप रहे होंगे इस बज्जर दुपहरिया में! पुरूब जनम की कमाई !

अरे ये तो कँहार जा रहे हैं गाते हुए डोली लेकर—

जेठवा बैसखवा की पाकली भुमुरिया

... ...

वाह! पाँव सुलग रहा है। मन उमँग रहा है। देह झुलस रही है लेकिन मन हरियाला है। अचानक रस की कौन-सी फुहार झर उठी है अन्दर से! भुमुरिया को कई प्रकार से अलापता है—भू-मुरिया...भु-मू-उ-उ-ऊ रिया, भुमुरि-इ-इया। धम्म-से बैठ गया है—बबूल की छैंया में ! कितनी अच्छी पकड़ है ! भूमुर माने गरम भउर राख। जिनगानी जेठ-बैसाख का भूमुर है। ऊपर कोई छाँह नहीं। हाय रे जनम! बाबूसाहब और बाबाजी लोग और बाकी सुखी गिरहथ्थ (गृहस्थ) ड्योढ़ी और पलानी में बैठे होंगे। बेनिया डुलाया जा रहा होगा उनके लिए। और हम ? हमें मरने के लिए यहाँ हाँक दिया गया है।

''अतना सुन्दर देह धजा !'' पूछते हैं कहार, ''कौन बिरादर हो भाई ?'' कहारों ने डोली रख दी है।

''नाई !'' जवाब देता है, फिर रामजुहारी होती है।

''तनी लोटा-डोरी मिली ?''

''रुको, पीठ सीधी करलें पहले।''

मन-ही-मन भिनक रहा है जवान, बैठे-बैठे पंडीजी लोग गतीसे दस आना दबा के बैठ जाएँगे और नाई को कितना मिलेगा ? छौ आना! सिरिफ छौ आना ! सिरिफ छौ आना के लिए जान संकलप कर देना है।

कोई सजीला घुड़सवार आकर खड़ा हो गया है।

''किसको लोटा-डोरी दी जा रही है ?''

''नाई है मलिकार !''

"ए नाई ठाकुर, तनी दुलहिन को भी पानी पिला दो न !"

कितना ठंढा है कुएँ का पानी ! लोटा भर कर ओहार से बाहर आए मेहंदी रचे गोरे-गोरे हाथों में थमाता है और तबियत हरी हो जाती है। सलोना हाथ लोटा थमाने फिर बाहर निकलता है। लोटा भर-भर कर मलिकार और कहारों को पिलाता है, फिर खुद। उसका बस चलता तो नाक, मुँह, आँख ही नहीं रोएँ-रोएँ में भर लेता पानी। ऐसी पियास ! घुड़सवार ने जो बड़का बतासा दिया था वह भी फतुहे की जेब में धरा रह गया। चल पड़ा। चलता ही चला गया।

अरे इतनी जल्दी आ गया सगरा ! पता ही न चला। पहुँचता क्यों नहीं ?

दो मेहँदी रची गोरी हथेलियों पर सवार जो था!

महातम सिंह की ड्योढ़ी के बारे में पूछने की जरूरत नहीं, वो जो किले-सा मकान है, जिसके आगे हाथी झूमता है... !

पियास फिर से उगी आ रही है छिली हुई दाढ़ी की तरह। चलो अब तो वहीं चल कर पानी पीना है। बड़का बतासा आएगा। मउनी भर कर चबेना गमछे में उलट दिया जाएगा नमक-मिर्च अलग से..."अरे वो सब रहने दो ठाकुर, गमछे में बाँध लो। अभी तो भोजन तैयार है। इतनी दूर से आए हो, पहले भोजन कर लो, थकान मिटा लो, फिर सनेश (संदेश) कहना।" चौड़ी चकली पूड़ियाँ ! दो किसिम की तरकारी, बुनिया, चटनी..."अरे थोड़ा दही नहीं दे दिए !" मन-ही-मन भोजन का आस्वाद लेते हुए बैठके से थोड़ी दूर पर आकर खड़ा हो जाता है युवक !

"बाबू साहेब !" धड़कते दिल से गुहार लगाता है। दरवाजा अन्दर से बन्द है। दो-तीन गुहार के बाद अन्दर से कोई खीझा हुआ नारी कंठ, "का है ?"

"नाई है कुतुबपुर के। बाबू गजाधर सिंह का न्यौता लेकर आए हैं।"

"बाबूसाहब तो बिदाई कराने बरसठी गए हैं, तब तक रुको।"

शायद कोई पनिहारिन है। अच्छी लगी–साँवली, सलोनी, तीखे नैन-नक्श ! पियासे अमदी (आदमी) को तिरिया भी नजर आई तो किस रूप में–पनिहारिन !

तो इसी से क्यों न कहें कि... ...! लो दरवाजा तो बन्द हो गया !

"ऐ ऽऽऽ ! सुनीं जी !...सुनीं तनी।"

"चूड़ियाँ खनककर शांत हो जाती हैं। कुछ पलों का सन्नाटा, फिर कोई खौखिआयी मरदानी भौंक, "कवन ह-अ रे ?"

अरे बाप ! डर के मारे बकार नहीं फूटती। अब इस नीम की छाँह में बैठकर अगोरने के सिवा चारा ही क्या है !

नीम की छाँह के तले भी लू की लपटें हैं–छाहौं चाहति छाँह ! चेहरे को तो गमछे से ढँक लेगा, मगर इस पियास का क्या करे वह ? पल-पल बीत रहे हैं जुग बनकर ! तो एक-दू जना इधर ही आ रहे हैं। शकल-सूरत से मजूरा लगते हैं। इनसे पानी माँगा जा सकता है। माँगे ? न, पता नहीं कौन जात के हों! झपकी आ रही है। उठंग गया है जमीन पर।

घंटों की घहराती आवाज पर कुत्ते की तरह कनमना कर उठ खड़ा होता है। हाथी आ रहा है। साथ-साथ चार आदमी आगे, चार आदमी पीछे पाँव पैदल लाठी लिए हुए दुलकी चाल से चलते हुए। फिर कोई पालकी है, पालकी पर ओहार पड़ा हुआ है—नीला, लाल, मखमली। दुलहिन आ रही है। पीछे-पीछे कोई घुड़सवार भी है।

ड्योढ़ी पर औरतें इकट्ठी होने लगी हैं। भागमभाग मच गई है। एक भले-से दिखने वाले आदमी से निहोरा करता है नाई युवक, "बाबू साहेब को खबर करवा न दीजिए कि कुतुबपुर का नाई आया है न्यौता लेकर।"

"आन्हर हो ? इतनी दूर से आ रहे हैं मलिकार। पहले पानी-धानी पीएँ, नहाएँ-धोयें कि पहले तुमरी ही बात सुन लें।"

जो आदमी हाथी के पास "हाँ मलिकार", "हाँ हजूर" कह कर बिछा जा रहा था, वही कैसे फुफकार उठा ! सिटपिटा जाता है युवक।

"अगत! अगत ! अगत !" हाथी बैठ रहा है। बैठ गया। क्या खुद ही जाकर कह आए ? नहीं, बुरा मान जाएँगे। सारी भीड़ सामान उतारने, दुलहिन की अगवानी, परछन, धार, गीत, भिलभिलाहट और मलिकार की सेवा में जुट गई है। नाई की कौन सुने ?

एक मजूरा-से दिख रहे आदमी से पूछने की हिम्मत होती है, "ए बाबू, नउआन कहाँ है इस गाँव में ?"

"नाई हो ?"

"हाँ।"

"वो जो मन्दिर देख रहे हो दक्खिन में, उसके दक्खिन !...लेकिन नाई-नाउन तो एहिजे (यहीं) मिल जाएँगे, काम का है ?"

"पानी पीना है।"

"पानी ना पूछा कोई ?"

"अब का कहें !"

"हाय राम, देख-अ तो ई अनियाव! का करोगे भैया ! हियाँ तो बड़ लोगन का खातिरदारी होता है, परजा-पउनी के के पूछी ! मिली, मगर सब का बाद में—ऊहो जूठन-काछन।"

"एक काम कर-अ न ?" वह आदमी इधर-उधर देखकर बोलता है, "हउ इनरा पे चल जा, "डोल बा ओहिजा।"

पहले वाला बतासा काम आया। पानी अन्दर गया तो बौखलाहट की जगह करुणा ने आ घेरा। वहीं बैठ गया नीम की छाँह में। छाँह लम्बी हो चली थी, मगर तपन अभी भी जारी थी।

आँखें अलसाने लगीं। जाने कब तक सोया रहा बेसुध। किसी के झकझोर कर जगाने पर आँख खुली। अँधेरा घिर आया था चारों ओर। एक पल को समझ न पाया कि वह कहाँ है। फिर धीरे-धीरे होश आया तो सामने कोई खड़ा-सा दिखा।

"कुतुबपुर के नाऊ हवे ?"

"हाँ, बाबू साहेब।"

"का हाल बा ?"

युवक ने झट फतुहे की जेब से चिट्ठी और हरदी निकाली और खड़े होकर झुकते हुए थमा दी।

"हूँ ऽऽऽऽ" कहते हुए वे चले गए।

अब एक दूसरा आदमी आया, पत्तल में रोटी, कढ़ी-तरकारी लेकर, "खा ले।"

"पानी ?"

"इनरा पे चल जाना, डोल है। पानी पी के सुत जाना हुँवई जगत पे नीमन हावा (हवा) लागेगा।"

खा-पी कर तारों की नीम रोशनी में कुएँ की जगत को परखा। पक्का है, गमछे से धूल झाड़ी और वहीं गमछा बिछाकर लेट गया। रात कै पहर बीती होगी, तारों को देखकर अनुमान लगाया जा सकता है, लेकिन लगता है दिशाभ्रम हो गया है, उसका अपना तारा न जाने कहाँ गुम था। लू अभी भी जारी थी। लू के झँकोरों की तरह भभकती हुई स्मृतियाँ आती हैं, जाती हैं...

शुरू से ही अवहेलित रहा यह जीवन!

माई बताती थीं कि जब वह पेट में ही था, तभी भादो में गंगा में वो भयंकर बाढ़ आई थी कि धारा ही बदल गई। जान के लाले पड़ गए थे, भागमभाग मची थी। कितनों का घर ढाह दिया, कितनी नावें डूब गईं, कितने गाय-गोरू, छेड़ी-भेंड़ी मर-बह गए, कितने गाँव ! राम-राम करते, गंगा माई की मनौती मानते कैसे-कैसे तो इस पार आए थे लोग। माई को खुद से ज्यादा उसकी चिन्ता थी, पेट में आए छव ही महीने बीते थे। मूड़ घूम रहा था, जी घबरा रहा था। चारों ओर सड़न और लाशों की बदबू! घरी-घरी उल्टी होती। यहाँ भी फिर से बसेरा खड़ा करना था। काम ही काम। एक छिन को भी चैन नहीं। जजमनिका ऊपर से।...और जिस रात उनके पेट में दरद उठा, दादी के उठाए नहीं उठते थे बाबूजी।

"उठबे कि ना ?"

"ना ! जौन सिल-पाथर होने को होगा, हो जाएगा।"

"कूँ-कूँ" कर लेंदरा लपेट कर फिर से गठरी बन गया था बाप। न्योतों और नाच देखने की थकान से चूर। उसे तो यह भी होश न था कि चार हाथ दिन चढ़ आया है।

नाई का जीवन न्योतने और टहलुअई में ही बीत जाता है। दूर-दूर फैला दियारा। दस-दस कोस तक पैदल आना-जाना। सोते तो याद भी न रहता कि कहाँ सोए हैं, कि यह दिन है कि रात, सबेर है कि साँझ ! कि इस लोक में हैं कि परलोक में चले गए।

वह सोमवार का दिन था। पूस का महीना। जब वह पैदा हुआ तो बड़की माई ने थाली सीधे बाप के कान में बजाई। बाप को लगा कि सत्यनारायण बाबा की कथा

की आरती हो रही है और पूजा करवाते-करवाते ही वह सो गया था। अरे बाप ! जगा तो वह दूसरी ही कथा थी।

"बाप को कब तक गुहराओगे बबुआ ? अब तो तुम खुद बाप बन गए। लड़का हुआ है। ले आओ मेरा नेग! उठो-उठो, जाओ चमइन बुला ले आओ।"

"चमइन ?"

"हाँ चमइन ! नार के काटेगा, तुम, अपने छूरे (उस्तरे) से ?"

"इतना दिन चढ़ गया! हमको तो विद्दापुर जाना था।"

बाप अलग परेशान था, अभी दूगो गया—ठाकुरद्वारे के भोज-भात का न्यौता, दूगो मरनी और अभी एक-आध भूला-बिसरा है। ई तो कहो कि खरमास है, नहीं तो और भी लद जाते। अब सवाल ई है कि किधर से जाएँ कि एक साथ कई-कई काम समेटते आएँ।

भौजाई को अपने ही काम की चिन्ता थी, "देखो, सिमरिया जाना तो रमेशरा (देवी) को लिवाते आना और बाजार तो पड़ेंगे ही, मिथौरा, अच्छवाइन भी लेते आना। ईया से पैसा माँग लेना, चाहे अनाज ! लेकिन अभी तो चमइन...!"

"किसी और को भेज दो न भौजी ?"

"लड़का पैदा करो तुम और तुमरे लिए जाए कोई और!"

नाम...? नाम पड़ा भिखारी। यूँ तो कितने अच्छे-अच्छे नाम हैं, लेकिन वे बड़ी जात वालों को शोभते हैं, फिर नाम पर कौन सिर खपाता। रें-रें करता हुआ माई के पीछे लगा रहता, सदाचारणी, गोरी, लंबी कद-काठी की शिवकली देवी नित गंगा जी नहाने जाती तो पीछे लग जाता। फिर तो कंधे पर लूगा, पीछे-पीछे भिखारी और उसके पीछे भिखारी का कुकुर, नित्य ही स्वर्ग की यात्रा !

यह यात्रा एक दिन स्थगित करनी पड़ी, नौ साल का हो आया है भिखारी। "आज से तू गंगा नहाने नहीं, पढ़ने जाएगा।"

"पढ़ने ?"

"हाँ !"

वह सब बड़ा अच्छा लग रहा था। नन्ही अंजुरी में अक्षत भरा गया, ऊपर एक भेली गुड़, हल्दी की एक गाँठ, खोसी गई हरियर दूब, एक तांबे का पैसा। 'खली छुलाई' का एक-एक दृश्य आँखों में भरा है।

"बोलो रामगति देहुँ सुमति !"

"रामगति देहुँ सुमति !" कह कर मारकीन के टटके अँगोछे में उलट दिया गया और वह सब अँगोछे में बाँधकर लड़कों के साथ गुरु जी के पास भेज दिया गया—गुरु गृह पढ़न गए रघुराई !

"ई को ह-अ रे ?" बड़ जात का कोई बच्चा कनमना कर खड़ा हो गया, जैसे बलिष्ठ

पिल्ले किसी मरगिल्ले पिल्ले के आते ही चौकन्ने हो जाते हैं।

''नउवा !''

''नउवा...? ई हो पढ़ेगा ? पढ़-लिख के तें का करेगा रे ?''

''नौवा कौवा, बार बनौवा !'' और तरह-तरह की अश्लील टिप्पणियाँ !

''हजामत के बनाई ?''

''नहरनी ले ले बाड़े रे, तनी नह काट दे।''

तरह-तरह की बोलियाँ—जैसे आदमी के बच्चों के रूप में वे पशुओं के बच्चे थे !

वे ही क्यों ?

गुरु जी को भी लगता कि मुफ्त का टहलुआ मिल गया, ''तनी टीप दे तो।'' वे बाँह या टाँग पसार देते।

यूँ सभी गुरु जी और सभी लड़के एक जैसे न थे। उन्हीं लड़कों में भगवान साह, ठग लोहार, रामानन्द सिंह भी थे, जिनसे धीरे-धीरे उसकी गाढ़ी छनने लगी थी।

पाठशाला आता और जाता, मगर दिमाग एकदम पाथर! काले-काले अक्षरों की पहचान—'क' से 'कमल' 'ख' से 'खरगोश', 'ग' से 'गदहा'। न 'कमल' न 'खरगोश', न 'गदहा' ! पहाड़े और प्रार्थना तो सामूहिक रूप से बोलने से याद हो गए, मगर काले-काले अक्षरों की दुनिया में एकदम से जी न लगता, लगता, जैसे बँधुआ बना पड़ा है।

जी लगता बाहर।

पेड़-पौधे, नदी-नाले, परिन्दों, चरिन्दों की दुनिया, उनके रूप, रंग, गंध, बोली, मुद्राएँ, रूक्खी (गिलहरी) बैठ कर कैसे कान खुजलाती है, और जरा-सी आहट नहीं हुई कि सर्र से पेड़ पर। बन्दर कैसे बुढ़ऊ बाबा की तरह बैठा है, उल्लू और बिल्ली कैसे एक जैसे लगते हैं !

उसे याद आता है, एक तीखी आवाज के स्रोत का पता करने के लिए कैसे उसने बिल में सींक डाली थी और एक चमकीला कीड़ा उड़ गया था। इतना नन्हा कीड़ा, उसकी इतनी तीखी आवाज ! और रंग क्या है ! जुगनू को मुट्ठी में कैद कर लेता और उँगलियों में उभरती-मिटती ललछौंह आभा को अचरज से देखता। इस पर गाँव के सुहाग ने उसे बहुत डाँटा था कि उड़ कर कान में चला गया तो बहरे हो जाओगे। उसे सपने में वही कीड़ा कान में बोलता सुनाई पड़ता। पाठशाला के सारे लड़के देख रहे हैं, कान में भक-भक जल-बुझ रहा है। देह गरम ! भूत लगा है। माई ने ओझा से झरवाया, तब जाकर ठीक हुआ।

फिर लगे हाथ बियाह !

बियाह में जो सबसे अच्छी बात हुई, वह यह कि उसे धोती मिल गई, पीली-पीली धोती! गुलाबी-गुलाबी कमीज। एह ! शान ही नहीं मिलती दुलहे की ! कपड़ों की कोई गट्ठर-सी बगल में लाकर रख दी गई, जिसे लोग बता रहे थे कि 'दुलहिन' है। बड़ी अजीब चीज थी यह दुलहिन—जादू में लिपटा हुआ कोई तिलिस्म। उसकी इच्छा होती, काश एक बार सब लोग हट जाते तो वह गठरी खोल कर देखता कि वह क्या चीज

है। कंधे पर लेकर लोग नाच रहे थे—धोबिया नाच। वह तो पहले-पहल ठग ने बताया कि दुलहिन कँकरी की बतिया जैसी होती है, जिसकी माँग में सेन्हुर पड़ते ही वह बड़ी और बड़ी होने लगती है।

"अरे बाप ! बढ़ती ही चली जाए तो ?"

"दुत्त ! अरे पूरी मेहरारू न हो जाती है, जिसके बड़ी-बड़ी चूँची होती है !" कल्पना में वह गठरी भूत की तरह बढ़कर पूरी औरत बनकर खड़ी थी, जिसके बड़े-बड़े स्तन थे।

"ओकर का कइल जाला ?"

"ओकर दूध पियल जाला।"

"धत्त!" जैसे वह बकरियों, भैसों के थन में मुँह लगाकर दूध पी लेता है कभी-कभी, जैसे कुतिया के पिल्ले-पिल्लियाँ दूध पीते हैं अपनी माई का। अरे रे, लाली कुतिया पाँच पिल्ले बियाई है इस बार, दो लाल, दो चितकबरे, एक उज्जर। इनमें से सबसे तगड़े पिल्ले को छाँट लाना है, नहीं तो कोई उठा ले जाएगा। अभी किसी की आँख नहीं खुली है। लेकिन बिना आँख खुले ही, कैसे पहुँच जाते हैं अपनी माई की चूँची के पास और चुभुर-चुभुर पीने लगते हैं। तो क्या वह भी ऐसे ही पिएगा चुभुर-चुभुर ? उसकी भी तो आँख...धुत्त !

लड़के हँसते रहे थे देर तक। भकुआ उठा था वह। पाठशाला की बात घर में आई। दुआर पर दाढ़ी बनवाने आए थे लंगड़ पंडित। उनके आते ही बिछ गए थे बाबा मगर उनकी झलक पाते ही कोने का बिलार हो गया भिखारी। अब बाबा पंडीजी की दाढ़ी भिगोते हुए जरूर पूछेंगे कि उनके पोते की पढ़ाई कैसी चल रही है। फिर वे भरे गले से अपनी बदहाली का पिटारा खोल बैठेंगे, "आप की किरपा और चार पंचन की दुआ हो जाइत तो हमरो कौवा के जनम छूटि जाइत। चिट्ठियों-पतरी बाँचे वाला केहू हो जाइत खनदान में।" और जब पंडीजी बताएँगे कि साल बीत गया लेकिन अभी तक इसको 'राम गति देहुँ सुमति' तक लिखना नहीं आया, तो...?

यही पता करने के लिए गली के उस छोर से उसने झाँका तो पाया कि लंगड़ पंडित के चेहरे का जंगल साफ हो चुका है और एक जंगल बाबा के चेहरे पर उग आया है—अबूझ-सा !

बाप ने उसी दिन दुद्धी-पट्ठी फेंक कर दो चाँटे लगाए और खूँटे पर बँधी चार गायें खोल कर उन्हीं के साथ उसे भी हाँक दिया दियारे में—'पढ़ल-लिखल तोरा से ना होई, जा करमजला , भाग !' फोहस गालियाँ ! बाबा ने रोक न लिया होता तो बहुत मारते।

"मारिह-अ मत ! ना तो बात बगद जाई। दुनिया में सब पढ़ले-लिखल ना बाड़न। ना पढ़ी हमार पोता !"

बाबा की बातें मरहम की तरह लगी थीं। पढ़ने के पक्ष और विपक्ष में खासा युद्ध लड़ा गया लेकिन जीते बाबा ही। कारण, पढ़ाई-लिखाई तब कोई वैसी महत्वपूर्ण चीज

नहीं हुआ करती थी, मुख्य चीज होती थी शादी-बियाह, काम-काज, गिरहस्ती-बाल-बच्चे बस !

दियारे में दूर-दूर तक गोरू चर रहे थे। चराने वाले कुछ बूढ़े, कुछ बच्चे। न कोई दाब, न कोई फटकार। उसे लगा, आजाद पंछी हो गया वह आज से। यही तो उसकी जानी-पहचानी दुनिया थी। जो मजा चरवाही में है, वह दूसरी जगह कहाँ ? काले-काले अक्षरों की उस अचल दुनिया से गाय, भैंस, लेरुओं की चलती-फिरती दुनिया कितनी जानदार है ! यहाँ किसी गुरु जी की टहलुआई नहीं करनी। गंगाजी का फैलाव है। समसे (पूरे) सीवान (सीमांत) के मालिक हैं हम चरवाहे। बस जरा ख्याल रखना है कि गोरू किसी के खेत में न पड़ जाए। उसने लाठी को गरदन पर रख कर दोनों हाथ उस पर रख लिए। अब वह गरुड़ की तरह उड़ता हुआ चिरई था।

उड़ते-उड़ते समय की कितनी ही सरहदें पार कर गया। मौसम करवटें लेते रहे। बाढ़ फिर-फिर आती, बहुत कुछ लील-पोंछ जाती और उतरती तो पानी का मटियालापन धीरे-धीरे थिराता।

सुबह का कलेवा करने के बाद गायों को लेकर चला जाता दियारा में। वहाँ गुंटी, चीका, कबड्डी, गुल्ली-डंडा—भाँति-भाँति के खेल, भाँति-भाँति की चर्चाएँ, नाच-तमाशे और गाँव-देश, दुनिया-जहान की बातें। सब में आगे रहता वह। दुधारू गाय-भैंस, बकरी को दूह कर माटी की हाँड़ी में चढ़ा दिया जाता। नीचे गोबर के कंडे सुलगा दिए जाते। हाँड़ी में घर से चुरा कर लाया हुआ टाँगुन, पिसान, कोदो डाल दिया जाता, गुड़ आ जाता तो सरग मिल जाता, यूँ कभी मौसम में जुगाड़ बैठ जाने पर लिट्टी भी बन जाती, चने का होरहा भी भून लिया जाता, मगर हाँड़ी बारहमासी होती। कंडे की नरम आँच में चुरता-सीझता रहता सब कुछ। फिर सब को बटोर कर गवनई। भिखारी ही कढ़ाता, खपाटा बजाना उन्हीं दिनों सीखा—खट्‌ट-खट्‌ट-खटर-खटर-खटाक।

हम तो नइहर के बानी रसीली
कि लोगवा पागल कहेला ना...

'खटर-खटर' खपड़ा बोलता, 'खुदर-खुदर' चुरती हाँड़ी की खीर। रस में आकर कोई गमछे का घूँघट बना कर ठुमके लगाने लगता। एक गीत खतम होता तो दूसरा गीत छिड़ जाता। एक नाच खतम होता तो दूसरा। एक-एक गीत को कई-कई तरह से गाया जाता। अक्सर किसी-किसी की एक ही कड़ी याद रहती—'एक दिन अइह-अ कान्हा, नदिया किनारे मोरा गाँव, नदिया किनारे की घन बँसवरिया...

"आहि ए दादा! मकरी गइया तो खेत में पड़ल !" किसी का ध्यान जाता और गीत भंग। डंडे लेकर दौड़ पड़ते लोग।

...और फिर गनेश चतुर्थी का वह चकचाना—

चकचक चानमी, पानी भरे बाभनी।
लाल दुपट्टा ओढ़ के, मुनिया बइठल डाल पे
मार गुलेला गाल पे, खून चुए रूमाल पे...

दूर से उन्हें टेरती हुई आती यह आवाज। गुरु जी के साथ पाठशाला के लड़के गाते हुए आते। दक्षिणा वसूली है, गुरु जी की दुआर-दुआर पर आज। वही गीत इधर भी शुरू हो जाता, जैसे कोई आवाज कुएँ से लौट आती हो। पढ़निहारों और चरवाहों दोनों पक्षों की सेनाएँ आमने-सामने मोर्चा ले लेतीं, एक पक्ष गाता, "छोटी मुनिया छोटी।"

दूसरा उसे डाँटते हुए पुराता, "रोटी पकाए मोटी।"

पहला और चाँड़ होता, दूसरा उससे भी चाँड़ ! शाला के लड़के चरवाह लड़कों को देखते, चरवाह लड़के शाला के लड़कों को–जैसे दो पहलवान एक दूजे को तौल रहे होते हैं–

"तुम कौन हो ?"

"तुम कौन हो ?"

"तुम गँवार हो।"

"तुम गुलाम हो।"

"तुम टहलुए !"

"टहलुए तुम! हम तो अपनी मरजी के गुलाम हैं। किसी पंडीजी, किसी बाबू साहेब के नहीं।"

"ओले-ले-ले !"

"ओले-ले-ले !" बात लंठई तक जा पहुँचती।

युद्ध में सब चलता है। लंगड़ पंडीजी ठग लोहार और रामानन्द सिंह को दौड़ाते, "दौड़ कर पकड़ ले आओ भिखरिया को।"

और भिखारी यह जा, वह जा! फेन (फिर) सियार ताड़ तर ना जाई।

जिन्दगी चारों ओर फैली हुई थी। किताबों की बन्द दुनिया से अलग बिल्कुल खुली और खिली जिन्दगी। जितना चाहो तैरो इस चारागाह में, नहीं-नहीं, जितना चाहे तैराए तकदीर !

बाप का मलाल ढीला पड़ा। अब गायें गंगा किनारे की इतनी हरी-हरी दूब चर लेतीं कि चारा कम ही लगता घर का।

गायें ही नहीं, खुद भी...! रोज-रोज की भाग-दौड़ और हाँड़ी की पुष्टिकारक खीर से पुष्ट होती गई देह। सानी-पानी, खेत-खेतार, घर के छोटे-मोटे काम भी देख लेता। उसका लाया पिलवा भी बाप को गंगा नहवाने जाने लगा था। उन्हें संतोष हुआ, "चलो, किसी लायक तो हुआ भिखरिया !"

2

दिन गाय चराने और खेती-बारी के छिटपुट कामों में बीत जाता। फिर घिर आती रात। इधर से गंगा-सरजू, उधर सरजू की छाड़न और आगे कहीं सोन, उसके आगे गंडकी...चारों ओर से घिर कर द्वीप हो जाता मन। अँधेरा पानी-सा बहता। अँधेरे में डूबता जाता सब कुछ—फसलें, चारागाह (गोचाह), पेड़, घर-मवेशी...। मन बूँद-बूँद उजाले के लिए तड़पता। चाँदनी रातों में चाँद के गिर्द जमा हुआ चिकना-चिकना उजाला, कितना नरम, कितना पवित्र ! मन भागता उस ज्योतिर्लोक की ओर...तारे-तारे पर पाँव रखते हुए टेढ़े चाँद के सामने आ खड़ा होता और चाँद को झूले की तरह झुला देता। जाने कब तक झूलता रहता चाँद।

बाबा किस्से कहते—कृष्ण कन्हैया की लीलाओं के, शिव के, राम के, राजा-रानी, दधीचि, मोरध्वज, ध्रुव, प्रह्लाद के, भूत-पिचास, चरिन्दों-परिन्दों के, जादू-टोने के, किसिम-किसिम के किस्से, ढेरों किस्से। किस्सों में पिरोई होतीं गीतों की लड़ियाँ...।

अब बहोर भी साथ जाने लगा था। दोनों भाई राम-लछिमन की तरह साथ-साथ रहते।

एकौना में यज्ञ हो रहा था—बड़ा भारी यज्ञ। काशी, अजोध्या, दरभंगा, पटना, आरा और देवघर तक के पंडित जुटे हुए थे। दलसिंगार ठाकुर और दूसरे नाई अपने-अपने भाई-भतीजों के साथ सेवा-टहल में लगे थे। कोई यज्ञ की वेदी बना रहा था, कोई चौक पूर रहा था, कोई महावर लगा रहा था, कोई दाढ़ी बना रहा था, कोई बदन टीप रहा था। बाबा जी (ब्राह्मण) लोग स्नान करेंगे, कहार कुएँ से या गंगाजी से पानी खींच-खींच कर ला रहे थे। कुछ लोग उन्हें नहलाने में जुटे हुए थे। नहाकर वे अपनी धोती, लंगोट छोड़े जा रहे थे। दलसिंगार ठाकुर पुण्य का कार्य मान कर उन्हें पछीट-खँगाल रहे थे। भिखारी और बहोर के जिम्मे उन्हें बाहर लाकर सुखवाना था। एक बार मन हुआ कि देखें, यज्ञशाला में अभी क्या हो रहा है। गौर वर्ण, सुन्दर व्यक्तित्व को देखकर किसी पुरोहित ने उसे ब्राह्मण समझ कर यज्ञशाला को रंगीन अक्षत से चौक पूरने का काम सौंप दिया। बस जुट गया अल्पना करने में। थोड़ी ही देर में एक दूसरा व्यक्ति आया—काला भीमकाय बदन, पीला-पीला मोटा जनेऊ ! आते ही उसने पूछा—“ई के ह-अ ?”

आवाज में इतनी घृणा थी कि भिखारी के हाथ-पाँव ०७ हो गए, कलेजा काँपने लगा।

"काहे का बात है ?" पहले पंडीजी ने पूछा।

"आपको ब्राह्मण नहीं भेटाया जो नाई के लड़के से जग्गशाला भरस्ट करवा रहे हैं ?"

"ई नाऊ है ?"

"तब का !..."

"जावो बच्चा दूसरा काम देखो। एक बात सुन लो, जात मत छिपाना, पाप लगेगा।" भिखारी के हाथ-पाँव सुन्न। जैसे कोई चूक हो गई हो।

उसके सामने ही गंगाजल का छिड़काव कर मंत्र से शुद्ध करने के बाद काम फिर शुरू किया गया। भिखारी धीरे-धीरे वहाँ से बाहर चला आया। उसकी समझ में नहीं आया कि एकाएक वह खारिज कैसे कर दिया गया। गंगाजल नाई या कहार ढोकर ले आए थे, लकड़ी लोहार फाड़ रहा था। दूध-दही अहीर के घर से आया होगा, कलशा-परई कुम्हार दे गया होगा, दोना-पत्तल नट और डोम दे गए होंगे। आम के पल्लव एक मल्लाह का लड़का तोड़ कर गिरा रहा था, यह उसने खुद देखा, अक्षत बनिया की दुकान से आया होगा, कपड़े और दूसरी चीजों को भी ब्राह्मणों ने नहीं ही बनाया होगा। मगर ये सारे लोग अब इन्हें छू भी नहीं सकते।

शाम को काशी से आए रामायणी बाबा का प्रवचन हो रहा था। लोग श्रद्धाभाव से फुसफुसा रहे थे, "बहुत बड़े विद्वान हैं।"

"ब्रह्म जीव और माया।" बाबा बोल रहे थे," ईश्वर अंश जीव अविनाशी ! सभी प्राणी उसी ईश्वर के अंश है, वही जो बड़ा या बृहद करता है—ब्री, हनताद इति ब्रह्मं ! तब भी भेद और प्रभेद है। तब भाई लोग, बूझिए कि फरक कहाँ पड़ा। ई छोट-बड़ कैसे भईल भाई ! तो सुनिए छोट-बड़ हम और आप नहीं बनाए। ऊपर से ही बन के आया है—करई करावई भंजई सोई—ओही परमात्मा के छोट-बड़ बनावल है, हम-आप के हैं ? इसमें झूठ तनिको नहीं है। बेद ब्रह्मा जी के मुँह से निकला है, गीता विष्णु भगवान के साक्षात अवतार कृष्ण जी के मुख से निकली है, और गोसाईं जी का रामायण पर स्वयं शंकर भगवान का दस्तखत है। ब्रह्म के तीनों महाअंश ब्रह्मा, विष्णु, महेश के बाद और कोई साखी गवाही चाहीं ?"

"ना महराजजी, ना।" सभा के बीच से लोग चिल्ला उठे।

"तब...? क्या ब्राह्मण, क्षत्री और वैश्य ही मोक्ष पाएँगे ? ना, जो भी शुद्ध मन से, अपने-अपने वर्ण यानी जाति के अनुसार आचरण करता हुआ हरि को भजेगा वो हरि के धाम जाएगा—जात-पात पूछे ना कोई, हरि को भजे सो हरि का होई। जो भी शुद्ध मन से हरि को भजेगा, सो बैकुंठधाम जाएगा, और अगर नहीं करेगा तो...? जयंत की तरह काना हो जाएगा, शंबूक की तरह मारा जाएगा। और अगर राम को भजेगा तो शबरी, जटायु, अजामिल, सदन और बाल्मीकि, त्रिजटा की तरह नीच जात का होकर भी परम पद पाएगा। अब हमारे बाबाजी लोग अगर ई सोच लें कि ऊँची जात में जनम

हो ही गया है, सो परम पद मिलना ही है। जी ना ? रावण तो ऊँचे खनदान के रहल न ? लेकिन–

उत्तम कुल पुलस्त कर नाती,
तेही रावण घर दिया न बाती।

तो अइसन काहें होखेला भाई...? इसलिए कि–

एहि पथ आवत अति कठिनाई
राम कृपा बिनु आइ न जाई !

और

भूमि परत बा ढाबर पानी
जिमि जीवहिं माया लपटानी

आकाश से पानी जब गिरता है तो स्वच्छ रहता है लेकिन जैसे ही वह नीचे जमीन पर गिरा, गंदगी लिपटा गई, ढबइल हो गया। बड़का-बड़का विज्ञानी लोग से पूछ लीजिए। तो ईश्वर का अंश ई जीव बा ओकरा में माया लिपटा जाती है, जीव गंदा हो जाता है। बचेंगे कैसे–राम नाम से ! राम नाम सुन्दर करतारी, संशय विहग उड़ावन-हारी।''

श्रोताओं में से कोई पुकार उठा !'' बोलिए बोलिए आनन्द-कंद भगवान रामचन्द्र जी की जै !'' ''जै !'' कान फाड़ देनेवाली जैकार !

भिखारी ने देखा कि जिस काले पंडी जी ने उसे यज्ञ से दुत्कारा था, वह आया और उसने रामायणीजी को भूमि पर लेट कर साष्टांग प्रणाम किया। कुतुबपुर और आस-पास के गाँवों से लोग जा-जाकर उनके पाँव छू रहे थे और चढ़ावे चढ़ा रहे थे। दरोगा और जिले के दूसरे हाकिम और बड़े-बड़े जमींदार भी उनका पाँव छू कर आशीर्वाद ले रहे थे। मान-सम्मान पाना है तो प्रवचनकर्त्ता बनना पड़ेगा। सुकंठ और आकर्षक गायन, बेद-पुराण, रामायण और गीता और संस्कृत का शुद्ध उच्चारण...लेकिन दूसरे ही पल उसे भयानक कमजोरी ने आ घेरा, कि रामायणी जी विद्वान ही नहीं, ब्राह्मण भी हैं और मैं एक अनपढ़, गँवार, दूसरे जाति का नाई, और यह जाति भगवान-ए जी की बनाई चीज है।

बादलों के थक्के-थक्के जमा हो रहे थे चाँद के पास। धुंध-धुंध उजास।

यज्ञ के बाद बाबूजी के साथ पूड़ी-तरकारी, लड्डू-बुनिया और अल्लम-गल्लम समान की गठरी मूँड़ पर उठाए चल पड़ा। आगे-आगे दलसिंगार ठाकुर फतुहे से पैसे गिनते चल रहे थे–एक चवन्नी, बाकी दुअन्नी-इकन्नी, पाई, पैसी, दूपैसी। एक दुअन्नी घिसी हुई थी। ''देख तो चली रे ?'' उन्होंने उसे बेटे को दिखाया जो खुद इतना बोदा था कि क्या बताता। ठाकुर ने देने वाले अदृश्य आदमी को गालियों से नवाजा और बेटे से कहा, ''इसे घुरफेकन साह के यहाँ अँधेरे में चलाना होगा, बहुत डंडी मारता है सार !''

जैसा कि भिखारी का स्वभाव था, बड़ों के सामने ऐसा निर्विकार बना रहता जैसे कुछ जानता ही नहीं। हालाँकि यह न बोलना उसे काफी परेशान किए रहता, उसका

जहर अन्दर ही अन्दर फोड़ा बनकर टीसता।

नाइयों के बुलावे आते ही रहते। बाबा, काका या बाबूजी किसी को ना नहीं करते, भरसक पूरा भी करते लेकिन सब के यहाँ हाजिरी देना किसी के भी बूते की बात न थी। कोई-न-कोई असंतुष्ट बना ही रहता। ऐसे में बिगड़ैल बाभनों, बबुआनों के काम पहले होते, बाकी सब का बाद में देखा जाता।

बाबू हरिनंदन सिंह ने एक दिन यूँ ही बुला लिया था उसे देह टीपने के लिए।

भिखारी टीप रहा था कि बाबू साहब को जाने क्या सूझा, "पढ़ने जाता है ?"

"ना।"

"काहे ?"

बहुत कुरेदने पर उसने बताया, "साल-भर तक गया, कुछ नहीं आया।"

"कुच्छो ना ?"

भिखारी ने अनुतप्त-सा सिर झुका लिया।

बाबू हरिनंदन सिंह को दया आई और उन्होंने उसकी पढ़ाई की सारी जमा पूँजी को जोड़कर शिक्षा का आदि मंत्र लिखवाया—"राम गति देहुँ सुमति।"

मगर यह तो थोड़ा-सा स्वाद चखा कर भूख भड़काने जैसी चीज थी। आगे का पाठ किससे पूछें...?

उधर बाप अलग खीझे रहते, "इतना बड़ा हो गया, अभी तक छुरा (उस्तरा) पकड़ना नहीं आया।" गाहे-ब-गाहे पूरा प्रवचन सुना जाते, "महँगाई कितनी बढ़ गई है। परदेश में एक दाढ़ी का एक अधेला मिल जाता है लेकिन हियाँ तो साल-भर जोहो और मिलेगा क्या छाँटल-छूटल।"

वह कहना चाहता कि अगर वह छुरा पकड़ना सीख ले तो भी क्या फरक पड़ जाएगा, मजूरी तो साल-भर बाद ही मिलनी है—वही छाँटल-छूटल ? लेकिन वह कह न सका।

वही बाप जिसने पढ़ाई छुड़वा कर गोचाहा में उसे गाय चराने को भेजा था, अब उससे वही चरवाही छुड़ा कर हज्जामी में ठेल रहा था, "एक सवांग और हो जाने से सुविधा हो जाएगी, सो नहीं चार-गो गाय लेकर दिन-भर दीयर में दिन बिता देगा, सबेरे-शाम भोजन तो मिलना ही है।"

वैसे दाढ़ी या हजामत बनाना उसके लिए कम रोमांचकारी अनुभव नहीं है। वह बहुत कौतुक से देखा करता इस काम को। कौतुक था चेहरे बदल जाने का। उसे वह घटना याद आती है जब एक खासे भयंकर बाबाजी का बार बन रहा था।

दरअसल हुआ यह था कि बाबाजी की जमीन को गाँव के एक बाबू साहब ने कब्जिया लिया था। पद, पंचायत, बटोर, हद-पद सब बेकार गया। इजलास जा नहीं सकते थे। लाल पगड़ी देखकर ही डर लगता, सो उन्होंने बाबू साहब के नाम पर 'दाढ़ी-बार' रख लिए। बाबू साहब के एक बैल को साँप ने काट लिया, फिर बाद में घर ढह गया तो 'त्राहिमाम' करते हुए उन्होंने बाबाजी की जमीन वापस कर दी।

दलसिंगार ठाकुर ने कटोरी में पानी लेकर सिर के लम्बे-लम्बे बालों को खभर-खभर करके भिंगोया, फिर उस्तरे को पत्थर पर घिस कर चमौटी पर धार दिया और बाबाजी की चुटिया पकड़ कर धीरे-धीरे सारे बार छील कर रख दिए। फिर दाढ़ी भिंगोने लगे और उसे भी छील कर गिरा दिया। गंगा जी से नहा-धोकर बाबाजी पियरी पहन कर बैठे तो भिखारी अवाक! इसी आदमी से डरते थे ? यह तो बूढ़ी औरत जैसा लग रहा है। खैर, इस पर बाद में सोचेंगे। अभी तो दाढ़ी बनाना सीखना है। तो दाढ़ी बनाने से पहले जरूरी है दाढ़ी को पहले से भिजाकर मुलायम करना। फिर पत्थर पर और चमौटी पर छुरे को तेज करना, फिर अँगूठे पर जहाँ चमड़ा मोटा होता है, धार परखना। धार अगर चोखी न हुई तो जगह-जगह छिला जाएगा, खून निकलने लगेगा। जैसे सेन्हुर का छींटा पड़ा हो। अब सवाल है छुरे को कान के बगल में रखकर कितना दबाया जाय कि बार कट जाय मगर चमड़े पर खरोंच तक न आए। काका या बाबूजी के साथ ही अभ्यास करना पड़ेगा, नहीं तो कट-कटा गया तो बहुत मार पड़ेगी। फिर फिटकरी लगाओ, भंगरैया खोजो। पचास फजीहत ! पढ़ने की ललक धीरे-धीरे बढ़ रही थी। वो इसलिए भी कि कई बार न्यौते चिट्ठियों की शक्ल में होते और उन्हें अलगा न पाने के कारण बाप फिर से कोसने लगता। फिर समाज में पढ़े-लिखों की इज्जत थी।

आदमी को क्या चाहिए—मान ! एक दिन यूँ ही जा पहुँचा भगवान साहु के पास। भगवान साहु ने अपने पुराने मीत को देखा—"का ए भिखारी ?" भिखारी चुपचाप खड़ा है।

"बोल-अ भाई !" साहु कोंचते हैं।

"हम कुछ माँगी त देब-अ ?"

"पहले देखे के परी कि उ चीज हमरा पास बा कि ना।"

भिखारी ने दौड़कर अनुनय में भगवान साहु के दोनों हाथ पकड़ लिए, "हमारा के पढ़ा द-अ !"

भगवान साहु ने आश्चर्य से अनुरोध में गुलगुल हो आए चेहरे को देखा, "तब पढ़ाई छोड़ काहें देहल-अ ?"

अनुतप्त-सा खड़ा है भिखारी सिर झुकाए। भगवान स्वगत-सा बोलते हैं—जरूरत थी तुम्हारे अन्दर रुचि पैदा करने की लेकिन वे तो..."नान्ह जातिन के अलग से पठशाला होखे के चाहीं।"

"हाँ और ओकरा में पंडीजी ना, नान्हे जात के मास्टर।" घुलेटन दुसाध कहता है तो दोनों चुप रह जाते हैं।

वे भी गर्मियों के ऐसे ही दिन थे। बरसात के पहले घर-दलान, पलानी, गउसार छा-छोप कर दुरुस्त कर लेना होता है, थूमी, बड़ेरी, खपड़ा, नरिया, सब जुगाड़ करना होता है। नावों की भी मरम्मत करनी होती है। क्या पता, कब बाढ़ में भागना पड़े। मजूरों का टोटा पड़ जाता है। फिर नान्ह जातियों में सब को मजूर मिलते कहाँ हैं ? खुद ही करना था यह सब। और जो कुछ करना था अभी, इन्हीं दिनों कर लेना था,

बाद में छह महीने तक कट जाएगा दीयर का इलाका शेष दुनिया से! न गुरु को फुरसत थी, न शिष्य को। धुंध में डूबे गले, अपंग, अक्षरों के उद्धार से पहले घर के उद्धार का सवाल था। फिर भी गुरु ने पढ़ाया और शिष्य ने पढ़ा। गुरु माटी पर जो भी पाठ पढ़ाते, शिष्य दियारे के चारागाह में उसका अभ्यास करता। धीरे-धीरे मात्राओं को जोड़कर शब्द, 'माई,' फिर 'बाबूजी,' फिर 'बाबा,' 'काका,' 'काकी,' फिर लिखा 'कुतुबपुर,' फिर 'गुरु भगवान साहु,' फिर कुछ सोचा और लिखा 'दोस,' मिटाया, फिर लिखा 'बनिया।' जाति न लिखी तो पाप लगेगा। सभी चरवाहों, सभी दोस्तों के नाम लिख डाले। रेत के आखर! धूल के आखर !

लाला के यहाँ लगे हाथों कैथी भी सीखनी शुरू की। यह ज्यादा आसान लगी। हाथ की लिखनी को सँवार कर लिखने की अनिवार्यता नहीं।

गंगा की रेत पर उगने लगे अक्षर !

कुतुबपुर की धूल में खिलने लगे अक्षर !

बहुत जीवंत तो नहीं थे, मरे-मरे से थे, जैसे ऊसर की दूब, लेकिन थे वे अक्षर ही !

और उस दिन, जिस दिन वे अक्षर फटी हुई चिट्ठी पर श्राद्ध के घंट-से टँगे थे ?

"मू गइल ? कइसे...?" माई पूछ रही थीं बाबूजी से।

"का जाने, माता माई से, चाहे पिलेग से...?"

यह खबर भी कानाफूसियों में ही सुनी थी।

"पढ़ाई में फेल, बियाह में पास !" की सनद देने वाले बाबा भी कपार पर हाथ धरे बैठे थे। बड़े-बूढ़ों में कुछ तय हो रहा था, इतना अनुमान तो उसे लग गया था, मगर क्या...? वह जो बियाह में बगल में गठरी में कनिया थी, जिसका मुँह भी नहीं देखा था, गठरी के घोंसले से निकाली गई तो मरी मिली, जैसे चिरई, गाय-गोरू कुकुर, बिलार और उनके बच्चे मू जाते हैं। भिखारी ने भींगी रेत पर उँगली से उस दिन लिखा—दुलहिन !

अगले बैशाख में ढोल-पिपिहरी, नाच-बाजा की झामझमक के साथ फिर एक गठरी आई। गारी और गीत और तरह-तरह के संस्कार। धुंध बिजड़ित कौन खड़ा है वह इस दूसरी दुलहिन के पीछे ? पहली दुलहिन !...जैसे बड़ी छोटी बहने हों वे। कोहबर के जुए के खेल में परात में हँसुली रखी हुई है—कोहबर की शर्त! कचपचाती भीड़। एक दूजे को ठेल कर ठिठोलियाँ करती औरतें। हँसुली पानी के परात में छोड़ी गई। जो पहले उठा ले, जीत उसकी। भिखारी किसी को कैसे बताता कि एक ओर वह अकेला है, दूसरी ओर दो-दो—एक दस साल की, एक पाँच साल की...और जुआ हार जाते हैं।

"बुद्धू है दुलहा।" एक टिप्पणी !

"बुद्धू नहीं मयगर (दयालु) है। दुलहिन को माथ पर रखेगा।" दूसरी टिप्पणी !

उस बार भिखारी गंगा की रेत पर फिर से लिखता है 'दुलहिन'। सूखी रेत की नीचे की परत गीली थी अभी।

मेहरारू कौन-सी बुझौवल है कि तभी से बूझता रहा वह। घूँघट के अन्दर छुपा कोई सलोना-मुखड़ा है, जिसकी सहमी-लजाई कजरारी आँखें हैं। फिर उसकी देह है—नरम-गरम फूल-सी खिली और सुगंधित, गुदाज ! माई, बहिनी, काकी, मामी, फूआ से भी अलग, कुछ-कुछ भौजाइयों जैसी, मगर उससे भी आगे।

बाबा बूढ़े हो गए हैं। जजमानी अब निभती नहीं उनसे। बियाह में 'कुकुर भगाने' तक में नहीं जा पाते वे। एक ही काम रह गया है उनके जिम्मे—ब्याह वाले घरों में बरात बिदा हो जाने पर पुरुषविहीन घरों की पहरेदारी। इस बार जाने लगे तो भिखारी से कहा, "चलोगे ? रात को मुझको कम लौकता है, फिर और भी काम हैं—जिसके लिए कोई मजबूत सवांग चाहिए।"

भिखारी तैयार!

बारात दोपहर को बिदा हुई। रह गए घर के बूढ़े, नन्हें बच्चे और औरतों की भीड़। कहने को तो एक कहार और एक दुसाध हैं मगर वे सिर्फ सोने आएँगे, बाबा अकेले इतने बड़े घर के अभिभावक और उनका पोता भिखारी उनका सहायक।

"भैंस, गाय, बैल और लेरू—पाड़े—देखो कि किस किसकी नाद में पानी नहीं है, कुआँ से निकाल कर पहले पानी भर दो।" भिखारी पहले नाद में पानी भरता है, फिर कुट्टी (चारा) काटता है, फिर भूसे में मिलाकर नादों में देता है। लेरू और पाड़े को सिर्फ नरम घास! यह सब करते-कराते शाम हो आई, लगे हाथ लगहर (दूध देनेवाले) माल-जाल को कटिया में दूह कर मालकिन को थमा आया।

दलान की कोठरी में दो बूढ़े थे, उन्हें बार बार दिशा-फराकत लगी रहती और वे चिचियाते रहते, मगर उन्हें कोई न देखता। औरतें अपनी ही चुहल में मस्त! बाबा ही उनकी देखभाल कर रहे थे। अपने-अपने संस्मरणों का पिटारा खोल लिया था उन्होंने, अपने जमाने के अपनी चालाकी और बहादुरी के किस्से! नौकरों को जिस उपेक्षा से खाना दिया जाता है, लगभग उसी ढंग से खाना आया बूढ़ों का!

अचानक उसे लगा, आँगन में औरतों में कोई झगड़ा हुआ है। किवाड़ की झिर्री से झाँका तो वहाँ एक अलग ही नजारा था।

मउनी का टोप, लाला का पैंट-कोट पहन कर अंग्रेज बनी ललाइन, एक छड़ी से जिस-तिस औरत को धमका रही थी, "ऐ बिलाडी, गंडा इंडियन, साड़ी खोलो। जल्दी खोलो। हम तुमारा नंगा बॉडी डेखेगा।"

तो यह डोमकच और जलुआ था !

उस स्वाँग में मजा नहीं आया तो 'गंगा नहावन' शुरू हो गया।

"ए सखी, चलीं न गंगा नहाए..." पड़ियाइन ने कहा।

"का कोई पाप किया है ?" बबुआइन ने पूछा।

"पाप...? हाय दैया, रोज-रोज ई का करेलीं !"

"का करेलू ?"

"अरे ई थोड़े न करती है। इससे हो जाता है।" दूसरी औरत ने टुहुँका।

"कइसे हो जाता है भाई ?"

"हमार भतार न करता है।"

"काहे करने देती हो पाप भतार को ?"

"तब का तुमरे भतार से पाप करवाएँ ?"

सभी खिलखिला पड़ती हैं।

"कैसे पाप हो जाता है भाई, हमारा समझ में नही आता।"

"बताएँ ?"

"बताओ !"

"ऐ अइसे !" पड़ियाइन ने बबुआइन को अंकवार में उठा कर पटक दिया !

अरे बाप रे ! चरवाही में देखा था गाय-भैंस बकरी को पाल खाते, कुछ बड़ा हुआ तो देखा, कुछ लड़के भी छुप कर ऐसा करते हैं, सुना करता था कि मर्द और औरत भी ऐसा करते हैं, बियाह-शादी इसीलिए होता है। नाच में जो पतुरिया आती है, ऊ भी यही करती है, लेकिन खुलेआम आज ही देख रहा था—छी ! छी ! धिक्कार उठ रही है मन में लेकिन लोभी मन है कि औरतों की यह लीला, झाँकने से खुद को नहीं रोक पाता—दुरदुराए जाने के बाबजूद।

पंडिताइन पूछती है—बुझाइल ?

बबुआइन बोलती है—बुझा गइल। तीनों तिरलोक बुझा गइल। लेकिन हमारा पेट में जो बच्चा आ गया, उसका क्या करें...?

बबुआइन ने पेट पर साड़ी बाँध ली है—पेट फूला लगता है।

खटिया के पाये का जलुआ ! लड़का हुआ है। अब सारी औरतें मिल कर सोहर गा रही हैं...

लड़के को लिटा कर बोलती है पड़ियाइन, "अब समझ में आया कि पाप कइसे हो जाता है।"

अब औरतें गंगा नहाने जा रही हैं। घुरबीन राय की पतोहू सचमुच की बुढ़िया बनकर निहोरा कर रही है।

"ए बेटी, तनी हमें भी लिवाते चलो।"

"तू बूढ़ बकलोल कहाँ जइबू ?"

मर्द की भूमिका में फिर आ गई ललाइन, "हमको छोड़ के कहाँ जाती हो परान पियारी ?"

"गंगा नहाने।"

"तुमको छोड़ के हम कइसे जिन्दा रहेंगे परान पियारी ?"

"ना हम तो जाइब। घर में रहते-रहते ई सोना अइसन देह सरि गइल।"

नींद में शब्द और दृश्य धुँधलाते गए थे, उस दिन। बाद में ऐसे कितने-कितने डोमकच देखे।

व्यक्तित्व के मंच पर बहुत कुछ घट रहा था—कुछ प्रकट, कुछ गुप्त। जो प्रकट

था वह तन में था, जो गुप्त था वह मन में। हजार आवर्जनाएँ ! आवर्जनाओं की शिलीभूत संस्कारों की शिला। शिला को भेदकर पसीज रहा था कोई सोता, वर्षों से गुनगुनाए जानेवाले गीत...। इन गीतों के नए तराने, नए अर्थ, नई छबियाँ बन रही थीं।

बाहर-बाहर देखकर कोई इस बदलाव को शायद ही समझ पाता।

हज्जामी में प्रवीणता आती जा रही थी। दाढ़ी बनाने में अब किसी सहारे की जरूरत न होती, कड़ी और फोड़े-फुन्सियों वाली दाढ़ियाँ भी धीरे-धीरे छील लेता। अलबत्ता हजामत में उसे अकेले छोड़ना अब भी खतरे से खाली नहीं था। पहले कोई बड़ा आदमी तिकोना काट देता, फिर उसे नीचे से कैंची और कंघी से मिलाने को कहता। यह सब झंझटवाला काम होता। सबसे अच्छा होता सीधे-सीधे मुंडन कर देना। इसमें भी उस दिन कैसी चूक हो गई जब बिसेसर भगत की टीक (चुटिया) भी छील दी। बाप को हाथ जोड़ते बीता, "बच्चा है अभी। जाने दीजिए।"

फूफा जी आए थे उन दिनों। प्यार से सिखाते हुए बोले, "इस भूल से बचना सबसे आसान है—बस टीक पकड़े रहो उस आदमी की।" इस युक्ति से मुंडन में फिर कोई टीक नहीं छिली, लेकिन हजामत के दौरान एक भयंकर भूल होनी अभी बाकी थी, जब एक परदेशी आदमी ने अपने लड़के का सब कुछ सफाचट करने का निर्देश दिया और उसने भौंहें तक छीलकर रख दी थीं। उस दिन जो कोहराम मचा कि घर से भागना पड़ा। बहुत दिनों तक लड़का डंडे लेकर उसे मारने की जुगत बाँधता रहा, बाद में वह मेदिनीपुर चला गया तो जान बची।

सिर्फ बार छील-भर देने या बार के बढ़ जाने-भर से आदमी की शक्ल कैसे बदल जाती है, उसे उस बाबाजी का चेहरा याद आया। बार-दाढ़ी के साफ हो जाने के बाद पियरी पहनकर पूजा पर बैठे बूढ़ मेहारारू जैसे लगने लगे थे। छीले गए बारों को पाँव से हटा-हटा कर देखता तो बहोर या दूसरे लड़के समझते कि कोई अधेली गुम हो गई होगी और वे भी ढूँढ़ने लगते और उन्हें जब कुछ भी न मिलता तो खीझ जाते। आखिर एक दिन बहोर ने पूछा तो उसे बताना पड़ा, "बाबा के कपार से पाकल बार छील दें और करिया बार लगा दे तो बाबा बूढ़ से जवान हो जाएँगे।...और छोट-छोट काच-पाक बार लगा के फरसाकट मोछ काट के झरोखन साव की मिरजई पहना दे तो झरोखन साव बन जाएँगे..."

बहोर ने पलकें झपकाईं 'और...?' "ठग लोहार को पिसान पोत दे तो मामी बन जाएगा या नहीं, यह बताओ।"

बहोर ने समझा पगला गया है भैया।

"गौने का टेवा लेकर आए हैं देवशरण ठाकुर। इसी साल अगहन में होना है।"

यह खबर धोबियाने की टिकुलीवाली भौजी ने घाट पर ही दी थी, "लूटो।"

"का किया जाता है हमको तो मालूम नहीं है। सिखा दो न भौजी।"

भौजी का गोरा मुँह लाल हो जाता है। यह भौजी बहुत अच्छी लगती है भिखारी को, लेकिन उसे अनसाह (बुरा) तब लगता है जब लोग उससे घिना करते हैं, बरतन

तक छूने नहीं देते, अन्दर आने देने को कौन कहे! पउनी है ये। मगर पउनी तो वह भी है। तब एक फरक है, उसका छुआ पानी चलता है और धोबइन भौजी का नहीं। इसका मतलब यह हुआ कि धोबी से ऊँच पदवी है नाऊ की! इस बात से थोड़ा गरब हुआ, लेकिन अन्दर ही अन्दर छनछनाता रहा कुछ।

गौना !

इक्के पर आमडाढ़ी वाली आ रही है। लाल लूगा, पीयर चादर, लम्बा घूँघट, लाल रँगे पाँव। झाँझ झनकती है तो अन्दर तक झनकने लगता है। हौले-हौले सहमे-सहमे, छोटे-छोटे कदम रखती आ रही है। बहनें और फूआ उसे पकड़े हुए ला रही हैं। कितनी कोमल, कितनी अच्छी ! भगवान ने जो सुन्दरता मेहरारू को दी है, वह मरद को कहाँ ! हाँ, ताकत और मजबूती मरद को जरूर ज्यादा मिली है।

दूर के रिश्ते की भौजी ने रात को सोते से जगाया था उसे। फुसफुसा रही थीं, "इस कोठरिया में चले जाओ। थके-मादे हो, हाथ-गोड़ जँतवा लो।"

लाज से गड़ गया वह !

भौजी ने दोबारा हुरपेटा, "अभी नहीं गए तो जाना-जानी हो जाएगी। ऊ बेचारी कब तक अकेली पड़ी रहेगी, दुलहिन की देह महकती है, कहीं कोई भूत-चुरइल धर लेगी तो तुमरा नाम लेकर चिचियाने लगेगी।"

उस दिन जाने कहाँ से पानी पड़ रहा था। दुआर पर किचपिच, धीरे-धीरे गोड़ रख रहे हैं। कई जोड़ी आँखें मुँदी होने के बावजूद जग रही हैं। कई जोड़े कान खुले हैं। दीये के लालछौंह इंजोर में ललाई और गाढ़ी हो आई थी। बहुत देर तक संकोच में खड़े रहे। सहमते-सकुचाते देखा, सहमते-सकुचाते छुआ। वह छुईमुई हो रही थी।

चरवाही के अनुभव, डोमकच और जलुआ के दृश्य, भौजाइयों, मामियों की रसीली ठिठोलियाँ, दोस्तों की बतकही—कुल इतनी-सी पूँजी और उसे ठेल दिया गया था इजलास पर...।

पहली बार जब टिकुलीवाली भौजी ने टोका था, "का बबुआ, तुम तो साधु-संत आदमी थे, ई गठरी कैसे बाँध दी दुलहिन के पेट पर ?"

लाज से गड़ा जा रहा था भिखारी। भौजी ने हाथ की उँगली हिलाते हुए चेताया, "देखो, अब तनी फरके-फरके रहना।"

हाय राम! सब जान गए। जैसे नंगा हो गया वह गाँव के बीच। कैसे सामना कर पाएगा उन मुस्कियाती हुई शरारती आँखों का ?

इन दिनों खूब गाढ़ी छनने लगी है रामानन्द सिंह और उसमें। दोनों धार्मिक, दोनों रेखिया उठान ! घोड़े पर रामानन्द सिंह दूर-दूर तक दीयर में दौड़ते हैं—बबुरा दोकनिया तक। उसे भी कभी-कभी बैठने को कहते हैं। संकोच के मारे उससे बैठा नहीं जाता। कोई बबुआन देख लेगा तो फजीहत करने लगेगा—नाई और घोड़े पर ? गाँव में अकेला

इनारा था पंडित का। उस दिन दुलहिन वहाँ से पानी का घड़ा भरकर ला रही थी, कि घुड़सवार ने घोड़ा रोक दिया, "का भौजी, भइया को ही पिलाती रहोगी, हमको पानी नहीं मिलेगा ?"

घूँघट की ओट से देखा थरथराती पलकों ने, और रामानन्द सिंह को पहचानकर पीठ करके खड़ी हो गई। हँसते-हँसते दोहरे हो गए रामानन्द सिंह ! भिखारी निहाल ! बबुआन ने आज उसे भैया और आमडाढ़ीवाली को 'भौजी' कहा ! भिखारी जब तक उन्हें रोक पावें, उन्होंने घोड़े को एँड़ लगाई और आगे बढ़ गए हैं।

गंगा के तीरे खेत कटने लगे हैं। कटनी के बाद फसलें खलिहानों में ढोई जा रही हैं। सिर पर और घोड़ों पर। भिखारी, बहोर, परिवार के और सवांग अपनी नाम मात्र की फसल को दुआर पर लाकर पटक रहे थे। असल तो है जजमानी जो दँवाई के बाद मिलेगी घर-घर से भीख की तरह ! भिखारी यह सोच रहे थे कि घोड़े की हिनहिनाहट से ध्यान टूटा, देखा तो रामानन्द सिंह, "तुम्हीं को ढूँढ रहा था। तनी दुआर पे आओ।" वह दुआर पर गया तो रामानन्द सिंह ने कहा, "एक-गो मन्दिर बनवाने का विचार आया है।"

"अचानक ?"

"मोहन बिन्द एक-गो शिवलिंग ले आया है।"

"तो नेक काम में देरी काहे ?"

उधर घर में लड़का पैदा हुआ। थाली बजी। बाप बन गया भिखारी। खटिया के पाये का जलुवा नहीं, सचमुच का जीता-जागता लड़का। गोर-गार नरम मांस ! नन्हे-नन्हे हाथ-गोड़, नन्ही उँगलियाँ, नन्हे-नन्हे नह, नन्हे-नन्हे कान, होंठ, चपटी नन्ही नाक, काले चिपके बार, नन्ही भूड़ी, नन्हीं काजर लगी सूजी चिपचिपी आँख ! जैसे बानर का बच्चा ! इतना नन्हा अमदी (आदमी) देखते ही देखते कितना बड़ा आदमी बन जाता है ! हे राम जी ? मेहरारू की सूरत और खिल आई थी लेकिन देखने की फुरसत कहाँ है उसे ? मन्दिर जो बनवाना है शिवजी का! आगे-आगे रामानन्द सिंह, पीछे-पीछे भिखारी। कहाँ से ईंटा आएगा, कहाँ से सिलमिट (सीमेंट), कहाँ से पइसा ? इरा पार गंगा-सरजू, उधर सोन। ज्यादा दूर जाना संभव भी नहीं। वह रात-रात भर, दिन-दिन भर बाहर रहता।

"आमडाढ़ीवाली बीमार है, दवाई दरपन नहीं करानी ?" टोका टिकुलीवाली भौजी ने।

"घर के सवांग हैं ही देखने के लिए। झराई-फुँकाई हो ही रही है।"

"देखो, जैसे बने।"

"शंकर जी की थापना के बाद पियनिया की सती माई के पास लिवा कर जाएँगे, मन्दिर में भी ले आएँगे, फिर सब ठीक हो जाएगा।"

"तुम्हारा बबुआ भी तो उसी का दूध पीता है, कहीं वह भी बीमार न पड़ जाए।"

"ओह भौजी, सब हो जाएगा, सब, लेकिन अभी तनी दम तो लेने दो। अभी केतना

काम पड़ल बा।'' ''राजगीर का—का तो छपरा से ले आने को बोला है, सो छपरा जाना है। कोई एक काम हैं !''

इधर काम, काम, काम ! उधर झाड़-फूँक, बैदजी की पुड़िया, कच्ची-पक्की धार मनौतियाँ।

पूजा-अर्चना में कौन-सी चूक हो गई !

आमडाढ़ीवाली चली गई भगवान के घर !...और उसके दूसरे दिन; 'बबुआ' भी। भिखारी रो रहे हैं छुपकर। लोक-लाज-मरजाद के लिए सबके सामने रो भी नहीं सकते। औरतों के रोने की आवाजें आ रही हैं। दलसिंगार ठाकुर ने खाट पकड़ ली है। दुआर पर कोई न कोई आया ही रहता है अफसोस जाहिर करने और तसल्लियाँ देने। एक लाश फूँक कर आए, एक को प्रवाह करना पड़ा।

रामानन्द सिंह के बैठके में सीधे-सीधे तो कोई कुछ नहीं कहता लेकिन बाहर-बाहर जब भी दो-चार जन जुटते हैं, एक ही बात घुमा-फिराकर कहते हैं, ''शिव जी संहार के देवता हैं, उसी से...''

भिखारी की दुनिया सूनी हो गई है। किसी भी काम में मन नहीं लगता, ''यह क्या हो गया भोले बाबा ? हमसे कौन ऐसी चूक हो गई ?'' अब जो भी दुआर पर आता है, उसकी दाढ़ी-हजामत कर देता, बाहर नहीं जाता।

''ऐसे कब तक चलेगा ?'' काका हमदर्दी से पूछते, ''गाँव-भर की जजमानी है। कथा-वार्ता, पूजा, मरनी-जीनी, शादी-बियाह लगा ही रहता है।''

वह करे क्या, कुछ सूझे तब न !

इस बार की बाढ़ में गंगाजी ने करवट ले ली। कुतुबपुर बच तो गया, मगर गंगा की एक पतली-सी धार उत्तर से फूट पड़ी। दो धाराओं के चिमटे के बीच आ फँसा गाँव।

यह गाँव उसे सहता नहीं। तो क्या तज दे यह मुलुक ! फतनपुरवाले बिन्द और कुछ यादवजी लोग कई बेर कह चुके हैं कि फतनपुर चले चलो, एक पलानी डाल लो, वहीं बस जाओ। रिश्तेदारियों में गए थे, उधर से ही लौटते हुए पियनिया की सती माई के थान भी हो आए। और एक दिन गंगा-सरजू की छाड़न को पार कर रेलवई लाइन के पार जा पहुँचे फतनपुर। अहीरों, बिन्दों का गाँव फतनपुर। सबने मिलकर एक बंजर जमीन पर पलानी डालकर बसा दिया नाई को। कुछ दिन तक फतनपुरवालों का नाई का काम सधता रहा, हर किती की हजामत और दाढ़ी बढ़ी रहती, फिर धीरे-धीरे उत्साह ठंढ़ा पड़ा। सिरिफ नाऊ से जजमनिका नहीं निबह पाती, एक नाउन भी चाहिए—आड़े-उलटे बोलने लगे थे लोग, ''नाउन की बात हमसे मत करो। हमरे भाग में ऊ नहीं है।''

''नहीं है, बोलने से काम चलेगा ? अरे अभी तुम्हारी उमिर ही क्या है ? आ-कि सोचकर देखो, तुम दाढ़ी छील दोगे, बार बना दोगे, लेकिन नह-छुआई, कलशा, गोड़ भराई—ऐसे कितने काम हैं जो नाउन के बिना नहीं चल सकते।''

जिन्दगी में जो काम हुलास से किया, वह नहीं सिद्ध हो पाया, लेकिन बेमन से

किए गए काम ही बाद में महत्वपूर्ण हो गए।

मानपुरा की बेटी मनतुरना देवी। बेटे की उम्मीद में बेटी हुई तो मन टूट गया, सो बेटी का नाम रख दिया गया मनतुरनी। जैसे उन्हीं के लिए बैठा कर रखी हुई थी अब तक वह। और एक दिन पाँच गोतिया-दयाद के साथ चल पड़े। मनतुरनी मनजुरनी बन गई।

मनतुरनी देवी आ रही हैं। पीछे-पीछे फिर वही भरम। एक नहीं, दो-दो परछाइयाँ।

एक गोद में बच्चा लिए हुए आमदाढ़ीवाली, दूसरी मानपुरवाली एक सत्रह, एक पाँच बरिस की..."कब तक पीछे-पीछे आती रहोगी तुमलोग ? जाओ, लौट जाओ।"

नाव पर मनतुरनी देवी ही चढ़ रही हैं, बाकी दोनों उसी पार छूट गईं।

मनतुरनी यहाँ भी मनतुरनी ही साबित हुई। पहली संतान बेटी। टूट गया मन। उदासी की जो काई धीरे-धीरे फट रही थी, जैसे फिर से जमने लगी। कहाँ से कहाँ ला पटका तकदीर ने। ये धान और ज्वार के खेत, ये हरे-भरे बाग-बगीचे, ये जजमनिका।

फतनपुर में कमोबेश सब कुछ तो है , यहाँ कुतुबपुर की तरह बाबू साहब लोगों का दबाव जैसा भी कुछ नहीं, लेकिन फिर भी कुछ है जिसकी कमी खल रही है।

"भिखारी, ए भिखारी!" कोई बिन्द पुकार रहा था, "कोई आया है।"

बाहर आया तो देखा रामानन्द सिंह हैं। बाँछें खिल गई, आँखें जुड़ा गईं। दोनों हाथ जोड़े दौड़ पड़ा। घोड़े की रास ऐसे पकड़ ली, जैसे कहीं भाग न जाए आई हुई खुशी को लेकर। दौड़कर खाट बिछा दी। इसके बाद...? दरी चाहिए, तकिया चाहिए, गुड़ चाहिए, पानी चाहिए, तम्बाकू चाहिए ! क्या-क्या नहीं कर देना चाहता है मन के मीत की खातिर। लेकिन रामानन्द सिंह ने हाथ ही पकड़ लिया, "सब हो जाएगा भाई ! पहिले तनी शांती से बइठो तो हमारे पास, तुम्हारी सूरत तो देख लूँ।"

"आ कहाँ से आ रहे हैं ?"

"बैल न खरीदने गए थे, बैल हट्टा गें, साँझ होने लगी तो सोचा कि...।"

"बड़ नीमन किए।" अब भिखारी को बाकी चीजों का ध्यान आया, रामा गोंड़ दो सुन्दर पछाहीं बैलों को लिए हुए खड़ा था, बैलों के दाँत गिने, कान देखे, माथ देखा, पूँछ और खुरों की जाँच की, पीठ पर हाथ रखा और 'पास' कर दिया।

"जब भिखारी भैया बोल दिए तो केकर मजाल बा कि 'पय' (दोष) निकारी ?" रामा गोंड़ खुश हो गया।

बैलों के लिए भूसा आया, घोड़े के लिए घास और रामा के लिए गुड़-चबेना ! पूड़ी तरकारी बनी। अहीरों ने दूध-दही भिजवाया, बिन्दों ने मछरी। खा-पीकर पुराने दिनों की यादों में खो गए दोनों मीत...

"टेढ़का आम अब भी भुइयाँ लोट फरता है ? बबुरा बजार में अभी भी गुड़ की जलेबी उतनी ही कुरकुरी और सोंधी होती है ?" से लेकर टिकुलीवाली भौजी, धनी सिंह की दुलहिन, और शिव-मन्दिर तक का हाल पूछा और बताया गया।

दूर कहीं छपरा से सोनपुर जानेवाली गाड़ी की 'छक-छक, पीं-इ-इ-ई' सुनाई पड़ी, रामानन्द सिंह जैसे पीछे लौट रहे थे, "देखो भिखारी, देखते-देखते समय की धारा कैसे बदल जाती है, गंगाजी की पुरनकी धारा में पानी नहीं रहा और यह जो नइकी धारा है, यही असिल धारा हो गई। कल को यह धारा भी बदल जाएगी...। तुम कहाँ जामे, कहाँ जनमे, कहाँ पले और आकर कहाँ आबाद हुए।"

"सब भाग का खेल है।"

"यहाँ मन लग गया है ?"

"थके हुए हैं, सो जाइए, सबेरे बात करेंगे।"

सबेरे दिशा-फराकत से निबटते ही लौट पड़े रामानन्द सिंह अपने बैलों और नौकरों के साथ। गाँव के सीवान तक छोड़ने आया वह। रामानन्द सिंह ठमके, "एक बात मैं कहना चाहता था भिखारी...।"

"कहिए।"

"कल से पढ़ रहा हूँ तुमको, तुम्हारे जैसा कद-काठी का आदमी भी हिम्मत हार रहा है।"

भिखारी चुप !

"घबराओ नहीं, बहुत 'बड़' दरबार है उनका। जिस शंकर भगवान ने वंश लिया है, वही देंगे भी। हमार मन कहत-आ कि अबकी बेर लड़का ही होगा। अबर लड़का हुआ तो उसका नाम क्या रखोगे ?"

भिखारी के ऊसर जैसे चेहरे पर कोई भाव नहीं आया।

"शिलानाथ !" रामानन्द सिंह अपनी ही रौ में थे, "और सुनो, कुतुबपुर लौट चलो, तुम्हारी भुईं (भूमि) है।"

रामानन्द सिंह की बात सच हुई। लड़का ही हुआ और नाम भी 'शिलानाथ' ही रखा गया, लेकिन वहीं एक दूसरी दिक्कत सामने आई। पड़ोस में जिस नए हजाम भूलन ठाकुर के घर महीने-भर पहले लड़का पैदा हुआ था, वह मू गया। मनतुरनी देवी ने जिद पकड़ ली, "अब यहाँ चाहे सोना ही क्यों ना बरसे, नहीं रहना है।"

क्या करे ? पियनिया की सती माई के दरबार में हाजिर हुआ। वहाँ से आज्ञा लेकर पति-पत्नी, बेटी सोनिया और 'शीलानाथ' को लेकर चल पड़ा वापस कुतुबपुर।

वह सन् 1914 का साल था, जबर्दस्त सूखा और अकाल का साल। बाहर-बाहर किसी लड़ाई की चर्चा होती। बहुत बड़ा 'जुद्ध' लगा हुआ था, जो सात समुन्दर पार से टिड्डियों के दल की तरह बढ़ता हुआ यहाँ तक छा जानेवाला था। किसानों से लगान की वसूली बढ़ गई थी। एक तरफ अकाल की मार, दूसरी ओर लड़ाई के चलते लगान की। दो पाटों में पिसकर किसान तबाह। लोग दाने-दाने को मुहताज हो गए। नाई तो 'पउनी' ठहरे। साल-भर दाढ़ी-माथ, जजमानी कमाए, टहलुआई की तो भीख की तरह 'खरिहानी' मिली, मगर जब फसल ही न हुई हो, गोसइयाँ गिरहथ, खुद ही भूखन मर रहे हो, तो खरिहानी कौन दे ? पउनियों ने नगद मजूरी माँगने की सोची, मगर कहाँ

से दे, कौन दे ? कभी माँग-जाँच कर एक जून खाना बनता, कभी नहीं, खाना भी क्या, चूनी चोकर, साग-पात! झुंड-के-झुंड लोग गाँव छोड़कर परदेश भाग रहे थे। उसने सोचा सत्ताइस साल का हो चुका वह, दो बच्चों का बाप। कुतुबपुर में देह और उमिर गलाने से क्या मिलेगा ? बाभन तो है नहीं कि ठग-ठुगकर काम चलता रहेगा, उसे तो गाली-फजीहत ही बदी है यहाँ।

"क्यों न किसी ऐसे देश चला जाए जहाँ इनका दबाव भी न हो, मजूरी भी नगद मिले ?"

"ऐसा कोई देश है भी क्या ?"

"हाँ, मेदिनीपुर चाहे खड़गपुर। फूफा भी रहते हैं वहाँ।" छूरा पिजाने के बहाने एक दिन चल पड़ा छपरा। वहाँ से रेलगाड़ी से पूरब के देश। आग और भभूके उगलता मौसम। लोहे के दैत-सा इंजिन—गर्म राख और चिनगारियाँ फेंकता हुआ। काँपता, चिलचिलाता सीवान पीछे छूटता जा रहा है। रेल की छक-छक के साथ उड़ा जा रहा है मन।

3

खड़गपुर !

कपड़े के थैले में छूरा, कैंची, नहरनी, पाथर की पजानी, चमोटी, फिटकिरी, शीशी में पानी। यही नहीं, दू पैसे की दरपनी, दू पैसे की अल्मुनिया की कटोरी भी है। नाइयों की पाँत में बैठने के लिए एक और नाई खड़ा है। नाइयों को लग रहा है, उनका राजपाट छीनने को खड़ा है। अगर फूफा पुलिस के सिपाही न होते तो कोई बैठने भी न देता। धीरे-धीरे जगह बनी—पाँत में भी, मन में भी।

कुतुबपुर में किसी परदेशी ने दाढ़ी बनवाई के लिए एक पैसा दिया था। अब तक की वही सबसे बड़ी कमाई थी। यहाँ आकर पता चला कि दाढ़ी की बनवाई दू पैसा है, दो आना 'बार'...नहीं 'चूल' की। 'बाल' को बंगला में 'चूल' बोलते हैं, बाल हियाँ गारी है—नीचे का रोंआ। हँसी आती है। शुरू-शुरू में इस भूल के चलते कम फटकार नहीं मिली, "बिहारीरा एकबारेइ बोका !" (बिहारी लोग एकदम बेवकूफ होते हैं !)

"हमीं बोका हैं, ह नू ? और तुम लोग क्या हो ? झाडू को क्या कहते हो—है हिम्मत तो बोलो बिहारियों के बीच ! अरे ये कहो कि देश-देश की बोली है, वरना हमारे यहाँ का 'नाई' यहाँ आकर 'नापित' कैसे हो गया ?"

जल्द ही वह जान गया है कि पैसे कमाने हैं तो बार—'बाल' माने 'चूल' के साथ-साथ मालिश भी करनी पड़ेगी और मीठी-मीठी बात बोलकर गाहक का मन भी लगाए रखना पड़ेगा। यहाँ हजारीबाग, बाँकुड़ा, उड़ीसा और मेदिनीपुर के ही लोग ज्यादा हैं, इनकी बोली अलग है, बानी अलग। दाढ़ी बनाने के पहले यहाँ साबुन और बुरूस से दाढ़ी को भिजाना पड़ता है, यह भी देख लेना पड़ता है कि फोड़ा-फुंसी न हो। फोड़ा-फुंसी न भी हो तो जाति तो पूछ ही लेनी चाहिए। वैसे दाढ़ी में क्या जात और कुजात ! पैसे तो सभी देते हैं। लेकिन लोग बड़े नेमी-धरमी हैं। ख्याल रखना पड़ता है कि जिस छूरे से किसी बाउरी-चुहार या नीच जाति की दाढ़ी बनाई गई हो, उससे किसी ब्राह्मण, राजपूत या ऊँची जात की न बनाएँ, कम-से-कम सामने तो बिल्कुल नहीं; नहीं तो गाहक भड़क जाएँगे। बिहारी लोग यहाँ भी लहालोट हैं—बार बनाओ, दाढ़ी बनाओ, काँख बनाओ, नह काटो, हाथ-गोड़ मूड़-गरदन टीपो—माने पूरे देह की ओभरवायलिंग (ओवरहालिंग), और देंगे कितना—दू आना !

वह मनाता रहता है कि ऐसे बिहारी गाहक न आएँ और आ भी जाएँ तो कोई भुईंहार, रजपूत, अहीर, चाहे बराहमन न हों और हों भी तो सज्जन हों। टुटहे खपड़ैल

की बाड़ी, दो-दो पाँत में कच्चे घर। एक कोठरी, एक छोटा बैठका जिसको बरामदा कहते हैं। एक-एक कोठरी में चार-चार आदमी रहते हैं, और पारी-पारी से खाना बनाते हैं, नलके, चाहे कुएँ से पानी लाते हैं। बाड़ी के दूसरे लोग भी उड़िया, बंगाली और बिहारी हैं, जो रिक्शा चलाते हैं, मोटिया ढोते हैं या दिहाड़ी पर कुलीगीरी करते हैं। रेलवई के बहुत कम लोग हैं। निपटान के लिए खुले मैदान या झाड़ी या पोखर। बाल-बच्चा शायद ही कोई रखता हो। पहले-पहल सारी ही बोलियाँ विचित्र लगतीं, जैसे किसिम-किसिम के जीव-जंतु बोल रहे हों। खान-पान भी अलग-अलग ढंग का। बंगाली भात के साथ मछरी बहुत चाव से खाते हैं तो उड़िया लोग भीजा भात। बिहारी भी भात खाते हैं, लेकिन पछिमाहा लोगों का रोटी के बिना चलता नहीं।

साँझ को दीया और धूप जलाकर बिहारी लोग रामायण, सोरठी बृजभार, प्रेम सागर और सुख सागर का पाठ करते हैं और सोते समय किस्से-कहानियाँ। यहाँ पहली बार भिखारी को साफ-साफ मालूम हुआ कि अपने देश का नाम भारत और हिन्दुस्तान है और कि इस पर अभी अंगरेज राज कर रहे हैं जो रंग में दूध की तरह गोरे होते हैं। छपरा में भी गोल्डिन साहब अंगरेज ही थे। इन अंगरेजों की मेहरारू लोग एकदम इन्नर की परी होती हैं। बंगालियों को 'बाबू', अंगरेजों को 'साहेब' कहना पड़ता है और बंगालिन को 'माँजी' और अंगरेजिन को 'मेम साहब'। मेमें घँघरी और कुरती पहनती हैं, लाज-शरम नहीं होती उनको। ये लोग किरिस्तान होते हैं, जो हिन्दू और मुसुरमानों से अलग हैं। किरिस्तान लोग भी मुसुरमानों की तरह गाय का मांस खाते हैं, लेकिन मुसुरमानों की तरह सूअर इनके लिए हराम नहीं है।

चर्चा का मुख्य विषय होता धरम और जात, कि ये मुसुरमान और किरिस्तान दोनों ही हिन्दू जाति को भरस्ट करनेवाले हैं। खड़गपुर में बहुत अंगरेज हैं, लेकिन कलकत्ते में तो इनका बाजार लगा रहता है। ये अंगरेज लोग बंगाली-बिहारी से वैसे ही घिना करते हैं जैसे बराहमन और रजपूत नान्ह जाति से करते हैं। लेकिन इधर हिन्दू-मुसुरमान ही झगड़े के असिल कारण बनते जा रहे हैं। विचित्र देश है यह बंगाल ! यहाँ समय से पहले लड़की जवान होती है, समय से पहले आम में मोजर लगता है और समय से पहले आँधी-पानी। इसे 'काल वैशाखी' कहते हैं। ये अंगरेज बहादुर बड़े कड़ियल होते हैं। देसी राजा लोग हमी पर बाघ बनते हैं, अंगरेजों के आगे बिलाय बन जाते हैं। मजाल है कोई हँस दे किसी अंगरेज या अंगरेजिन पर—आँख ही निकाल लेंगे। चाहे वे नवाब हों या जिमींदार ! ये रेल का दैत उनहीं का बनावल है, नीचे कोइलौरी से कोइला निकाल लेते हैं ये, माटी से लोहा बना लेते हैं। पानी को पेर कर बिजली बनाते हैं और समुन्दर को मथ कर रतन ! तेलीफूँन से दूर-दूर तक बात कर लेते हैं। इतने परतापी कि इनके राज में सुरुज तक नहीं डूबता।

रेलवई के फाटक के बाहर बजार में नाइयों के लिए जो जगह बनी हुई है, उसी में बैठते है नाई ! सड़क की दूसरी पटरी पर मोचियों की पाँत बैठती है—मुँह चमकाने के साथ ही जूते चमकाने का इन्तजाम ! सूट-बूट पहनकर लोग नौकरी करने जाते हैं,

वैसे, सूट-बूटवाले यहाँ नहीं, सेलून में दाढ़ी बनवाते हैं, जहाँ बैठने के लिए ईंटा नहीं, कुर्सी होती है और दरपनी को हाथ से नहीं पकड़ना पड़ता, आगे-पीछे दीवार में ही बड़का शीशा जड़ा होता है। वहाँ किसिम-किसिम काट के फोटू लगे रहते हैं—जैसा चाहो, छँटवाओ !

गाहक नहीं होते हैं तो बतकुच्चन चलती है, जिससे उसकी दुनियादारी की समझ बढ़ती है। वैसे आम तौर पर बतकुच्चन का मतलब होता है निन्दा रस !

"जा तनी झाड़ा फिरि आव-अ!" झम्मन को चिढ़ाता है कोई।

झम्मन पोखर पर अक्सर सुबह-शाम निबटान के लिए जाता है। जाने का खास प्रयोजन है बंगाली औरतों की नंगी देह निहारना। पता नहीं इधर का क्या रिवाज है कि ई मउगी सब साड़ी खोलकर तीरे रख देती हैं और सिरिफ एक गमछे से देह तोपकर सीधे पोखर में घुस जाती हैं। इसी से भिखारी उस तालाब के नाम से ही बिदकता है, "अब अचरज-ए की बात है न! भला बताओ, तलउवा में लंगटे नहाती हैं सब, कोई जोंक-वोंक घुस जाए तो ?"

भिखारी ऐसे भोलेपन से पूछता कि परमानिक दा गड़बड़ा जाते कि यह 'जिज्ञासा' है या 'कटाक्ष'। अखबार में ऐसी बुड़की मार लेते कि जैसे कुछ सुना ही नहीं। लेकिन कब तक ? बंगाली जाति की निंदा की अति हो जाती तो वे मेघनाद-सा समाधि तोड़कर ताल ठोंक कर मैदान में आ जाते, "आर तू लोग ? तू लोग हियाँ मराता है, तुमको का मालूम तुमरा जनाना लोग का करता हुवाँ पे ? हियाँ तो जोंक घुसेगा, आर हुआँ...?"

"दादा-दादा कह के भैया से सैंया के बनाता है दादा, बिहारी जनाना ?" झम्मन बोलता।

"अरे का तो कहाला कि बुद्धि थाकले..."

"बापेर घँरे छेले हँबे।" भिखारी पुराता।

"रे 'भिखरी' बौत बढ़-बढ़ के कँथा बोलता, तुमरा लोग का तो चिट्ठी से लेड़का होता, बंगाल में वोइसा नेही होता।"

लीजिए, घूमते-टहलते फणी बाबू आ गए हैं। बातचीत बन्द ! फणी बाबू भिखारी के गाहक हैं। चूल छँटवाते-छँटवाते नाक बजने लगती है।

'एखुन थाक भिखरी' परमानिक दा सलाह देते हुए धीरे से फुसफुसाते, "स्साला कोथाकार! सारा रात रंडी के पास रहेगा तो हियाँ आके घुमाएगा (सोएगा) नहीं ?"

"आज इनको सोने ही देते हैं, देखते हैं कब तक सोते हैं।"

बड़ा मजा आता, कंधों के बल झूलता हुआ बानर बना एक आदमी सामने बैठा होता और कभी-कभी गिर पड़ता।

"ए फणी बाबू घर नहीं जाइएगा ?" जगाकर पूछता वह।

"घर ?"

फणी बाबू अपनी लाल-लाल अलसाई आँखें खोलकर ताकते—इस पूरे ब्रह्मांड में 'घर' नाम की चीज कहाँ है ?

रोज-रोज रात को रामलीला होती है। भागलपुर के बाबाजी लोगों का दल है। मुफुत का तमाशा ! खा-पीकर जल्दी-जल्दी जगह लेनी है। आरती के लिए दू पाई, चाहे दू अधेली काफी है। पहले जाने का मतलब है सामने की जगह पाना और सामने की जगह का मतलब है परदे के पीछे ताक-झाँक की सुविधा ! रामलीला में माला चढ़ाने का रिवाज है—एक रुपैया एक माला। भिखारी की बड़ी इच्छा है कि एक माला वह भी चढ़ाए। लेकिन एक रुपए का जुगाड़ इतना आसान है क्या ?...राम-सीता के गाल पर चंदन कुंकुम की बिन्दी कितनी भली लगती है। मन रामलीला में लटपटाया रहता है। इधर हनुमान चालीसा और 'श्री रामचन्द्र कृपाल भजुमन हरण भव भय दारुनं' जैसी स्तुतियाँ पहाड़े की तरह सुन-सुनकर ही याद हो गई हैं। रामचन्द्रजी के राजतिलक पर जिस समय मंच से घोषणा हुई, "भिखारी हजाम ने एक रुपैया भगवान की सेवा में और चार आने विप्र सेवा में सहर्ष दान दिया। बोलिए-बोलिए भिखारी ठाकुर की"..."जै !" भीड़ ने कहा।

"इनके माता-पिता की।"

"जै !"

भिखारी गदगद! भिखारी निहाल !

दूसरे दिन से रामलीलावाले नाटक खेलने लगे थे। परमानिक दा ने सुझाया कि नाटक से भी अच्छा बंगला का जात्रा होता है। चलोगे ?

यह 'जात्रा' भी एक तरह का नाटक ही था। फरक यह था कि इसमें नाटक बीच में होता था, देखनेवाले चारों ओर। कोई परदा-वरदा नहीं। मंच पर बजनिए या समाजी बैठते, जिसे कनसर्ट पारटी कहते हैं। इस मंच तक पहुँचने के लिए बाँस-बल्ली का बाड़ लगाकर रास्ता बनाया गया था जो मेक-अप रूम तक जाता था। मंच के नीचे चारों ओर दर्शकों की भीड़—औरतों के लिए अलग से बाड़, वहाँ मर्द नहीं जा सकते थे।

परमानिक बताते जा रहे थे—"एइ ठो राधा आया। चारपासे देखता है जे केस्टो (कृष्ण) ओभी तक नेहीं आया। राधा दुःखित। राधा आघात पाया। मान कोरेछे जे केस्टो काहें नहीं आया, कॅथा बोलबेना, माने गुस्सा गिया, बात नहीं करेगा। फिर देखो भिखरी, दोनों नृत्य करता है...नाच ! नाच का भंगिमा देखो...हाय रे भगवान केस्टो, तुमार मॅहिमा !" भिखारी की समझ में भाषा तो नहीं आई लेकिन भाव समझ में आ गए। बंगलावाले रेघाते ज्यादा हैं, वैसे इसी अदा पर स्त्री-पुरुष मगन थे। परमानिक उसे बंगला का हिन्दी में अनुवाद करके बताते रहते हैं, लेकिन भिखारी को सही-सही हिन्दी भी कहाँ आती है ? अभी तो सहमते-सहमते भोजपुरी से हिन्दी में पाँव रख रहा है वह 'लौकता नहीं है ?' जैसे वाक्य !

दिन बतकुच्चन में बीत रहे हैं। मन-ही-मन हिसाब लगाता भिखारी कि कितनी कमाई हुई। बीच में दो दिन के लिए मेदिनीपुर भी गया, फिर लौट आया। जाड़ा यहाँ ऐसा नहीं लगता, लेकिन गर्मी में अकबकी (बेचैनी) लगती है। बरसात आनेवाली है। परमानिक दा उकसाते हैं, "तुम तो 'भक्तो' आदमी है तो हिंया खड़गपुर तक आके

जगन्नाथ पुरी नेहीं जाएगा...?"

चारों धाम में एक धाम जगन्नाथ पुरी। "गंगाजी के किनारे तक आकर पियासे ही चले जाएँगे ?" बस रथयात्रा के दो दिन पहले निकल पड़े परमानिक दा के साथ।

पुरी की रथयात्रा ! बाप रे ! इतने आदमी तो एक साथ कभी देखे ही नहीं। देश-देश के आदमी, किसिम-किसिम की बोली-बानी, पहनावे, खान-पान। ये सब भी हिन्दू हैं। भगवान कृष्ण, बलराम और सुभद्रा देवी की काठ की मूरतें द्वारिका पुरी से समुन्दर में बहते-बहते हिंया आके किनारे लगीं। हिंयाइ चैतन्य महाप्रभु ने नाचा-गाया। मेले में छोटे बच्चे-सा परमानिक दा की उँगली पकड़कर धक्के खाता रहा। धरमशाला में भी जगह नहीं। 'समुन्दर' के किनारे चलना होगा, बाप रे, एतना पानी ! ई तो गंगा माई के बाप हैं। पानी ही पानी ! पानी ही पानी ! ऊँची-ऊँची लहरें—देख-देखकर डर लगता है। लहरों का फन धीरे-धीरे ऊपर उठता है, फिर किसी दीवार की तरह टूटता है। नहाते समय परमानिक दा बताते हैं, "एइ जो 'ढेउ' (लहर) आएगा तो बइठ जाना, नेही तो फेंका जाएगा।"

पुरी नहीं आया होता तो गड़ही का मछरी बना रहता। गड़ही का मछरी...? क्या दूसरे दिन चंदन तालाब में नहानेवाली बात...? नहीं, कोणार्क मन्दिर में औरत-मर्द का खुला खेल...जिसे उसका संस्कारवान मन देखते ही राम-राम कह उठा...न देखते बनता था, न आँख मूँदते...! दो-दो दिन सपन-दोष ! सुबह-सुबह उठकर नहाना पड़ा। दुत्त !

लौटने की बेर साक्षी गोपाल के दर्शन और तुलसी चउतरा पर आया तो भक्ति भाव में विभोर। इतनी भक्ति किसलिए ? चोर की दाढ़ी में तिनका ? रतिरंग में डूबी कोणार्क की मूरतें...। जैसे, वैसी रसरंग भरी रातों के बाद सुबह बाबू-माई के सामने और भी झेंपा रहता। और जिस दिन अतिशय भक्तिभाव छलकता, माँ पीठ पीछे मुस्करा देती। मानपुरावाली उलाहने देती, "तुमसे एक चोरी तक नहीं छुपती। चलो हटो, लजवाते फिरते हो सखी-सहेलिन और सास-ननद-देवरानी के सामने !"

आज कितने दिनों बाद याद आई मानपुरावाली। शीलानाथ भी बड़ा हो गया होगा, सोनिया भी।

डेरे पर लौटे तो झम्मन से रामायण माँगी। नहा-धो कर बैठ गए—

वर्णानां संधानां रसानां छंद सामऽपि...

संस्कृत छोड़कर उसके अर्थ देखते हैं, मन कुछ और माँगता है। पन्ने पर पन्ने पलटे जाते हैं—फुलवारी प्रसंग !

कंकण-किंकिणि नूपुर धुनि सुनि
कहत लखन सन रामहृदय गुनि।
मानहुँ मदन दुंदुभी दीनी,
मनसा विश्व विजय कँह कीनी !
... ...

आँखों के आगे वह दृश्य खिल रहा है। फूलों की महमहाती सुगंध है नाक में, और

कानों में नूपुर माने पायल की आवाज—कंकण किंकिणि...छम्म-छम्म ! कभी सीता की जगह आमडाढ़ीवाली आ जाती है, कभी मनतुरना देवी...सखियों की जगह टिकुली वाली भौजी, रामानन्द सिंह की ठकुराइन, ललाइन...कभी चित्रोंवाली सीता, कभी कोणार्क वाली...। धत्त ! मन ऐसा रमा है रामायण में कि दीन-दुनिया सब बिसर गई।

"अब गाँव लौटेंगे।"

"ऐं !" झम्मन, नकछेदी, परमानिक, साघन, दुबरी सभी संघतिया उदास!

"का हुआ ? हम तुमको कुछ बोला कभी ?" परमानिक दा रुआँसे हो गए हैं।

"अभी हमको जाने दीजिए परमानिक दा! फिर आवेंगे।"

"सीधे घर जाइएगा ?"

"ना। पहले कलकत्ता एक दूर के रिश्ते के समधी हैं बाबूलाल ठाकुर, उनके पास, फिर हुआँ से गाँव।" बोलते-बोलते कुछ याद आया, "फनी बाबू आए थे ?"

"ना !"

"उनसे हमारा राम-राम कहना।"

"फनी बाबू की बात पर एक ठो बात याद आया", परमानिक दा की आँखें भर आईं। बोले, "कोलकाता जा रहा है तो एह धांधा का बोलता हाँ, 'बुझौवल' को बूझेगा।"

"का ?"

"ऊ कौन चीज है, जो दिन-भर बना रहता है, रात को टूट जाता है।"

"बूझ लेंगे तो बताएँगे कब ?"

"जो बूझ लिया, उन फेन (फिर) बताने नेहीं आएगा।"

लीजिए, यह एक और पहेली है। पहेली के अन्दर पहेली !

और अब कलकत्ता !

सबसे पहले कलकत्ते के जिस 'वैभव' ने उसे चकित किया, वह था 'हाथ रिक्शा' ! माने आदमी को आदमी खींचकर ले जा रहा था, घोड़े या बैल की तरह जुता हुआ, हाथ से ठन-ठन-घुँघरू बजाता हुआ। सुना, आसनसुर में भी ऐसा ही रिक्शा चलता है। वैसे कलकत्ते में हजार नियामतें थीं। एक नियामत गंगाजी थीं, जिन्हें कुतुबपुर में छोड़ आया था।

बाबूलाल उनके भाई महेन्दर और ढेरों देसवाली लोग मिले। तरह-तरह की बोली-बानीवाले लोग खड़गपुर में भी थे, लेकिन कलकत्ते में तो जैसे मेला लगा रहता है, दिन-रात। बेगाना देश-मुलुक ! कितना अपना लगता है कोई जब अपनी बोली बोलता है। इसी बोली के लिए तो तरसते रहते हैं परान ! इसी बोली के तार से तार जुड़ा रहता है, जैसे नार से बच्चा जुड़ा रहता है अपनी महतारी से।

मैदान, चौरंगी, धरमतल्ला, हवेलियाँ, बग्घियाँ, फिटन जिस किसी सड़क पर चले जाओ, रेला लगा हुआ है, आदमी का रेला—किसिम-किसिम रंग और लिबास के

आदमी। कितना पैसा है यहाँ ! बाबूलाल ने उसे जादूघर दिखाया। जादूघर में, पता नहीं, किस-किस जमाने के जीव-जंतु और उनका ढाँचा, पेड़-पौधे, पत्थर, मूरतें थीं–सतजुग से लेकर कलजुग तक की...और जिन्दा जादूघर में परदे पर फोटू, हालाँकि फोटू किताबों में भी होते हैं, लेकिन वे चल-फिर नहीं सकते और ये चलते , फिरते, नाचते हैं। भिखारी ने तो उसे सच ही मान लिया था, वो तो बाबूलाल ने बताया कि इसे सिलेमा कहते हैं। ये परदे पर मशीन से उतारी गई परछांई है, बोल नहीं सकतीं, तुम्हें छू नहीं सकतीं, डरने की कोई बात नहीं।

फनीबाबू कलकत्ते में मिले मोहन बाबू के भेष में। सेलून में सिर पर हाथ पड़े नहीं कि खर्राटे लेने लगे। उन्हें सोता हुआ छोड़कर दूसरे ग्राहक की 'चूल-दाढ़ी' पकड़नी पड़ती।

जगाए जाने पर पूछा जाता, "घर नहीं जाएँगे मोहन बाबू ?" तो उदास आँखों से घूरते, "घर...?"

कलकत्ते में बाबूलाल की नाच-पारटी चलती। कहने को छपरहिया नाच लेकिन भागलपुर के छोकरे ही भोजपुरी नाच पेश करते।

पति शादी करके परदेश चला गया है। जवानी अंग-अंग में फूल की तरह खिल रही है, देवर बबुआ, तुम भी तो जोगी बन गए हो। देह नहीं देखते, सामने फुलवारी सजी है देह की और उस पर यह वैराग !

उस दिन लिलुआ में नाच हो रहा था बाबूलाल का। आठ ही बजे ढोलक, सारंगी लेकर लौट पड़ा दल कलकत्ते की ओर। बाबूलाल सबसे जल्दी-जल्दी कदम बढ़ाने को कह रहे थे। बहुत-से लोग तो लगभग दौड़ते हुए आ रहे थे गंगाजी की ओर। गंगाजी पर बना नाव का पुल पार करते ही बाबूलाल की जान में जान आई।

भिखारी ने पूछा, "नदी पार करने के लिए लोग इतनी हड़बड़ी में क्यों थे ?"

"वो दखो ?" बाबूलाल ने उँगली से दिखाया। पुल टूट रहा था बीच से, समसे (सभी) लोग दौड़ रहे थे, जो पार हो गए, पार हो गए, जो रह गए, रह गए। पुल रात को तोड़ दिया जाता है !

देसवाली आदमी जो भी मिला, परदेशी मिला, नई-नई ब्याहता पत्नी को छोड़कर पैसा कमाने के लिए आया हुआ। जैसे-तैसे जिन्दगी जीते हुए, नाच, तमाशा, बतकही में मन को भुलाए हुए और बतकही भी क्या...गाँव-जवार, पत्नी, माँ-बाप, बच्चों की यादें, सीने की धुकधुकी में हर पल बजता हुआ गाँव ! लेकिन देह का भी अपना तकाजा है और जब बाबूलाल के लौंडे या पतुरिया आग भड़का चुकी हो–सुलगते तन-मन में जल कर बर-बुता जाने की चाहत का एक कोना–रंडी !

मोहन बाबू एक दिन खुद ही लिवा गए। बहुत उदास थे। वे जिस बैंक के दरबान थे, उसका दिवाला पिट गया था। मोहन बाबू अन्दर रंडी के पास गए। बाहर बैठा रहा वह (भिखारी)। साफ-सुथरा छोटा घर, फिर भी घिन आ रही थी। इसी को कहते हैं बंगाल का जादू। किसी ने बताया था कि अच्छे-खासे परिवार के हैं मोहन बाबू, जात

के लाला। गाँव पे सुन्दर-सी मेहरारू और एक लड़की है, लेकिन मोहन बाबू को भायी क्या—यही रंडी।

"चलो !" निकल रहे हैं, शायद दारू पी है।

"कहाँ चलें ? डेरा !"

"ना ! खलासी टोला !"

खलासी टोला जाकर देसी दारू पीते हैं। पैसे कम पड़ गए। भिखारी को देना पड़ता है।

कंधों पर सहारा देकर लाना पड़ रहा है। पाँव, जबान बेकाबू।

"बाबू, आप अपने घर क्यों नहीं जाते ?"

"घर...?" मोहन बाबू की उदास आँखें खुलती हैं थोड़ी-सी। महलों के शहर कलकत्ते में अनाथ-से...जैसे पूरे ब्रह्मांड में अपना घर तलाश रहे हैं—घर या घर जैसी चीज !

ऐसे कितने फणी बाबू, मोहन बाबू घर से यहाँ आकर बेघर हो गए हैं।

"घर ?" अन्दर किसी ने सवाल किया, "औरों की छोड़ो, अपनी बताओ, क्यों जियान (बर्बाद) कर रहे हो जिनगी कलकत्ते में ? यहाँ कौन है तुम्हारा अपना...? यह गंगा, यह हवड़ा का नाव वाला पुल, ये हवेलियाँ, ये ट्राम और फिटन गाड़ियाँ, हाथ रिक्शा और मोटर गाड़ियाँ, ये सैलून और नाच,...रंडियों, दलालों, मोहन बाबुओं की दुनिया, ये अंग्रेजों, जमीदारों की दुनिया, उनके धोती की चुन्नटें...कौन हैं ये लोग और इनसे तुम्हारा नाता क्या है ? घर चलो भिखारी, घर। बहुत भटक लिए कलकत्ते में भी !"

बारह-बारह आने की मर्दानी और चौदह-चौदह आने की जनानी चार-चार धोतियाँ, तीन बचकानी—आठ-आठ आने की, साबुन, तेल, सेन्हुर, बाल्टी, छाता और क्या-क्या तो अल्लम-जल्लम गठरी बँधी।

हबड़ा टेसन पर गाड़ी में बैठा देते हैं बाबूलाल, "कभी वक्त जरूरत पर खबर देना।"

"गाँव कब आ रहो हो ?"

"देखो, बन पड़ा तो फगुआ तक।"

गाड़ी सरक रही है।

पटना से स्टीमर चला तो तीन घंटे में बबुरा। अच्छा हुआ नींद टूट गई, नहीं तो बक्सर जाकर फिर लौटना पड़ता।

गाँव में ज्यादातर लोग हाल-चाल पूछने आते, मगर आनेवालों में ज्यादातर लोगों का सिर्फ एक शौक, भिखरिया से बार छँटवाने का। नाई देखते ही हजामत बढ़ जाती है और वह भी ऐसा नाई जो खड़गपुर, कलकत्ते वाला हो तो क्या कहने !

जो चंद लोग आत्मीयता से मिले, उनमे से एक थे रामानन्द सिंह—राम-भरत मिलाप था कि राम-हनुमान का !

भिखारी किस्तों में अपने परदेश का हाल बताते हैं।

"तुम धन्य हो भिखारी ! जो कलकत्ता नहीं देखा, वो तो अभी माई के पेट में है। खैर, आगे का क्या सोचा है ?" रामानन्द सिंह ने कहा।

"आगे...?"

"बबुरा के रघु पाँड़े राम-जानकी की झाँकी निकालते हैं, तुम चलो तो..."

"मगर जजमानी...?"

"वह भी करते रहो न ! सिर्फ बीच-बीच में चार महीना बरसात में करना है।"

"ठीक है"

"सीता बनना पड़ेगा, सोच लो।"

"अरे बाप! माने मेहरारू !"

कबीरदास का कहले बाड़न...दुलहिन गावहुँ मंगलचार, हमारे घर आए राम भतार। चाहे...राम मोर पिय, मैं तो राम की बहुरिया...

"और राम कौन बनेगा ?"

"हमही को कह रहे थे।"

"अरे बाप, राम से सीता एक हाथ बड़ ? वर से कन्या दून !"

"बैठना ही तो है। चुक-मुक बैठे रहोगे।"

चार महीने की झाँकी में छत्तीस करम हो गए। दलसिंगार ठाकुर को कभी पसन्द नहीं आया कि उनका लड़का झाँकी में सीता बने। लोग जितनी ही तारीफ करते वे उतना ही कुढ़ते, किसी भी तरह अड़ंगा डालने के मौके ढूँढते रहते।

चतुर्मास शेष होने पर सूर्य के उत्तरायण होते ही शुभलग्न खुल जाती। दूर-दूर के सारे न्यौते भिखारी के हवाले कर दिए जाते।

"एक गो न्योता पीरो पहुँचावे के बा, ऐ सीता माई।"

"लेकिन पीरो तो बहुत दूर है।"

"ऊ कुल्हि हम ना जानी। नाई के घर जनम लेहले बाड़-अ ए बबुआ।"

खिन्न मन से उठ पड़ता है भिखारी।

"रेलवई का भाड़ा माने टिकस का पइसा माँग लेना चना, चबेना, सतुआ-नून-गुड़। बहुत दूर जाना है।" पीछे से बाप ने पीठ पर साट दिया।

"खुद नहीं माँग सकते थे !" कुरमुराता है वह।

भाड़े की बात सुनते ही धनी सिंह के बाप ने ऐसे मुँह बनाया जैसे उससे कोई गुस्ताखी हो गई हो। बहुत देर तक दुआरी पर बैठा रह गया भिखारी, जैसे सचमुच का भिखारी हो।

टेंट से एक अठन्नी निकालकर फेंक दी उन्होंने और चना-चबेना के लिए मलिकाइन के पास जाने को कहा। नाई होने के नाते पैंठ अन्दर तक थी, फिर भी आज अन्दर जाते हुए डर लग रहा था। वहाँ कोई महाभारत मचा हुआ था। कोई औरत रो रही थी। बिना कुछ माँगे लौट आया वह। बाद में रामानन्द सिंह ने बताया कि धनी

सिंह की मेहरारू ही रो रही होगी, धनी ने चमइन रख ली है। आज भोरे-भोरे उसने सराप दिया कि जो आ रही है, उसका भी हाल मेरे जैसा ही न हो। और उसे घर के सभी ने मिलकर मारा।

पीरो से लौटते-लौटते एक मठिया में रात हो गई। वहाँ कोई भजन गायक आए हुए थे। भिखारी भी रुक गया।

खंझरी पर गा रहे थे साधुबाबा, 'गुरु ने पठाया चेला 'ना' मत लाना...'

कैसी अचम्भे की बात है ! अन्न लाओ, मांस लाओ, लकड़ी लाओ, पानी लाओ, मगर, जहाँ-जहाँ ये मिलते हैं, वहाँ से नहीं। फिर कहाँ से ? यही तो ज्ञान है, जो सिर्फ गुरु से प्राप्त होता है। धन्नि हो कबीरदास जी ! धन्नि-धन्नि !...

और वो मेले में साधु मण्डली का भजन! सूरदास गा रहे थे—मय ढोलक, टुनटुनी, खंजरी और तंबूरे के साथ...

कहत कोई परदेशी की बात !
वही द्रुमलता, वही कुंजन बन
वही तरुअर वही पात
जबते बिछड़े नन्द साँवरे
नहिं कोउ आवत-जात...

भजन था कि जैसे कोई कलेजे को खींच रहा था। अर्थ भी बताते जा रहे थे, "कोई उस परदेशी की बात तो बताओ—अरे कौन परदेशी दूसरे देश के गइल—ह भाई ? वोही भगवान कृष्णचन्द्र। गोकुल से कहाँ गइलें...? मथुरा। परदेशी हो गइलें...हाय-हाय ! वही पेड़ है, वही लताएँ, वही करील के कुंज, वही कदम की छैंया, लेकिन..."

समाजी—लेकिन क्या ?

सूरदास—लेकिन जब से श्याम विहारी नंद के लाला गए हैं, ना केहू आवत-आ, ना केहू जात-बा। ढोलक और खंजरी पर एक साथ चोट, तंबूरा झनझना उठा, टुनटुनी टनटना उठी।

सूरदास-मन्दिर अरध आवन हरि बदि गै
हरि अहार टरि जात।

मन्दिर का अर्ध, माने आधा क्या हुआ ?

समाजी—क्या हुआ ? क्या हुआ ? क्या हुआ ?

सूरदास—पाख! अब हरि कहा सिंह को, सिंह का अहार क्या है ?

समाजी—मांस।

सूरदास—तो ऽऽऽ ! बोले थे कि एक पखवारे में माने पनरह दिन में लवट आवैंगे मथुरा से, लेकिन मास माने महीने टलते जा रहे हैं।

(गायन फिर शुरू हो जाता है) मन्दिर अरध...

समाजी—दुहाई हो दुहाई नंद के लाला, काहे कलपावत बाड़-अ ?

सूरदास गाते हैं—

बेद नखत ग्रह जोड़ अरध करि
सोइ बनत अब खात !

(गायन बन्द कर वार्तिकी में)--हिंया बड़का-बड़का बाबू-बबुआन, जिमींदार, साहेब-हाकिम, बड़का-बड़का पंडित, गियानी, गुनी जना बैठल बाड़न, सूरदासजी के इस पद का अरथ बतावें...।

साज धीमे होकर लय के बहाव को बाँधे रहते हैं, मगर सभा से कोई जवाब नहीं आता तो सूरदास विजयी अन्दाज में मुँह टेढ़ा करते हैं, "बेद कै गो बा ?"

"चार।" सभा जवाब देती है।

"नखत ?"

सभा से दो-चार संख्याएँ उछलती हैं।

"सत्ताईस।" सूरदास बताते हैं, "अब ग्रह गिन डालिए, नौ।"

"तो चार बेद, सत्ताईस नखत, नौ ग्रह—सबको जोड़ डालिए—चार और सत्ताईस, एकतीस, फिर नौ चालीस, अब चालीस का आधा कर डालिए—कितना भइल ?"

"बीस !"

"अब जे बा से, कहतारन, बेद नखत ग्रह जोड़, अरध करि, सोई बनत अब खात। माने...?"

समाजी पूछते हैं, "माने ?"

सूरदास बताते हैं, "माने विष, जहर—माहुर खायके मन करता है।"

साज फिर तेज होते हैं और सुर-ताल को अपने नियंत्रण में ले लेते हैं। स्वर और राग की दूसरी परत खुलती है, "हमारी दैंया, निठुर भए बनवारी, हमारी दैंया !"

भाव-विस्तार के लिए दो पंक्तियों के इस क्षेपक के बाद फिर से पुरानी लीक पकड़ लेते हैं गवैया-बजवैया, "कहत कोई परदेशी की बात।"

भिखारी रो रहा है, भिखारी भींग रहा है--अन्दर भी, बाहर भी।

"वाह !" सभी सराह रहे हैं, "मामूली गुनी हैं !"

सूरदास ने 'अदभुत एक अनुपम बाग' और 'हमारी मन की मन में रही' आदि और गंग और नरोत्तम दास की चीजें सुनाईं और सबसे आखिर में—

मेरो तेरो मनवा एक कैसे होई रे ?
तू कहता कागद की लेखी,
मैं कहता आँखिन की देखी
मैं ठहरा सुरझावन हारा
तू रह्यो अरुझाई रे...

धीरे-धीरे सब चले गए, रह गया सिर्फ एक श्रोता—वह ! "के ह-अ भाई ?" सूरदास के कान टोह लेते हैं।

"महराज जी हम हइ—भिखारी, कुतुबपुर दीयर, जिला, सारन के नाई।"

"नाई ?" सूरदास के माथे पर बल आ गए।

भिखारी को ठेस लगी लेकिन बात को लीपने की गरज से कहा, "बहुत नीमन लगा महराज! बहुत भजन सुने हैं, लेकिन भाव और भक्ति में जैसे अपने बूड़ि जाईला, वोइसन तो आज तक ना देखलीं। सबद, और सुर और लय और ताल को फेंटने, बदलने, तह करने का कतना परकार होला, परभाव (प्रभाव) के हिसाब से कतना उठाया जाय, कब, कतना, कहाँ गिराया जाय, नट की तरह किसिम-किसिम की कलाबाजी ! ओह गजब !"

समाजियों ने लिट्टी-चोखा परोस दिया, भिखारी को भी प्रसाद मिला।

मन में उमंग थी कि आज गवनई पर जमकर सत्संग करेंगे, लेकिन महात्माजी की रुचि, लगता था, भिखारी-जैसे नाई की प्रशंसा सुनने में नहीं थी। बोले, "अरे ए ठाकुर, तनी हथवा टीप न द भगत !"

उसने खुशी-खुशी मालिश की सूरदास की, फिर बजानेवालों की भी। अलसाए कुत्तों की तरह वे पसरते गए एक-एक कर के।

यही सब कुछ तो होता रहा अब तक उसके साथ। उम्र के उनतीस बरस के बेकार बीते हुए दिन। आज इस दूर-दराज के गाँव में रह-रह कर वे सारे बरस जग रहे हैं। सूरदास भी बेगार करवाने से बाज न आए, दूसरे तो कराते ही हैं। नाई देखते ही हजामत बढ़ जाती है। औरत जितनी भी गुणवती क्यों न हो, भोगी के लिए उसका सिर्फ एक गुण है—भोगने की चीज ! नान्ह जातिवाला आदमी चाहे जितना भी ज्ञानी हो, बड़ जातिवालों के लिए उसका सिर्फ एक उपयोग है—सेवा लेना। सेवा लेना और उससे घिना करना। शास्त्रों में भी यही लिखा है और बाप-महतारी-गाँव-समाज भी यही मानता है। हुँह, 'सीता माई' कहकर ताने कस रहे थे। दूसरी जगह नाच और गवनई में मूँडी हिलाएँगे, वाह ! वाह !! शाबासियाँ देते हुए थकेंगे नहीं। और अपने घर में हो तो...? इस दोमुँहेपन को क्या कहें ? वह चाहे तो उनमें से कइयों से अच्छा कर के दिखा सकता है, लेकिन नसीब में तो हज्जामी लिखी है।

तो क्या यूँ ही टहलुअई करते बीत जाएगी पूरी उमर ? मन में अजीब-सी खलल है। इस फंदे से छुटकारा पाए बिना गति नहीं। असहनीय पीड़ा, जैसे अंडे से कोई चूजा निकल आने की जद्दोजहद में हो।

चना-चबेना लेकर लौट रहे हैं। गहरी कशमकश है। चाल कभी धीमी हो जाती है, कभी तेज ! बोझ क्या इतना भारी है ? ऐसा भी तो नहीं!

एक संदेश देकर जा रहे हैं।

एक संदेश लेकर आ रहे हैं।

4

बाढ़ के चलते नीचे धरती माई का आँचल छोटा पड़ता जा रहा है और ऊपर बदरी के चलते आसमान का। यूँ 'टाड कंपनी' का स्टीमर अभी भी बबुरा में सीटी देता है, जिसको बक्सर, पटना चलना हो चले, लेकिन नहीं...। अब घुटते रहो चार महीने मूस की तरह दीयर के डिबके पर। जितना उछलना-कूदना है बस इतने में ही उछलो, कूदो। मौसम और तन-मन अगर फरहर हुआ तो कुतुबपुर और पास के गाँवों के नौजवान बरम्ह बाबा के पास चले आते हैं। वहीं दुनिया जहान-भर की बातें होती हैं। हँसी-दिल्लगी और नकल उतारी जाती है। रात-विरात गीत, गवनई, नाच-वाच के लिए वहीं योजनाएँ बनती हैं। साँझ गहराने के पहले ही लौट पड़ते हैं लोग। तीन नदियों से घिरे इन गाँवों में इसके सिवा और रखा ही क्या है ?

बरम्ह बाबा के थान पर इस बात को लेकर चर्चा चल रही थी कि रघु पाँड़े की झाँकी अभी तक नहीं आई।

"अब इसका हाल तो बाबू रामानन्द सिंह और भिखारी ही बता सकते हैं।" तिवारी ने भिखारी की ओर देखा।

"झाँकी से मन भरता है ?" भिखारी ने कहा।

"पेट तो रामलीला से ही भरेगा, लेकिन कर पाओगे ?"

"काहें ना ?"

"अरे !" रामानन्द सिंह ने चिहुँककर देखा भिखारी को। भिखारी के चेहरे पर दृढ़ निश्चय है, "तुम लोग साथ दो तो अपने ही गाँव में पाँड़ेजी से नीमन रामलीला हो सकती है। इसी जगह, इसी थान पर।"

"अरे वाह रे भिखारी भइया !" पलटू दुसाध ने भिखारी को अँकवार में भरकर उठा लिया, "बोलो-बोलो भिखारी भइया की जै।"

"जै !"

प्रस्ताव इतनी आसानी से मंजूर हो जाएगा, इसकी आशा न थी। चिहा कर ताकते हैं भिखारी अपने दोस्तों को।

नए-पुराने सारे दोस्तों का बटोर हुआ। नया-नया प्रस्ताव। नया-नया उत्साह !

रामलीला का सूत्रधार कौन होता है—रामायणी ! क्या रामानन्द सिंह से यह काम हो पाएगा ?

"ना ! ना !!" रामानन्द सिंह ने मूड़ी हिलाई।

"आप तो उस बैल की तरह पीछे खींच रहे हैं, जिसे पानी में पँवर के पार जाना हो।" भिखारी ने मजाक में कौए की तरह गर्दन ऊपर-नीचे करके अपने सूत्रधार को देखा।

भगवान साहु सूची बना रहे हैं—सामान की भी, पाट (पार्ट) की भी।

रामायनी—रामानन्द सिंह। चौकी—एक रामानन्द सिंह, एक गजाधर सिंह।

"ए हमारा हियाँ से ना !" गजाधर सिंह के लड़के ने प्रतिवाद किया।

भिखारी ने कहा, "ई कच्चा कागद है, बबुआन ! एक बाँस रामबली तिवारी, एक बाँस पलटन बिन्द, बाकी माँगने पड़ेंगे।"

"अब परदा !"

"एक नहीं दू-दू गो !"

"पीछे जाजिम ही टाँग दिया जाएगा, तो भी सामने का परदा तो होना ही चाहिए।"

"सुनले बानी कि रामनगर में परदे की जरूरत नहीं पड़ती।"

"तब कैसे होती होगी रामलीला ?"

"देखो, हियाँ अजुध्या जी, हियाँ जनकपुर, हियाँ किस्किंधा, हियाँ लंका !" सभी के एक साथ बोलने से कौवा-रोर में कुछ सुन पाना मुश्किल हो गया। भगवान साहु चिल्लाए, "मुकुट ?"

"हाँ, मुकुट !"

"माटी का हो तो मैं बना दूँगा !" दुखरन पंडित (कुम्हार) ने कहा।

"ए मरदे, एकदमे से लंठ-ए रह गइले न का ! अरे ऊ सब कागद का बनेगा, जूता रखने वाला कूट से।"

"गोड़ का चीज है जूता, और मूड़ का शोभा है मकुट!"

"तुमसे बहस कौन करे ?"

"मुकुट, हनुमान जी के मुँह का बानरवाला खोल—दुखरन पंडित !" भगवान साहु ने लिखा। फिर पूछा—"धनुष, बान, गदा, तरवार !"

"ई कुल ठग लोहार के नाम पे !"

आनन-फानन में चन्दा लिखा गया—पसेरी, दू पसेरी अन्न! कुल मिला के पैंतीस पसेरी ! ऊँट के मुँह में जीरा ! सो खर्च का गोबरधन पहाड़ उठाया रामानन्द सिंह ने, बाकी लोग ग्वाल-बाल की तरह अपने-अपने डंडे से पहाड़ को टेके हुए थे।

भगवान साहु ने पूछा, "पाट कइसे बँटाई ?"

ठग ने पूछा, "माने ?"

"माने राम, लछिमन, दशरथ, सीता, रावण...के बनी ?"

अब आया था ऊँट पहाड़ के नीचे। फजीहत तो यह थी कि 'राम' कई लोग बनना चाहते थे, मगर 'सीता' कोई नहीं। प्रायः सब को नारद-मोह ब्याप गया था। ऐसे में भिखारी को ही बोलना पड़ा, "राम के लिए फिकिर मत कीजिए, राम तो हमरे पास है ही, बाकी पाट के लिए सोचिए।"

"के है ?"

"राम का नाम लेकर ही जिसका जनम हुआ हो—बाबू रामानन्द सिंह !"

"ऊ राम और तू हनुमान !" तिवारी ने ताने कसे तो हुल्लड़ मच गया।

"शांत ! शांत ! ए चुप न रहो !" रामानन्द सिंह ने झेंपते हुए कहा, "माने हमही रामायणी, हमही राम—क्या मजाक है ! देखो रामजी बनने के लिए रामजी जैसा मुँह भी होना चाहिए न ?"

"मुँहवा में का लगा है ?" भिखारी ने यह कहते हुए चट थैले से अपनी छोटी दरपनी निकाल कर उनके हाथ में थमा दी।

"है न ! ई दाढ़ी, ई मोंछ, ई राकस जइसन चेहरा !"

"अरे दाढ़ी-मोंछ छीलके हम चिकन कर देंगे न! निकालें छूरा ?"

"ना, ना खबरदार! मोछ-दाढ़ी बाप-महतारी के जियतहे छिला के जाएँगे तो कौन घुसने देगा घर में ? फिर तनी सोचो, आ-कि हम ठहरे छत्तरी! अगर हम राम बन गए तो बाभन लोग गोड़ कैसे लगेगा ?"

"झाँकी में तो बनते थे ?"

"अरे ऊ छोड़-अ मरदे!

"रामजी छत्तरी नहीं थे ?"

"ऊ तो राम जी थे न ?"

"आप राम-ए जी बनेंगे न ?"

रामानन्द सिंह दरपनी घुमा-घुमाकर अपना चेहरा अभी भी तौल रहे थे, "ए भाई, हमारा के दशरथ, जनक, जामवंत चाहे रावण-ओवन के पाट द-अ लोगन! ऊहे ठीक परी।"

रामानन्द सिंह के मना करते ही राम बनने के लिए फिर से घमासान मच गया। तिवारी, जो उम्र में सबसे बड़े थे, ने ऊँची आवाज में कहा, "ऐसे तो हो चुकी रामलीला ! तुम लोगों की मति मारी गई है। अरे हम लोगों में से कोई भी ऐसा नहीं है जो राम-लछिमन, सीता बन सके। ओकरा खातिर पनरह, बड़ जोर अठारह बरिस !"

"हूँ ऽऽऽ !" अब होश आया सभी को। ऐसे कम उम्र के सलोने लड़कों की खोज की गई। बबनवा, रामनवला, धनी और शिवहरखा—चार नाम आए। इनमें एक कोइरी, एक कुर्मी, एक दुसाध और एक राजपूत ! नान्ह जातियों के लड़कों को रामानन्द सिंह ने एक स्वर में खारिज कर दिया। बाकी बचे धनी सिंह तो उनका चेहरा ही चपटा था।

"ओकरा के तो रावन के पाट दियाई।"

तभी किसी को याद आया कि लाला का लड़का जनार्दन छपरा से पढ़ाई छोड़कर गाँव आया हुआ है !

"सोरह आना !"

"और सीता के बनेगा ?"

"नाचवाला परभुआ।" भगवान साहु ने लिस्ट देखी। रामानन्द सिंह की भृकुटी तन

गई, "अव्वल तो चमार है, दूसरे ऊ अपने रामचन्दरजी माने जनार्दन की महतारी लगेगा।"

धनी सिंह के भइया का जी उचट गया, कि राम न सही, लछिमन का पाट तो धनी को मिलना ही चाहिए। वही क्यों, उन्हें भी अंगद चाहे मेघनाद का पाट मिलना चाहिए। अपनी बात उन्होंने कई बार रखनी चाही, मगर किसी ने नहीं सुनी। वे उठ खड़े हुए।

"का बात ह-अ बबुआन ?"

"कुछ ना ! घर पे काम है ?"

"बाँस के लिए कब आएँ ?"

"बाँस देई हम और पाट करे दूसर। ई विद्या तो गुरु हमारा के ना सिखइलन !" बबुआन अपनी कसक रोक न पाए।

अब जा ! एक बाँस मिलना था, वह भी गया।

रामानन्द सिंह ने पस्त आवाज में कहा, "धनी सिंह को दे न दो हनुमान का पाट।"

भगवान साहु ने लिस्ट फिर से उठाई, "तब परभुआ को भी रहने ही दीजिए, सीता न सही, सुपनखा, मंदोदरी, तारा केतना जनाना का पाट है।"

रामानन्द सिंह ने रामायणी और सूत्रधार दोनों ही भूमिकाओं से हाथ जोड़ लिए।

गुलेट्नगंज के एक रामायणी जी को हनुमान जी की तरह उठाकर ले आए भिखारी। ढोलक, टुनटुनिया, धनुष-बाण, लोहे की तलवार, उजली खरिया माटी, लाली, काजर—इन सब चीजों को परभुआ की सहायता से जुगाड़ किया गया। सुतली रँग कर जटा बनाई गई। रिहर्सल में हनुमान जी की गदा नहीं मिली तो चौधरी जी के खेत से खूँटा ठोकनेवाले मुँगरे को उठा लिया गया। बात-बात पर हँसी, बात-बात पर ठहाके। गाँव के बड़े-बूढ़े नवजवानों की इस महफिल के अट्टाहास पर चिंहुक कर ताकते। पता नहीं क्या खिचड़ी पक रही है और जब खिचड़ी पकाकर परोस दी गई पत्तलों पर तो...?

खिचड़ी कहीं कच्ची थी, तो कहीं जल गई थी ! रामजन्म के पूर्व की कथा मंचित करते ही उत्साही युवकों को पसीना आ गया। कौन, कब, क्या संवाद बोलेगा, कितनी देर तक बोलेगा, कितनी रामायण गाई जाएगी, कितनी देर बाजा बजेगा—इसका पूरा तालमेल ही गड़बड़ा गया। कोई पट से आगे ही बोल पड़ता तो कोई मन-ही-मन अपना पाट रटते हुए रामायणी जी पर कुढ़ता रहता कि इतनी-इतनी देर तक टेरते रहते हैं, 'रामा हो रामा' अगर वह अपना पाट भूल जाए तो ? अब समझ में आया कि झाँकी और रामलीला में बहुत फर्क है। रामलीला में सिर्फ सजकर बैठने से नहीं होगा। सारा कुछ अनुशासित भाव से लिखा हुआ होना चाहिए और उस लिखे हुए का अच्छी तरह अभ्यास होना चाहिए। दूसरे दिन आँधी-पानी के चलते मंच उड़ गया। भिखारी अब सूत्रधार भी थे, सो दिन-रात पटकथा तैयार करने में लगे रहे। खड़गपुर में देखी गई रामलीला की तर्ज पर कैथी में लिखते-काटते, जोड़ते-घटाते। कभी उठकर खड़े होते हैं, कभी बैठ जाते हैं।

"ई का गाभिन गाय की तरह ?..." तिवारी टुहुँकते।

"गाभिन गाय से कम पीड़ा थोड़े ही हो रही है ! अब इन्हें कौन बताए ?" भिखारी मन-ही-मन अनसा कर रह जाते।

अन्ततः रामजन्म तक ढर्रे पर आने लगा सबकुछ। सबसे अच्छा रहा सीता स्वयंवर। गड़बड़ी हुई किष्किंधा कांड में, जब हनुमानजी को रामलीला के बीच से ही पकड़ कर ले गई ठकुराइन–धनी सिंह की माई। सब लोग, 'हाँ-हाँ' करते ही रह गए, मगर ठकुराइन की एक ही धुन थी–

"सब लोग राम बनेंगे, लछिमन बनेंगे–ह नू ? आ हमार बेटा के हनुमान बनाएँगे।"

रामायणी जी और बाकी सभी लोग समझाते रह गए कि ऊ तो महावीर स्वामी जी हैं।

"चोप! धरम भ्रष्ट करब-अ, बड़का रामायणी बनल बाड़-अ ? लाला का गोड़ पकड़ेगा राजपूत ?"

सारी सोची-समझी सतर्कता धरी की धरी रह गई। आखिर व्यास पीठ से कूदकर हनुमानजी की भूमिका में आना पड़ा भिखारी को। कलम छोड़कर गदा और बाद में हनुमान की भूमिका से कूदकर बाली की भूमिका में। सुग्रीव बने थे रामानन्द सिंह। यहाँ आकर रामलीला परवान चढ़ी। संकोच के मारे मरे जा रहे हैं भिखारी। रामानन्द सिंह पीठ थपथपाते हैं–"इ तो रामलीला है भाई, कोई सचमुच का तो नहीं बन गए न ?"

"डर की बात समझ में आ गई।" रामानन्द सिंह भभाकर हँसे, "तारा को बाद में हम ले आएँगे।" जोरों की खिलखिलाहट मच गई।

"क्या सच ?"

"नहीं, ऊ तो बाली के मराइला पर जो चाहे सो ले जाय। ओकरा पहिले तो...।"

घोड़े पर रामानन्द सिंह का पानी लाती दुल्हन के पास ठिठकना याद आता है।

"तब काहे का डर ?"

"मरने पर का नहीं, जीते-जी का डर है।"

"का है भैया ?"

"बाली ने सुग्रीव की पत्नी को भी छीन लिया था–हरि लीन्हेसि सरबस अरु नारी।"

इस पर वो हँसी मची कि माहौल हल्का हो गया। उस दिन की लीला देखने सारा गाँव आया हुआ था। बाली और सुग्रीव दोनों ने ताल ठोकी, पहले जाँघ पर, फिर हथेली पर, फिर भिड़ गए पंजे। भिखारी यूँ ही बलिष्ठ थे और सुग्रीव रूपी रामानन्द को यूँ ही हारना था। गाँव-भर के सभी मानिन्द स्त्री-पुरुष, बच्चे-बूढ़े देख रहे हैं–बाली-सुग्रीव का मल्ल युद्ध। दोनों ठाकुर। एक नाई, एक राजपूत।

रामलीला में फिर एक बार व्यवधान आया। पता चला कि रामायणी जी नहीं

आएँगे। काहें...? कहाँ तो पिछलका साल पंजाब में अंग्रेज लोग एक गो बाग में देसवालियों को घेरकर मार डाले थे ?

"ना जी ऊ बात नहीं, चौरी-चौरा में गाँव के लोग एक गो थाना फूँक दिए हैं। सो गान्हीं बाबा नाराज हो गए, पराश्चित कर रहे हैं, अब रामायणी जी गान्हीं बाबा के चेला हैं, सो ऊ भी पराश्चित करेंगे। खबरों का मर्म शायद ही कोई समझ पा रहा था, मगर सब के सब उदास थे इस खबर पर। लेकिन एक बार शुरू की गई रामलीला तो छोड़ी नहीं जा सकती थी। रामायणी का काम रामानन्द सिंह करेंगे।

रामलीला सम्पन्न हो गई, तो फिर वही नाई का काम। पुनर्मूषिको भव। माल-पुआ के बाद मकुनी मुँह को नहीं लगती। दुआर की नीम पर अपनी पूँछ टाँगकर 'हनुमानजी' देखा करते। कुछ-न-कुछ तो करना ही पड़ेगा। ऐसा कुछ जो रामलीला की तरह अस्थाई न हो।

मन में बहुत सारे ख्याल आ रहे हैं। थोड़ा-सा उजाला और ढेर-सा अँधेरा।

"नाच ?"

"हाँ, नाच !"

नाच के नाम पर धोबी-धोबिन का नाच ही दिमाग में घूम-फिरकर आता है। ये कौन-सी अन्तःप्रेरणा है, ठीक-ठीक नहीं मालूम। कहीं इसलिए तो नहीं कि बियाह में धोबी-धोबिन का नाच हुआ था या इसलिए तो नहीं कि टिकुलीवाली भौजी उन्हें अच्छी लगती थी या धोबी के प्रति सामाजिक घृणा को स्वीकार नहीं कर पा रहा था मन, या रामलीला में धोबी पर लगा हुआ यह कलंक कि उसके कहने पर ही सीता को दोबारा बनवास दिया गया ? शायद थोड़ा-थोड़ा सबकुछ मिल-जुलकर। कागद पर उतर रहे हैं कैथी के टेढ़े-मेढ़े अक्षर।

श्री गुर चरण कमल सिर धरि कर
तब गाव-अ विरहा के गीत...

मन में ढोलक, मंजीरे और पिपिहरी बज रही है। छन्द पर छन्द अमलतास के फूलों की लड़ी की तरह जुड़ते जा रहे हैं।

एक ओर टिकुलीवाली भौजी है। जवाब में धोबी भैया हैं। नहीं-नहीं, खुद भिखारी हैं। भिखारी नाई ? नहीं, भिखारी धोबी !

और मनतुरना देवी कहाँ जाएँगी ? जहाँ मन हो, वहाँ जाएँ। 'बाली' को परमपद मिल गया है। अब उसकी तारा को चाहे तो रामानन्द सिंह ही ले जाएँ।

यह क्या सुन रहे हैं भिखारी, "धनी सिंह मू गए !" रात तक तो ठीक थे, सुबह उल्टी-दस्त हुई और चल बसे ! दुआर पर रामलीला-दल के सदस्य एक-एक कर बटुर रहे हैं, गाँव के दूसरे लोग भी आ गए हें। गजाधर सिंह के घर से रुलाई की आवाजें मातम को गाढ़ा कर रही हैं। पचास तरह की कानाफूसियाँ...चमइन रख ली थी न, सो सती मेहरारू का सराप लगा।...नहीं, नहीं चमइन तो बहुतों ने रखी होगी, सबके सब

कहाँ मर जाते हैं, असिल में ई 'महाबीर जी का परकोप' है, रामलीला में हनुमानजी का पाट पूरा किए बिना ही चले आए थे। भिखारी कुछ और ही सोच रहे थे। उनकी नजर पति की लाश पर पछाड़ें खा-खाकर गिरती धनी सिंह की विधवा पर थी। कितनी सुन्नर 'नारि'! अभी 'उमिरि' ही क्या है ? सुख तो सपन ही हो गया, बस एक मरजाद की टाटी भर रह गया था धनी, वो भी छीन लिया भगवान ने ! इस औरत को जब भी देखा है, आँखें जुड़ा गई हैं, एक मीठा-मीठा नशा !

लाश उठी तो औरतों के विलाप में 'उस विलाप' को अलगाने की कोशिश करते रहे। लाश जली तो चिता में धनी सिंह का चेहरा नहीं, उसी का जलता हुआ चेहरा झलमलाता रहा...! हे रामजी ? यह झलमलाहट बहुत दिनों तक लुका-चोरी की तरह खलल डालती रही।

धीरे-धीरे मन थिराया तो अधूरी रचना को फिर से उठाया।

उठते-बैठते, सोते-जागते छंद ही घुमड़ते रहते हैं मन में, धोबी-धोबिन के सवाल-जवाब, कुछ सुलझे, कुछ अनसुलझे जीवन-रहस्य !

बच्चे किचिर-काँय कर रहे हैं। कुत्तों में कटकटाहट मची है। कोई औरत डंडा लेकर अपने बिगड़ैल बेटे को खदेड़ रही है, जो बार-बार मना करने पर भी वहाँ से नहीं हटा था। कुत्तों को या बेटे को ? उधर दरवाजे पर कोई जोगी गुदड़ी के लिए सारंगी रेत रहा है। कुआर का महीना है। नदी सिमटने लगी है और दिन भी। चारों ओर सफेद कास के उजले-उजले फूल-जैसे साबुन के झाग। वे बार-बार छंदों को सजा रहे हैं। तुक मिलाने के चक्कर में बात किसी और घाट जा लगती है। कठपेंसिल फिर से उठाई–

सोभित कइसन कास फूल सम...

तब तक काका लगे चिचियाने–

"तुम हियाँ बैठे हो, धनी सिंह के सुध में बार बनाने नहीं गए ?"

"जा रहा हूँ।"

भिखारी की एकाग्रता को फिर से सहेजने की कोशिश।

काका की दोबारा टेर, "अभी गइल-अ ना ?"

"कह दिए न कि जा रहे हैं।"

"ए भाई, अइसा कौन जरूरी काम आ पड़ा कि नहीं जा रहा है। अभी कोई मारी-गारी देने लगेगा तो का करोगे ?"

रुक्ष आँखों से देखते हैं भिखारी, हाय रे जालिम जमाना, तूने कदर ना जानी कि कितना बड़ा काव्य रचा जा रहा है।

एक बाग में बार बन रहा था। नाइयों की कतार। सब को परनाम-पाती कर के बैठ गए। कपड़े में लिपटा उस्तरा पहटनी पर पजाया और दोनों हाथों भिजा कर लगे छीलने ! बीच में लाई-गुड़ का चबेना मिला। मन खुनसाया हुआ था। गमछे में बाँध लिया। बाल छीलते-छीलते दिन लरक गया। एक अधेड़ नाई बार-बार उन्हें ताक लेता। भीड़ छँटने लगी तो वह आकर पास खड़ा हो गया, "का ए भिखारी, सुनते हैं, कुछ

लिखते-विखते भी हो।'' दाढ़ी छीलकर उन्होंने हाथ पर पोंछा और हाथ पर ही उस्तरे को पजाया। भिखारी खुद ही सामनेवाले की नाक की गुफा में कैंची लेकर पके बाल के शिकार को झाँक रहे थे, कैंची की चोंच में बाल आ गया तो कुच्च से काटकर बोले—

''नहीं बस तनी मनी !''

''अरे हमको भी कुछ सुनाओ भैया !''

''जब कहिए...।''

अंधा क्या माँगे, दो नैना ! एक नए कवि को चाहिए क्या, उसकी कविता के पाठक और श्रोता! और दूसरे ही दिन दुपहरिया में जा पहुँचे रामसेवक ठाकुर के पास।

ठाकुर ने बहुत आत्मीयता से बैठाया, गुड़-पानी से सत्कार किया। फिर कहा, ''सुनाओ !'' लजाते-लजाते भिखारी ने पढ़ा...

''धोबी—

सिरि गुरु चरन कमल सिर धरि कर, तब कर-अ बिरहा के गान।
कहे भिखारी तू सभा के खुश कर-अ, कतहीं न होइबू हैरान॥

धोबिन—

सिरि गुरु चरन कमल सिर धरि कर तब गाव-अ बिरहा के गीत।
कहे भिखारी तू सभा के खुश कर, मुद्दई होई तोहार मीत॥''

ठाकुर ने मूँडी हिलाई—हूँ उनतीस !

भिखारी को लगा, जैसे ठाकुर कोई ओझा है, ''उनतीस माने ?''

''कुछ ना ! बहुत ठीक ! बहुत शुद्ध है बाचा, बाकी तनी और ठीक कर लो तो बिल्कुल दुरुस्त हो जाय। मात्रा की गणना जानते हो ?''

''मात्रा ?'' भिखारी के लिए नई बात थी।

''गणना के ज्ञान के बिना छंद अशुद्ध हो सकते हैं।''

''बहुत कठिन है का ?''

''दुत मरदे, बहुत सरल है ! देखो दू गो बात याद रखो, एक लघु और एक गुरु—कोई अक्षर धीरे से बोला जाय तो ह्रस्व, जोर से बोला जाय तो दीर्घ, जैसे 'क' ह्रस्व 'का' दीर्घ, 'कि' ह्रस्व 'की' दीर्घ, हाँ 'के, कै' और 'को', 'कौ' दूनो में दीर्घ। ह्रस्व के लिए एक और दीर्घ के लिए दो। जैसे—

'नाथ शंभु धनु भंजन हारा।
होउ है कोई इक दास तुम्हारा॥'

एकरा में 'ना' के लिए दू, 'थ' के लिए एक, 'शं' के दू, 'भु' एक, 'ध' एक, नु एक, फिर दू, एक, एक दू, दू—जोड़ के देख-अ—कतना भइल—सोलह ! तो चौपाई के पहिला चरण में सोलह मात्रा, अइसही दूसरा चरण के गिन डाल-अ!''

भिखारी ने जोड़कर देखा—सोलह ! यह किसी चमत्कार से कम नहीं था।

ठाकुर ने उन्हें दोहा, सवैया, सोरठा की गणना में मात्राओं के भेद बताते हुए कहा—मात्रा सीख लो तो कोई भी छन्द साध लोगे।

भिखारी ने अपनी मात्राएँ गिन डालीं।

"उनतीस !"

"होनी चाहिए तीस या अट्ठाईस !"

"हाँ !" भिखारी की समझ में आने लगा कुछ-कुछ, 'तीस तो नहीं' हाँ अट्ठाईस पर बैठ रही है। एक-एक मात्रा दोनों पदों मे कम करनी पड़ेगी।

जैसे कमाल हो गया। मैं कर सकता हूँ, हाँ मैं कर सकता हूँ। अन्दर कोई 'धिनक-धिनक-धिन धा-धा' बज रहा था। कंठ अपने ही पद गा रहे हैं। चाल बहकी-बहकी है, कदम सहके-सहके। कोई देखे तो समझे कि भंग चढ़ा रखी है। शहनशाह की तरह देखते हैं सीवान को, नहीं शहनशाह क्या चीज है जी, कहिए, वेदव्यास की तरह। प्रकृति में तीन ही रंग हैं अभी, नीला, हरा और सफेद ! सब कुछ टटका-टटका, सब कुछ चटक-चटक ! वर्षा रूपी धोबिन ने प्रकृति की सारी मैल धो डाली है—धोते-धोते ही बुढ़ा गई बेचारी !

फूले कास सकल महि छाई,
जिमि वर्षाकृत प्रगट बुढ़ाई।

राशि-राशि फूल, राशि-राशि उजाला, जैसे किसी धुनिया ने रूई धुनकर ढेर लगा दी हो।

भिखारी लिखते हैं—

धोबी के गुन ई धुनिया अस, दिहले रूई के धुन,
सोभित कइसन कास फूल अस, जस बिन पाप के पुन्न।

कुछ दिन अपनी सर्जना पर मगन रहे, फिर नारद मोह थिराया तो कहीं कुछ खटकने लगा। क्या है वह, ठीक-ठीक समझ नहीं पाए, सिर्फ एक दबा-दबा-सा असंतोष भाव हावी रहा मन पर ! कई दिन बाद लगा कि प्रकृति वर्णन में ज्यादा डूब जाने के चलते असिल चीज दब गई। कास के फूल झरने लगे थे। उन्होंने 'कास-फूल' को हटाकर कोई उपयुक्त शब्द रखना चाहा। मगर इतना आसान काम था क्या यह ! कई-कई दिन परेशान रहे। अचानक साबुन से कपड़े साफ करते हुए झाग पर नजर गई तो खुश हो गए—'फेन' ! नहीं, 'फेन-फूल !'

'फेन-फूल' पाकर इतना हुलास कि बेटे के जन्म की प्रसन्नता भी क्या हुलसित करेगी। पत्नी ने एक बेटे को जन्म दिया था, पति ने एक रचना को। बेटे का नाम रखा केदारनाथ और रचना का नाम 'बिरहा बहार' ! पत्नी का फूला हुआ पेट पिचक गया था, मगर पति का ? एकांत में पति ने पत्नी से हँसते हुए पूछा, "ऐसा भला क्यों ?"

"देखो अभी शायद और कई बच्चे होंगे पेट में तुम्हारे।" मनतुरना देवी का जवाब था।

हँसने लगे भिखारी। बेटे को गोद में उठा लिया, "यह तो बहुत ही छोटा है ?"

मनतुरना देवी ने पलट कर पूछा, "तुम्हारा क्या बहुत बड़ा है ?"

"नहीं, अभी तो दोनों को पाल-पोसकर बड़ा करना है।" बेटे को रखकर रचना

को उठा लेते हैं।

पपीहरा बोल रहा है। इस मौसम में ? शायद स्वाति नखत की बूँदों के लिए। पप्पीहा ! पप्पीहा !! पप्पीहा !!! एक पास , एक दूर, एक बहुत दूर। समय की कोई टेर है जो डूब-डूबकर उतरा रही है, उतरा-उतराकर डूब रही है। गंगा में पता नहीं इस मौसम में कहाँ से बाढ़ आ रही है। बर्फ पिघली होगी दूर कहीं गोमुख की। जिन्दगी अपनी गति से बहेगी, कलम अपनी गति से। बहुत सारी आवाजें हैं। पपीहरे के साथ-साथ सोहर की गूँज कान में, नाक में, सोइंठौरे की गंध।

अब उनकी तीन संतानें हैं। पेट सिर्फ कविताई से नहीं भरनेवाला। उसके लिए पैसा चाहिए, पैसों के लिए कमाई ! क्या एक बार फिर कलकत्ते भागना पड़ेगा ? बाबूलाल फिर कब आएँगे ?

नहीं! इसकी जरूरत ही नहीं पड़ी। महीने-भर भी नहीं हुए, केदार चला गया। सोहर की जगह विलाप ! पत्नी जब भी मिलती है, रोने लगती है। माई और पत्नी की सारी मनौतियाँ बेकार गईं। जिस-तिस पंडित, जोगी और ओझा से पूछती रहती हैं माई– "कौन-सी चूक हुई हमसे ?"

नहीं, लिखना नहीं हो पाएगा उनसे। एकदम नहीं। फूल खिला नहीं कि चील झपट्टा। रेंगनी का काँटा बन गई जिनगानी।

तीर पर जो खेत बोए गए थे जिनमें हल्के-हल्के अंकुर आए थे, चले गए गंगा माई के पेट में। पानी घट रहा है तो मुंडित सपाट पंकिल बलुई माटी दिख रही है। जाएँ, कहीं से फिर बीया-बिसार ले आएँ। उँचास पर बूट बोए थे, वे अपनी नन्हीं-नन्हीं पत्तियों के कान खड़े कर आकाश की ओर उमगने लगे हैं। कुछ दिनों में तीरवाले खेतों के अनाज के डाभे निकल आते। ऊँह ! बीया-बिसार के बारे में बाद में सोचेंगे।

छप्पर में खोंसे गए पन्ने फिर से निकाले। कई-कई बार पढ़ा। पेंसिल कहाँ रखी थी ? नहीं मिल रही है। शिलानाथ की कलम-दवात उठा लाते हैं–

"धोबी घर-घर के नरक बिटोरत साफ करि के देई देत"...उ-हूँ मात्रा ज्यादा हो गई लगती है।

धोबी घर-घर नरक बिटोरत, धोई साफ करि देत।
घास बिना फसील सोभित है जिमि किसान के खेत।

धोबी अपनी धोबिन को यह भी बताता है कि धोने का काम सिर्फ धोबी ही नहीं करते, इस समाज में कौन है जो धोने का काम नहीं करता–

कोइरी धोवत साग के, धोवत तमोली पान
जजमनिका पुरोहित धोवत, करमकांड के ज्ञान !

दोहे को अलाप भरकर गाते हुए अन्दर की आकांक्षा व्यास के रूप में आकार ले रही है–भीड़ के बीच मंदराचल की तरह उठता हुआ आदमी, ऊपर, ऊपर, सबसे ऊपर, इन तमाम रामायणीजी और व्यासों से ऊपर !

मगर यह सब होगा कैसे ? लजाते-लजाते घुमा-फिराकर रामानन्द सिंह से मन की बात कहते हैं। बहुत देर तक गुनते रहते हैं रामानन्द सिंह, फिर कह उठते हैं, "तुम किसी नाच गिरोह में शामिल क्यों नहीं हो जाते ?"

"नाच ?"

"तुम तो ऐसे चिहुँक रहे हो, जैसे कोई कीड़ा गिर पड़ा हो।"

"बाबुजी, ओही कीड़ा से बाद में तितली उड़ जाली फुर्र!" रामानन्द सिंह के लड़के ने चुटकियों से तितली उड़ा दी जैसे, "हम यह तो नहीं जानते कि यह कितना सच है, लेकिन मोटी बात तो जानते ही हैं कि बिन क-ख सीखे रामायण नहीं बाँची जा सकती।"

'नाच' को पचाने में कुछ दिन लग गए, मन को जैसे-तैसे समझाया कि नाचने थोड़े ही जा रहे हैं, व्यास बनने जा रहे हैं।

रामानन्द सिंह के पास फिर लौटते हैं, "किस नाच गिरोह में जाने को कह रहे हैं ?"

"किसी में जाओ। रंग-ढंग देखो, परखो, पसन्द आए तो टिक जाना, नहीं तो लौट आना।" फिर कुछ सोचते हुए बोले, " रामध्यान सिंह के पास क्यों नहीं चले जाते ?"

"उनका कोई दल है ?"

"वे चाहें तो तुम्हे अंगराहित यादव के दल में रखवा सकते हैं।"

चार कदम चलकर फिर मुड़े, "कैसा दल है ?"

"ओह ! पहले जाओ न ! हाँ, मने पड़ल, बरहिनाबाद में सुरूठ बाबा का मेला लग रहा है–अगहन पंचमी को। पहले बैलघाटा, फिर साधु संत, फिर आम लोगों का मेला...वहीं मिल जाएँगे अंगराहित यादव !"

सूत्र तो मिल गया। अब सवाल था, जाएँ कैसे ? रानीगंज न्योता देने जाना है तिवारी जी के यहाँ गवने का। न्योता के बहाने निकल जाएँगे।

डील-डौल देखी तो खुश हुए अंगराहित, "पहले ई बताईं भाईजी कि बाभन-राजपूत हो कि अहीर-ओहीर ?"

"हम तो नाई हैं यादवजी !"

"ओ ऽऽऽ..." नाई पर त्योरियाँ चढ़ गईं। फिर तनाव ढीला हुआ–

"नाचना आता है ?"

"नाचना तो नहीं आता, बाकी..." अटकने लगे भिखारी।

"बच गए।" किसी बगल में बैठे हुए आदमी ने कहा, "वरना साक्षात ताड़का या पूतना जैसे लगते।"

अंगराहित यादव हँस पड़े, "कभी नाच-वाच में काम किया है ?"

"नाच में तो ना... "

"और 'वाच'... ?" उसी आदमी ने कहा तो खिल्ली उड़ गई। भिखारी के बदन पर चींटियाँ रेंगने लगीं।

"रामलीला में काम किए हैं।"

"कुछ बजाना आता है ?"

"खपटा चाहे जोड़ी !"

फिर खिल्ली !

अंगराहित यादव ने हिकारत से देखा, "फिर जाकर हजामत बनाओ। ई नाच-वाच तुमरे वश का रोग नहीं है ठाकुर !" ठेसुआ गया मन। मारेसि मोहिं कुठाँव ! फिर वही जाति !

कहाँ जाएँ ? घर ? उपहास की मधुमक्खियाँ डंक मार रही थीं। कुछ देर चलने के बाद वे ठमक गए, अरे यह डगर तो रामध्यान सिंह के गाँव को जाती है। वो रहा उनका बैठका।

"का बात है ?"

"भिखारी ने सलाम किया और सिर झुकाकर खड़े हो गए। रामध्यान सिंह थोड़ी देर तक देखते रहे। फिर चादर झाड़ी, लौर (लाठी) उठाई, पनही गोड़ में डारी और कहा–

"चलो, इसी दम चलो।"

"ना ! रहने दिजिए बाबू साहेब! हमरा खातिर...।"

"हम कहते हैं चलो।" इक्का कसवाया और चल पड़े। अंगराहित यादव देखते ही उठ पड़े। हाथ जोड़कर सलाम किया, दल के बाकी लोग भी आ-आकर सलाम करने लगे।

"ई हम का सुन रहे हैं ?"

"मने कि बाबू साहेब, मने कि..."

बहुत घुमा-फिराकर अंगराहित ने बताया कि इसको लेकर क्या करें वे। रामध्यान सिंह के चेहरे पर हँसी खेल रही है,

"तुम अपनी माँ के पेट से सीखकर आए थे ?"

"मने कि..." अचकचा जाते हैं अंगराहित।

"अरे अभी रखो। रखकर सिखाओ-पढ़ाओ साल-छह महिना।"

अंगराहित से कुछ कहते न बना।

बाहर से तमाशा देखना एक बात है, और अन्दर से घुसकर देखना दूसरी बात। लवंडों का चेहरे पर रंग-रोगन पोतना, नकली स्तन की 'सकली' बाँधकर लहँगा-चोली पहनना, सज-धजकर पाँव में घुँघरू बाँधकर छम्मक-छम्मक चलना, तबले-डुग्गी को कमर से बाँधकर नचनिया के पीछे-पीछे बजाते हुए घूमना, गोया नाच न हुआ फसल की मड़ाई हो गई, और वे तमाम छिछोरे गीत–"हमरे जोबना पे आइल बहार राजा !" कुछ अजीब-सा लग रहा था। गुलेटनगंज में सिर्फ चवन्नी दिखाई थी किसी मनचले ने और नचनिया उसे लेने चला गया, नचनिया गया, तबला बजाते हुए सुनरसन जी गए, सारंगी

बजाते हुए जगन जी...मंच खाली, नाच चला गया, दर्शकों के बीच। कामार्त्त कुत्ते 'कूँ-कूँ' कर रहे थे और नचनिया अठन्नी-चवन्नी का कौरा लपकने के लालच में कुतिया की तरह उछल रहा था। जब वह दोबारा मंच पर आया तो और भी फूहड़ गीत। दूसरा नचनिया कम कैसे रहता, "गवने की रतिया, पहिलकी रतिया..." में उसने नकली चूंचियों को वो झमकाया कि भीड़ से आवाजें आने लगीं—फाट-अ ! फाट-अ ए धरती !" जोड़ी बजाते हुए वे इस असमंजस में रहे कि उन्हें भी नचनिया के साथ-साथ जाना चाहिए या नहीं। देर रात तक नाच चला।

उठे तो जिस पुआल पर सोए थे, उसके तिनके जहाँ-तहाँ चिपके पड़े झूल रहे थे, गालों पर दाग पड़ गए थे—रतिया की बतिया...! जैसे रात बाहर गुजारकर आई कोई औरत ! गड़ही में निपटान से लौटते समय कंठ पर कोई गीत मचल रहा था।

गवने की रतिया, पहिलकी रतिया...अरे फिर वही फूहड़ गीत! उसने खुद को डाँटा...लेकिन धुन अच्छी थी। इतनी अच्छी धुन में इतना फूहड़ गीत, जैसे किसी गंदे आदमी को अच्छे कपड़े पहना दिए जाएँ। "गवने की रतिया, पहिलकी बतिया...कर दिया जाय तो कितना अच्छा हो जाय—शृंगारिक भी, मर्यादित भी, सुन्दर भी !"

एक रात, दो रात,...कितनी ही रातें..."फाट-अ ए धरती-ई-ई-ई ! फाट-अ !"

कल ही फकुली गाँव गया था, सत्संग था, कीर्तन पर कितनी अच्छी बातें होती हैं वहाँ, लेकिन रात फिर वही, वैसी ही काली लसलसी-गंदगी में लिबिर-लिबिर करती हुई और जब गोबरधनवा नाचते-नाचते किसी बबुआन की गोद में जा बैठा तो भिखारी के मुँह से खुद निकल पड़ा—फाट-अ ए धरती !

यह तुम कहाँ आकर फँस गए भिखारी !

रामध्यान सिंह दतुअन कुंच रहे थे, कान पर जनेऊ अभी तक चढ़ा हुआ था, भोर-भोरे भिखारी को देखते ही सारी क्रियाएँ रुक गईं, "का बात है ?"

भिखारी ने हाथ उठाकर सलाम किया, बोले नहीं कुछ। बाबू साहब जैसे-तैसे दतुअन-कुल्ली करके नहाने बैठे, भिखारी ने कुएँ से गगरा भर-भर कर काढ़ा और बाबू साहब को नहलाया। नहा-धोकर बैठके में आए तो नीचे जमीन पर बैठकर भिखारी ने अपनी व्यथा कह सुनाई।

"अब बताइए, कहाँ 'कंकण किंकिनि नूपुर धुनि सुनि, कहत लखन सन राम हृदय गुनि' और कहाँ 'जोबना पे आइल बहार राजा !'

रामध्यान सिंह 'हो-हो' करके हँस पड़े, "नाच में रामायन बाँचा जाएगा ?"

ओसारे में पत्तल पर खाना परोस दिया गया। भिखारी खाते रहे और सोचते रहे कि उनकी समझ में ही कहीं खोट है न क्या ?

लौटते समय रामध्यान सिंह ने कहा, "तुम्हारे अन्दर की रामलीला जब तक पूरी तरह से झर नहीं जाएगी, नाच का रंग तुम पर नहीं चढ़ पाएगा।"

अभी घर वापस लौट जाना ही सबसे बड़ी समस्या है। 'गतें-गतें' (चुपके-चुपके) पिछवाड़े से चल निकलना है, ऐसे कि किसी से भेंट न हो। उधर कोई बैठकी-सी हो रही है, बाबूजी वहीं होंगे, यानी द्वार का मैदान खाली है, बढ़ चलो जल्दी-जल्दी ! तनिक कन्नी काटकर बिल्ली की तरह दबे पाँव निकल आओ। ऐ ऽ ऽ ! पत्ता तक न खड़के। बाप की आवाज छिपकिली-सी टपकी, "कहाँ से ?" अरे बाप ! फट से जबान से निकला, "ऊ...एक ठो कीर्तन था।"

"कीर्तन !" बाप को छोड़कर सभी भिलभिला उठे और यह भिलभिलाहट बाप को और भी अपमानित कर गई। भिखारी ने बाप के बूढ़े तमताए चेहरे को देखा, घुटनों तक फटी धोती, पैबन्द लगा मटियाला फतुआ, नंगे पाँव, दीनता और अपमान के दंश से डँसा चेहरा, जैसे कोई बिलाव कुत्तों से घिर गया हो।

"कवन किरतन करेल-अ तू भाई...?" बहुत नरम सुर में पूछते हैं पंडित जी।

मन-ही-मन शब्दों को जोड़ते-घटाते कहते हैं भिखारी, "कौन-कौन कीर्तन जानते हैं बाबा ?"

"हमी जानते हैं जो बताएँ ?"

"तो सुनिए, अपने सारन में कीर्तन का एक लम्बा रिवाज है। अगहरा के सरजू भगत, रसौली के दमोदर तिवारी, और कतना नाम बताईं ? फकुली के बसुनायक सिंह तो बालकांड, अजोध्याकांड, नारद मोह, शतरूपा और अंगद पैज—कै ठो तो लिख-लिख के रख दिए हैं जो गाया जा रहा है रमैनी शैली में। दीघवारा के बाबू वशिष्ठ नारायण सिंह की उमिर अभी कम है, लेकिन बड़े-बड़े कीर्तनियाँ का कान काटते हैं। ई कुल्हि रमैन के तरज पे है लेकिन एकरो से नीमन और नया तरज पे एक गो नया कीर्तन चलल बा— यू.पी. के पंडित राधेश्याम कथावाचक का। रमैन का तरज ही बदल दिए पंडित जी !"

"ई कुल्हि ते जानेले-ए ?" (यह सब तू जानता है ?) पंडित जी की त्यौरियाँ चढ़ गईं।

भिखारी ने अपनी झुकी गर्दन ऊपर उठाई, "हाँ पंडी जी ! अब देखीं जे राम का ही नाम सभी कीर्तनियाँ लेते हैं, लेकिन सब का तर्ज अलग-अलग है। दू बौ बरस हुआ रामनगर, बनारस वाली रामलीला में जौन तर्ज बाबू विभूति नारायण सिंह दिहलें, ऊ कइसन ह-अ—

हे ऽ ऽ ऽ हा - आ - आ हा-आ-आ हा-हा !
रंग भूमि जब सिय पग धा - आ - आ - आ री,
देखि रूप मोहे नर ना - आ - आ - आ री !

एही रमैनी के बहर-तबील में कइसे कहल जाई...?

ऐ रावन तू धमकी दिखाता किसे,
मुझे मरने का खौफ-ओ खतर ही नहीं।

अउर ओही चीज के पंडित राधेश्याम कथावाचक कइसे कहिहन...

'भाई दो लड़के राम-लखन जो दंडक बन में आए हैं।
सँग में एक सुन्दर सीता-सी सुकुमारी नारी लाए हैं।
बाँके हैं और लड़ाके हैं गोया शमशीर खुली-सी हो।

(बीच में गड़बड़ा गए तो झट आगे बढ़ गए)

मैंने आगे बढ़कर के जब, उस नारी से मिलना चाहा।
तब सबसे छोटे तपसी ने मुझसे कुछ छल करना चाहा।
जब मैंने तेरा नाम लिया, सुनते ही उसने दी गाली।
यूँ मेरे कान कतर डाले, और मेरी नाक काट डाली।
अब मेरी नाक गई सो गई, अब अपनी नाक सँभालो तुम।
जग में जब ऊँची नाक नहीं, तो नकटा नाम धरा लो तुम।

भोजपुरी की छौंक में खड़ी बानी ! ऐसा तो न देखा था, न सुना था। सब के मुँह खुले रह गए अचरज में। दलसिंगार ठाकुर कभी बेटे के चेहरे को देखते, कभी अपनी मंडली को। मन अभिमान से भर उठा, जैसे कह रहे हों, "देख लीजिए कोई चोरी-चकारी नहीं करने गया था हमारा बेटा ! हुँह ! कहते थे, नचनिया बन गया !"

जान बची। भिखारी ने मन-ही-मन राम जी को प्रणाम किया।

रामानन्द सिंह से अकेले में बात हुई तो वे सोच में पड़ गए। साथ-साथ चलते रहे दोनो मित्र गंगा के तीरे-तीरे !

"अंगराहित के दल में तो हमरा से ना रहल जाई।"

"दूसरा दल बनाओगे ?"

"दू-चार जन से बात तो की है।"

"सँभाल लोगे ?"

"राम जी पार करेंगे।"

"और नाच ?"

"वही न! हम दूसरे ढंग की नाच चाहते हैं जिसमें रस-रंग तो हो, लेकिन मरजाद न टूटे।"

"ऐसा कैसे होगा कि नाचो भी और घुंघटा भी बना रहे ?

"घुँघटा उघर जाए तो एक बात, हिंया तो सभी गाँड़ खोलकर नाच रहे हैं।"

रामानन्द सिंह को भिखारी की बात पर यकीन न हो, ऐसा न था, उनसे ज्यादा भिखारी के मन की तड़प को कौन जानता था ! लेकिन भिखारी इस पूरे विपर्यय से अकेले लड़ेंगे कैसे।

"वैसी एक चीज लिख भी तो रहे थे तुम...वो क्या तो धोबी-धोबिन का बिरहा...?"

"हाँ, बिरहा बहार!"

"हूँ ! लेकिन तनिक फरके-फरके अभ्यास करना, बुढ़ऊ दलसिंगार ठाकुर को कीर्तन कह कर तुम हमेशा झाँसा नहीं दे सकते।"

सचमुच बड़ा विकट काम था दल बनाना और नए ढंग का नाच नचवाना, उससे भी विकट काम बाप-महतारी से इस भेद को छुपाए रखना। न्यौता देने का बहाना या कीर्तन का बहाना बार-बार काम नहीं आनेवाला...खैर, जब तक धराते नहीं हैं तब तक तो चले।

उधर चन्ननपुर में बाबूलाल आए तो दल को एक अनुभवी मिल गया, बाकी, बूधन, जगदेव और सोमारू अंगराहित के दल को छोड़कर आए थे। अभ्यास कभी सोमारू के घर, कभी बाबूलाल के घर... । बिरहा बहार बुना जा रहा था—कुछ कीर्तन, कुछ धोबिया नाच, कुछ बिरहा के सवाल-जवाब की तर्ज पर...इस बार लगन में उसे मंच पर उतारा जाएगा। देखते-देखते फागुन आ लगा। बाप ने फिर नहीं टोका था, सो तनिक लापरवाह-से हो गए थे।

घर आए तो बाप ने कुछ सूँघ लिया था, "देखता हूँ, आजकल तुम कुछ जियादा ही बाहर रहने लगे हो, क्या बात है ?"

"ऊ जोखन सिंह का न्यौता देने गए थे न ? आने लगे तो मामी ने रोक लिया... ।"

"ह नू ?" दलसिंगार ठाकुर ने सिर्फ इतना ही कहा पहली बार, लेकिन उनका बोलना भुस की आग के सुलगने-जैसा था।

माई रोज की तरह गंगा नहाकर लौट रही थी, पत्नी पलड़े में गोबर उठाकर पाथने जा रही थी, बहोर बहू मट्ठा बिलो रही थी, शिलानाथ और दूसरे लड़के झोला लेकर पढ़ने जा रहे थे,...दलसिंगार ठाकुर की बड़बड़ाहट पर सारी क्रियाएँ थोड़ी देर को रुक गईं। माई को छोड़कर किसी में उन्हें रोकने का साहस भी तो नहीं था। शिवकली देवी थोड़ी देर सुनती रहीं, फिर बोल उठीं, "सचमुच के सठिया गए हो क्या! जवान लड़का है, जो मुँह में आ रहा है, बके ही जा रहे हो।"

"तुम्हारा ही सहकाया हुआ है यह, वरना बात इतनी न बिगड़ती।"

बाबूजी अब माई पर पिल पड़े थे, "ढेर मनबढ़ ना करे के। अरे कोई हम अपने लिए बोलते हैं ?"

"मेरी तो कुछ भी नहीं समझ में आ रहा कि तुम क्या बोल रहे हो ?"

"अभी तो हम बोल रहे हैं, कल पूरा समाज बोलेगा, लड़का-लड़की का बियाह-शादी रुक जाएगा, तब समझ में आएगा।"

"का बोलेगा जी, कौनो हमर पोता-पोतिन काना खोंतर हैं ?"

भारी मुसीबत में पड़ गए हैं भिखारी। मनतुरना देवी गोबर का पलड़ा सिर पर धरे खड़ी हैं। बहोर बहू ओसारे से आ लगी है, बहोर आ गया है, बच्चे खड़े हैं, दो-चार पड़ोसी भी आ गए हैं, "का बात है ? का बात है ?"

"जब कोई पूछेगा कि लड़की का बाप का करता है तो हम का कहेंगे कि नचनिया है ?" दलसिंगार ठाकुर ने खुलासा किया। माई का चेहरा फक हो गया। उसने सत्त-असत्त कुछ न कहा। चुपचाप लोटे के गंगाजल को नीम में ढाला, प्रणाम किया और

और अन्दर चली गई।

यानी आज माई भी जान गईं। कितनी पीड़ा पहुँची होगी उन्हें यह सुनकर ? बाकी, और सब भी जान गए, जिन्हें अभी तक नहीं पता था। भिखारी को और किसी की उतनी परवाह न थी, सिर्फ माई के प्रति अपराधी महसूस कर रहे थे। वह माई, जिसने धर्म और नैतिकता को छोड़कर कुछ नहीं सिखाया, जिसे अपने बेटे के चरित्र को लेकर हमेशा गुमान रहा करता था, कैसे सह पाई होंगी यह बज्जर की चोट! वह माई के पीछे-पीछे अन्दर जाकर उनके मूड़ पर हाथ धरकर किरिया खाकर बताना चाहते थे, "माई वैसी बात नहीं है। तुम्हारा बेटा नचनिया नहीं है, नहीं है, नचनिया..." लेकिन माई ने न कुछ कहा, न कुछ सफाई का मौका ही दिया। घुलती रहीं अपनी आंतरिक पीड़ा में, और भिखारी...उनके तो पाँव ही ठस हो गए थे। यह पारिवारिक शर्म की बात थी !

एक-एक कर सभी चले गए, रह गया वह बूढ़ा बैल, जो बुढ़ापे के चलते अब बेकार हो गया था, और भिखारी जो जवान होकर भी बेकार थे, परिवार, गाँव और जवार की नजर में।

दलसिंगार ठाकुर जैसे फनफनाते हुए गए थे, घंटे-भर बाद वैसे ही फनफनाते हुए लौट आए, जैसे उनका रास्ता बिलाय काट गई हो।

"का भइल ?" माई ओसारे से बाहर निकल आईं।

"अब का बताईं, गजाधर सिंह के पतोहू के बार उतारे के बा। राँड़ के बार। घर में केहू सवाँग नइखे, के जाई ?"

आँय! यह क्या सुन रहे हैं भिखारी! जिस औरत के प्रति मन ही मन हमेशा से ही एक खिंचाव महसूस करते आए थे, उसका बार उतारना पड़ेगा, ई कहाँ का नियाव है भगवान ? लेकिन यह सब सोचने-विचारने का बखत नहीं था। खटिया से उठ पड़े, अन्दर ताक पर छुरा, कैंची और हज्जामी के अन्य सामान एक कपड़े में बँधे थे, उठा लिया और बिना कुछ कहे चल पड़े।

धनी सिंह की विधवा उन्हें देखते ही भोंकार मारकर रो पड़ी। वह औरत जो सुहागिन रहते हुए भी अभागिन जैसी जिन्दगी जीती रही, जिसका मर्द सारे पाप करते हुए भी समाज का ठाकुर और उसका सुहाग बना रहा, पति सुधर जाए, इसके लिए क्या-क्या पूजा-अर्चना और टोने-टोटके नहीं किए, इन्हीं हाथों से पाँवों में महावर लगाई थी, इन्हीं हाथों से उसके लम्बे-लम्बे काले बालों को छील-छीलकर गिरा रहे थे। कलेजा मुँह को आ रहा था। कितनी मुश्किल बात थी !

सारे बाल छिल जाने पर सफेद कपड़ों में कैसी लग रही थी वह औरत! एक बार देखा, पीले गोरे मुखड़े पर छिली लटों की सफेदी, काली-काली बरौनियाँ, आँसुओं से चिपचिपाई पलकें और हिचकियों में खिंचता गला...फिर दोबारा देखने की हिम्मत न हुई। उजली मारकीन में मुंडित वह बच्चे जैसा चेहरा एक स्थाई धब्बे-सा जम गया जैसे दिमाग में।

रामानन्द सिंह ने दूर से देखा तो बुला लिया। आकर 'परनाम' करते हुए खड़े हो गए भिखारी। पूछेंगे नहीं कि कहाँ से आ रहा हूँ। नहीं। रामानन्द सिंह को सब मालूम है। उस मर्मांतक प्रकरण से कतराते रहे दोनों मीत।

"तब...?" रामानन्द सिंह ने बात बदल दी, "दल खड़ा हो गया ?"

"अभी एक नचनिया की कमी है।"

"समाजी और बाकी सरंजाम ठीक है ?"

"हाँ, करीब-करीब !"

"नाटक तो वही बिरहा-बहार ही होगा ?"

"हाँ...लेकिन...।" स्वर कहीं भटक-से गए थे।

"क्या कोई बात हुई ?"

"मुझे कोई नहीं समझना चाहता, कोई नहीं। नाच गिरोह जो चल रहे हैं, चाहे वो रंडी पतुरिया के हों या लवंडों के, सब मुझे छिछोरे लगते हैं। वे मुझे अपने जैसा बनाना चाहते हैं। उनकी छूत के डर से भागकर मैंने नया दल बनाया। इधर घर के लोग, बाबू, माई, काका, काकी, मेरे नाम को रो रहे हैं कि मैं वही हो गया अब, कुल-खानदान की नाक कटवा दी मैंने। न वो मुझे समझ पा रहे हैं, न ये। आप ही बताइए कि मैं करूँ क्या !"

रामानन्द सिंह ने सरसों के पीले विस्तार पर निगाह टिकाए रखी। भिखारी ने समझा अपनी फसल देख रहे हैं। चलने को हुए तो रामानन्द सिंह ने कहा, "तुम्हें अगर लगता है कि तुम सही हो, तो अपनी आत्मा की छोड़कर किसी की न सुनो, धीरज रखो, धीरे-धीरे सब ठीक हो जाएगा।"

नहीं। कुछ भी ठीक नहीं होगा। रात अकेले में पत्नी का चेहरा अपनी ओर करते हुए पूछा, "अब तो तुम जान ही चुकी हो कि मैं क्या करता हूँ, जो दंड देना हो दो।"

मनतुरना देवी का अभिमान और अपमान भरा चेहरा फूला रहा। बोली नहीं कुछ। अँधेरे में कुछ दिखता नहीं। भिखारी ने समझा कि दिन-भर की थकी-मांदी सो गई बेचारी। लौटने को हुए कि अचानक उसने उनके सीने में सिर गड़ा दिया और जोर-जोर से लगी सुसुकने।

"अपना नाच दल बनाकर हमने कोई पाप नहीं किया है, तोहार किरिया।"

"तुम्हें जो अच्छा लगे, करो।" पत्नी ने आँसुओं भरा चेहरा ऊपर उठाया, "हियाँ तो मेहरारू से पूछने का रिवाज ही नहीं है।"

5

बैशाख में सोनिया का बियाह भी सलट गया। गाँव पीपरपाती, जिला आरा। लड़के का नाम सरजू। पढ़ने के नाम पर पढ़ रहा है। बियाह होते ही पोथी-पन्ना रख कर छूरा-कैंची उठा लेगा। छोटी-सी जजमनिका है बाप की। दलसिंगार ठाकुर ने माँग-जाँच कर चीज बस्तु का जुगाड़ कर लिया था। बराती सराहते गए—गुड़ और बतासा से स्वागत हुआ था। सेराती और गाँववालों के कानों में ढोल-तासे की आवाज बहुत दिनों बाद तक धमकती रही।

बैसाख बीता, जेठ बीता, असाढ़ भी बीत गया। ढोल-तासे की तड़ताड़ाहट की जगह ले ली बादलों की गड़गड़ाहट और बूँदों की खड़खडाहट ने। आज सात दिन हो गए बरसते हुए, बूनी टूटी नहीं। बरखा अपनी जवानी पर है। गंगाजी का पानी बढ़ रहा है। सरजू जी का पानी भी और सोन का भी। दिशाएँ एक-एक कर अपने किवाड़ बन्द करती जा रही हैं।

'उहूँ ऽ ऽ ऽ!" गिरोह के सबसे आज्ञाकारी सदस्य जगदेव ने भी जब जिद्दी लड़के की तरह बाँह छुड़ा ली तो धीरज टूट गया। प्रतीक्षा करते-करते अब उनका भरोसा टूट गया था और वे एक दूसरे पर भी शक करने लगे थे।

"पलटनिया जवान की तरह नचवैया, गवैया को भी रियाज बनाए रखना चाहिए, पता नहीं, कब बुलावा आ जाय।" भिखारी ने जैसे हवा को संबोधित किया, "सट्टे के लिए दौड़-धूप किया ही जा रहा है। अब कोई नहीं आता तो क्या करें, जबर्दस्ती किसी के दुआर पे नाच आएँ !" यह और किसी को नहीं, स्वयं को समझाने की कोशिश थी।

दूसरे दिन फिर से आशा बटोरते, "आज हमरी दाईं आँख फड़क रही है, सबेरे से ही, आज जरूर सट्टा मिलेगा, देख लेना।"

अभ्यास शुरू होता, अभ्यास पूरा हो जाता और कोई न आता। एक-एक दिन टूटन की ढलान पर फिसलकर बीत रहा था।

ऐसे में एक दोपहर जब जगधारी ने कहा कि एकगो आदमी पूछ रहा था नाच के बारे में तो निराशा में झुके सारे सिर धीरे-धीरे ऐसे उठे, जैसे सूखती फसल पर पानी की फुहार पड़ी हो। भिखारी गुसिया गए, "तुम भी एक ही बुड़बक! अरे पकड़ के न लाना चाहिए था।"

सभी जगधारी को उलटा-सीधा कहने लगे, जैसे उसने आई हुई मछरी को हाथ से

जाने दिया हो। लेकिन जब उसने दिखाया कि ऊ का आ रहे हैं भगवान साहु के साथ, तो सब सियारों की तरह उठकर लगे ताकने, झिलंगा-सा आदमी, "लदनी करता होगा !"

"लेकिन है तो लछमी !"

भिखारी खटिया बिछाने लगे। जगधारी ने एक भेली गुड़ फोड़कर मउनी में रखा, कुएँ से एक गगरा पानी ले आए, लोटा-गिलास माँजकर रख दिया और बाकी, जगदेव, सोमारू, चुनचुन, रतीलाल प्रस्तुत हो गए अगवानी के लिए।

"हमारे रिस्तेदार हैं, मुजफ्फरपुर जिला के। हमारा से बोले, कई जगह भटके, कोई नाच दल नहीं भेटाया सो छपरा आए हैं। हम बोले कि एक गिरोह तो अपने भिखारी का ही है। सो ले आए।"

"बहुत नीमन (अच्छा) किए। ऐसा नाच छपरा-भर में दीया ले के ढूँढने से भी नहीं मिलेगा।" सोमारू ने कहा।

"सुनते हैं, नया दल है।" उस झिलंगे आदमी ने शंका प्रकट की।

"आदमी तो सब पुरान है। काम देखिएगा तो तबियत बाग-बाग हो जाएगी।"

भिखारी ने देखा, दल के चार सदस्य भगवान साहु और आगंतुक को घेरकर ला रहे थे, जैसे वह भागने न पाए। भिखारी हाथ जोड़कर खड़े हो गए भगवान साहु के आते ही। खातिर-तवज्जो के बाद, पैसे की बात आई।

"अब अपने गुरु जी ही लेकर आए हैं तो अपने मुँह से हम का कहें। जवन बुझाय दे दिजिएगा।"

"आने-जाने का खर्चा और पच्चीस रुपैया !"

आगंतुक को सादर विदा किया गया।

इस तरह दल का पहला प्रदर्शन मुजफ्फरपुर के सर्वमस्तपुर में। रह-रहकर भिखारी का जी धक-सा हो जाता—कहीं ऐसा न हो, नाच के बीच से ही लोग उठकर चल दें। ढेला-पत्थर चलने लगे ! दहाई रामजी, दहाई शंकर जी, दहाई पियनिया की सती माई, "लाज तोहरे हाथ-ए में बा।" दिक्कत यह थी कि मन के इस सरसराते भय को किसी के सामने प्रकट भी नहीं कर सकते थे, सेनापति ही पोंक मारे तो दल का क्या होगा ! ई जगदेउवा और सोमारूआ को देखो, जैसे धनुषयज्ञ का धनुष यही तोड़ेंगे ! ठीक भी है, पहले भी नाच चुके हैं जगह-जगह और खट्टे-मीठे अनुभवों से गुजर चुके हैं। अकेले वही नौसिखुआ हैं। धोबी बने जगधारी, धोबन बने सोमारू, ढोलक सँभाली जगदेव ने, हरमुनिया और सारंगी के लिए बाहर से 'बदलैन' के नाम पर दूसरे दल से खोभारू और अली खाँ आए थे। और दलपति भिखारी...? सिर्फ जोड़ी (झाल) बजाई थी उन्होंने 'समाजी' (बजानेवाले) बनकर—बचपन के खपटे से जवानी तक 'जोड़ी' तक ही पहुँच पाए थे।

बीच-बीच में लोगों की प्रतिक्रिया जानने के लिए हुलक लेते, लेकिन जहाँ नाच चल रहा था, वहाँ मसाल जल रहा था, बाकी अँधेरा था। घरवाले ही आकर कुछ कह सकते

थे, लेकिन वे तो अपने अनुष्ठान में ही व्यस्त थे। आखिर मौका निकालकर जगदेव से पूछा—जम रही है ?

पता नहीं क्या तो भन्न-से कहा जगदेव ने।

खेवा-खर्चा बिदाई जोड़-बटोरकर पचास रुपए मिले।

पचास रुपए का नाच और पचास बातें। लौट आया दल। दो-दो रुपए हर सदस्य को, खेवा-खर्चा भिखारी का, बाकी पैसा उनके पास जमा रहा। पैसे ले-लेकर चले गए लोग। कुछ तो बताकर जाना चाहिए था कि तीत लगा कि मीठ। इस तड़प का उपचार क्या है ?

रामध्यान सिंह को एक दिन 'बिरहा बहार' का अभ्यास दिखाया तो कुछ बोले नहीं।

घोड़े पर सवार हुए तो हाथ जोड़कर खड़े हो गए भिखारी, "आप भी रास्ता न दिखाएँगे तो कौन दिखाएगा ?" सोच में पड़ गए बाबू साहब ! कहीं ऐसा न हो दिल टूट जाय।

"ठीक ही है, बाकी..." कहते-कहते रुक गए।

"बोलीं न, तनिको खराब लागल हो तो बेधड़क बोलीं।"

"यह 'बिरहा बहार' भी रामलीला और कीर्तन और बिरहा जैसी ही कोई चीज है, इसे नाच तक खींचकर ले आओ भिखारी। अभी तुम्हारा मन वहीं भरम रहा है।"

भिखारी ने दोनों हाथ जोड़कर झुककर सलाम किया। घोड़ा आगे बढ़ गया।

एक नामालूम-सा हीनताबोध ! तो क्या खरी-खरी बोलने को कहकर भी मन अपनी प्रसंसा ही सुनना चाह रहा था ? शायद हाँ। उन्होंने खुद को खुद से परे हटाकर देखा—लोभी मन !

दूसरा सट्टा मिला तो यह हीनताबोध तो धुल गया मगर एक दूसरे बोध ने आ घेरा। वह था न्यूनताबोध। सिर्फ एक नाटक से दल चलनेवाला नहीं था। कम-से-कम तीन तो होने ही चाहिए। वे भी अलग-अलग रस-रंग के। 'बिरहा बहार' में मूलतः उपदेश था। इस उपदेश को थोड़ा कथा और शृंगार में डुबोना पड़ेगा। और भिखारी लिखने लगे कलजुग प्रेम—बेवफा पति का किस्सा।

एक से दो सामग्री होते ही फेर-बदलकर प्रदर्शित करने में थोड़ी सुविधा तो हुई, मगर अभी और नाटक चाहिए। तसल्ली इस बात की थी कि 'कलजुग प्रेम' 'बिरहा बहार' से ज्यादा पसन्द किया जाने लगा था। 'कलजुग प्रेम' के बारे में रामानन्द सिंह से लेकर जगदेव और दूसरे लोगों की राय मालूम हो चुकी थी। मगर उन्हें बाबूलाल की राय का इन्तजार था। असिल उस्ताद तो वही है। चिट्ठी में लिखा था—इस बार कलकत्ते से अपना सारा कामकाज समेटकर अपना नाचदल लेकर शामिल हो रहे हैं। एक सीखा-सिखाया मँजा हुआ नाचदल उनके नाच में शामिल होने आ रहा है, जैसे सरयू गंगा से मिलने आ रही हो।

सोमारू के यहाँ अभ्यास होता था, वहाँ पहुँचे तो धक्का लगा, "सोमारू दल

छोड़कर नए दल में चले गए हैं।''

''केकरा दल में गए हैं ?''

''सिधारी महतो बिन्दवाला में।''

''छोड़ो, जाने दो। मान लो कि कोई भैंस पगहा तुड़ाकर भाग गई है।''

नहीं सोमारू 'भैंस' नहीं, सिखाया-पढ़ाया 'सुग्गा' था, नदी से नदी मिलती ही नहीं, बिछड़ती भी है, बिला भी जाती है बिछड़ी हुई शाखा, अगर पानी नहीं रहा तो !

बाबूलाल को चिट्ठी लिखी जा रही है–सोसतीश्री सरबो उपमाजोग लिखा बाबूलाल ठाकुर को भिखारी ठाकुर का राम-राम पहुँचे। आगे हाल ई है कि...

दस दिन बाद महेन्दर कुतुबपुर आया। पानी-धानी पीने के बाद उसने बताया कि भैया (चन्ननपुर) लौट आए हैं, यह भी कि आपको बुलाए हैं दल-बल के साथ।

बाबूलाल कलकत्ते से चश्मा बनवाकर आए हैं। चश्मे के पार से देखते हैं तो आँखें अजीब बड़ी होकर फैल-फैल जाती हैं। चशमेवाली आँख से ही उन्होंने 'बिरहा बहार' की लिखाई देखी, भिखारी ने दूसरी कापी आगे बढ़ा दी, ''ई देखो 'कलजुग प्रेम'। उससे भी ज्यादा नाम किया हैं इसने।'' सोचा था, देखते ही खुशी से फट पड़ेंगे, गले लगाकर कहेंगे–कमाल है ! सो नहीं हुआ। चश्मा उतारकर बक्सा में रखकर उत्कंठा में ताकती भिखारी की आत्मा पर एक ठंढी-सी प्रतिक्रिया–''ठीक-ए बा। और भी किसी से दिखाया था ?''

''बाबू रामानन्द सिंह से।''

''हूँ ऽऽऽ।''

उस दिन बातचीत आगे न बढ़ सकी, हालाँकि रात बाहर ही सोए थे दोनों मीत। दूसरी परिवारिक बातें होती रहीं, नाच की भी चर्चा हुई, मगर एक बार भी बाबूलाल 'कलजुग प्रेम' या 'बिरहा बहार' पर नहीं लौटे। गर्मी की रात थी, मगर रात के आखिरी पहर ठंढक घेरने लगी। नींद आई थी कि चुटकी काटने लगी ठंढ। बाबूलाल को कलकत्ते रहते-रहते छपरा की आबोहवा भूल-सी गई थी। भिखारी ने उठकर भेंड़ वाली कमरी डाल दी उनके ऊपर और खुद घुट्टी-मुट्टी मारकर पड़े रहे। जैसे ही शुकवा उगा, उठ गए और कुएँ से पानी निकालकर लोटे भरे। खइनी बनाई। फिर जगाया बाबूलाल को।

लोटा लेकर चल पड़े दोनों मित्र। इधर के गाँवों की यही होशियारी है। अँधेरे में निबटान न कर लिया जाय तो सबकी जागा-जागी हो जाने पर बहुत दूर जाना पड़ेगा आड़ के लिए। हालाँकि दियारे की तुलना में यहाँ पेड़-पल्लव के चलते आड़ ज्यादा था।

''तुम रामायण (रामचरित मानस) खूब पढ़ते हो न ?'' बाबूलाल ने पूछा।

''हाँ ! काहे...?''

''ऐसे ही याद आ गया।''

इसके बाद कुछ नहीं कहा बाबूलाल ने, मगर यही एक वाक्य मथता रहा भिखारी के मन को।

"सिरि गुरु कमल चरन सिर धरि कर, तब गाव बिरहा के गीत," की पंक्ति से तुलसी की "श्री गुरु चरण सरोज रज निज मन मुकुर सुधार !" और दूसरी चीजें कितनी मिलती हैं !

अरे ! भिखारी चौंक गए। उनके पेट का दबाव बढ़ गया। जल्दी नहीं बैठे तो धोती खराब हो जाएगी।

दूसरी ओर बाबूलाल चलते गए, चलते गए, इस बात से बेखबर कि उनके साथ और भी कोई था।

"कम पढ़े-लिखे इस आदमी के संस्कार धार्मिक रहे। गुरु मिले रामानन्द सिंह–रामायणी ! क्षत्री ! उन्हें रामायण क्यों नहीं अच्छा लगेगा, रामजी क्षत्री जो थे ! अब इनके संग भिखारी क्या सीखते...? करने चले हैं नाच और मुँह से निकल रही है हनुमान चालीसा की स्तुति। जीवन का परम लक्ष्य व्यास बनकर उपदेश देना–सो उपदेश हर जगह !" भिखारी के बारे में सोचते रहे बाबूलाल।

बहुत दूर जाकर निबटान की सुधि आई। बैठे, मगर पेट साफ नहीं हुआ, अलबत्ता बहुत-सी बातें साफ हो गईं।

लौटते हुए भिखारी ने फिर पकड़ा, "ई कुल तुलसी बाबा की नकल हो गइल बा ना !"

"नकल...! असिल के बा ? क्या तुम्हारे तुलसी बाबा ही हैं–पुराण से, वेद से और पहले की बहुत सारी चीजों से लिया नहीं है उन्होंने ? सभी लेते हैं, कहीं कम, कहीं ज्यादा। कोई पकड़ में आ जाता है, कोई नहीं। पहले से जो चला आ रहा है, अक्सर उसी को बढ़ाते हैं लोग। लेकिन बचने की जरूरत तो है ही। तुलसी बाबा के तो केहू ना कहेगा–समरथ को नहिं दोस गुसाईं ! लेकिन तुम्हें कहेगा, कारण तुम महापंडित गोस्वामी तुलसीदास नहीं, भिखारी नाई हो।"

"का कहें, रमैन हमरा रोम-रोम में बस गइल बा।"

"तब तुम बेकार-ए न लिख रहे हो। तुमसे बहुत अच्छा तुलसी ही लिख गए हैं।"

कुछ देर तक चुप रहे भिखारी, फिर पूछा, "तब का लिखें ?"

"पहले के लिखे हुए नाटक क्यों नहीं लेते नाच में ?"

बहुत देर तक मथने के बाद निष्कर्ष पर आए भिखारी, "हमरा से ना सपरी (निबह पाएगा)।"

लोटा मटियाते हुए इस गँवई आदमी को देखा बाबूलाल ने, जो दूसरे की नहीं, अपनी ही दुनिया रचना चाहता है, मगर जिसका आखर ज्ञान भी मुकम्मिल नहीं। ले-देकर एक गुरु तुलसी बाबा, माने द्रोणाचार्य और एकलव्य की कथा, फर्क यह कि द्रोणाचार्य जिन्दा नहीं है, सो अँगूठा, चाहे तो बच सकता है। आलोचना से टूट जाएगा, शाबासी इसे जड़ बना देगी, जरूरत बस इतनी है कि जो भी संभावना इसके अन्दर है, वह खिलती चली जाए।

पुराना दल टूट रहा था–उस पर चर्चा हुई।

नया दल बन रहा था—उस पर चर्चा हुई।

इस लगन में सट्टे आ रहे थे, उन पर चर्चा हुई।

खेत, फसल, परिवार पर चर्चा हुई।

मगर 'कलजुग प्रेम' पर चर्चा नहीं हुई।

लौटने की बेला में मुड़-मुड़कर ताकता है मन। कुछ तो बोलें बाबूलाल, कुछ भी, लेकिन बाबूलाल एक ही 'बेदरदी'। क्यों बोलने लगे 'कलियुग प्रेम' पर कुछ ! बोले भी तो इतना कि अभ्यास के लिए एक गो इतमीनान की जगह ढूँढे रहना। लगन के बाद ठीक से माँजना होगा नाच गिरोह को।

इतमीनान की जगह ? घर से बड़ी इतमीनान की जगह और कहाँ हो सकती है और घर ही सबसे बड़ी बाधा है ! घर छोड़कर कहीं भी—चाहे नरक ही क्यों न हो।

बाबूलाल कुतुबपुर आए तो धीरे से पूछा, "कोई जगह भेंटाई ?"

"जगधारी बोल रहा था, उसके घर से थोड़ी दूर गंगाजी के किनारे। हियाँ से एक कोस...बरसात में गंगाजी में बाढ़ आती है, नाव चलना बन्द हो जाती है, वहीं।"

"कबतक लुका-छिपी खेलते रहोगे माई-बाबू से ? तुम्हें क्या लगता है, उन्हें पता नहीं है ?"

निरुत्तर हो गए भिखारी।

"तुम्हारे लिए एकगो किताब लाए हैं।" झोले से उन्होंने एक पतली-सी पोथी निकाली।

"क्या है ?"

"पढ़कर देखो, क्या है।" अर्थ गर्भित अन्दाज था बाबूलाल का।

भिखारी ध्यान से देखते हैं उस पोथी को। मुखपृष्ठ पर एक उदास सुन्दरी का चित्र है। 'प्यारी सुन्दरी वियोग' ! पन्ने पलटते हैं—गीतमय कथा। उर्दू की ग़ज़ल, बहर-तबील से लेकर देशवाली धुनें ! पति परदेश चला जाता है और लौटकर आता नहीं। दिन, माह, बरस बीत जाते हैं। रो-रोकर बेहाल है बिरहिन !

मन घुमड़ा, आँखें पसीज आईं, लेकिन सचमुच की बरसात तो तब हुई जब नाव पर पूरा 'प्यारी सुन्दरी वियोग' गा-गाकर सुनाया बाबूलाल ने। उत्सुकता बढ़ी, कौन है यह औरत जिसने उनसे बिना मिले ही उनके हिया के हाहाकार को जान लिया। उन्होंने बाबूलाल को देखा। बाबूलाल गंगा के उस पार देख रहे थे। मन कुछ थिराया तो बाबूलाल की ठंढी प्रतिक्रिया का मर्म समझ में आया। कितने समझदार हैं बाबूलाल, साफ-साफ कुछ कहा भी नहीं और इस पोथी के बहाने अपनी राय भी बता डाली कि खून से लिखो, पसीने से लिखो, आँसू से लिखो, ऐसा लिखो, जैसा पहले किसी ने न लिखा हो, जो पढ़ने-सुननेवाले का करेज तक खींच ले! लेकिन इसको लिखनेवाला है कौन—पतुरिया ?

"पतुरिया नहीं, उसे 'लिखाकर' का तो कहा जाता है, हाँ, शायर कहो। उमराव जान अदा का नाम सुना है तुमने ?" बाबूलाल ने पूछा।

"ना !" इतिहास के बारे में भिखारी का ज्ञान न के बराबर है। हद-से-हद अकबर, बीरबल, राणा प्रताप, शिवाजी, गौतम बुद्ध, अशोक, कुँअर सिंह, राजा विकरमाजीत, महाभारत, रामायण की बातें या धार्मिक कहानियाँ। उनकी नजर में ये सब इतिहास है। मगर आज बाबूलाल जो बता रहे थे, वह उस इतिहास से बिल्कुल अलग है। राजा-रानी, बादशाह-वजीर, सेनापति ही नहीं, इस दुनिया में साधारण आदमी भी रहते होंगे—अब तक उनकी समझ में क्यों नहीं आया ? बाबूलाल बताते हैं और वे अपनी ऐन आँखों के सामने उसे हू-ब-हू होता देख रहे हैं मानो...

सालों साल पहले की बात है जब मुगल आते हैं, उन्हीं की किसी पीढ़ी में एक ईरानी कलाकार परिवार भी आता है—नाच-गाकर दरबार का मनोरंजन करनेवाला। पीढ़ी-दर-पीढ़ी के सफे खुलते चलते हैं मुगलों के भी, उस कलाकार परिवार के भी और आखिर मुगलों की सल्तनत पर अंग्रेज बनियों की नजर लग जाती है। मुगलों की सत्ता जब खुद डाँवाडोल होने लगती है, ईरानी कलाकार-परिवार की वह पीढ़ी लखनऊ चली आती है। लखनऊ में तब नवाब साहब खुद ही कलावंत हैं—नचनिया, गवैया भी। फिर लखनऊ में गदर छिड़ता है। वहाँ तब उमराव जान समेत सभी पतुरियाओं, कलाकारों पर आफत ! ईरानी परिवार वहाँ से फिर भागता है, आकर पनाह लेता है हथुआ महाराज की शरण में। महाराज खुद गीत-संगीत के रसिया, उनकी कला से प्रभावित होकर गोपालगंज के मीरगंज में कुछ जमीन-जायदाद देकर उन्हें स्थाई रूप से बसा देते हैं। उसी ईरानी परिवार की अगली पीढ़ी में दो बहनें होती हैं, सुन्दरी बाई, दुनिया बाई। साँवले, तांबई और धूप से झुलसे, धूल से मैले हो आए देशी चेहरों के बीच परदेशी दूधिया गोराई के वे चेहरे अलग से जलते हैं। एक नए नाचदल का गठन होता है जो महाराज के दरबार में भी नाच पेश करता है और छोटे-छोटे रजवाड़ों के यहाँ भी...जैसे एक गोल दायरे में नाचते-नाचते कोई दायरे के पार चला जाए।

ठीक उन्हीं दिनों देश भी एक दूसरी उथल-पुथल से गुजर रहा होता है। जमींदारों, ताल्लुकदारों की आए दिन जबरन वसूली। क्रम-क्रम से बाढ़, सूखे या पाले और टिड्डियों से किसान पहले ही परेशान। अब यह परेशानी और बढ़ जाती है। पैसा कमाने के चक्कर में ये भाग-भागकर उन जगहों पर पहुँचते हैं जहाँ पैसा कमाया जा सके—असम, बंगाल, चाय बागानों, कोयले की खदानों में, मगर एक बार घर से बाहर क्या निकले, तकदीर कहाँ ले जाएगी, किसी को नहीं मालूम। भले ही वह नरक हो, भले ही वह आग की भट्टी हो। इसी क्रम में कुछ एक दूसरी ही भँवर में जा फँसते हैं—उन्हें मलीशिया पतलून, कमीज मिलती हैं—पलटनिया पोशाक। फौज में भरती होने जा रहे हैं—मन में तो यह चाव हिलोरें मार रहा है।

दल के दल रंगरूट होकर कलकत्ते पहुँचते हैं, छुक-छुक गाड़ी से दल के दल समाते जाते हैं उस भँवर में। पानीवाला जहाज। भोंऽऽऽ! बज उठा है भोंपू। चल पड़ा है जहाज। धीरे-धीरे छूटता जा रहा है किनारा। छूटती जा रही है अपनी दुनिया। पानी ही पानी। भँवर उन्हें कहाँ लेकर डुबानेवाली है—नहीं मालूम। मरीच देश (मारीशस), त्रीनिदाद,

फिजी, गायना या कहीं और ! किसी को यह अंदेशा नहीं कि उनका यह जाना अंतिम जाना है और वे अपने गाँव, मुलुक को कभी नहीं लौट पाएँगे। कभी नहीं देख पाएँगे आँसुओं में डूबी उन कजरारी आँखों को। बिसूरती रह जाती हैं ये आँखें—इधर की भी, उधर की भी—"एह पार गंगा, ओह पार जमुना, बिचवा में पड़ि गइल रेत रे...ए...ए!"

कहत कोई परदेशी की बात !
जब ते बिछड़े, नन्द साँवरे, नहिं कोउ आवत जात।

प्रवास-संक्रमण और चिर वियोग को केन्द्र बनाकर रचे गीत दोनों बहनों ने। गाया भी, भाव भी बताए। इसी का नाम है 'प्यारी सुन्दरी वियोग' ! हथुआ महाराज के दरबार से आम आदमी तक फैलता गया यह गीत। इसी कथानक पर बक्सर के द्विजराम पाठक और एक अन्य गुर्जर राय ने पोथियाँ लिखीं मगर वह लोकप्रियता नहीं प्राप्त कर सके।

बाबूलाल ने अपने देशी अन्दाज में 'प्यारी सुन्दरी' का इतिहास-भूगोल बताया।

"क्यों नहीं मिली दूसरों को इतनी शोहरत ?" कहानी को इतनी जल्दी खत्म होने देना नहीं चाहते थे भिखारी।

बाबूलाल जैसे स्वगत में बुदबुदाए, "एक कारण तो यह लगता है कि उन्होंने खुद झेली थी यह पीर! अरब के काफिलों के बीच नाचने-गानेवाला परिवार, दर-दर भटकते-भटकते अपने देश आया, फिर यहाँ भी वही भटकाव। दूसरे, औरत होने के नाते औरत के वियोग के दर्द को उनसे अच्छा भला और कौन जान सकता था !"

थोड़ी देर बाद उन्होंने सूत्र को फिर से पकड़ा, "एकगो कारन और समझ में आ रहल बा..." उन्होंने उत्कंठा में हुलसती भिखारी की आँखों में झाँका और भभाकर हँस पड़े, "यहाँ बिहार में जो भी नाच मंडलियाँ हैं, लौंडों की हैं। लाख हाव-भाव दिखाओ लेकिन हो तो लड़के ही। इन लवंडों की तुलना में ये सवा सोलह आने औरतें थीं, यानी पतुरिया, चिक्कन, जैसे मेनका ! उनको देखना और सुनना जनम सुफल करने जैसा था !"

अब तो देखे बिना करार नहीं। क्या गाँव बतलाया था बाबूलाल ने, 'मीरगंज ?'

"कहाँ जा रहे हैं ? अगर पूछे तो क्या जवाब दोगे ?"

"कह देंगे रिश्तेदारी में।"

"और अगर बाबूजी पूछें तो ?"

"कह देंगे न्यौता देने।"

"पूछेंगे, इतना सजधज कर, बबरी झारकर, पनेठी पहनकर रजपूती शान से जाते तो कभी नहीं देखा। यह भी पूछेंगे कि जहाँ जाना है, वहाँ का नाम गाँव तो बताते जाओ। पूछेंगे, इतना हरियर मन तो कभी नहीं देखा।"

"कह देंगे बरात भी तो करनी थी।"

"पूछेंगे—किसकी ?"

मरा वह ! कह देंगे, "सुलोचन सिंह के भतीजे की।"

"पूछेंगे, मीरगंज में बियाह हो रहा है ? किसके घर में ?"

"उफ ! इतनी जिरहों में कसने के लिए ही पैदा किया है आपने ? पैंतीस के हो गए। अब इत्ती छूट भी नहीं मिलेगी कि अपने मन से हम कहीं आ-जा सकें, कुछ हमारे भी तो यार-दोस्त और रिश्तेदार हो सकते हैं।"

"वो कौन-सा रिश्तेदार है जो तुम्हारा अलगौवा है और हमारा कोई नहीं लगता ?"

जिरह-दर-जिरह पर कानों में उँगली ठूँस लेते हैं और चीख पड़ना चाहते हैं—"हाँ हमारा अलगौवा है—बस !" कैसे बताएँ कि वह उनकी क्या लगती है—सिर्फ उनकी, बाप की नहीं। ऐसी रिश्तेदार, जिसे कभी देखा नहीं, जाना नहीं, भेंट तक नहीं हुई। मगर यह हिया जानता है कि वह कितनी अपनी है, बिन देखे ही देख लिया है जिसे। बिन सुने ही सुन लिया है, बिन मिले ही मिल लिया है। वे जनमों की मीत हैं। सिर्फ इत्ता-भर पता है कि वे मीरगंज में रहती थीं।

मीरगंज के सीवान (सीमांत) पर एक राही से पता पूछते हैं। "ठीक-ए जा रहे हैं। यही डगर वहाँ तक चली गई है।" जवाब मिलता है। गाँव में पहुँचकर फिर भटक गए हैं। एक खश्ता मकान के फूस के बैठके के पास अचकचाए, झेंपते खड़े हैं। "क्या बात है ? किसके यहाँ जाना है ?" एक बुजुर्ग ब्राह्मण पूछता है। कंठ सूख गया है। थूक से कंठ गीला करते हैं। इतने धीरे-से बोलते हैं कि कोई सुन न ले—"सुन्दरी बाई, दुनिया बाई...!"

"नाच का सट्टा लिखवाना था ?"

"नहीं माने कि..."

"दुनिया बाई और उसकी बहन रहती तो यहीं थी, मगर..."

"मगर...?" जी धक-सा रह जाता है।

"अब वे किस दुनिया में हैं, कुछ पता नहीं। यह भी संभव है कि किसी राजा, जमींदार या किसी अंगरेज बहादुर के यहाँ मर-खप गई हों।"

"मर-खप गईं !" बाण-सा लगता है कलेजे में।

ब्राह्मण उन्हें नीचे से ऊपर देखता है, "चेहरे-मोहरे से तो राजपूत लगते हो।"

"नहीं महाराज, हम तो नाई हैं।"

"यहाँ बाई को ढूँढने कोई नाई नहीं आया कभी। आनेवाले या तो बिगड़े रईसजादे होते हैं या फिर गीत-संगीत के रसिया—इनमें अगर पूछा जाए कि कौन हो तुम तो क्या बताओगे ?"

"दूसरा !"

"तब तो तुमने सचमुच बड़ी देर कर दी। खैर, आए हो तो पानी-वानी पियो। डरो नहीं, मैं एक गरीब ब्राह्मण हूँ।"

"आप उन्हें जानते हैं बाबा ?"

"मैं..." हँसकर टाल जाते हैं इस सवाल को। "कोसों दूर धूप में चलकर आए हो, पानी-वानी पियो फिर बताते हैं।"

धूप! अब ख्याल आया, अरे बाहर तो सचमुच आग बरस रही है, यह आषाढ़ का पहला पाख है, मगर आसमान में बादल का एक कतरा तक नहीं।

तो क्या इसी आग से होकर आए थे ? अचानक कौंध गया कई साल पहले का वह दृश्य जब ऐसी ही आग से होकर जाना पड़ा था न्यौता देने—जेठवा-बैसखवा की पकली भूमुरिया...जिसने जीवन की धारा ही मोड़ दी ? तब कितना अखर रहा था, लेकिन आज...आज तो नहीं अखरा !

"तुमने पूछा, मैं उन्हें जानता हूँ। हाँ, जानता हूँ। मैं तबलची था उनका। ईरान से आगरा-दिल्ली, दिल्ली से लखनऊ, लखनऊ से हथुआ महराज और हथुआ महराज के दरबार से मीरगंज तक आते-आते, दूधिया गोराई तो मैली नहीं हुई लेकिन मन रँग-रस गया यहाँ के हवा-पानी, आह और आँसू में। वे पूरी तरह से हिन्दुस्तानी हो चुकी थीं। एक झलक पाते ही मुरीद हो गया। उन्हीं के चलते तबला सीखा, तबलची बन गया। जानता था, वे मुझे कभी भी नहीं मिल सकतीं, लेकिन कोई मनभावन सुन्दर-सी मूरत नाचती हो आँखों के सामने, मेरे तबले की ताल पर, बस इत्ती-सी तसल्ली! और हुनर देखो, आत्मा की जिस तड़प को कोई नहीं पकड़ पाया, उसे पकड़ा इन बहनों ने। नाटक रचा—प्यारी सुन्दरी वियोग !"

अन्दर से पंडितजी की पोती ने चबेना, नमक-मिर्च और मेटी में शीरे का शर्बत ला कर रख दिया। चबा-खाकर, शरबत पीकर लेट गए चौकी पर, यह भी याद न रहा कि वे तो बड़ी जातियों के यहाँ नीचे ही सोते बैठते आए थे।

जगने पर बहुत-सी बातें बताईं पंडितजी ने।

"तुम लिखवैया चाहे शायर होगे—है न !"

"बस आखर जोड़ लेता हूँ।"

"तुमने देखी है वह किताब...?"

"हाँ, तभी तो मैं चकित हूँ, परदेशिन होकर भी...?"

"यहाँ की माटी के दर्द को कैसे पकड़ा—यही न ?" पंडित जी ने वाक्य पूरा किया, "तो सुनो, वह ऐसी शिफत है, जो हर लेखक, कवि, चित्रकार, मूर्तिकार और गायक को, गरज कि हर कलाकार को ही आनी चाहिए। अब पूछोगे, वह शिफत क्या है तो वह है परकाया प्रवेश !...जैसे भूत धरता है, जहाँ आत्मा अपने चोले से निकलकर उस जीव के चोले में प्रवेश कर जाती है तब तुम तुम नहीं रहते, तुम 'वह' हो जाते हो—सुमिरत तुमहिं तुमहि होइ जाई !"

"आज पता नहीं, कहाँ होंगी, किसी कब्र में या किसी नवाब या राजे-रजवाड़े के रंगमहल में, भीख माँग रही होंगी या ऐश कर रही होंगी, ढल गई होंगी या नूर और नमक अभी भी बरस रहा होगा, मगर अगर वे जिन्दा हों भी, तो भी मैं कहूँगा, तुम्हें उन्हें नहीं देखना चाहिए। कल्पना में ही बहुत सारी चीजें बनी रहें, यही हमारे हित में होता है। 'जिन्दा हों तो भी...' उन्होंने 'तो' पर जोर डाला, "तो क्या पता उन्हें छूते ही तुम जल जाओ या ओस की बूँद की तरह वो ढुलककर बिला जाँय। मेरी मानो तो,

मत जाओ वहाँ। हाँ, झलक-भर देखना चाहते हो तो मैं तुम्हें दिखा रहा हूँ—वो जो बीचवाले घोड़े पर अंग्रेज जैसा लड़का जा रहा है, कुछ-कुछ वैसी ही थीं, दिखा इसलिए रहा हूँ कि बाकी चीजें जो-जो तुम्हारी कल्पना में हैं, सजा लो उस पर।...और फिर सोचो कि यह जो दुनिया बाई तुम्हारे सामने से घोड़े पर बैठकर जा रही है, क्या रखा है इसमें...? एक दिन तो सड़-गल जाएगा यह सोने-सा बदन, बुझ जाएगी रूप की वह आँच, लेकिन अपने अन्दर जिस दुनिया बाई को तुमने बना रखा है, वह भावमूर्ति बनी रहेगी वैसी ही ताजिन्दगी, हमेशा सुन्दर, हमेशा जवान, हमेशा कलावंत...!"

"पंडित जी, आप जिस मुकाम पर खड़े हैं, वहाँ तक पहुँच पाना मुश्किल है मेरे जैसे अदने जीव के लिए ? दो पैरों से नारी और पुरुष की दो दुनियाओं को नाप लिया है जैसे आपने !"

"ऐसा तो अगम गियानी नहीं हूँ मैं, लेकिन अगर कुछ ऐसा वाकई तुम्हें लगा हो तो यह तो तुम भी कर सकते हो ?"

"कैसे ?"

"वही परकाया प्रवेश! याद रखो, हर पुरुष के अन्दर एक नारी रहती है और हर नारी के अन्दर एक पुरुष!"

भिखारी ने उठकर पाँव पकड़ लिए, "आप सचमुच के बड़ महात्मा हँई! हमरा अइसन टहलुआ के अतना ज्ञान के बात बतवलीं...!"

"टहलुआ...? देखो जात-पात कुछ नहीं होता। एक ही वरण (वर्ण) में सभी वरण हैं। झाड़ा फिरकर पाखाना हाथ से धोते हैं न हम, तब हम भंगी हो जाते हैं, सेवा-मिहनत करते हैं, तब हम शूद्र होते हैं, बाजार में मोल-तोल करते हुए हम बनिया होते हैं, पाखाना धोनेवाले उन्हीं हाथों से हम पूजा करते हैं तो ब्राह्मण होते हैं और अपनी आन-बान और शान-शेखी के लिए लड़ बैठते हैं तो क्षत्री ! आज से यह भरम निकाल दो कि तुम क्या हो ? तुममें सब है और सबमें तुम हो—भगवान की तरह !"

भिखारी चकित। भिखारी चकोर! लगा, यह पंडितजी नहीं, सुन्दरी बाई और दुनिया बाई की आत्मा बोल रही है...।

मीरगंज से मीर होकर लौट रहे थे भिखारी।

खुद में खोए रहे कई-कई दिन! मन-ही-मन जोड़ते-घटाते रहे। फिर अचानक जैसे भक्क-से इंजोर हो गया—अरे यह तो मेरा नाटक है। मुझसे पहले मानो सुन-सुनकर आधा-अधूरा लिख डाला हो कइयों ने। खुद 'कलजुग प्रेम' के बहाने मैंने भी जो लिखा, वह भी आधा-अधूरा ही रहा। अब लिखूँगा फिर से। इस बार यह आधा-अधूरा नहीं रहेगा।

मुड़कर निहारा प्यारी सुन्दरी ने।
चिहुँककर ताका परदेशी प्रियतम ने।
भीगी-भीगी पलकों में अनुराग-भरी कृतज्ञता—क्या सच ?

और तब से शुरू हो गया यह सफर...

पहले गौरी-गणेश पूजे जाते हैं—जेहिं सुमिरत सिधि होई गणनायक करिवर बदन...

ना, हमारी शुरुआत शंकर भगवान और पारवती मइया से—फेन गुरु वंदना—अखंड मंडलाकारं व्याप्तं येन चराचरम् फेन फिर विष्णु भगवान चाहे रामजी, कृष्णजी...ना सबमिला के—ही राम पुरुषोत्तम नरहरे...और बाकी केकर...अरे बाप, हनुमानजी तो रह ही गए, पोथी की रक्षा वही करेंगे न...मनोज मारुत तुल्यवेगं वाली ही ठीक रहेगी...

"पियवा गइलन कलकतवा—ए सजनी, तूरि दिहलन पति-पत्नी के नातवा ए सजनी," पढ़ा और 'के' को काटा—

"किरिन भीतरे परातवा-ए सजनी!
पिया गइलन.............
गोड़वा में जूता नइखे, सिरवा पर छतवा-ए सजनी
कइसे चलिहन रहतवा - ए सजनी,
सोचत-सोचत बीतत बाटे दिन रतवा, ए सजनी !"
... ...

फिर सिसक-सिसककर अकेले में ऐंठ-ऐंठ रही है वियोगिन—

"परदेश गइलन
गइलन बनिजिया के ओर, परदेश गइलन!"

डबडबायी आँखों से निहारा है प्यारी सुन्दरी ने !

"डगरिया जोहत ना, बीतत बाटे आठ पहरिया हो
डगरिया जोहत ना।
धोती पटघरिया धइ के कान्हावा पर चदरिया हो
बबरिया झारिके ना, होइब-अ कवना सहरिया हो,
बबरिया झारि के ना।

... ...
के ई हमरा जरिया में, भिरवले बाटे अरिया हो
चकरिया दरि के ना, दुःख में होत-बा जँतसरिया हो
चकरिया दरि के ना।"

भोरे पाखाना को गए तो लगा कि कलकत्ता जाने से पहले की स्थिति पर तो लिखा ही नहीं...निबटान को बैठे हैं, लेकिन न लोटा है, न मैदान, वे हैं ही कहाँ वहाँ, वे तो प्यारी सुन्दरी और परदेशी बालम के बीच बैठे हैं, जहाँ परदेश जाने से रोकने के लिए मनुहार कर रही है वह पति के गले में बाँहें डालकर—

'हमनी दूनो एके साथे रहे के परानी...'

अच्छा लगा यह मुखड़ा। पति के परदेश जाते ही अपनी टुटही पलानी में अकेली रह जाएगी जवान प्यारी धनिया ! क्या-क्या विपत्तियाँ नहीं आएँगी। अकेलापन एक

तकलीफ, जवान देह पर मनचलों की कुदृष्टि—दूसरी तकलीफ। मान लो घर में ही बन्द रहे, लेकिन दिन-रात बन्द रहा जा सकता है ? निबटान के लिए बाहर निकलना ही पड़ेगा, आग माँगने जाना ही पड़ेगा और पानी लाने जाना ही पड़ेगा।

बूँदा-बाँदी पड़ने लगी तब कहीं याद आया कि मैदान में बैठे हैं, जल्दी-जल्दी पानी छुआ, लोटा लेकर भागते-भागते एक टुटही पलानी में जाकर आश्रय लिया। कड़ी पर कड़ी जुड़ती गई—केकरा पे छोड़ि जइब-अ टुटही पलानी...

केकरा से आग माँगब, केकरा से पानी
खाला ऊँचा गोड़ परी, चढ़ल बा जवानी।

फागुन से लेकर फागुन तक—बारहों महीने वियोग का बारहमासा—

'कइसे के कहीं हम, नइखे धरात दम
सरिसों फुलात बाटे आँखि में बटोहिया
साँवली सुरतिया सालत बाटे छतिया में
एको नहिं पतिया पठउल-अ बलमुवा।'

फागुन बीता, चैत बीता, बैशाख, जेठ बीता और अषाढ़ आ गया। आसमान में बादर घुमड़ने लगे—बूँदा-बाँदी होने लगी, पुरवाई का झँकोरा, बूँदों की झालर में कैद अकुला उठा मन कगार तोड़कर बह जाना चाहता है—

'पिया अइतन बुनिया में
राख लिहतन दुनिया में।'
'स्वामी के सुरतिया, बतिया बा हो दिन-रात
कवना तो देसवा में बाड़न, केहू नइखे आवत-जात !'

कहीं सूरदास के वियोग झर रहे हैं—

'कहत कोई परदेशी की बात
जबते बिछुड़े नन्द साँवरे नहि कोउ आवत-जात !'

कहीं से सुन्दरी बाई और दुनिया बाई की नाच मंडली की चातकी टेर रही है। कहीं से राम सकल पाठक द्विजराम का 'सुन्दरी विलाप', कहीं से गुर्जर राय का 'बिरह बैन' तो कहीं से रघुवीर नारायण का 'बटोहिया' और कहीं से मनोरंजन प्रसाद के 'फिरंगिया' की धुन...कहीं जँतसार, कहीं लोरकायन, कहीं बिरहा, कहीं कहरवा, कहीं पूरबी तो कहीं पचरा की धुनें हिलोरें ले रही हैं।

एक विकल विपंची की पीर है उत्तर भारतीय क्षेत्रों के परदेशी पतियों की विरह विदग्धा पत्नियों की, वह टेर झाँझर झनकाती सुदूर राजस्थान, पंजाब से उतरती हुई बिंध्य के पठारों से झरती हुई गंगा-यमुना की लहरों पर तैरती हुई आती है और हजारों-लाखों टेरों से घुल-मिल जाती है—सभी एक ही दिशा की ओर उड़ी जा रही हैं—पूरब, कलकत्ता।

चलते हैं तो पाँव डगमगाते हैं। नशे में तो कभी रहे नहीं। वर्षो पीछे की स्मृतियाँ जागती हैं। दूर बहुत दूर, कौन-सा मुकाम, कौन-सा ठाँव, कौन-सी गली में रहता है प्यारी

सुन्दरी का परदेशी ?

"कौन फणि बाबू ?" चेहरा पलटते ही चिहुँकते हैं, "हिच्च ! की रे भिखरी ?" पूछते हैं खड़गपुर के फणि बाबू। नहीं, यह तो कलकत्ते के मोहन बाबू हैं, नशे में झूमते जा रहे हैं रंडी के कोठे पर। रंडी आकर उन्हें सँभाल रही है। पूछते हैं भिखारी, "आपका कोई घर नहीं है मोहन दा ?"

"घॉर...?" घोष बाबू पूरे ब्रह्मांड में अपना घर तलाश रहे हैं—घर या घर-जैसे शब्द की परिकल्पना को ?

घर-घर में बैठी है प्यारी सुन्दरी। गली-गली में भटक रहे हैं उसके पति...लेकिन बटोही कहाँ से ? बाट के बटोही...?

सुनते हैं, कालिदास को और कोई न मिला तो 'बादर' से ही संदेशा भिजवा दिया। सूरदास की गोपियों ने उद्धव से संदेश भेजे...? या कि बटोही की उत्पत्ति मेदिनीपुर में देखे गए बंगाला 'जात्रा' के 'विवेक' से...? नाटक की जड़ता को तोड़ते हुए जो मनुष्य की आत्मा की पुकार बनकर नाटक (जात्रा) को गति देता है। बंगाल की जात्रा का 'विवेक ?' 'समाजी' में भी। माने आधा 'समाजी', आधा 'बटोही'!

बची रंडी, पतुरिया, तो वह तो हर कहीं है—हर किसी पुरुष के मन की दमित वासना की अपनी पनाहगाह। पुरुष के लिए जैसे रंडी, वैसे स्त्री के लिए 'दोस्त' नाम का लार टपकाता कुत्ता मनचला !

अलग-अलग बहियों, कापियों, चुटकों, चिन्दियों को मिलाकर कुल जमा किस्सा यह बना कि गवने के कुछ दिन बाद ही पति पैसा कमाने का बहाना बनाकर कलकत्ता भाग जाता है। वहाँ वह किसी रंडी या रखेलिन के चक्कर में फँसकर भूल जाता है अपना गाँव-मुलुक और जवान मेहरारू को। इधर वियोग में कलपती हुई पत्नी तरह-तरह की विपदाओं का सामना करती हुई राह देखती रह जाती है। दिन, महीने बीतते जाते हैं, बीत जाते हैं बरस-पर-बरस...!

इसके बाद...?

इसके बाद कोई राही-बटोही आता है। सुन्दरी उससे निहोरा (निवेदन) करती है कि वह पता लगाकर समझा-बुझाकर उसे वापस ले आए। बटोही को दया आती है, मगर उसकी दुविधा है कि वह उसके पति को पहचानेगा कैसे ? पत्नी उसे तब की देखी हुई सूरत, जो हर पल उसकी आँखों के आगे नाचती रहती है, बताती है। बटोही कलकत्ते जाकर उसके पति को उसका संदेश देता है और समझा-बुझाकर वापस लाता है। बीच में कई झाड़ हैं, जिनमें कहानी उलझती है, मगर अंततः दोनों बिछड़े फिर से मिल जाते हैं।

बाबूलाल ने पढ़ना शुरू किया। नहीं पढ़ पाए, चश्मा लगाया। फिर पढ़ना शुरू किया। फिर भी न पढ़ पाए, बोले, "तुम्हीं पढ़ो।"

भिखारी ने पढ़ना शुरू किया मगर बीच में ही टोंक दिया उन्होंने, "ऐसे नहीं, गाकर लय, सुर, ताल में।"

भिखारी ने लय, सुर, ताल में गा-गाकर सुनाया, कुछ को बाबूलाल ने भी लय में गाया।

बहुत देर तक गुमसुम बने रहे बाबूलाल, फिर बाहर आए। यह सर्दियों के आखिरी दिनों की सुबह थी। आम के पेड़ों पर, नीचे अभी रात का काजल उड़ा नहीं था, मगर ऊपर फुनगियाँ सुनहरी धूप में नहा उठी थीं। कुहरा छँट रहा था और पछुआ हवा के झोंके से पत्ते झरकर चकराते हुए नीचे गिर रहे थे। यह अंत ही नई शुरुआत थी। अब समझ में आया, भिखारी दूसरे का लिखा नाटक क्यों नहीं लेते। ऐसा गहरा, बेधक और कौन लिखता ? लेकिन अभी इसमें झोल है, नचनियों के कंठ पर इसे उड़ान भरनी है अभी। लेकिन हो जाएगा, धीरे-धीरे सब हो जाएगा।

लौटकर आए तो भिखारी प्रतिक्रिया जानने को आतुर! मगर बाबूलाल भी एक ही कठकरेज, आए तो बोले क्या...?

"और सब तो समझा, लेकिन ऊ रंडी क्या करेगी जिसे छोड़ आता है परदेशी कलकत्ते में ?"

"का करेगी, जइसन करनी, वइसन भरनी!"

"और उसका और उसके बाल-बच्चों का जीवन ?"

"इस पर भी सोचना पड़ेगा ?"

"तुम्हें कलकत्ते का कुछ पता नहीं। एक-आध बार गए भी तो ऊपर-ऊपर से देख-सुनकर चले आए ? तुम क्या जानो किसी रंडी या रखेलिन की जिन्दगी क्या होती है। मैंने देखी है वो जिन्दगी। एक दूसरा नरक। एक को तुम नरक से निकाल रहे हो, दूसरे को और नरक में ठेल रहे हो। एक उजड़ा घर बस रहा है और दूसरा बसा घर उजड़ रहा है।"

"लेकिन जो उजड़ रहा है, वह तो रंडी का घर है, वह घर कहाँ हुआ ?"

बाबूलाल ने खिंसियानी नजरों से देखा भिखारी को, "तुम रंडी से घृणा करते हो—है न ?"

भिखारी चुप हो गए।

"लेकिन अपनी घृणा को अपने नाटक में आए लोगों पर लादकर इसी में बदला लेने लगोगे तो लोगों का क्या होगा ? वे कठपुतली हो जाएँगे, उनकी आँखें तो अपनी होंगी लेकिन उनसे झाँकेंगे भिखारी, जबान तो उनकी होगी, लेकिन बोलेंगे भिखारी, दिमाग तो उनका होगा लेकिन सोचेंगे भिखारी।"

"हूँ ऽऽऽ !" भिखारी मूड़ी हिलाने लगे, परकाया प्रवेश...यहीं भूल हो रही थी, कैसे भूल गया इस मंत्र को ?

"और पीर को और गाढ़ी करो, पहले ही स्तुति एक पलरा-भर उलट दिए हो, रस अवरोध होगा—इसे कम करते हुए छितरा दो, बीच-बीच में हँसी-मजाक, रास-परिहास भी!"

"और ?"

"और इस कौवे की टाँगवाली लिखावट को किसी से कहो, साफ-साफ उतार दे, ताकि भिखारी की सहायता के बिना भी भिखारी को पढ़ा जा सके। याद रखो, जब तुम लिखकर सौंप रहे हो तो चीज अब सबकी हो गई, सिर्फ तुम्हारी नहीं रही। बाकी मेरा काम है कि इसे कैसे खिलाया जाय !"

"और...?"

"बहुत लालची हो भिखारी। यही सुनना चाहते हो न कि अब तक जो 'बहरा-बहार' बना, वो कैसा उतरा ?"

"ना माने...।"

"देखो, बहाने न बनाओ।"

फिर वे धीरे-धीरे बुदबुदाए जैसे स्वगत बोल रहे हों, "काश, तुमने यह 'बहरा-बहार' दस-बीस साल पहले लिखा होता तो कम-से-कम मेरी जिन्दगी तो कलकत्ते में सड़कर गारत न हुई रहती !"

शब्द ओस की तरह झरे थे निःशब्द। भिखारी अभी भी सुनने की अपेक्षा में ताक रहे थे उन्हें।

"सुनाई न पड़ा हो न सही, क्या तुम्हें दिखाई भी न पड़ा, महेन्दर की भौजाई जाँता छोड़कर किवाड़ की ओट में खड़ी-खड़ी सुनती रही और रोती रही, उधर वह रो रही थी इधर...मैं।"

अंधे और बहरे हो गए हो भिखारी ?

अचानक परमानिक दा की बुझौवल याद आई, "वह कौन-सी चीज है जो दिन-भर बनी रहती है और रात को टूट जाती है ?"

चकवा-चकई या हबड़ा का नाववाला पुल !

हे सखि साजन, ना सखि मोर ! दोनों ? वाह-वाह परमानिक दा ! तुम्हीं सच्चे चितेरे थे फणिबाबू, मोहन बाबू, बाबूलाल और लाखों-करोड़ों बिछड़े दंपतियों के जोड़ों के, और क्या गजब कि इस पहेली को बूझते ही पहेली के अन्दर छुपी पहेली का मरम भी समझ में आ गया, "जो इसे बूझ लेगा, वो बताने नहीं आएगा।"

तो समधी बाबूलाल ने इतनी उमिर गँवाकर आखिर-आखिर तक पहेली बूझ ही ली।

6

नाच !

अन्न नहीं, जल नहीं, दीन नहीं, दुनिया नहीं; जो कुछ है और जितना कुछ है, बस नाच है। उनकी एकमात्र मंशा थी कि उनका दल सबसे ऊपर हो, अद्वितीय। इसके लिए जो भी सुन्दर चीज जहाँ भी दिख जाती, वे उठा लाने का स्वप्न पालते। वे ऐसे डोलते मानो नचनियाँ न होकर कोई बादशाह हों, जो अपने विरुद्ध चल रहे षड्यंत्र का पता लगाने निकला हो!

''जोगिया के गिरोह में फिरंगी राम नचनिया पुरसे-भर उछल जाता है।'' एक सूचना।

''उसके समाजी भी तो देखो।'' कुछ देर तक गोते लगाने के बाद जैसे इस रहस्य का सूत्र पकड़ पाते हैं शिव बालक, ''वह ताल ही है जो फिरंगी राम को उछाल देता है, वरना तो वो वही फिरंगिया न है।''

''तुम लोग असल पैन्ट (प्वाइंट) को छोड़ दे रहे हो।'' जगरूप ने टोंका।

''का है असल पैन्ट ?''

''मुकुन्दी भाँड़ के पास जो नचनिया है, उसकी तान सीवान तक सुनाई पड़ती है। एक बार हम और महटर साहेब आधी रात को सीवान से उस तान को सुनकर चले तो चलते गए, चलते गए, चलते गए–तीन कोस तक चलते गए एक उठनिया...''

''तीन घंटे तक तान ही नहीं टूटी ?'' एक चुटकी।

''बीच में नदी-नार कुछ नहीं था ?'' दूसरी।

''अरे ऊ तान पे न सवार थे।'' तीसरी।

जगरूप अपनी बात की किरकिरी होते देख कुढ़ गया, ऊपर से जब जगदेव ने यह कह दिया, ''मुकुन्दी में बात तो कोई होती नहीं।'' तो अपने नायक की निन्दा पर खीझ गया, ''तुम ही सबसे बड़े जानकार हो न ?''

''ए भाई !'' भिखारी ने हस्तक्षेप किया, ''एकरा में 'झगरा' कवन चीज के बा...? हमको फिरंगी की पुरसे-भर की उछाल, जोगिया गिरोह के समाजी, मुकुन्दी के नचनिया की तान–सब कुछ चाहिए, और वह सारा कुछ भी जो सबसे नीमन है, जेकरा पब्लिक पसन्द करती हो।''

बाबूलाल बैल की तरह जूमते, कुछ बोलते नहीं, बस गुनते और धुनते रहते।

जितनी ही जानकारियाँ मिलतीं वे और भी ज्यादा जानकारियों के लिए उकसातीं। मंथन की इस प्रक्रिया में आखिरकार वे इस निष्कर्ष पर पहुँचते कि दल को अच्छे-अच्छे नाच देखते रहना चाहिए—न सिर्फ नाच-गिरोहों के नाच, बल्कि गोंड नाच, धोबिया नाच, अहीर नाच, चमार, थारू, कुम्हार, नेटुआ, जट-जटिन के नाच भी !

सबसे पहले नटों का नाच नेटुआ ! लहँगा, कुर्ती, ओढ़नी में लवंडे पखावज और करताल की धुन पर बेहद अश्लील गीत पेश कर रह थे—हमारा जोबना में दूगो चवन्नी धइल बा..., हमर जँघिया पे दू गो अठन्नी धइल बा...! वे मशाल हाथ में लिए हुए नाच रहे थे, जिसकी लपटें उनके पसीने से नहाए चेहरे पर मचल रही थीं। नाचते-नाचते वे पखावज बजानेवाले के पास चले आते, फिर नाचते हुए दूर चले जाते। एक खास बात थी इस नाच में, बंशी। बाँस की बंशी को होठों से लगाकर फूँकते हुए, छेदों को उँगलियों से बन्द करते-खोलते अजब समाँ बन रहा था, खासकर तब, जब पखावज और बाँसुरी की जुगलबन्दी चलती और करताल धीमा पड़ जाता—धातिंगा, धातिंगा...स्वर चाँड़ से धीमे पड़ते, तो बाँसुरी का स्वर वल्लरी की तरह लहरा उठता, जैसे कोई मस्त मतवाली नागिन फन निकालकर अपनी लाल-लाल जीभ लपलपा रही हो।

लौटते हुए, इसी बात पर बतकही होती रही कि और जगहों पर पिपिहरी होती है पतले सुर के लिए, जबकि यहाँ बाँसुरी थी। काश! अपने दल में भी कोई वंशी-बजवैया होता !

"एक बार अहीर-नाच देख लेते तो अच्छा रहता, वहाँ भी बाँसुरी होती है।" जगरूप ने कहा।

"मै उनका नगाड़ा नहीं सुन सकता।" जगदेव भला कैसे चुप रहता।

"नगाड़ा तो कानपुरवाली नौटंकी में भी होता है। सोनपुर के मेले में नहीं देखा था ?"

जब बात इतनी आगे बढ़ गई तो बाबूलाल के लिए लाजमी हो गया कि वे इसका खुलासा कर ही डालें। बोले, "नरम, गरम दूनों होता है न नगाड़ा के साथ, देखोगे क्या तो एक ठो नगाड़ा होता है और एक ठो नगाड़ा का बच्चा—ताशा, जैसे भैंस के साथ पाड़ा ! एक ताशा ठंढाया नहीं कि दूसर गरम ताशा हाजिर ! लेकिन, जे बा से, कि अहीर नाच में सिरिफ नगाड़ा, गरमे गरम आगे हम्म ! आगे हम्म ! नाचों में ठेंठ पहलवानी !"

"जे जौन रही, उहे ना ओकर नाच में आई।" जगदेव को बोलने की जैसे जगह मिल गई।

साँप बोले और नेवला चुप रहे ? जगरूप ने कहा, "पहले ई समझ लो कि पहलवानी आई कहाँ से।"

"कहाँ से ?"

"बलराम जी से।"

"और बाँसुरी कन्हैया जी से—यही न !"

"हाँ।"

"तो क्या हुआ ?"

"दूनो जन अहीर थे, इसलिए।"

"ए चुप ना रहब-अ। कहाँ कन्हैया जी और बलदेव जी और कहाँ ई ऽऽऽऽ ! ऊ राजा, ऊ भगवान। उनकर बाँसुरी के तान पे मय (सब) गोपी लोग दौड़ल चलि आवें—गाय-गोरू, चिरई-परेवा मुड़-मुड़ के ताके लागें—एकरा से तो हमरे जइसन अमदी (आदमी) भी भाग जाला।"

इस नोक-झोंक से अलग भिखारी कुछ और ही सोच रहे हैं, "कन्हैया जी और बलराम अहीर थे—कितने गुमान से बोलता है यह गरीब जगरूप अहीर जिसकी तीन पुस्त लाला के यहाँ बनिहारी करते बीत गईं, पाँव में एक रुपए का जूता तक नसीब नहीं हुआ आज तक जिसे। मैं भला किस नायक पर गुमान करूँ ? कहाँ रख दूँ अपनी जातिगत हीनता को ? सबका एक-एक भगवान है, मेरा भगवान कहाँ है ?"

बाबूलाल कुछ बोलते नहीं। भिखारी को लगा, वे ढीले पड़ रहे हैं "अब...?"

"पहले एक गो गोंड़ का नाच देखेंगे।"

"कहाँ ?"

"गाँव के थोरिके दूर पर है, सितवा के नइहरवा में। अगला पाख में पंचमी के।"

गोंड का नाच उनके दुआर पर ही हो रहा था। खुंटियाई हुई धोती में पुरुष नर्तक पूरे दुआर पर फैले हुए थे और रावण के दसों सिरों की तरह नाचते हुए घेर रहे थे—'झमकट, झमकट, झमकट-झमकट !' लगता, जैसे दूर से कोई लहर बढ़ती चली आ रही है—गरजती-मचलती हुई। बीच-बीच में टप्पे-सा उछाल देते लय को, फिर सम पर आ जाते। लहरें आ-आकर टूट रही थीं, मगर बोल समझ में नहीं आ रहे थे। वाद्य तेज, बोल अबूझ। बाबूलाल को देखा तो वे बड़े ध्यान से नर्तकों का पग-संचालन देख रहे थे।

"का बूझे ?"

"लगता है, कोई जंगली जानवर हो, जिसे मारने के लिए घेर रहे हैं।"

वे लौट रहे थे। पंचमी का चाँद जर्द होकर नीचे जा रहा था। धुँधली चाँदनी में पेड़ किसी विशालकाय जानवर की तरह खड़े थे, जैसे गोंडों द्वारा वहाँ के खदेड़े गए जंगली जानवर इधर भाग निकले हों।"

"ई नाच चलेगी ?" अचानक बाबूलाल ने सवाल किया।

"ना।" भिखारी ने कहा, "लेकिन एकर परभाव गजब के बा...जैसे बहुत दूर से कोई घेरता हो, फाँस-सा कसता चला जाए—चैता में भी झाल की आवाज ऐसे ही उठान पर चलती है।"

रात छपरा टेसन के मुसाफिरखाने में काटनी थी। लैंप की मरियल रोशनी में गिरोह के सदस्य जमीन झाड़कर बैठ गए। किसिम-किसिम की आवाजें थीं। कहीं इंजन संट कर रहा था, कहीं यूँ ही अतिरिक्त भाप छोड़ रहा था, पान-बीड़ी-सिगरेट और चाह, कहीं किस्सा चल रहा था, कहीं गाना। कितने तरह से बोल सकता है आदमी—भिखारी

गुपीचुपी मारकर सोच रहे थे। बाकी लोग गमछे ओढ़कर निढाल हो गए थे।

ई बाबूलाल कहाँ गए। जरूर चहवास (चाय की तलब) लगी होगी, कलकतिया आदमी हैं।

बाबूलाल ने कंधे दबाकर इशारा किया, "भाँड़ का किस्सा चल रहा है हुआँ, चलो चलते हैं।"

बेंच पर बैठे चूड़ीदार पाजामा-शेरवानी पहने दो आदमी बात कर रहे थे।

"किबला बेग साहब, भाँड़ों के बारे में अपनी भी बेहतर राय नहीं थी, बेबकूफ, भोंडे...कसम खुदा की, जब से वो वाकया हुआ, मेरे ख्याल ही बदल गए।"

"कौन-सा वाकया ?"

"अरे वही दाग साहबवाला—हजरत-ए-दाग जहाँ बैठ गए, बैठ गए।"

"दाग साहब ! क्या नाम लिया आपने ! म्याँ, अब सुना ही डालिए।"

"दाग साहब खब्ती मिजाज के, एक शादी के जलसे में उन्होंने भाँड़ गिरोह के मालिक, जो खुद भी एक बड़ा फनकार था, की बेइज्जती कर दी।"

"तो...?"

"तो क्या बला मोल ले ली ! हुआ यूँ कि जल्द ही एक दूसरे जलसे में उन दोनों का फिर आमना-सामना हो गया। अब सामने बैठे हैं दाग साहब, हिन्दोस्तान के अजीम शायर, स्टेज पर खड़ा है भाँड़—अजीम फनकार। बात-की-बात में भड़ैती रच दी उन पर। उसने स्टेज पर एक आदमी बुलाया, उसके हाथ में बन्दूक थमा दी। निशाना दाग साहब पर।"

"फिर क्या हुआ ?"

"फिर उसने पूछा—'क्यों बे, शेर दिखाई पड़ा ?'

"आदमी ने कहा, 'जी सरकार !'

"तो देख क्या रहा है, दाग...उल्लू के पट्ठे दाग...गधे दाग, अंधे दाग...हरामजादे दाग...अरे दाग, अक्ल के दुश्मन दाग...म्याँ क्या बताऊँ, पूरी महफिल हँसते-हँसते लोट-पोट! और 'दाग' साहब तो पानी-पानी ! भाग खड़े हुए भरी महफिल से। भाँड़ साँड़ की तरह अभी भी खदेड़ रहा था, 'देख भागने न पाए दाग, अबे अक्ल के दुश्मन दाग !' "

गाड़ी आ गई थी। दोनों अजनबी ट्रेन पर सवार होकर चले गए, छोड़ गए एक दाग भिखारी, बाबूलाल के दिल में—अब भाँड़ की अदाकारी देखे बिना चैन नहीं।

चाहवाले ने ही बताया कि आरा में मुकुन्दी भाँड़ आ रहे हैं, वह तो जरूर देखने जाएगा।

"वही बनारसवाला ?"

"हाँ वही। जिस शादी-वियाह में आ जाय, समझीं कि ओकर शान बढ़ गइल !"

सूचना संक्षिप्त थी। विस्तार से व्यौरा बाद में मिला कि आरा में रामाशंकर राय के यहाँ पूर्णमासी को लइकी का वियाह है। उसमें तीन गिरोह नाच है, नेटुआ, रंडी और

मुकुन्दी भाँड़।

पूर्णमासी, माने दस दिन हैं अभी। काश, ये दस दिन दस घंटे में बदल जाते। खैर, राम-राम करते-करते पूर्णमासी आई और दिन ढलते-ढलते रामाशंकर राय का अहाता।

बड़े-से शामियाने में काँच के कशीदे हैं। मशालें गुजरती हैं तो तारे जैसे जलने-बुझने लगते हैं, मानो उल्कापात हो रहा हो। बड़े-बड़े नादों में पानी है, आग से बचाव के लिए। बरात आई। शोले दगने लगे, अनार, चरखी छूटने लगी। हाथी, घोड़े, ऊँट, पालकी, इत्र-फुलेल !

नेटुआ नाच रैयती था, राय साहब की जमीन में ही बसे हुए लोग थे, सो द्वार पूजा से लेकर महफिल तक नाचते-गाते आए। इसके बाद दुलहा आया। पाँव पखारा गया। इत्र-फुलेल का छिड़काव , नाई पंखे झल रहे थे। दोनों पक्ष के पंडितों ने शास्त्रार्थ किया और अब बारी थी बाई जी की। बनारस की बाई जी, जैसा रूप-रंग, वैसे नाज-ओ-अन्दाज और वैसा ही गला—उसने सबसे पहले 'सेहरा मुबारक' गाया—ये है श्रीराम का सेहरा "मुबारक हो, मुबारक हो !" बहुत ही सुन्दर, बहुत ही शालीन, मानो उसके, लौंग जड़ी नाकवाले, सुन्दर मुखड़े से हरसिंगार के फूल झर रहे हों। इसके बाद दूसरी रंडी उठी, उसने 'देवरा जोगिया' वाला गीत प्रस्तुत किया।

बाहर भीड़ का समुद्र उमड़ रहा था, भिखारी और बाबूलाल कई बार धकियाए गए, कई बार पीछे ठेले गए। रंडियाँ बैठ गई थीं। भिखारी अब भी उन्हें एकटक देख जा रहे थे, कहीं ये दुनिया बाई, सुन्दरी बाई तो नहीं हैं ?

अब बारी भाँड़ की। रईसों जैसी कमीज और अचकन, चूड़ीदार पायजामा, हाथ में टेढ़ी-मेढ़ी बकुली टेकते बहके रईस-सा आता है भाँड़।

"घोड़ा है, बछेड़ा है, दिन दस बरस का, मेरे घोड़े की चाल देखो!"

वाह-वाह ! भिखारी ने इस संवाद पर मन से दाद दी। लेकिन आगे चलकर उसने बाई जी को लक्षित कर वो छिछोरी भड़ैंती शुरू की कि लाज से गड़ गईं रंडियाँ। भिखारी कभी भाँड़ को देख रहे थे, कभी रंडियों को, उनका मन हुआ वे रंडियों को जाकर ढाँड़स बँधाएँ और किसी शूर-वीर की तरह म्यान से तलवार खींचकर भरी महफिल में चिल्ला उठें—बन्द करो यह छिछोरापन, राजा भोज की नगरी में ई सब नहीं चलेगा। उन्होंने किसी से पूछा, "ई मुकुन्दी है ?"

"न ! उनको मौका नहीं था।"

वे 'चुकी-मुकी' ऐसे लौट रहे थे जैसे चोरी करते हुए पकड़े गए हों। बाबूलाल ने पूड़ी बुंदिया झटक ली थी, रास्ते में देने लगे, "लो खाकर पानी पी लिया जाय।" लेकिन नहीं। नहीं खाया गया। रात ही रात चलकर भोर तक बबुरा पहुँचे।

भिखारी गंगा में बुड़की लगाकर धो रहे थे रात का पाप। बहुत चूक हो गई। अब ना गंगा माई ! मल-मलकर धो रहे हैं, खखार-खखारकर थूक रहे हैं, डुबकी पर डुबकी, फिर भी मैल नहीं धुलती। तीर पर खड़े बाबूलाल मुस्कराते हुए आगे आते हैं, "निकल भी आओ अब। अँधेरे में पक्का आम चुनते हुए लेंड़ (पाखाना) उठा लेता है आदमी।

चलो, अब कहीं और भटकने की जरूरत नहीं है। मै ही सिखा दूँगा नाच !"

पानी से चिपचिपाई पलकों के बीच जिस छोटे-से गँवई आदमी का अक्स आ रहा है, क्या कहता है यह छोटा-सा आदमी ?

"तुम ?"

"हाँ, मैं। मैंने उस्तादों से भी काम-चलाऊ नाच सीख रखा है। कुछ मैं, कुछ तुम दोनों मिलकर सिखाएँ तो ई मुकुन्दी क्या चीज है जी और क्या चीज है रंडी !"

घर आए तो बाप की नजर तिरछी होकर उलट गई। फिर सदा की तरह सिर उठाकर मरकहे भैंसे की तरह आसमान को संबोधित करने लगे, "बेटा-बेटी जनमा के रात-रात-भर घूम-घूम के नाच देख-अ लोग, सभे बोझा ढोए खातिर हम तो बड़ले बानी।..."

बाप ने वही सारी जली-कटी बातें फिर से दुहराईं जो ऐसे अवसरों पर वह दुहराया करते थे।

आवाज सुनकर माई ओसारे में निकल आईं। बाबूलाल ने पैलगी की जिसको मन-ही-मन आशीर्वाद देकर वे भिखारी की ओर मुड़ीं, "का बबुआ, एकदम्मे से जोगी हो गए का ?"

"का भइल माई ?"

"अरे शीला (नाथ) के बियाह खातिर नाऊ आइल रहल। दिन-बार धरा गइल और तोहार पते ना...।"

"कब है ?" भिखारी ने ऐसे नीरस भाव से पूछा जैसे किसी दूसरे के बेटे की शादी की बात चल रही हो।

"का तो...हमारा भोर (विस्मरण) पड़ गइल, बाकी एके महीना रह गया है।"

"ऐं !" बाबूलाल चिहुँककर उठ बैठे, "सिर्फ एक महीना। इतनी जल्दी का है ?"

"इनके बाबू जी को डर था कि क्या पता, फिर कोई नाई दुआर झाँकने आए भी कि नहीं। नचनिया का लड़का नू है। ई हो कहीं भड़क न जाय, सो पंडित जी के बोलवा के जल्दी-जल्दी, गन्ना गनाइल और दिन-वार धरा गइल !"

"क्या इतने गए गुजरे हैं हमलोग ?" भिखारी ने सवाल करती आँखें बाबूलाल पर टेक दीं। बाबूलाल इस सवाल से बचने के लिए बगलें झाँकने लगे।

7

बरखा बीत गई। आकाश का कीचड़ धुल गया, जमीन का कीचड़ बैठ गया। गंगा जी में दो-दो तीन-तीन खेवे लगने लगे और सरजू जी की छाड़न में पानी कमतरा गया। नदी-नालों का ढबैल पानी थिरने लगा। काश फूलकर झर चुके थे। दियारे में चना, खेसारी, मटर की बुआई शुरू हो गई।

बरखा बीतते ही 'नवरात' और 'नवरात' लगते ही नाच ! इस बार नाच में 'बिरहा बहार' और 'बहरा-बहार' के साथ-साथ 'कृष्ण-लीला' भी शामिल की जानी थी। अभी तक उसका रस-परिपाक नहीं सध पाया था और दियरी (दीपावली) का दिन आ गया। अमावस की इस सबसे काली रात को कलाकार अपनी-अपनी कला जगाते हैं। पता नहीं, अमौसा जगाने की यह तांत्रिक पद्धति कब से चली आ रही है। दो ही आखर गाओ, लेकिन गाना तो पड़ेगा ही, दो ही बन्द नाचो, लेकिन नाचना तो पड़ेगा ही। सो, गंगा के सुनसान तट पर दो अलाप भरकर, दो फरेटी मारकर अकेले-अकेले लौटे आ रहे थे भिखारी—चोरों की तरह। चोर भी तो अमौसा जगाते हैं !

चौबाह (डीह) बाबा के पास आए तो पाँव ठिठक गए। कोई मेहरारू थी या मेहरारू की परछाईं ? दिया जलाए हाथ जोड़े बैठी थी। दीये के मटमैले इंजोर में उसका पूरा वजूद भुतैला लग रहा था। बिन्द बहू है क्या ? हाँ, वही है। यहीं से पति ने परदेश की डगर पकड़ी थी। चौबाह बाबा तो पूरे गाँव की रक्षा करते हैं। वही सकुशल लौटाकर ले आएँगे उसे। उसकी मनौती में बिना खलल डाले, चौबाह बाबा को प्रणाम करते हुए लौट आते हैं भिखारी।

छठ जैसे बड़े पर्व के चलते भोजपुरी अंचल में 'दियरी' का महत्त्व कम हो जाता है, फिर भी बरम्ह बाबा पर और शिवजी के मन्दिर पर के बारे गए दीये अभी भी जल रहे हैं। घर आए। आज पूड़ी-तरकारी और खीर बनी थी। खा-पीकर जल्द ही सो गए ?

तड़के ही खुल गई आँख ? चिरई तक नहीं बोली है अभी, सारा गाँव सो रहा है, सिर्फ एक घर को छोड़कर। बिन्द बहू के घर से जाँता (जाँत) पीसने की आवाज आ रही है। लेटे-लेटे ही एक-एक दृश्य जोड़ रहा है मन। वह कोई मेहरारू है या मेहरारू की परछाईं। अकेला दिया जल रहा है। दीये के मटमैले इंजोर में उसका साँवला चेहरा और भी भुताह लग रहा है। तब चौबाह बाबा का स्थान था, अब उसका ओसारा है। तब सारा कुछ अचल था, अब सारा कुछ सचल। बाकी आवाजें सोई पड़ी हैं अभी।

'ईश्वर पइंठस, दलिद्दर भागस' की घर-घर से दलिद्दर खदेड़े जाने की आवाजें भी अभी जगी नहीं। अपने साल-भर के बच्चे को अपनी बाईं जाँघ पर बनरिया-सी चिपकाए वह मेहरारू जाँता पीस रही है। जाँता की दूर जाती और नज़दीक आती आरोह-अवरोह की आवाज से लगता है, अपने गिर्द जड़े समय, समाज और नियति के सारे सन्नाटे को हिलकोरती आ रही है यह वियोगन !

सोचते-सोचते पता नहीं, फिर कब लग गई आँख ! जगे तो दिन निकल आया था। दिन के उजाले में रात के सारे दृश्य फना हो चुके थे। अरे बाप ! कितना काम है आज और वे सोते रह गए !

बच्चे रेंगनी का काँट (काँटा) ढूँढ़ने निकल पड़े हैं। आज सोहरांई है--पूरनमासी के बाद का सोरहवाँ दिन, आज ही से गोधन और भैयादूज की तैयारी शुरू हो रही है। रेंगनी के काँट को बाएँ हाथ की नन्हकी अँगुरी और अँगूठे में पकड़कर सिर के चारों ओर वारते हुए कान से छुआ-छुआकर औरतें अपने भाई को सरापेंगी। भैयादूज का सराप उलटकर वरदान बनेगा भाई के लिए। ऐसा पाँच बार करने के बाद वे काँट नेनुए के पत्ते पर रखे जाएँगे, उस पर चना...। यह सब गोबर के गोइठें पर रखकर कूँटा जाएगा। इसके साथ ही गोबर की पिंडी बनेगी जिसे अगहन के अमावस को सिराया जाएगा। आज ही गाय-बैल, भैंस-लेरू को गंगा जी में नहलाया, धोया जाएगा फिर चरखा पंडित (कुम्हार) की बड़की पतोहू आएगी सूप, जाँता, डेहरी, ओखल, मूसल सबको आँटे के घोल, सेन्हुर, तेल से टीकेगी, अल्पना बनाएगी। गाय-बैलों की सींगों में तेल लगेगा, कजरी लगेगी, पुराने नाथ पगहा को हटाकर गुलाबी रंग में रँगे, नए-नए नाथ-पगहा पहनाए जाएँगे। सबकुछ नया हो जाएगा। अभी कल की पूरी पची नहीं कि आज फिर दलपूरी खानी पड़ेगी। छठ, एकादसी ही नहीं पूर्णिमा तक ऐसे ही चलेगा। वैसे शुभ लगन की समहुत तो कल 'अमरपीठा' खाने के बाद से ही हो जाएगी, लेकिन उनके नाच की समहुत कब होगी ?

छपरा से लौटकर आए तो दिन ढल रहा था ? सूप-जाँता, टीकते हुए उस औरत ने मुड़कर देखा और सेन्दुर का एक टीका लिलार पर जड़ दिया। 'अरे-अरे !' कहते हुए भागे।

उधर औरतें भाईदूज में भाइयों को सराप रही थीं...। बिन्द-बहू ने तो सचमुच का गोबरधन पहाड़ खड़ा कर दिया था गोइंठे का और सबसे चाँड़ सुर में अपने मायके के तीन पुस्तों को जोड़कर सराप रही थी अपने किसी भाई बटुक बिन्द को, हालाँकि किसी ने भी कभी बटुक को आते-जाते नहीं देखा। अजीब है यह मेहरारू !

छठ की तैयारी की गहमागहमी में डूब गई वह मेहरारू। घर लीप-पोतकर चिक्कन किए जा रहे हैं। गेहूँ, जौ, अरवा चावल धोया-सुखवाया जा रहा है। रात के तीसरे पहर से ही जाँता की आवाजें घर-घर में गूँजने लगती हैं। नया सूप, नया दौरा, नए कलशे, नए दीये...पचासों चीजें हैं। विधि-विधान में सब कुछ नई-नई ! और इधर जो नई-नई जगहों से नई-नई पतोहें आई हैं, उनके चलते पुराने से नया बार-बार टकरा रहा है।

देखते ही देखते पंचमी की 'सँझवत' आ गई और अगले दिन तीसरे पहर से 'सुरुज देव' को पहला अर्घ्य देने की तैयारी !

वरण-वरण के लोग। वरण-वरण के लूगे-पहनावे, अपनी-अपनी औकात और सरधा (श्रद्धा)! रामानन्द सिंह के ढोल-ताशे की गहगहाती आवाज के पीछे बबुआनों और बाबाजी लोगों की पलटन जब आगे बढ़ गई तो नान्ह जाति के लोग दौरा सिर पर रखकर चल पड़े हैं, पीछे-पीछे अपने-अपने बच्चों और अपने-अपने लूगे को सँभालती मेहरारू और दुलहिनें। माई शिवकली देवी ने छठ पूजा का पारंपरिक गीत उठाया--

"गोबरा के गइलों ए दीनानाथ, ओही गौवासार !"

....

"हे दीनों के नाथ मैं बाँझिन उस गोशाला में गोबर के लिए गई थी कि चरवाहे ने दुत्कार दिया--'दूर हटो, दूर हटो ऐ बाँझ मेहरारू, कहीं तुम्हारी छाया पड़ते ही मेरी गायें भी बाँझ न हो जाएँ !' मुझ बाँझिन से सभी घृणा करते हैं।" दिलासा दिया छठ मैया ने कि घबराओ नहीं, तुम्हें गजाधर जैसा पुत्र होगा।

कड़ी-कड़ी जुड़ रही है, कड़ी-कड़ी खिल रही है ? पच्चीसियों बार सुना है इस प्रार्थना-गीत को, मगर आज उसका एक नया ही अर्थ खुल रहा है, कौन है यह मेहरारू ? पीछे मुड़कर किसे ढूँढ़ रही हैं नजरें ? गंगा के इस पार और उस पार के घाटों पर औरतों-बच्चों की भीड़ है। इस भीड़ में कहाँ गुम हैं वे चेहरे--बबुनी, धनी सिंह की मेहरारू, धोबइन भौजी, बिन्द बहू ?

बीन-बटोरकर कुल पाँच लवंडे जुगाड़ किए थे बाबूलाल ने जिन्हें मदारी की तरह सिखाया करते, लेकिन जहाँ तक अभिनय का सवाल था, वे अभी भी कोरे थे। भिखारी तरह-तरह से उनका मनोबल बढ़ाते, "वाह ! शाबास ! हो तो गइल, बस तनिक-भर कसर रह गइल बा !" एक ही पद को कई बार गाकर सुनाते--अलग-अलग तर्ज खोजते। इतनी घिसाई और मँजाई के बाद भी उनका चेहरा भावशून्य और आवाज इकहरी और बीमार बनी रहती--

"ए जशोदा मैया, चसकल बा ललना तोहार,
रोकि के डगरिया मोसे कइलन मसखरिया,
ए जशोदा मैया, जब जाई जमुना किना-आ-आ र !"

'ललना' में 'ल' और 'ना' के बीच, फिर जमुना में 'ज' और 'मु' के बीच मीड़ से जो नैसर्गिक परमानन्द की रागिनी बनती थी, 'तोहार' और 'किनार' में, 'हा' और 'ना' को खींच कर तानने से जो नैसर्गिक फैलाव बनता था, उसे बीच में ही छोड़ देते।

भिखारी खीझ से भर जाते। मगर थोड़ी ही देर बाद उन्हें सिखाने की नई तरकीब के साथ फिर से हाजिर हो जाते, "तुम जो भी हो, एक पल के लिए भूल जाओ कि तुम वह हो, बल्कि यह समझ लो कि मरद नहीं, कनिया हो। कनिया भी नहीं, राधा

हो, गोपी हो...हाँ, अब शुरू करो।''

लवंडे के शुरू करते ही फिर टोंकना पड़ता, ''नहीं-नहीं।'' फिर खुद खड़े हो जाते, ''कै बेर बोले कि मेहरारू का बाँया पैर पहले उठता है, दाहिना नहीं।''

मगर फिर कोई-न-कोई भूल, फिर वही सपाट चेहरे, संवेदनशून्य संवाद !

ज्यादा टोकने पर लवंडे ने खीझकर कह दिया, ''हमारा से इससे नीमन नहीं बनेगा।''

खीझकर बैठ गए भिखारी। महेन्दर चाह दे गए। गर्म गिलास को गमछे से पकड़कर फूँक-फूँककर पीते रहे, बाबूलाल ने चिलम सजाकर हुक्के पर रखकर थमाया। किसी-किसी घर से किसी बच्चे के रोने या बकरी के मेमियाने की आवाज को छोड़कर सारा परिवेश शांत था। गाँव के ऊपर धुएँ की एक परत गाढ़ी हवा में टँग गई थी, जैसे किसी की धोती सूखने के लिए पसारी गई हो। हवा गाढ़ी थी, मन गाढ़ा !

बहुत देर तक हुक्के की गुड़-गुड़ होती रही।

मन की किसी परत से तितली की तरह फिर उड़ने लगी धुन...जब जाईं जमुना किना-आ-र !

''इसी धुन पर क्यों जोर देते रहे ?'' अन्दर किसी ने चुटकी ली, ''कहीं ऐसा तो नहीं कि आरा में वह जो दूसरी पतुरिया थी, जिसमें तुम्हें दुनिया बाई की झलक मिली थी, उसने 'देवरा जोगिया हो' को इसी धुन में गाया था ?'' अन्दर से किसी ने टोका।

''ना, ना, नहीं तो। वो तो नाव पर एक मल्लाह गा रहा था न !''

''अच्छा !''

''बहुत लोग गाते हैं।''

''अच्छा !''

पकड़े गए। बाबूलाल बदमाश है। कहीं उसकी पकड़ में यह चोरी आ गई होती तो...बाप रे!

''बाप को बुला रहे हो ? अलग ही लाठी लेकर खड़े हैं दलसिंगार ठाकुर!''

घबराहट में जोर-जोर से कश लेने लगे—गुड़ गुड़ गुड़। ''रहने दो इसे। चिलम ठंढी हो गई है।'' बाबूलाल ने कहा।

न, बाबूलाल ने कुछ नहीं देखा, कुछ नहीं सुना, कुछ नहीं समझा, सिर्फ गुड़गुड़ी की चिलम बदल दी, ''नई-नई घोड़ी को परकाने के लिए किसी को आगे-आगे चलना पड़ता है न !''

तंबाकू कड़वी थी, शीरा कम मिलाया गया था।

''जनाना बन जाँय ?''

''अब का कहीं !'' मूड़ी गाड़ ली बाबूलाल ने।

सोच में पड़ गए भिखारी। ठीक ही तो कहते हैं बाबूलाल। जो काम तुम खुद नहीं कर सकते, उसे दूसरों को करने को कैसे कह सकते हो ? लेकिन जिसे न गाना आता हो, न बजाना, न शकल, न सूरत, न उमिर, वह क्या खाकर मेहरारू बने ?

"बहाने न बनाओ।" अन्दर किसी ने डाँटा, "सच क्यों नहीं बोलते कि तुम्हें लाज लगती है ?"

"लाज ? हुँह, कैसी लाज ?"

"तब करते क्यों नहीं ?"

"हाँ हाँ, न चाहूँ तो कर सकता हूँ।"

रात 'हाँ' और 'ना' की कशमकश में गुजरी। नींद आई मगर पिछले पहर ही। भोर हुई तो फिर वही सवाल बेताल की तरह कंधे पर।

क्या हुआ, अगर मैं घंटे-भर के लिए मेहरारू बन ही गया ? झट सामने आ गया बाबू जी का चेहरा जो माँ को सुनाते हुए कह रहा था, "देख लेना, नचनियाँ एक दिन मेहरारू न बन गया तो मेरा नाम नहीं।"

"नहीं माई ! मै मलिक हूँ, मलिक ही रहूँगा।"

माई-बाबू से जबरन नजरें फेर लेते हैं। नजर फेरते ही भूत की तरह प्रकट होता फिर वही सवाल, "तो क्या सूत्रधार को औरत की भूमिका नहीं निबाहनी चाहिए ?"

"नहीं, हम कोई रामजी नहीं हैं कि धोबी के कहने पर जानकीजी को छोड़ दें।"

"नहीं बनोगे ?"

"ना ना ना !"

'लेकिन...'

यह सार 'लेकिन' एक कुकुरमाछी है, पुटठ्े के घाव पर उड़-उड़कर बैठ रही है, जिसे पकड़ने के लिए कुकुर गोल-गोल धूमते हुए लाख कलाबाजियाँ खाए, पकड़ नहीं पाता...अंततः लोट-पोट जाता है—मरो तुम भी मेरे घाव में दबकर!

"हाँ, मैं बनूँगा।"

"साक्षात ताड़का लगोगे, सोच लो !"

"सोच लिया।"

तीसरे दिन लीपकर चिक्कन कर दिया मन को। मन के बाद तन ! दाढ़ी छिला ली, मूँछें छिला लीं; आँख में काजल, नाक में बड़ा-सा नथ, होठों पर लाली। साड़ी पहन ली, टिकुली साट ली लिलार पर और इठलाकर चले तो गिरोह के लोग दंग। परकाया प्रवेश!

पहले जसोदा की भूमिका में उतरे। घर-गृहस्थी के कामों में व्यस्त, अपने लाड़ले कृष्ण की उलाहनाएँ सुनते-सुनते आजिज, एक हाथ से साड़ी सँभालते हुए खिंसियाई नजरों से देखती है, धमकाती है कभी कन्हैया को और कभी गोपियों को !

दूसरी बार पहली सखी की भूमिका में उतरे।

"हम ना बसब तोरी नगरी जसोदा मैया, हम ना बसब..." साड़ी सँभालते हुए लम्बे-लम्बे हाथों को चमकाकर उलहानाएँ देते हुए...जीवंत अभिनय !

लवंडों को पसीना आ गया।

बाप रे ! इतना तो हमसे नहीं होता ! लगता ही नहीं है कि मलिक जी हैं।

नाच कुछ-कुछ पटरी पर आने लगा। मगर, वहीं दूसरी दिक्कत पेश आने लगी। जशोदा का अभिनय इतना चमक गया कि बाकी किरदार और भी फीके पड़ गए। कृष्ण को तो हर प्रदर्शन पर बदल देते, मगर एक भी मनमोहना (कृष्ण) उनका मऩ मोह न सका। बेला के फूल की तरह यश फैलने लगा। भिखारी का खुद का कंठ भी खिलने लगा। एक बैद जी की सलाह पर वे रोज गुड़ और गोल मिर्च फाँकने लगे।

अगहन-पूस के दिन। डोरियागंज में नाच के प्रदर्शन से लौट रहे थे। ऊँचे-ऊँचे मेड़ों के नीचे दूर-दूर फैले चने के खेत। झीनी-झीनी टटकी पत्तियों का खटास भरा सोंधा कच्चापन ! सामने कोई 14-16 बरस का किशोर घास छील रहा था, वरना वे खुद खेत में उतर जाते। चने का साग उनकी कमजोरी था। वे मेड़ के दूसरी ओर उतर गए। किशोर को आहट न लगी। उसने इधर-उधर देखा और चुपके से खेत में उतर गया, जल्दी-जल्दी कुछ साग खोटकर मुँह में भरा और ऊपर आकर फिर से घास छीलने लगा, जैसे कुछ हुआ ही नहीं हो।

"ए बबुआ ! साग कइसन बा ?"

मरा लड़का ! जल्दी-ज़ल्दी साग को गले के नीचे उतारते हुए उसने पूछा, "कहाँ, कइसन साग ? हम तो घास गढ़त बानी !"

सफेद झूठ की चुगली करता हरापन मुँह से झाँक रहा था, भाव-भंगिमा, अदा—सब कुछ वही। अरे यही तो उनके कुँअर कन्हैया हैं, माखनचोर !

कहाँ-कहाँ नहीं खोजा और मिले कहाँ तो यहाँ !

"ए बबुआ, तोहार नाम का है ?"

लड़का अभी भी संशय भरी नजर से ताके जा रहा था।

"डरो मत ! हम किसी से नहीं कहेंगे। घर कहाँ पड़ेगा ?"

लड़के का डर और बढ़ गया। कोई औरत आ रही थी। उससे पूछने पर पता चला कि लड़के का नाम लालू है; और वो रहा उसका बाप जो दुआर पर खटिया बीन रहा है। "देखुआर हो ?"

हँसकर टाल गए भिखारी।

"नाच ? वह भी भिखारी ठाकुर का ?" लालू का बाप सुनते ही हड़क गया, "जाईं, जाइए हिंया से, न तो हमको किरोध आ रहा है।"

"जादव जी, हम नाचने के लिए न न माँग रहे हैं लालू को।"

"फिर क्या आरती उतारिएगा ?"

"हाँ !" हँसते हैं भिखारी, "नचनियाँ हैं हमारे पास, हमे एक किसन कन्हैया चाहिए।"

गाँव के और लोग भी आ गए। कुछ पक्ष में, कुछ विपक्ष में। "तनी विचार करीं सभे, रामलीला में राम, लखन बनने के लिए बड़के-बड़के घर के लड़के नहीं आते हैं ?"

"सोरह आने की बात कहते हैं, मारामारी हो जाती है, मारामारी!" किसी ने समर्थन

किया।

यादव जी का 'किरोध' ठंढा पड़ा तनिक, "नचवाइयेगा न न ?"

"कहा न, खाली किसन कन्हैया !"

"हाँ, खाली किसन कन्हैया।"

"पढ़ल लिखल...?"

"का कहीं ! पढ़इए न छोड़ के बइठ गिया सार !" इसके पहले कि उनका 'किरोध' फिर से भड़कता; भिखारी ने दो रुपए लालू को वारकर बाप के अँगोछे में डाल दिए और चल पड़े।

"यह तुमने क्या किया, यह लड़का सिर्फ कन्हैया बनेगा, नाचेगा नहीं ?" बाबूलाल ने पूछा।

"एकहि साधे सब सधे—देखते जाओ नाई बुद्धि !" कहकर हँस पड़े भिखारी।

लालू के कृष्ण और भिखारी के यशोदा बनते ही नाच में जान आ गई। दो छल्ले कसाते ही बाकी छल्ले खुद ही कसने लगे।

प्रचार बढ़ता गया। माँग बढ़ती गई। जेठ बीत गया, असाढ़ लग गया। पानी नहीं बरसा था। गर्द उड़ाती लू बदन को झुलसाए जा रही थी। पिछले छह महीनों में नाच को कहाँ से कहाँ पहुँचा दिया था भिखारी और बाबूलाल ने ! अब यह आखिरी लगन थी छपरा कचहरी के पास जो वह नाच रहे थे। राम-राम करते यह सकुशल बीत जाय तो दो दिन लगातार सोएँगे घर जाकर।

'बहरा बहार' और 'कृष्ण लीला' के साथ-साथ 'बिरहा बहार' भी मंचित करना पड़ा। एक ही जगह नाचना हो तो सिर्फ तीन नाटकों से काम नहीं चलता। और नाटक लिखने पड़ेंगे। 'बहरा बहार' को भी अभी और कसने-माँजने की जरूरत है। कुछ-कुछ फेर-बदल तो प्रदर्शन के दौरान ही सूझता है। बरखा में इस बार ढेर काम है। वे अपना साज-सिंगार भी करते जा रहे थे और सोचते भी जा रहे थे।

नाच खतम। पेटियाँ और गठरियाँ बँधकर तैयार! बिदाई हो जाय तो भोरे-भोरे निकल चलेंगे, वरना तमाशबीनों की भीड़ मक्खियों की तरह आ जुटेगी। नाच मात्र से मन नहीं भरता उनका। नाच का आदमी नाच के बाद कैसा लगता है, यह भी देखना जरूरी है। देखो-देखो एक तमाशबीन आ ही गया न !

"हमारा के नाच में लीजिएगा ?"

"के ह—अ भाई ?" बाबूलाल ने मुड़कर ताका, न दुआ-सलाम, न बन्दगी ! कोई सी-आई-डी है न का, लम्बा, छरहरा, गोरा, धोती, कमीज, देह भरी होती तो राजा-महराजा जैसा लगता।

"हमार नाम लच्छन राय है।"

"भुईंहार बबाजी ?"

"ना, जादव।"

"कौन गाँव ?"

"हरपुर कराह टोला।"

"हियाँ कैसे ?"

"हियाँ पे रेलवई में नौकरी न करते हैं।"

"अरे बाप! ए भाई, जो रेलवई में नौकरी करता हो, ऊ नाच में काहें आएगा ?"

"बस मन आ गया। आप लोगों का नाम सुना था। दू दिन तक नाच देखा, फिर सोचा..." आधा कहकर शरमा गया युवक।

"और सोच लो भैया, हम तो वैसे ही बदनाम हैं।"

"सोच लिया।"

कुछ देर तक चुपचाप सोचते रहे भिखारी, फिर पूछा, "नाचना आता है ?"

"ना।"

"बजाना ?"

"ना !"

"कभी किसी नाच में काम किए हैं ?"

"ना।"

"फिर...?"

"गाने-बजाने का शौक है, एक-दू गाना लिखा भी...।"

"बड़ मुश्किल कइल-अ ए बाबू!" भिखारी ने धीरे से कहा, ताकि वह सुन न ले। तब क्या करें ? इनकार कर दें ?

सोच में पड़ गए। सहसा लगा, खुद से खुद की परछाईं अलग हुई—एक साल, दो साल,...कई साल पीछे...इकतीस साल के भिखारी निवेदन कर रहे हैं अंगराहित यादव से...

बाबूलाल रुपए गिनते आ रहे हैं।

"हो गई बिदाई ?"

"मूड़ी हिलाते हैं बाबूलाल।"

"तब चला जाय!"

"और मुझे का कह रहे हैं ?" लच्छन राय विक्रम के बेताल-से पीछा छोड़नेवाले नहीं।

"का बोलीं ए जादव जी, हियाँ तो अभी अपना ही ठाँव-ठिकाना नहीं है। हम सब बादुर की तरह इस गिरोह में लटके पड़े हैं। आगा-पीछा सोच लो, फिर भी मन करे तो आ जाओ तुम भी लटक लो।"

इक्के आ गए हैं—एक चन्ननपुर जाएगा, साज-ओ-सामान लेकर बाबूलाल के साथ, दूसरा लालू और भिखारी को लेकर कुतुबपुर। इक्का रुका पड़ा है। बाबूलाल कुछ कहना चाह रहे हैं।

"कलकत्ता में एक गो सर्कस देखा था, एक गो चीता-बाघ बदन सिकोड़कर आग में जलते छल्ले के बीच से कूद गया था...तुम वही चीता-बाघ हो भिखारी! अइसन न जनाना बन के दिखा दिया कि..."

लेकिन पूरी तरह सही नहीं थे बाबूलाल ! जला तो चीता भी था !

जलने की इस गंध को कुतुबपुर में सबसे पहले सूँघा रामानन्द सिंह की पत्नी ने, फिर पतियाने के लिए उन्होंने दूसरी औरतों से पूछा, उन्होंने भी नाक सिकोड़ कर सूँघा और कहा, "हाँ!"

बबुआइन ने बाबू साहब से पूछा, "ये भिखारी को हुआ क्या, जरा देखो तो। ये औरतों की तरह बोली-बानी, चाल-ढाल...! कहीं नामरद तो नहीं हो गए भिखारी!"

गंध उड़ते-उड़ते बहोर-बहू तक आई। फिर वहाँ से मनतुरनी देवी तक।

"का रे नउनिया, राति खा (को) आवेलन भिखारी ?" रामानन्द सिंह की पत्नी ने पूछा।

लजा गईं मनतुरना।

"ना-ना इसमें लजाने से काम, जो है, सो गड़बड़ा जाता है।" कान में हितैषी की तरह फुसफुसाईं।

"आते तो हैं।"

"तुम्हारा-उनका संग-साथ तो ठीक है न ?"

"हाँ।"

"सोरह आना ?"

जबान गूँगी हो रही है लाज से। अब ऐसी उम्र में ऐसे सवाल क्यों ? लेकिन जब उन्हें रोग के लक्षण बताए गए तो चिंहुक गईं डर से, 'हाय राम !' उन्होंने नजर रखनी शुरू की। पति का उठना, पति का बैठना, पति का चलना, पति का ताकना...कभी सच लगता, कभी झूठ! कहने को तो कह दिया बबुआइन से, लेकिन बिना परखे पतियाएँ कैसे ?

दिन बीता। रात हुई। खाना खाकर अपनी कुठरिया में जा लेटे। कोई-न-कोई भनभनाहट, कोई-न-कोई आवाज ? मनतुरना देवी को गुस्सा लगा, "इतनी-इतनी देर तक क्यों जगते हैं लोग ? और बातें...? सारी बातचीत आज ही कर के मानेंगे जैसे। और ई बुढ़ऊ, इनकी खाँसी कभी बन्द ही नहीं होती। सोने का बहाना करके लेटीं और सो गईं। रात के किसी पहर नींद यकायक उचट गई। आस-पास आहट ली। नहीं, सब सो गए हैं। दबे पाँव उठीं। दरवाजे की बिलारी (आड़बन्द) को इतने धीरे से खोला कि किसी को पता तक न चले। फिर भी मुआ खटाक-सा बोला। कह देंगे पेशाब करने गई थी। जान जाएँ तो जान जाएँ, क्या वह पेशाब करने बाहर नहीं जा सकती ? कुठरिया की किवाड़ी चर्र-से खुली—अरे बाप, बाहर इतने लोग दुआर पर सो रहे हैं, कोई जान जाय तो ? जान जाय तो जान जाय, कोई चोरी छिनारा करने तो नहीं जा रही हैं वे !

टटोलकर कंधा पकड़कर हिलाया, फिर धीरे से कान में फुसफुसाई, "बहुत नींद लगी है ?"

जवाब में अपनी लंबी-लंबी बाहों में पकड़कर भींच लिया पति ने पत्नी को। तड़क उठीं कई नसें, मगर अन्दर एक अनिर्वचनीय खुशी, "नहीं, वैसा नहीं है, लगते तो सोलह आने ही हैं।"

"छी-छी, लाज नहीं लगती ?"

"ना।"

"इसमें तो बड़े चोखे हो और चलते कैसे हो ?"

"कैसे चलता हूँ ?"

"जैसे मेहरारू !"

"ऐं ?"

"सिर्फ चलते ही नहीं, मेहरारू की तरह हाथ भी हिलाते हो, ताकते भी हो, बाकी हाव-भाव भी।"

"हाय राम ! तुमने अपनी आँखों देखा ?"

"हमी ने नहीं, तुम्हारे मीत रामानन्द सिंह की बहू, बहोर बहू और दूसरे लोगों ने भी देखा है। एक गो बात कहें ?" सीने में मुँह गड़ा लिया है मनतुरना देवी ने।

"कहो।"

"तुम ई नाच छोड़ दो, चाहे मेहरारू का पाट मत करो। हमार किरिया!"

भिखारी ने दोनों हथेलियों में कुंतलों में जड़े पत्नी के प्रौढ़ा मुँह को उठाया और होठों से होंठ सिल दिए।

कुछ देर तक खाट पर उतान पड़े रहे, फिर बोले, "सुनो, मैं नाच दल चलाता हूँ, दूसरों को नचवाता हूँ लेकिन बखत-जरूरत पड़ने पर...।"

"ना, एकदम नहीं, शीलानाथ की...।"

"चोप!" किरिया को डाँटकर सिटपिटा दिया भिखारी ने।

"तुम नहीं नाचोगे तो कुछ हरज हो जाएगा ?"

"किसने कहा कि मैं नाचता हूँ ?"

"मेहरारू तो बनते हो नाच में।"

"हाँ।"

"मत बनो।"

"कुछ हमारी भी सुनोगी।"

"बोलो।"

"गिरोह में बहुत हैं जो मेहरारू बनते हैं।"

"मगर तुम क्यों ?"

"पहली बात ई कि वे मेरे मन का नहीं करते। तुम भी तो मेहरारू हो, नीलगाय की तरह कुदंक मारना, कमर-चूतर और चूँची हिलाना-मटकाना, आँख से नजरा मारना,

यही तो नहीं हो तुम—बोलो, हो ?"

"धत्त !"

"वे यही और इतना ही तो करते हैं। पतुरिया बने तो, और सीता माई बने तो, उनके लिए सब धान बाईस पसेरी है। मेहरारू मरजाद है, मरद की सखी है, माई है, बहिनी है, बेटी है, भौजाई है, भावज है, मामी, फूआ, काकी, आजी, नानी—कितने-कितने रूप हैं उसके। ममता का समुद्दर, सुन्नर, फूल-सी महमह महकती, नरम, प्रेम और वात्सल्य से छलकती हुई।"

"तुम तो सचमुच डूब गए!"

"बिना डूबे औरत का तन, मन और आत्मा कहाँ से लाएँगे ?"

मनतुरना देवी आँचल मुँह में डालकर हँसती हैं, "तन भी ?"

"विश्वास करो, उस समय मुझे लगता है, मेरा सीना फूल गया है, चूतर भारी हो गए हैं, कमर पतली हो गई है—चितवन तिरछी, बोली नरम...और...और एक रस की धार बह रही है—करेजे में रेंगती हुई नीचे आ रही है, जाँघों के बीच भी कुछ-कुछ भिंगोते हुए...।"

"धत्त!"

"धत्त" कर देने और पति के परीक्षा में सोलह आना खरे उतरने के बाबजूद 'डर' जाता नहीं, वह आम के पेड़ पर जगर-मगर करते जुगनुओं में जल रहा है, कीड़ों के शोर में भन्ना रहा है, पीपल पर बगुले-सा पंख फड़फड़ा रहा है।

"सुनीं जी।" सीने पर गरम साँसें बिछल रही हैं, "लोग कहते हैं नचनिया धीरे-धीरे मेहरारू बन जाता है।"

"मैं बना क्या ?"

"अभी नहीं, बाद में।"

चुप हैं भिखारी।

रात बीत रही है।

"मरद और मेहरारू में से एक ही तो रहोगे न ?"

"हाँ !" बहुत कराहते हुए उत्तर देते हैं भिखारी।

सुबह उठे तो कदम-कदम पर टोंकता रहा जैसे कोई, "अकड़कर चलो। ऐ...फिर ढीले हुए। हाँ, यह ठीक है। फिर...? एकदम सीधे ताकना मरद की तरह, हाँ।"

चाल अटपटी हो गई। इस अटपटेपन से उबरने के बारे में सोचते रहे। कुछ समझ में न आया। रामानन्द सिंह के साथ मिर्चइया बाबा तक हो आए, मगर कुछ कहते न बना।

उनकी समझ में नहीं आ रहा था कि गलती कहाँ हो रही है। जब जो भूमिका करनी होती है, वही होकर रह जाते हैं—यह गलत कैसे हो सकता है ? बिना इसके भूमिका में जान कहाँ से आएगी ?

बरम्ह बाबा के थान पर मन मारकर बैठे थे कि बिजली कौंध उठी। एक टेढ़ी-मेढ़ी

अंगार की लकीर से आसमान दमक उठा। फिर जस का तस! वही बादल, वही अँधेरा। थोड़ी ही देर में आसमान प्रकंपमान गड़गड़ाहट से फिर भर गया। बूँदें गिरने लगीं। वे भींग रहे थे, लेकिन उन्हें अपनी दुविधा का जवाब मिल गया था। पहले औरत की छोटी-छोटी भूमिकाएँ करें और डुबकी लगाकर बाहर निकल आएँ, फिर पुरुष की भूमिका करें। दूसरी बुड़की में पहली बुड़की का असर जाता रहेगा।

यही हुआ।

8

कुतुबपुर का नउवान !

दलसिंगार ठाकुर के घर के सामने एक गुफानुमा पलानी है। पलानी के अन्दर एक तखत है। तखत पर छुरा, कैंची, पजानी, नहरनी और पानी की कटोरी है, एक तुड़ी-मुड़ी कापी भी। इनके बीच बैठा गँवई जवान क्या देख रहा है नीचे। नीचे तो माटी पर बिखरे कुछ छिले, कुछ कतरे कच्चे-पक्के बाल हैं, रूसी और मैल सनी छोटे-बड़े बालों की खुरचनें हैं। नजर यहाँ है, मगर दृष्टि इसके पार, जहाँ वर्तमान ओझल है, बीते क्षण जग रहे हैं—अनुभव, यादें और कल्पना का दिपदिपाता तिलिस्मी लोक !

अपनी पलानी में तखत पर बैठा है नाई, नाई के अन्दर तख्त-ए-ताऊस पर बैठा है नए नाटक का सूत्रधार! नाई को ग्राहक तो मिलते हैं, सूत्रधार को सूत्र नहीं मिलता। विचार बादलों के टुकड़ों की तरह आते हैं, चले जाते हैं। संघनित नहीं होते। बरसते नहीं।

अचानक बादलों का रंग गुलाबी हो जाता है। सूत्रधार की नजर नीचे से ऊपर जाती है, अरे सोनिया! मेटी में मट्ठा लेकर खड़ी गुलाबी साड़ी में कितनी सयानी लगती है बेटी! अब तख्त पर सूत्रधार नहीं, सिर्फ एक बाप है। बाप बेटी से पूछता है, "इसमें बहुत सुन्नर लग रही है रे तू ? कहाँ से मिली थी ?"

लजाकर भाग जाती है बेटी। जबाब देने के लिए माँ को आना पड़ता है—जवाब या सफाई ?

"बहुत दिन से रखे-रखे खराब हुई जा रही थी, सो आज निकाल दी।"

"बहुत दिन से... ?"

"बबुनी के बियाहवाली है न !"

जैसे किसी ने तेजाब की कटोरी उलट दी हो सिर पर !

अब न बाप है, न सूत्रधार, बस एक नाई है जो बहुत दिन पहले बियाह के लिए बबुनी का पाँव भर रहा है...

सुतुही में गुलाबी रंग घोला। बाँस की पतली सींक बनाई। सींक डुबोई और भरने (रँगने) लगे पाँव...

ओह ! कितने सुकुमार पाँव हैं ! गोरे गुलाबी ! और नह हैं कि आँख के निर्मल कोये। जहाँ जाएगी, लछमी की तरह उजियार कर देगी। बबुनी लाज से मुँह फेर रही है। शीलवती भी है !

मंगल गीतों के बीच 'अबटन' हुआ और बाकी अनुष्ठान भी। बरात आई तो हड़बोंग मच गया—कलशा कहाँ है, पेटी कहाँ है, पल्लव कहाँ है, दही-गुड़ कहाँ है...? गहमा-गहमी के बीच भागदौड़ करते रहे भिखारी। तनिक दम मारने बैठे तो उन्हें एक चीज खटकी, अन्य विवाहों की तरह औरतें मीठी गालियों भरी चुहल या छींटाकशी नहीं कर रही हैं, बल्कि अलग-अलग गोल बनाकर कानाफूसियों में कुछ बतिया रही हैं, जैसे कोई साजिश रच रही हों।

आखिर ढोल, पिपहरी बजने के साथ बरात चल पड़ी। दुआर पर औरतों ने मंगल गीत कढ़ाए—'आपन खोरिया बहार-ओ हो बाबा, आवताड़न दुलहा दमाद'। डोली से दुलहा को उतारा गया तो मउर थामे रहा कसकर। मउर की झालरों से ढका चेहरा ! द्वार पूजा के बाद वर डोली पर वापस जाने लगा तो गारी—

हथिया हथिया शोर कइले, गदहो ना ले अइले रे
तोरा बहिन के सोंटा मारौं, नमवा हँसउले रे!

जनवासे में पाँव पखारने का रिवाज है। नाई पाँव धोएगा। पाँव धोते समय भ्रम हुआ, यह दुलहे का पाँव है या दुलहे के आजा का ! सिकुड़े चाम के नीचे हाड़-ही-हाड़! नस-ही-नस! दीया नहीं है यहाँ कि चेहरा देख सकें। 'धुरकुच का पानी' (बर का मेटा) लेकर अन्दर आए तो घर में कोहराम मचा हुआ था।

"का बात है ?"

मनतुरना देवी ने बताया "बबुनी को दाँत लग गया है।" फिर उन्होंने कान में फुसुककर जो बताया तो शक यकीन में बदल गया। दुलहा बूढ़ा है !

"पैसा लेकर बेटी बेंच दिया है !" कोई कनफुसकी !

औरतें गारी नहीं गा रहीं, अलग-अलग गुटों में गुम होकर बैठी हैं। पानी का छींटा दिया जा रहा है बबुनी के चेहरे पर। ओझा आए हैं, ओझइती का पचरा गा रहे हैं। लोटे में अड़हुल के फूल, घी-मधु की धार दी जा रही है। होश आ गया है।

"होश आ गया है।" बबुनी की माई ने बबुनी के बाप से कहा "होश आ गया है।" एक ने दूसरी से, दूसरी ने तीसरी से कहा।

"अरे गाव-अ हो, गाव-अ!" बबुनी की माँ सबसे निहोरा कर रही है। कोई नहीं शुरू करता तो खुद ही कढ़ाती है...।

शादी होती है।

सारे कर्म होते हैं।

मरजाद नहीं हुआ। भोरे-भोरे एक करुण विलाप के साथ विदा हो गई बरात। विदा हो गई बबुनी!

नाई को नेग मिलता है—मोरपंखी किनारी का मोटा लूगा—गुलाबी रंग में रँगा हुआ।

इसके बाद क्या हुआ होगा, सोचकर करेजा काँप जाता है। तब से रखी हुई थी साड़ी। आज बेटी को पहना दिया है माँ ने।

सहसा गुलाबी रंग उड़ गया। किनारी के मोर उतरकर जंगल में चले गए। बिना

किनारी की सफेद धोती—विधवा !

भिखारी कनखियों से देखते हैं सोनिया को और बेचैन हो उठते हैं, "ए बूची ! हइ लूगा बदल द—अ !"

"का भइल जी ?" पूछती है मनतुरना देवी।

"कुच्छो ना ? बस ई लूगा..."

एक बबुनी, दूसरी बबुनी, तीसरी बबुनी...बेटियों का अनन्त क्रम ! वीर-बहूटियों-सी रेंग रही हैं बेटियाँ, मय बिहार, यू पी, बंगाल में बेची जा रहीं हैं बेटियाँ खूसट बूढ़ों के हाथ। हलाल की जा रहीं हैं बेटियाँ और उनकी रुलाई को मंतर और गीत और गारी और चुहुल से ढँका जा रहा है।

एक बबुनी, फिर दूसरी, फिर तीसरी...अनन्त क्रम है बेची गई बेटियों का। मन में घाव-सी पक रही है पीर, मथ और बथ रही है पीर। भोंकार मारकर रोने का मन करता है, ताकि मवाद बाहर आ जाए और जी कुछ हल्का हो।

सूत्र हाथ में आ गया तो उठकर खड़े हो गए। चहलकदमी करते हुए कभी बैठ जाते, कभी खड़े हो जाते।

बेटी का विलाप झरता गया कागद पर...

रोपेया गिनाइ लिहल-अ, पगहा धराइ दिहल-अ
चेरिया के छेरिया बनवल-अ हो बाबू जी !
गिरजा कुमार कर-अ दुखवा हमार पार-अ
ढर-ढर ढरकत बा लोर मोर हो बाबू जी !
... ...
वर खोजे चलि गइल-अ, माल लेके घरे धइल-अ
बाबा लेखा खोजला दुलहवा हो बाबू जी !
पगली पर बगली भरवल-अ हो बाबू जी !
खाइ के जहर मरि जाइब हम हो बाबू जी !
रतिया के छतिया में बतिया जरेला मोरा,
बीच डललस मोर बिचवान हो बाबू जी !

"क्या लिखा जा रहा है ?" देखा तो घोड़े पर रामानन्द सिंह।

तखत से उतरकर सलाम किया।

"आप कब आए ? हमको पता भी न चला। **आईं बइठीं**। दाढ़ी बढ़ि गइल बा।"

"तुम्हारा हमारा रिश्ता क्या बार-दाढ़ी तक ही है ?" रामानन्द सिंह बोलते हैं तो अन्दर तक रसा जाता है।

"ना हीं ऊ तो...दिखाएँ ?" झेंप भरी आवाज !

"देखेंगे नहीं। सुनेंगे। तीसरे पहर बैठकी में।"

शाम को रामानन्द सिंह की दलान में भिखारी ने जब पदों को गाकर सुनाया तो मित्र मंडली भी रोने लगी, भिखारी खुद भी।

"ई तो बहुत-ए..." बोल नहीं पाए राम अशीस भाट।

भगवान साहु और ठग लोहार आपस में कुछ अलग ही बतिया रहे थे।

"ई तो नाच की चीज नहीं है ?" ठग ने कहा।

"ई साहित्य है।" भगवान साहु मूड़ी हिला रहे थे।

"का मतलब ?"

"माने कविताई, शायरी...।"

"हम ऊ सब नहीं बूझते, हम ई जानना चाहते हैं कि ई चीज नाच में चल सकती है ?"

"अरे, यही नहीं न है सब।" तिवारी ने कहा।

"तो का है ?"

"बताओ भिखारी।"

"एक गो आदमी का करजा-रिन हो गया है, खेत रेहन पर धरा गया है और बेटी सेयानी हो गई है, बियाह भी करना है। आखिर नाऊ-बाभन की सहायता से वह एक मालदार बूढ़ा बर ढूँढ़ता है और बेटी बेंच देता है। इसी पर बिदाई के समय बेटी का यह विलाप है।"

"ई न हुई बात !"

"देर से समझ में आता है।"

"जितना दोष, सब सार कनवा के...? खोल के बताना चाहिए न ?"

बैठकी में तो पास हो गए लेकिन घर में फेल !

दल सिंगार ठाकुर ने तो बेटे से बोलना लगभग छोड़ ही दिया है। बहोर के हाथों हाथी छाप का बड़का सौ वाला नोट भिजवाया था, छुआ तक नहीं। माई भी कम ही बोलती है। काका लाख समझाते हैं, "कोई चोरी, छिनारा तो किया नहीं, नाच में ही गया है न !" लेकिन मन का मलाल जाता नहीं। मनतुरना देवी भी भरी-भरी रहती हैं। एक बहोर न होता तो घर में रहना भी दूभर हो जाता। हँसते-हँसते एक दिन उसने कहा, "हम जानते हैं कि ऊ बेटी कौन है ?"

"कौन है ?"

"बबुनी !"

भिखारी ने खिंसियाई नजर से भाई को देखा, मन-ही-मन गरियाया, "विभीषन !"

रामानन्द सिंह ने फिर टोंका, "पूरा हो गया ?"

भिखारी उठकर खड़े हो गए तख्त से। रामानन्द सिंह ने कागज से पहले चेहरे को पढ़ा, "सुरसत्ती माई आगे बढ़ने नहीं दे रही हैं ?"

"अब का कहें ! बबुआन।"

"दुविधा क्या है ? जो नीमन लगे, जो मन में जँचे, वही लिखो न !"

"डर लगता है।"

"किस चीज का डर ?"

"यही कि उस जाति के लोग नाराज हो जाएँगे।"

"तुमने जाति का नाम लिया है क्या ?"

"नहीं...लेकिन जब बहोर जैसा आदमी कह रहा है कि..."

"बोलो न।"

"कि ऊ बेटी बबुनी है।"

"हूँ ऽऽऽ !" लंबी हुँकारी भरते हैं बाबू रामानन्द सिंह !

"हमारा मन कहता है कि न लिखें।"

रामानन्द सिंह ने कुछ कहा नहीं! पलानी के बाहर आ गए। पेशाब करने बैठे। उठे तो घोड़े के पुट्ठे को यूँ ही थपथपाने लगे। यूँ ही अनाप-सनाप काम किए जा रहे हैं, मगर दिमाग बस उसी बात पर है, "भिखारी का डर वाजिब है, उधर एक पूरी बिरादरी है, इधर भिखारी अकेले। साथ भी नहीं देगा कोई, परिवार पहले ही उन्हें खारिज किए हुए है। नाच के गिरोहवाले भी यह कहकर साथ छोड़ देंगे कि 'सत्य हरिश्चन्द्र,' 'ध्रुव,' 'प्रह्लाद,' 'श्रवण कुमार,' 'सुल्ताना डाकू,' 'दहीवाली गुजरिया' खेलते, सो नहीं, गाँव-जवार का मरजाद उछालनेवाला नाटक लिखा और खेलने लगे, भोगो अपनी करनी का फल ! फिर गाँव है, समाज है, हर जगह, हर जाति में लड़कियाँ बेची जा रही हैं। जो गाँव और समाज, बेटी के बाप की किसी प्रकार की भी सहायता करने नहीं आया, गाँव-जवार के नाम पर एक हो जाएगा। बेटी बेचने की बात पर थूकनेवाले तो बहुत मिल जाएँगे लेकिन उसी बात को सरेआम कहेगा कौन ? कोई नहीं। फिर भिखारी जैसा कमजोर जाति का आदमी कह दे तो आफत ! कोई मजबूत आदमी ही कह सकता है इस बात को।

बरम्ह बाबा के थान पर कपार पर हाथ रखकर बैठे हुए हैं भिखारी। रामानन्द सिंह आते हैं और कंधे पर हाथ रख देते हैं, "देखो भिखारी, लिखने का अपना धरम है। लिखना चाहते हो तो आतमा पर किसी किसिम का बोझ मत रखो। हिरदय में जो है, शारदा माई का सुमिरन करके लिख डालो। जो होगा, देखा जाएगा।"

भिखारी को बल मिला। कैथी के अक्षर उगने लगे कॉपी में।

कोई बाबा जी या बाबू साहब आते हैं तो उनके सम्मान के लिए तखत से नीचे उतरकर प्रणाम या सलाम कर—विनीत मुद्रा में खड़े हो जाना पड़ता है। फिर वे कुछ पल रुके तो उनसे कुशल-क्षेम पूछना पड़ता है। देर तक खड़े रह जाते हैं कोई-कोई। और किसी-किसी की दाढ़ी, बाल या नाखून उन्हें देखते ही उग आते हैं। फिर उसकी व्यवस्था करनी पड़ती है। बनवाने में पैसा तो लगना नहीं है, एकमुश्त खलिहानी बँधी है। जितना चाहो, जब चाहो बनवा लो! कुछ लोग तो सिर्फ अपने रुतबे का स्तर परखने के लिए आ जाते हैं, भिखारी उन्हें देखकर कागद-कलम फेंककर तखत से हड़बड़ाकर नीचे उतर प्रणामी में झुककर खड़े हो जाते हैं तो अन्दर से उनकी आत्मा तक तिरपित हो जाती है, आत्मविश्वास बढ़ जाता है, जबान बड़प्पन में पिलपिली हो जाती है। अन्दर से कुरमुराते हुए भी ऊपर से सौम्य बने रहना भिखारी की मजबूरी है, तभी तो लोग

कहेंगे कि भिखरिया नउवा बहुत सज्जन, सुशील और नेक है।

बाबूलाल आते हैं तो ओसारे में ही देर तक बैठे रहते हैं। घंटे-भर बाद दबे पाँव पलानी तक आते हैं। आहट पाकर भिखारी टोह लेने के लिए कनखियों से ताक रहे हैं, "अब कौन आ मरा! खड़ा होना है या नहीं ?" बाबूलाल को देखते ही तनाव ढीला पड़ता है, "अरे तुम ? जै राम जी की।"

"जै राम जी की।"

"कब आए ?"

"यही कोई घंटे-भर पहले।"

"चन्ननपुर में सब कुशल-मंगल तो है न ?"

"हाँ।"

"तो भैया, घंटे-भर हो गए तुम्हें आए हुए और तुम अब दर्शन दे रहो हो ?"

"ओसारे में बैठकर लीला देख रहे थे!"

"लीला ?"

"हाँ भिखारी-लीला!" कहकर हँस पड़े बाबूलाल।

"का ?"

"यही कि किसी के आने पर भैंस खड़ी नहीं होती, गाय खड़ी नहीं होती, कुत्ता बैठा रहता है, चिरई बैठी रहती है, लेकिन तुम...? तुम खड़े हो जाओगे।"

हँसते हैं झेंप में भिखारी, "ई हमरा पाट कब से करने लगे ? अरे ऊ सब पशु-परेवा है, हम तो आदमी न हैं।"

"आदमी तो ऊ भी हैं, जिनके लिए तुम उठकर खड़े होते हो।"

"भगवान जी बड़-छोट काहें बनउले बाड़न ?"

"बड़ जाति के लड़कों को आने पर भी तो तुम खड़े हो जाते हो!" बाबूलाल उन्हें पूरी तरह नंगा किए बिना नहीं माननेवाले, "यहाँ का हाल ही विचित्र है। बिना किसी काज-परोजन (प्रयोजन) के ही आकर खड़े हो जाएँगे। अरे भैया, अपना काम देखो, हमें अपना काम करने दो। सो नहीं, कुन्दे की तरह खड़े हो जाएँगे, सोरि (जड़) निकल आएगी। टस-से-मस नहीं होंगे। यह तो तुम्हारे लिखने का हाल है, कल को अगर नाच का अभ्यास चलने लगे तो क्या होगा ? यहाँ तमाशा लगा है क्या ?"

"क्या कहा—'तमाशा' ?" बाकी बातें भूल गईं—इस एक शब्द पर। तमाशा! सही, सटीक शब्द है 'तमाशा!'

बोझ ला-लाकर रख रहे थे शीलानाथ, गौरीशंकर, मनतुरना देवी। और काका कुट्टी काट रहे थे—ठीहे पर गड़ासा बज रहा था कट्ट-कट्ट! फसलों और घास की खुशबू उड़ रही थी फिजा में।

"हम पूछते हैं कि कुतुबपुर में तो हमेशा ही बाबा और बाबू लोग चक्कर काटते रहेंगे, बाबू जी खँखारते रहेंगे। हेइजा से (यहाँ से) नाच का काम तो होने से रहा।"

राजा नृग की तरह मूँड़ी हिला रहे हैं भिखारी असमंजस भरे स्वीकार में।

"चलिए चन्नपुर।"

थोड़ी देर तक सोचने के बाद पूछते हैं, "का फरक पड़ेगा ?"

"पहला फरक तो यही कि बार-बार उठकर खड़ा नहीं होना पड़ेगा। ऊ बाबा, बाबूसाहेब का गाँव नहीं, निचली और बिचली जातिवालों का गाँव है।

"और घर, दुआर, जजमनिका...?"

"ई का बैठे हैं शीलानाथ, गौरीशंकर। दूनों जन पढ़ाई छोड़ चुके हैं। दूनों जन का बियाह हो चुका है, बहोर हैं ही काम-काज सँभालने के लिए, फिर माई-बाबूजी हैं, औरतें हैं।"

"वैसे भी आप खेती तो करते नहीं ?" बहोर पूछते हैं।

"कागद पर कम खेती करते हैं।" मनतुरना देवी घास की मिट्टी को डंडे से झारते हुए तंज कसती हैं, "जिस दिन बुढ़ऊ भड़क गए, तमाशा का तमाशा खड़ा हो जाएगा।"

"कागद की खेती भी यहाँ से अच्छे ढंग से हो पाएगी हुआँ। लिखते समय आतमा पर किसी किसिम का बोझ नहीं रहना चाहिए। हाँ, कुछ दिन तक आप को अकेले रहना पड़ेगा।" बाबूलाल मजाक करते हैं, समधिन से।

"दिन-रात हमरे पास ही पड़े रहते हैं जैसे।"

सोच में पड़ जाते हैं भिखारी, "आतमा पर किसी किसिम का बोझ नहीं रहना चाहिए—यही बात तो कह रहे थे रामानन्द सिंह, यही बात मिरचइया बाबा कह रहे थे। लिखने के लिए, सोचने के लिए एकान्त चाहिए, नाच के अभ्यास के लिए, एकान्त चाहिए—इसी एकान्त की तलाश में कहाँ-कहाँ नहीं भटके, सोमारू के घर, गंगा जी के किनारे, और यहाँ बाबूलाल खुद तैयार हैं अपना घर-दुआर देने के लिए, भोजन-पानी की चिन्ता भी नहीं रहेगी, फिर चन्ननपुर है ही कितनी दूर...? कुतुबपुर से इक्के पर बैठो तो एक घंटे में छपरा, छपरा से घंटे-भर में चन्ननपुर !"

लेकिन...फिर कोई दुविधा, "कल को बाबूलाल से किसी बात को लेकर मन-मुटौवल हो जाय तो...?"

रामानन्द सिंह ने सुना तो अवाक रह गए, "हियाँ कोई तकलीफ है ?"

"ना।"

"कोई कुछ बोला हो तो बताओ।"

"नहीं !"

"फिर...?"

रामानन्द सिंह की आत्मीयता दुविधा में डालती है।

बहोर कुट्टी काट रहे हैं—कट्ट-कट्ट !

कीड़ों के कटने से हाथ पर गर्द और खून के छींटे हैं। हाथ देखकर किसी नचनिए का चेहरा याद आता है—किसका...? किसका ?

कौनो बाड़-अ-स रे (कोई है रे)

चरित्तर सिंह हैं। ऐसी ही भाषा में टुकार कर बुलाते हैं जैसे हम खरीदे हुए गुलाम हों। अन्दर से कुरमुराते हुए मगर बाहर से विनीत मुद्रा में उठकर सलाम करते हैं। दाढ़ी बनवाने आए हैं।

पानी की कटोरी भरते हैं, थोड़ा पानी पत्थर की पट्टी पर रखकर उस्तरे को रगड़ कर धार तेज करते हैं, परखते हैं, फिर चमड़े की पट्टी पर शान देकर दाढ़ी भिंगो रहे हैं और सोचते हैं। कर्र-कर्र! दाढ़ी छील रहे हैं, या नरक साफ कर रहे हैं ? दाढ़ी के बाद मूँछें, मूँछों के बाद् नाक की गुफा में कच्चे-पक्के बालों की गंदी झाड़ियाँ। उसके बाद नह, नहीं, अभी शेष नहीं हुआ। चरित्तर सिंह अब अपनी बाँह उठा देते हैं, काँख के बालों का सड़ा भभका आता है, काँख के बाल साफ करने के बाद वहीं बाँह कंधे पर–"तनिक नस फड़का दो तो।"

बदबू और घुटन-बाहर भी अन्दर भी...! न, यहाँ नहीं उबर पाएगा उनका सूत्रधार उनके नाई के बोझ से।

बाबूलाल के साथ कोई मियाँ जी हैं, सारंगी के उस्ताद। बहोर को चुपके से बुला कर बता दिया है। बहोर के लिए यह कोई समस्या नहीं, दुआर पर या ओसारे में खिलाने का इन्तजाम हो जाएगा। बस पत्तल-दोना और भरूका चाहिए। लगे हाथ उसका भी इन्तजाम कर ही डालें। मुसहर टोली दूर है। ढाक के जंगल सामने हैं। पत्ते तोड़ते वहीं मिल जाएँगे कुछ लोग।

ढाक के तीन पात। सिर्फ बीच का पात ही लेती हैं मुसहरिनें। ये गंदे लोग, पता नहीं, कभी नहाते भी हैं, या नहीं। लेकिन अपनी कला में माहिर। क्या चुनना है, कहाँ सजाना है, इसे उनसे बेहतर कौन जानता है ! खुद गंदे रहते हैं, जूठन पर पलते हैं, लेकिन गोल-गोल पत्तों को सींक से गूँथकर ऐसे सजा देते हैं, जैसे रासलीला हो। हँस-हँस कर उत्साह से भरी बातें। उनसे पैसे तक नहीं लिए, बोली, "तोहरा से का लें ! कभी नाच-वाच हो तो बता देना, देख लेंगे और वसूल हो जाएगा।" बाहर के खुरदुरे, अन्दर के चिकने, तन के गंदे, मन के सुन्दर ! हरे पत्तल ! और अब लाल कुल्हड़ !

टहलते-टहलते पहुँचते हैं चरखा कोंहार के यहाँ। चरखा काका का लड़का राम चन्नर मिट्टी कचर रहा है। 17, 18 की उमर होगी। पीठ उनकी तरफ है। सुडौल कंधे के नीचे रीढ़ तक दो मांसल भागों में बटी पीठ, बीच में नाली, फिर पुट्ठे और जाँघें। पैरों के ऊपर-नीचे होने से पुट्ठों में संचालन होता है। पीछे से मरद हो या मेहरारू, सब एक जैसे। अगर यह मेहरारू होता तो ! यह खयाल आते ही एक अलग तरह के रस-संचार में स्नायुतंत्रों में सनसनी होती है। नजर नीची करते हैं, फिर ऊपर। बँसवारी के तले से बार-बार देखते हैं।

9

चन्ननपुर आते ही काफी हल्का लगने लगा, जैसे कोई बोझ उतर गया हो आतमा पर से...जैसे कोई मुजरिम थाने से राम-राम करता हुआ सकुशल बाहर आ जाए। बाप रे! किसी थानेदार से कम थे बाबूजी! और बड़ी जाति के बबुआन, पंडीजी लोग ! और उनके चुगल चाई लोग! बड़े मियाँ तो बड़े मियाँ छोटे मियाँ सुभान अल्लाह! बिला वजह आकर बैठे रहते, टीका-टिप्पणी करते और खीं-खीं-खीं हँसते! एक बेचारा भिखारी नाई किस-किस से चिरौरी मिनती करता !

चन्ननपुर में मध्यम और नान्ह जाति के ही लोग हैं, सो उनका ताव-तेवर भी मद्धिम ही है। सुखद आश्चर्य यह कि इस इलाके में कुछ जातियों का, बियाह से लेकर श्राद्ध तक नाई ही कराते थे, सो नाइयों का रुतबा ही अलग है। बाबूलाल के इस दलान का, जहाँ अभ्यास चलता है, संबंध भी गाँव से कटा हुआ है। जितने जोर से अलाप भरना है भरो, जितने जोर से कूदना है कूदो। बाहर कोई मुस्की मारता है तो मारता रहे, तुम्हें इससे क्या ?

बाबूलाल जाने कहाँ-कहाँ से लवंडे बीन-बटोरकर ले आते हैं। एक नया लड़का इन्हीं दिनों ले आए हैं—सुनरसन, सत्रह-अठारह की उम्र। मूँछ-दाढ़ी नहीं पसीजी। उसे ही तीन दिन से सिखा रहे हैं।

"पहले पग-संचालन !" बाबूलाल ने शुरू किया, "लो, आज भी वहीं से।"

पग-संचालन ! माने गोड़ फेंके के कायदा !

"बराबर के हिसाब से ताल पे गोड़ फेंकना है !" खुद करके दिखाते हैं—"ऐसे ! एक, दू, तीन, चार !"

एक, दू, तीन चार।

धा-धिना, ना तिन्ना, छौ मात्रा। अब देख-अ ताल चली तो विलंबित ! जैसे कहल जाला विलम हो गइल ! विलम, माने विलंब ओकरा से भइल विलंबित ! और तबलची को जल्दी-जल्दी बजाने का संकेत देते हैं, "जल्दी-जल्दी चली तो द्रुत।"

धा धिन्ना, ना तिन्ना !

"मुँहे-मुँह में बोल-बोल के पग-संचालन का अभ्यास करो।"

बाबूलाल ने लोटा उठाया और चल पड़े दिशा-फराकत को।

कोने में तखत पर बैठे भिखारी के कानों में किसी दूर देशकाल से आती-सी लगती है ये आवाजें। वे बेटी-वियोग पूरा कर रहे हैं—

चलनी के चालल बलमू
सूप के फटकारल हो...

अपनी रौ में उठकर टहलने लगते हैं। फिर आकर लिखते हैं। विवाह के सारे अनुष्ठान, सारे मंगल गीत, और गारी लिखनी है उन्हें। अपने इस काम में इतने एकाग्र हैं कि वह कल्पना लोक ही सच लग रहा है और वास्तविक जगत मानो स्वप्न की छाया-सा मचल रहा है।

बाबूलाल लौटकर फिर मंतर पढ़ने लगते हैं–

"धागे तेटे नाके धीना!
ई आठ मात्रा के कहरवा ह-अ।
तिहाई पर घूमना है।
ए...! हाँ !
ताल पर ही चक्कर लगा के लौट जाए के काम बा !
अब आठ के बाद सोरह मात्रा! त्रिताल!
धा धिन धिन धा, धा, धिन, धिन धा!
ना तिन, तिन ना, ना तिन, तिन ना!
तेटे धिन, धिन, धा !
दाद्रे दाना, दारा द्रा, दाद्रे दाना...
जब विलंबित रही, तब का नाम के, चारों ओर ना, सिर्फ एक ठियाँ..."

बाबूलाल खुद बोलते हैं और कर के दिखाते हैं। गाँव-जवार के ठेठ नाच से शास्त्रीय नृत्य की ओर बढ़ने के पीछे उनकी एक ही महत्वाकांक्षा है, उनका नाच-गिरोह किसी भी गिरोह से उन्नीस न पड़े। कुछ लड़के रह जाते हैं, बाकी दो-चार दिन में लौट जाते हैं, सुनरसन की तरह ही करीम भी कमसिन है। दोनों में जड़ता है, ठुस्सपना है। लय में न पाँव चलाते हैं, न हाथ, चितवन और चेहरे पर कोई भाव नहीं।

काठ के इन पुतलों को समझाने के लिए बाबूलाल आज दूसरा तरीका अपनाते हैं–

"पहिले गोड़। गोड़ पे पूरी धजा (शरीर), धजा में गर्दन है, गर्दन पर मूड़ी है। मूड़ी में आँख, आँख में चितवन-मछरी की तरह डोलती है। चितवन–देखो ये–ये। गोस्साती है तो अइसा, हरखाती है तो अइसा, खाली चितवन से मनकी हर किसिम की बात बताइल जा सकेला! अब जे बा से धजा, धजा में दू हाथ, हाथ में बाँह, केहुनी, ओकर बाद कलाई, कलाई में अँगुरी, अँगुरी में पोर। फिर नीचे, कमर, कमर के बाद, जाँघ, पुट्ठा...माने कि जहाँ-जहाँ से धजा हिल-डुल सकेला, सभ..."

चेहरे फिर भी भावहीन !

"नइखे बुझाता ?"

जवाब में सन्नाटा।

ताड़ के पत्तों पर बरखा की बूँदें खड़-खड़ बजने लगीं।

घटा घिर आई। बाबूलाल ने सिर झुका लिया।

"अद्‌भुत एक अनूपम बाग !"

पीछे से आते सुरीले कंठ पर मुड़कर ताकते हैं लोग—अरे ठाकुर जी !

धोती का फेंटा मारकर औरत का बाना बना लिया था। हाथ की मुद्रा और पाँव चौड़ा करके नाच-नाचकर बता रहे थे—

"जुगल कमल पर गजवर क्रीड़त,
ता पर सिंह करत अनुराग।
सिंह पे सरवर, ता पर गिरिवर,
गिरि पर फूले कंज पराग।
जुगल कपोत बसत ता ऊपर,
ता ऊपर अमृत फल लाग।
फल पर पुहुप, पुहुप पर पल्लव,
ता पर सुक-पिक, मृग मद लाग।
खंजन धनुष चन्द्रमा ऊपर,
ता ऊपर विषधर एक नाग।
अंग-अंग पर वौर महा छवि,
निरखत ही दुःख जावत भाग।

ई देह जवन बा, पूरा एक बगीचा है। कइसन बर्गीचा कि दूनो पैर कमल के फूल...। फूल पर हाथी झूमता है, माने हाथी जैसी चाल—गजगामिनी, दूनों गोड़न के ऊपर कमर, कहते हैं, सिंह जैसी पतली कमर! तो सिंह पे अब आ गया ताल त्र, माने पेट, पेट पर पहाड़, माने पसली, पहाड़ पर दू-दू गो परागयुक्त कमल के फूल, माने जोबन ! जोबन पर गले की हड्डी दूगो, जैसे दूगो कबूतर। ओकर बाद सुक, माने सुग्गा, पिक माने कोइल, और मृग माने हरिणी, माने सुग्गा नीयर नाक, कोकिल जइसन बोली, और हरिणी जइसन आँख। फल पर फूल, फूल पर पल्लव, माने गाल, आँख और बरौनी। पलक खंजन की आँख के, धनुष तनल बा ओकरा पर, चोटी—माने विषधर नाग !

ई बगइचा राधाजी के देह के हउए! उनकर सखी ललिता जी कृष्ण जी के दिखावत बानी!

बुझाइल ! ई देह मामूली चीज नइखे! बागीचा है, ओ ही बागीचा के तन-मन-आतमा में जगाव-अ ए बाबू लोग !"

"जब तुम नाच रहे हो, तो जौन बा कि तँहार सभे कुछ नाची, सभे कुछ ताल बताई। एक ताल समाजी माने बजवैया के तबला, ढोलक, जोड़ी, सारंगी से निकरी, ओही ताल जब देह की सारंगी से बाजे लागी, तब समसे (पूरी) देह धमकी...और दूनों ताल मिलकर एक...! फेन कुछना, ना आगे, न पीछे, न ऊपर, न नीचे, न दीन, न दुनिया! बस तू रहब-अ और तोहार धुन रही।"

बाबूलाल अचरज से नाचते हुए देखते हैं, भिखारी को। अरे! इसमें तो ऐसा कुछ है जो पहले नहीं देखा। तो क्या विदेसिया की अलग नाच-शैली ही फूट रही है मलिक

जी में ?

सुनरसन और करीम अकेले में अभ्यास कर रहे हैं। लालू टोंकता है, "अरे वोइसे ना, अइसे! खुद करके बताता है। बाबूलाल की आँख में अचरज है, यह तो बिना सिखाए इनसे बेहतर नाचने लगा।

"शाबास लालू बाचा !" भिखारी ने लगे हाथ शाबासी दे डाली और बाबूलाल की ओर देखकर कनखी मारी, "लालू के बाप से वादा किया था कि उनकर लड़का नचनिया ना बनी, लालू स्वयं नाचने पर आमादा हो तो हम क्या करें।"

दिन-पर-दिन बीत रहे हैं। नए-नए लोग आ रहे हैं। सीवान और बनारस से भी लड़के आए हैं, जिसके चलते बाबूलाल में काफी उत्साह है। ज्यादा नहीं, उन्हें कुल जमा छह नचनिए ही चाहिए। मगर मँजे हुए, बनारसवाले लवंडे सध जायँ तो एक बड़ी बात होगी। इस इलाके में बनारस के पंडित, पहलवान, रंडी, भाँड़ और नचनियों का नाम बिकता है।

करीम, लालू और सुनरसन को अलग कर दिया है। बाबूलाल बनारस के नचनियों की ओर मुड़ते हैं, "अरे भैया तनी धीमे-धीमे, तनी नरम-नरम...ना-ना, ई तो बहुत-ए धीमा हो गया।" बाबूलाल बाहें ऊपर कर खुद नाचते हैं, फरेटी मारते हैं। बनारस के लवंडे नकल करने की कोशिश करते हैं, मगर कुछ है जो छूट रहा है और जिसकी कमी खल रही है।

तखत पर महेन्दर गुड़-पानी देकर हुक्का थमा गया है भिखारी को। साग और मिठाई उनकी कमजोरी है, साग के सँग हरी मिर्च जमती है और मिठाई के बाद हुक्का! अलस भाव से मीठे-मीठे कश ले रहे हैं–

गुड़-गुड़ गुड़-गुड़ !

गुड़-गुड़ गुड़-गुड़!!

"ए बाबूलाल! घूँघुर बाँध दो, झनकार खुद ही अलगा देगी गलत से सही को।"

बाबूलाल के सिखाने का ढंग अलग है, "घूँघुर ही नहीं, इनको घाघरा-चोली भी पहना देंगे, सोरहो सिंगार कर देंगे, लेकिन..."

भिखारी मुँह ताकते हैं।

"तुम्हीं बता रहे थे न कि झंकार भीतर से फूटनी चाहिए। कोनारक मन्दिर में देखा होगा तुमने, है कोई घूँघुर गोड़ में...? सिरिफ भंगिमा है, भाव है, गोड़-हाथ, देह, सीना, आँख...सब में लोच...मानो पूरी देह गम-गम कर रही हो !"

"तब क्या समझ में आ रहा है, इनमें चलने लायक है कोई ?"

बाबूलाल गंभीर हैं, तुरत जवाब नहीं देते, बहुत थहाकर बोलते हैं, "देखते हैं।"

"जब इनसे नहीं सपरता तो आए दिन एक-एक पलटन क्यों मँगा लेते हो ?"

"बनारस के थे इसलिए वरना...! नाम न बिकता है।"

"नहीं होगा तो टिकस कटा देंगे। अच्छा एक गो बात..." कहते-कहते रुक जाते हैं बाबूलाल।

"का ?"

"जाने दो।"

"ना बोल दो मुँह से निकाला है तो।"

"ऊ जौन...'अद्भुत एक अनूपम बाग' सुनाए थे ?"

"हाँ !"

"है कोई 'बाग' नजर में ?"

"ऊ तो भजन-कविताई की बात थी।"

अपना प्रत्याशित जवाब न पाकर उदास हो गए बाबूलाल।

भिखारी को लगा, बाबूलाल तेज और गंभीर आदमी है, यूँ ही नहीं निकला होगा मुँह से। कहीं तो है ऐसा लड़का...! मगर कहाँ है ?...कहाँ है ?

बगल की खाट पर बाबूलाल घोड़े बेचकर सो रहे हैं, खर्र-खाँय... ! और भिखारी की आँखों में नीद नहीं। रात आधी से एक घड़ी ज्यादा ही बीत रही होगी कि चिहुँक कर बैठ गए। बाबूलाल को हौले से जगाया, "मिल गया।"

कच्ची नींद में उजबक की तरह ताकते हैं बाबूलाल, "क्या मिल गया ?"

"वही लड़का !"

"कौन लड़का ?"

"अरे ऊ क्या नाम है–अद्भुत एक अनूपम बाग !"

"कौन ?"

"हमारा गाँव का रामचन्नर !"

"कौन जात है ?"

"कोंहार।"

"कहाँ नाचते देखा तुमने ?"

"नाचते तो नहीं देखा, बाकी माटी कचरते देखा है। हमारे सामने उसकी पीठ थी, पुट्ठा था, रीढ़ थी, कंधा था, ऊ माटी कचर रहा था लेकिन पीठ-रीढ़, कंधा-कूल्हा एक अजीब लय में हिल-डोल रहे थे।"

भिखारी उसका वर्णन ऐसे उत्साह से कर रहे थे मानो वह उर्वशी हो।

बाबूलाल को इस खब्ती आदमी पर जोरों का गुस्सा आया जो व्यावहारिकता से कोसों दूर, सिर्फ भावना की दुनिया में रहता है। न खुद सोता है, न सोने देता है।

"अच्छा अब सो जाओ, सबेरा होनेवाला है।"

"तुम्हें यकीन नहीं आता ?"

"आता है भाई, लेकिन अभी कहाँ मिलेगा वो। कुतुबपुर चलेंगे तो देख लेंगे।"

भिखारी को बुरा लगा, उन्होंने इतनी कीमती बात बताई और बाबूलाल ने कोई तवज्जो न दी ! बाबूलाल ने कथरी ओढ़ ली। थोड़ी देर में उनकी खर्र-खायँ फिर शुरू हो गई।

भिखारी की आँखों में अभी भी नींद नहीं। उनकी ऐन आँखों के सामने रामचन्नर

मिट्टी कचरते हुए नाच रहा है, भिखारी पीछे से पखावज लिए बोल बोल रहे हैं–तेर-केट धा!

रामचन्नर नाचकर बताता है–

"धागे तेटे नाके धिना !"

रामचन्नर फिर नाचकर दिखाता है–

"धा-धिन धिन-धा, धा-धिन, धिन-धा...

ना तिन तिन ना, ना तिन तिन ना..."

रामचन्नर नाच रहा है बोल के साथ-साथ–"अद्भुत एक अनूपम बाग।" मलिक जी गा रहे हैं। सोलह शृंगार किए हुए रामचन्नर...नहीं-नहीं राधा जी नाच रही हैं, कृष्ण जी नचा रहे हैं !

तुम्हें तो जोड़ी के सिवा कुछ बजाना भी न आता था, नाचना तो कभी आया ही नहीं भिखारी, और तुम बने हो उस्ताद !

नाचते-नाचते रामचन्नर घूमते चाक पर जा चढ़ा और माटी का लोंदा बन गया। रामचन्नर का बाप घूमते चाक की गीली मिट्टी के लोंदे पर अपनी मिट्टी सनी उँगलियों से दबाकर गढ़ रहा है। अब चरखा नहीं, भिखारी है चाक पर। रामचन्नर हाँड़ी बनकर निकला आ रहा है। हाँड़ी सूख गई है तनिक। रामचन्नर का बाप हाँड़ी में अन्दर हाथ डालकर बाहर थापी से पट-पट पीट रहा है। हाँड़ी बड़ी होने लगी है–बड़ी होने लगी है। भिखारी का पखावज बजाना, रामचन्नर का नाचना, उसके बाप का थापी से हाँड़ी को पीटना, चाक का नाचना, अलग-अलग दृश्य मानो एक ही दृश्य-तंतु से जुड़े हैं आलू की तरह ! हाँड़ी घड़े की शक्ल ले रही है, घड़ा यानी कुंभ बढ़ता ही जा रहा है।

अचानक एक चमत्कृत कर देनेवाला खयाल आया। बाबूलाल को जगाकर बताए बिना चैन नहीं। हाथ बढ़े पर फिर संकोच में थम गए। लेकिन अभी नहीं बताया और सुबह तक यह बात दिमाग से उतर गई तो...?

"ए बाबूलाल !"

बाबूलाल ने भौंचक होकर ताका, "के ?"

"हम हैं।"

"अभी तक तुम सोए नहीं ?"

"ना, वोही बतिया सोचते-सोचते एक गो कबीरदास जी के भजन याद आ गइल।'

"का ?"

"वो ही ! गुरु कुम्हार शिष कुंभ...गुरु को कुम्हार की तरह होना चाहिए। कुम्हार घड़ा गढ़ते समय क्या करता है, अन्दर हाथ से सँभालता है, ऊपर से थापी से पीटता है, माने सँभालना अन्दर से और..."

"पीटना ऊपर से !" बाबूलाल ने विद्रूप भरी विरक्ति से बात पूरी की।

"हाँ, कतना ऊँचा बात कह गइल बाड़न। माने कि नीचे हाथ सँभाल रहे हैं और ऊपर माटी है, न बिल्कुल गीली, न एकदम कठोर–पट-पट-पट-पट पीटकर बड़ा किया

जा रहा है ताकि टूटे नहीं, फूटे नहीं लेकिन अपना पूरा विस्तार पा ले। ओकरे कहल जाला सिरिस्टी, माने कौनू चीज का गढ़ा जाना ! अब देख-अ जे रामचन्नरा का ससुर आरा में मूरत गढ़े ला। सिर्फ बोलती नहीं है मूरत लेकिन आदमी से भी सुन्नर दिखलाई पड़ती हैं, बोलो काहें ?''

''काहें !'' बाबूलाल ने भखराई आवाज में कहा।

''इसलिए कि आदमी की हारी-बीमारी, चिन्ता-फिकिर को कुम्हार चाहे तो मूरत से दूर रख सकता है, लेकिन बरम्हाजी ना...! कतना परेशान बा आदमी ?''

बाबूलाल ने कोई जवाब न दिया। उठकर पेशाब करने गए। बादलों के चलते तारों की स्थिति का अनुमान नहीं हो पा रहा था। दूर कहीं चकवा बोला तो लगा, रात का पिछला पहर है और भोर होनेवाली है। यानी सारी रात जागता रहा यह आदमी !

बाबूलाल ने क्या पता सुना या नहीं, मगर बरखा की बूँदों से धुली उजली सलोनी सुबह में ताड़ के पत्तों के कान खड़े थे, '' 'हाँ-हाँ' हमने सुना ! भोर के चहचहाते परिन्दों ने कहा—'हाँ-हाँ' हमने सुना !'' नीचे बहते परनालों ने किलकारी मारी, ''हमने भी सुना।''

''बाड़-अ स-अ रे !'' घरी-भर दिन चढ़े कोई बाहर से हाँक लगा रहा था। बाबूलाल इसे सुनने के बाद ही दूसरा कुछ सुन सकते हैं, देखा तो बगल के गाँव के एक बाबू साहब दलान में धुसे चले आ रहे हैं।

''अइले-ह-अ ना नू ?''

बाबूलाल ने खुद को जब्त किया, आवाज में चापलूसी भरी, ''बस आवते रहलीं। रवा काहें तकलीफ कइलीं ह-अ ?''

शायद उन्होंने रात में ही बाबूलाल को बुला भेजा होगा। इतनी देर तक उनकी सेवा में हाजिर न हो पाना अक्षम्य अपराध है।

भिखारी तखत से उठकर झुककर प्रणाम करते हैं।

''के...? अच्छा-अच्छा भिखारी! नाच हो रहा है ? वाह नारद जी और शंकर भगवान के चीज है नाच...'' थोड़ी देर तक वे नृत्य-संगीत की बात करते हैं। फिर बाबूलाल से कहते हैं, ''तोहरा के दिक करे के बिचार ना रहल ह-अ, बाकी सोचा तुम कलकत्ता का नाऊ है। हियाँ के नाऊ 'बबरी' नहीं काट सकते। सिरिफ तिनकोनिया पट्टी, जियादा-से-जियादा भेंड़ी के बार कतर सकेलन—एकदम से बुड़बक !''

छूरा, कैंची और मशीन लेकर हाजिर हैं बाबूलाल।

बाबू साहब के आ टपकने से अभ्यास थम जाता है। बाबूलाल अभ्यास जारी रखने का संकेत देकर बबरी छाँटने बैठ जाते हैं। बाजे की आवाजों के आगे कैंची की कतरन सुनी नहीं जाती, लेकिन उनके धीमें पड़ते ही आवाज आने लगती है। बाबूलाल की कैंची में भी एक लय है, मशीन में भी एक फुसफुसाहट है।

निबटान के बहाने निकल आए हैं। हर पेड़ आँकी-बाँकी अदा से खड़ा है जंगल में। मुसहरिनें पत्ते तोड़ रही हैं पत्तल बनाने के लिए। आगे भेंड़-बकरियों के रेहड़ में आ फँसे है। काली, उजली, लाल, चितकबरी बकरियाँ और उलझी सूरत की झब्बरदार भेंड़ें–'में-में-भें-भें' की असंबद्ध, अस्फुट उभरती-मिटती मिमियाहट, जैसे जलती-बुझती, आँखें झपकाती सैकड़ों किस्म की आवाजों और रंगों के झपकते जुगनू !

खुद ही खुद से बतिया रहे हैं, हर चीज 'लिखत' में ना आवै। कलम के बीनल शबद के अँचरा अतना छोट ह-अ कि कुलि ना समाए। एकरे खातिर देह के भाखा से कोशिश कइल जाला–आँख मटका के, त्यौरी चढ़ा के, अंग-अंग से समझाए के पड़ेला-देह के भाखा, इहे नाच ह-अ, नाटक ह-अ ! केतना भारी भूल होखत रहल बाबूलाल से, शास्तरी नाच लादत रहलन ? बरजना होगा उन्हें।

खुद ही खुद बूझ रहे हैं, जीवन अपने आप में खुद एक छंद है। धोबिन भौजी के कपड़े धोने की 'हछू-हछू' में, लच्छन राय के दूहते दूध की धार के 'घर्र-घर्र' में, बाबूलाल की कैंची की 'किच-किच' में, कनहइया और सुनरसन के जूते ठोंकने की 'ठक-टक' में, करीम के करघे के ताना-भरनी की 'खट-खट,' 'खर्र-खर्र,' में शिव राउत के डोली डोने की लय में, गोड़इत के 'जागते रहो' की ललकारों में, लोहारों की भाथी में, हरवाहों, चरवाहों, बनिहारों की टेर में, वही छंद है। वह छंद भोलाबिन्द के द्वारा फेंके जाते मछरी के जाल की तरह फैलता है, और रामचन्नर के हिलकोरे लेते चाक में 'ता थैया ता थैया तथइ-तथइ थई' कर के अग-जग में फैलता है, चकमक करती गंगा, सोन, गंडकी, सरजू और माही नदियों से पुरी के समुद्र तक फैलता जाता है–चकमक-चकमक।

भेड़िहारों की भेंड़-बकरियों-सा फूलते, पचकते गलीचे-सा पगुराता है, और बीच-बीच में सूँस (डाल्फिन) की तरह उतरा-उतराकर डूबता है, लहरों की तरह फन फुला-फुलाकर पछाड़ें खाता है–कभी मद्धिम कभी तेज, झाग भरा, अनुराग भरा...और पियासी धरती की आत्मा धन्य होती है। इन्हें साज देकर महाकाल के चरणों की गति और गीत बनते हैं और दुखियारे कंठों पर फूल की तरह खिल उठते हैं। इन्हीं का कुछ अंश महेन्दर के ध्रुपद, धिनावन की ढोलक, तफजुल के तबले, अली जान की सारंगी और जगदेव के हारमोनियम में पूरता है, इसका सूत्रधार, मूलगैन ईश्वर है। ईश्वर कि मनुष्य ?

लौटने लगे तो चौंके "अरे ये पाँव क्यों डगमगा रहे हैं ?" किसी तरह दलान तक आए। अपनी आदत के अनुसार निबटान से लौटते हुए खाली लोटे में माटी भरकर लेते आए थे, उलीच दिया। लोटा मटियाते बखत पानी में अजीब-सी ठंढक थी। महेन्दर ने देखा, "का बात है ? तबीयत तो ठीक बा न ?"

बाबूलाल ने छूकर देखा, "अरे इनको तो बुखार है।" पकड़कर लिटाए गए खाट पर। बैद आए, नारी धरी। जोरों से धड़क रही थी। दवा आई। बकरी के दूध में पिलाई गई। बाबूलाल हर किसी से चुगली करते रहे, "रात-भर जागते रहे, रात-भर !" बुखार में आकाश-पाताल नापते रहे। चौथे दिन ज्वर उतरा तो वैद जी ने सख्त हिदायत दी

कि इतना सोचा न करो, और रात भगवान जी ने सोने के लिए बनाई है, जगने के लिए नहीं। रात जल्दी सो जाया करो। दिन में भी खाने के बाद एक घंटे सोना जरूरी है। रात का भोजन हल्का रहे और अभी, जब तक कमजोरी है, सारे काम बन्द।

बीमार को देखनेवालों का ताँता लग गया। बाबूलाल हर आने वाले को विस्तार से बताते कि कैसे नाच में आगे बढ़कर हिस्सा लिया, कि कैसे रात-रात भर जग-जग कर सोचते रहते, न खुद सोते, न मुझे सोने देते।

लच्छन राय ने कहा, "आप अकेले हर जगह दौड़िएगा तो थकान तो होगी ही। देह में हर अंग का काम बँटा हुआ है! अब हाथ जो है, ऊ कहे कि हमरे बल पे चलना होगा तो का होगा, छिला जाएगा, टूट-फूट जाएगा, गोड़ बेकार हो जाएगा और खुद हाथ भी। समाज में भी हर किसी का काम बँटा हुआ है, पंडित पूजा कराता है, सोनार सोने का गहना बनाता है, पासी ताड़ी चुआता है, किसान हल जोतता है, जनाना का काम चौका-बासन, रसोई है। अब एक ही आदमी हर आदमी का काम नहीं कर सकता न ! देवताओं में देख लीजिए, ब्रम्हा, विष्णु, महेश, इन्दर, पवन, कुबेर अगिन...।

"वैद जी बता गए हैं 'सोना और आराम'।" महेन्दर ने कहा।

"मामूली चीज है, अरे कुंभकरण को हजार हाथी का बल कैसे था, ऊ छह महीने सिरिफ सोता था। मुचकुंद जी जिन्होंने देवताओं का सेनापति बनकर असुरों को हराया था, ने क्या वरदान माँगा था, ये कि मुझे सोने दिया जाय।" जगदेव ने कहा।

बाबूलाल के सिखाने और नचनियों के नाचने की आवाजें, बहरा-बहार के वियोग की तानें, बेटी वियोग के करुण विलाप और इसमें गड्ड-मड्ड होते कई स्वर—सट्टेवाले, खेती-बारी, पशु-परानी, मेढ़कों की टर्र-टर्र, दाढ़ी-बाल छीलने का खर्र-खर्र, भेड़-बकरियों की मिमियाहट, काली-काली मुसहरिनों के उजले-उजले दाँतों की चटक हँसी—तमाम अल्लम-गल्लम चींजें तपती देह की बटुली में चुरती रहतीं। भाप-सा उड़ता रहता मन। दिन न दिन था, रात न रात थी, मौसम न मौसम—सारा कुछ एक साथ मानो फेंटा जा रहा था, मथा जा रहा था। मूलगैन ने अपनी भूमिका निश्चित कर ली थी, अब वह किसी अदृश्य लोक से आती हवा में तैरती ध्वनि-तरंगों को पकड़ने की कोशिश कर रहा था—

छइँ चक ! छइँ चक !

जीवन-भर की भकोसी गई घटनाएँ, अनुभव और टीसें पागुर कर रहा था मन !

छइँ चक ! छइँ चक !!

यह कैसा ताल है ?

छपरा में चैता का दंगल हो रहा है।

एक साथ बीस-बीस जोड़ी झाल बज रहे हैं। साँप के फन की तरह तन रही हैं आवाजें। उठान है। जोर पकड़कती जा रही हैं आवाजें। बजानेवाले घुटनों के बल उठने लगे हैं। गेहूँ और धान की फसल जैसी बढ़ती, फूलती-फलती मौज में झूमती ओज भरी आवाजें ! ढप और ढोल के ताल हँसुए की तरह इस पकी फसल को काटकर

करीने से रख देते हैं। प्रकृति नचा रही है पुरुष को कि पुरुष नचा रहा है, प्रकृति को ? नहीं, दोनों ही नाच और नचा रहे हैं एक-दूसरे को, सृजन का उन्मुक्त आलोड़न है यह !

चला ना जाय कंकरीले में सइयाँ।
हो सइयाँ !
हो सइयाँ !

शिवबाजार की रंडी और छपरा का लवंडा रामनाथ—दोनों दो छोरों से विलंबित पर नाचते हुए बढ़े आ रहे हैं—हो रामा, एहि ठइयाँ !

प्रकति में पुरुष है, पुरुष में प्रकृति, नारी में पुरुष, है पुरुष में नारी—मीरगंज के बाबाजी समझा रहे हैं। जैसे-जैसे स्वर चढ़ान की ओर बढ़ता है, उनके पैरों की गति तेज होती जाती है। तुंग तक आते-आते जैसे कोई घूर्णिवात-सा उठने लगता है, गीत स्वर, गति और आलोड़न ! बवंडर की तरह सारी सृष्टि को मथानी से मथकर ले उड़ेगा सरग लोक! स्वर के शिखर से 'हा-आ' के नारदीय आलाप के साथ नीचे उतरकर सूक्ष्म और फीकी पड़ती जाती आवाजें अब कहीं दूर देश से गुजरे जमाने की सरहदों से आती हुई लगती हैं।

धर्मनाथ जी का मन्दिर। टुन-टुन बजती घंटियाँ। दक्षिणवाले फाटक से उतरते ही सामने पीपर और पकड़ी के आलिंगनरत पेड़ युगल—जैसे जुगलबन्दी हो या मिलित हंसध्वनि या दो राग मिथुनरत नाग-नागिन से लहरा उठे हैं। सीढ़ियाँ नीचे तक गई हैं जहाँ सरजू जी का पानी टकराकर बह रहा है। नीम अँधेरा! एक डाल टेढी-सी झुककर ऊपर उठ गई है—अँधेरा और भी भुताह हो उठा है। डाल पर चढ़कर लड़के पानी में कूदते हैं—छपाक-छपाक !

'छइँ चक छइँ चक! नहीं, यह तो घुँघरुओं की आवाज है। महेन्दर मिसिर के लठैतों द्वारा खदेड़ी गई ढेला बाई के पाँवों के घुँघरुओं की आवाज ! पकड़ी गई तो बाबू हलवंत सहाय के रंगमहल में रिसती रहेगी, सो भाग रही है, लठैत दौड़ रहे हैं, घोड़े पर महेन्दर मिसिर दौड़ रहे हैं। डाल पर चढ़कर झमाक-सी कूद पड़ती है सरजू जी में। आग-सी जलती गोरी देह उतराएगी धीरे-धीरे—मगर कब कहाँ...?

यह 'छइँ चक! छइँ चक !!' की आवाज अतीत से प्रेत की तरह सिर उठा रही है या किसी रेलगाड़ी की आवाज है यह—छुक-छुक! छुक-छुक! पीं—ई—ई—ई। जँतसार, कहरवा, सोहर, छठ, पचरा, या कोई अन्य प्रार्थना गीत सुख के ताने, दुख की भरनी मे बुना जाता हुआ...हाड़ के पिंजरों से सुर उमड़ रहा था, चलनी के पिसान-सा झर रहा था और सेंवई पूरने की तरह लड़ी बन रही थी, चौक पूरने की अल्पना में पाँव, हाथ, देहरी, बेदी,...ठाँव-ठाँव सज रहा था। पानी में कूदे बच्चे उतरा रहे हैं।

कहाँ से आती है यह टेर-पीर की किन दर्दीली घाटियों और आनन्द-उल्लास के किस कुसुम-कानन से, स्वर्ग से पुरखों के आशीर्वाद-सी झरती है, धरती को रससिक्त, रसगर्भा बनाती पाताल तक पहुँचती है, फिर पाताल लोक की कन्याओं की देह गंध

लिए पाताल से धरती की ओर उठती है। स्वर्ग और पाताल से उठते ये स्वर धरती और मन के रंध्र-रंध्र को भिंगो जाते हैं और दुःख से छलनी हो गए सीनों से वंशी की धुन-से बजने लगते हैं। मन, आत्मा, प्राण, भूत, वर्तमान, भविष्य—सब को निचोड़कर बूँद-बूँद बरसते हैं तो विरह-मिलन के छंद बनते हैं, छंद बनते हैं, और फूल बनकर खिल उठते हैं और उड़ने लगते हैं तितलियों की तरह!...

पीपर तर भुताह बाटे नदिया, ए सैंया
गइल बाड़ी लहुरी ननदिया, ए सैंया
... ...

10

"पीपर तर भुताह बाटे नदिया" वाला गीत बहुत ही अच्छा निखर आया था। भौजाई, भाई को उलाहने दे रही है कि वहाँ, जहाँ नदी घने विकराल पीपल के नीचे-नीचे बहती है, परिवेश भूतीला है, वहीं लहुरी ननद कब से नहाने गई है, अभी तक नहीं लौटी। अल्हड़ किशोरी है। सारा काम मुझी को करना पड़ता है, उसने तो आज तलक हल्दी भी नहीं पीसी। अब बताओ, इसी साल उसके हाथ भी पीले करने हैं, कहीं सर्दी-वर्दी लग गई तो क्या होगा ? भुताह का भय, 'लहुरी' विशेषण से झरता सलोनापन, 'हल्दी' और 'सर्दी' के संकेत-भय, शिकायत, अपनत्व और आशंका में गीत की पँखुरी-पँखुरी महमहा रही थी—एक पँखुरी मटर की, एक तीसी की, एक कचनार की और बीच-बीच में हल्दी छिड़कती सरसों...। 'बहरा-बहार' के 'हमनी के रहबजानी' के साथ-साथ यह भी स्वतंत्र रूप से नाच में जुड़ गया। बाद में इसे 'कलजुग प्रेम' नाटक में जो शराबी पति के निर्मम आचरणों पर लिखा गया अलग नाटक था, जोड़ दिया गया।

कुतुबपुर आने के बाद रामचन्नर से भिखारी ने अकेले में बात की। ज्यादा फोड़ने-फाँसने की जरूरत न पड़ी। वह जल्द ही तैयार हो गया, हालाँकि उससे जितनी उम्मीद थी अभी तक पूरी न हो पाई थी। गीली माटी पर नाचना एक बात है, मगर यथार्थ की माटी कठोर और खुरदुरी थी। रामचन्नर के बाप को जिस दिन बेटे के नाच में शामिल होने की गंध मिली, वह कपार पकड़कर बैठ गया। पहले तो उसने मन को यह कहकर गनाना चाहा कि किसी राजा, मंत्री चाहे सेनापति का पाट करता होगा, लेकिन जब उसे कई लोगों ने बताया कि उसे तो उन्होंने मेहरारू बनकर नाचते देखा है तो करेजे में शूल करकने लगा, "सब दलसिंगार ठाकुर का किया-धरा है। एक सियार की पूँछ कट गई तो उसने सभी सियारों से कहा, पूँछ कटा लो, सरग दिखाई पड़ेगा। अगर उसने अपने लड़के भिखरिया को नचनिया बनने से पहले ही रोक दिया होता तो आज गाँव-भर के लड़के न बिगड़ते।"

न रामचन्नर के बाप के हाथ का चाक कोई चक्र सुदर्शन था, न भिखारी के बाप के हाथ का उस्तुरा कोई अमोघ अस्त्र ! होता भी तो क्या उन्हें वे उठा पाते, लेकिन हड़हे बूढ़े बैलों की तरह जहाँ भी मिलते—फुनकारा करते।

रामचन्नर का बाप कहता, "दलसिंगार के लड़के ने मेरा लड़का बिगाड़ दिया।" और दलसिंगार कुढ़कर जवाब देते, "और मेरे लड़के को किसने बिगाड़ा ?"

गाँव के बबुआन इस रगड़े में रस लेते हुए टिप्पणी करते, "यह तो वैसे ही हुआ

जैसे कोई लड़का-लड़की भाग जाँय, लड़की का बाप लड़के के बाप को कोसे कि तुमने मेरी लड़की भगा ली और लड़के का बाप लड़की के बाप को कोसे कि तुम्हारी लड़की ही ले भागी मेरे लड़के को।"

"कुछ दिन बाद बाल-बच्चे हो जाने पर दोनों बूढ़े मान जाते हैं !" कोई दूर की कौड़ी ले आता।

"यह बाल-बच्चा क्या है ?"

"पैसा ! दलसिंगार ठाकुर का मुँह भिखरिया ने पैसे से रूँध दिया है, अब वे पहले की तरह बड़बड़ा पाते हैं ?"

"न।"

"तो रमचन्नरा का बाप भी चुपा जाएगा, पैसा मिलने-भर दो एक बार !"

मगर यह अकेले भिखारी के बाप या रामचन्नर के बाप की बात न थी, सारे बाप इस बात पर एक ही भाखा बोल रहे थे। बड़ी जातियों के बापों ने तो अपने बेटों को स्पष्ट मना कर दिया था, "भिखरिया के नाच में नहीं जाना है।"

बड़ी जातियों की देखा-देखी सुनरसन के बाप ने भी अपने बेटे को हिदायत दे ही डाली, "बबुआ, और चाहे जो करना, भिखरिया का नाच देखने मत जाना।"

सुनरसन ने अन्दर-ही-अन्दर सहमते हुए एक आज्ञाकारी बालक की तरह स्वीकार में मूँड़ी हिला दी। फिर मन-ही-मन हड़क गया, "यहाँ तो नाच ही देखने पर बंदिश है, अगर कहीं उन्हें पता चल गया कि मैं तो उस दल में नाचता भी हूँ तो...! दहाई बजरंगबली, हमारी पत तुम्हरे हाथ में है अब !"

उधर बाप हर घड़ी सूँघा करता, सुनरसन की चाल-ढाल को, बोली-बानी को, कंठ से रह-रह कर उड़नेवाली रसीली गुनगुनाहट को...और निष्कर्ष निकालता, "बछड़ा जवान हो गया है, अब इसकी नाक में नकेल डाल ही देना उचित है। इसी साल अगहन में गौना ले आते हैं।"

बेटे पर वैसे तो उन्होंने भिखरिया का नाच देखने पर बंदिश लगा दी है लेकिन खुद का मन नाच देखने को ललक रहा है। बहुत नाम फैल रहा है जवार में। क्या ही अच्छा होता, देख आते किसी बहाने। शाम होते ही लौट आना है। रतौंधी जो है ! अच्छा हुआ जो सुनरसनवा रेलवई में भरती के लिए गया है। दिन लरका और धूप की तपिश कुछ ढीली हुई तो पगड़ी बाँधकर सोंटा उठाया, अगल-बगल झाँका और गंगा कोइरी के घर चल पड़े, जहाँ से दोनों दोस्तों को रजपुरा यादव जी के दुआर पर नाच देखने जाना था।

उधर दुपहरिया तक रजपुरा की बड़की बाग में नाचदल के सारे सदस्य पहुँच गए थे। चन्ननपुर से दो बैलगाड़ियों पर ढोल, हारमोनियम, सारंगी, झाल, और अकसा-बकसा लदवाए महेन्दर, लच्छन, बाबूलाल और भिखारी भी। रामचन्नर भी पहुँच गया लेकिन सुनरसन का, जिसका घर बगल में ही था, कहीं अता-पता न था। सिर्फ चिलचिलाती दुपहरिया थी और उसमें काँपता दूर-दूर तक सीवान! बाबूलाल खासे

चिन्तित थे। शाम को दुआर-पूजा पर उसे नाचना था फिर आज पहली बार 'बेटी वियोग' का प्रदर्शन भी होना था, जिसमें बेटी की भूमिका उसे ही करनी थी।

सत्तू और टपके आम खाकर गमछे बिछाकर भिखारी तो वैद जी की हिदायत मान कर लेट गए लेकिन बाबूलाल की आँखों में नींद नहीं। मन-ही-मन वे जोड़-घटा रहे थे कि अगर सुनरसन नहीं आया तो दुआर-पूजा पर किससे नचवाएँगे...और 'बेटी वियोग ?'

भिखारी पहले ही निकल पड़े, बाकी लोग सुनरसन को लेकर आएँगे।

दो घंटा दिन रह गया तो दल चलने को हुआ, तभी लच्छन को सीवान की काँपती वीरानी में कोई धब्बा-सा हिलता नजर आया। कारवाँ रुक गया। यह काँपता धब्बा धीरे-धीरे बड़ा होकर सुनरसन बनकर बाग में सियार की तरह हुलकता हुआ दाखिल हुआ। बाबूलाल की रुकी साँस चलने लगी।

"बहुत जल्दी आ गए ?" लालू ने फब्ती कसी।

सुनरसन ने सबको जुहार किया और बाबूलाल को अकेले में ले जाकर अपनी राम कहानी बताते हुए कहा, "बाबूजी से झूठ बोलकर आना पड़ा कि रेलवई में भरती होने जा रहा हूँ।"

"तब तो दुआर पूजा पे...।"

"अरे राम कहो काका।" सुनरसन ने जीभ काटी, कान पकड़े, "बाबू जी खुद नाच देखने आए हुए हैं।"

"ये बाबू जी क्या पता कब तक जाएँ, तब तो नाचोगे ही नहीं!"

"अन्हार हो गइला पे।"

"मशाल भी तो अन्हार में जलेगा।"

"ओकर डर नइखे। बाबूजी लौट जाएँगे तब तक, रहेंगे तो भी चीन्ह नहीं पाएँगे। रतौंधी न है उनको।"

"ओ ऽऽऽ ! चलो यह भी अच्छा ही हुआ! भगवान करें सारे बापों को रतौंधी हो जाय। 'अच्छा बेटी वियोग' में बेटी का पाट भी करना है न तुम्हें ?" सुनरसन को संशय में ऊपर से नीचे तक घूरते हैं बाबूलाल, "पाट तो भुलाइल नइखे न रे ?"

"ना काका तोहार किरिया!" सुनरसन ने फिर जीभ काटी, कान पकड़े। और रास्ते भर सुनरसन को दोबारा ठोंक-पीटकर दुरूस्त करते रहे बाबूलाल! फिर पीठ थपथपाकर विदा किया। सुनरसन वहाँ से दोबारा जो अदृश्य हुआ कि फिर द्वार पूजा शेष होने के बाद ही अँधेरे में चोरों की तरह प्रकट हो पाया।

नचनियों, बजनियों और अछूतों की अलग पाँत बैठती थी। पहले बाभनों की पाँत बैठी दुआर पर, फिर साफ-सफाई, छिड़काव के बाद राजपूतों की, उसके बाद दूसरी जातियों की। इसी के साथ मूल पाँत से काफी दूर हट-हटाकर पशुओं की सार के बदबू देते कीचड़ के बगल नचनियों, बजनियों, अछूतों की पाँत बैठाई गई। लच्छन राय उठ गए पाँत से, 'हम को क्या समझ रखा है ?' भिखारी के बहुत मनाने पर किसी तरह

अपेक्षाकृत कम गंदी जगह पर बैठने को राजी हुए। फिर भी भड़के ज्वालामुखी की तरह बड़बड़ाए जा रहे थे, ''हमेशा ऐसा ही होता है। खाने में भी देखो, दही-बुनिया चन्नन की तरह छिड़ककर चले गए, जैसे हम 'अमदी' ही नहीं हैं। तुम सभी को खाना हो तो खाओ, हमसे तो नहीं खाया जाएगा ऐसे। नाच गिरोह का सीधा, पिसान, नौहड़, ईंधन माँगेंगे अब से।''

''सवा सोरह आने की बात!'' लालू ने समर्थन किया। नाचदल में आते ही ये दोनों यादव आज बिरादरी से बहिष्कृत हो गए थे। अब इनकी पाँत वह नहीं, यह थी ?

खैर ! नाच का बाजा बजते ही मलाल फीका पड़ता गया। प्रारंभिक नृत्यों और समूह नृत्यों के बाद भिखारी ने आकर सब को परनाम किया और कुल मिलाकर तीन नाटकों के प्रदर्शन की घोषणा की। इनमें से एक बिल्कुल नया तमाशा था, जिसकी घोषणा वे 'श्री राधेश्याम बहार' के बाद करेंगे।

'राधेश्याम बहार' नाटक (तमाशा) में लालू कृष्ण बने, भिखारी सखी की भूमिका में उतरे और सोमारू ने राधा की भूमिका सँभाली। आधी रात तक चलता रहा यह तमाशा। इसके बाद भिखारी अपनी पगड़ी, छकली, मिरजई और उटंग धोती में एक बार फिर मंच पर आए और हाथ जोड़कर बोलने लगे, ''बड़का-बड़का बाबू साहेब, अभी आप सभे 'राधेश्याम बहार' के तमाशा देखली हँ-अ। अब जवन तमाशा आप सभे के सामने पेश करे के हुकुम माँगत बानी, ऊ एकदमे टटका बा, माने पहिलका बेर पेश कइल जाई। अनमेल बियाह के तमाशा ह-अ। नाम देहले बानी 'बेटी वियोग'। अपना समाज के समिस्सा ह-अ। बोलीं पेश करे के हुकुम बा... ?''

''पेश कर-अ! पेश कर-अ !''

भिखारी ने फिर से हाथ जोड़कर सब को परनाम किया और मंच के पीछे चले गए। मंच पर 'हमनी के रहब जानी' का गीत सोमारू प्रस्तुत करने लगे और भिखारी खुद को 'झाँटुल दुलहा' के बूढ़े वेश में ढालने लगे--पीला जोड़ा जामा, पीली पगड़ी...।

तमाशे में चटक और लोभा पति-पत्नी हैं, जिनकी बेटी शादी के योग्य हो गई है। खेत गिरवी पड़े हैं। चारों ओर दहेज की मार है। पैसे का जुगाड़ नहीं हो पा रहा है। चिंतित पति-पत्नी इसी विषय पर बात कर रहे हैं। चटक पत्नी को एक युक्ति बताता है कि वह एक ऐसा वर ढूँढेगा, जिसे पैसे देने ही नहीं पड़ेंगे, बल्कि जो खुद उन्हें पैसे देगा। शादी भी हो जाएगी, खेत भी छूट जाएँगे। पत्नी लोभा डरती है कि लोग जान गए तो क्या होगा, मगर चटक की चालाकी पर भरोसा कर वह मान जाती है। नाई और ब्राह्मण की सहायता से एक बूढ़ा वर ढूँढा जाता है। बारात आती है तो वर को देखकर बेटी बेहोश हो जाती है, पड़ोसिनें उदास! कानाफूसी मच जाती है मगर दलाल पंडित के समझाने-बुझाने पर विवाह की सारी रस्में होती हैं। चालाक चटक 'दलाल पंडित' को पैसे देने से भी मुकर जाता है, जिस पर दोनों में झगड़ा होता है। यहाँ तक नाटक लोकरंजक बना रहता है, मगर इसके बाद माँ, बाप और समाज के सामने विदा हो रही बेटी के विलाप का लम्बा क्रम शुरू होता है और बेटी के प्रति करुणा और चटक,

लोभा, पंडित और झाँटुल दुलहा और बेटी बेचने की इस प्रथा पर धिक्कार झरने लगता है।

पंडित की भूमिका में लच्छन राय, झाँटुल दुलहा के रूप में स्वयं भिखारी और बेटी की भूमिका में सुनरसन ने इतना जमकर अभिनय किया कि तमाशा जीवन्त हो उठा। सारे दर्शक स्तब्ध! कहीं दूर अँधेरे में सिसकियाँ उभरीं, लोगों ने चौंककर देखा, औरतें थीं, जो लोक-लाज के भय से सबसे छुपकर अँधेरे में बैठी थीं।

अभिनेता मंच के पीछे चले गए थे और दर्शक अभिनेता बन गए थे। मंच मौन हो गया था और दर्शक-दीर्घा मुखर। बहुत सारे लोग उठकर जाने लगे थे। कई तरह की आवाजें उभर रही थीं। अचानक एक तीखी आवाज ने टप्पे की तरह उछाल खाई—

"ई नाच ह-अ ?"

"तो का ह-अ ?"

"लाँड़ ह-अ !"

"चुप-चुप! खराब जुबान मुँह से ना निकारे के चाहीं।"

"ई सार हमरा झरीखन बाबा का इज्जत उतार रहा है और हमको कहते हैं चुप रहो।" बोलनेवाले को कई लोग पकड़कर शांत कर रहे थे, और वह उग्र हुआ जा रहा था। धीरे-धीरे वह एक से दो हुआ, दो से चार...। बहकी-बहकी आवाजें! तैश भरी टिप्पणियाँ! फोहस गालियाँ! डाँट और धमकियाँ ! "एक भी पैसा नहीं देना है।"

"अजी देना क्या है, ढोलक, हरमुनिया छीनकर खदेड़ दो सालों को।"

"ना, अइसे ना, हाथ-गोड़ तोड़ के भेजे के काम बा।"

भिखारी अपने कपड़े बदल ही रहे थे कि शोर सुनकर मंच पर आए। दोनों ओर के मशाल जल-जलकर धुआँ हो रहे थे और सामने अँधेरे में उछलती गालियों और डाँट-फटकार की वजह समझ में नहीं आ रही थी। जैसे ही बात समझ में आई, दिल दहल उठा। उन्होंने चट हाथ जोड़ लिए, "हमरा से अगर कोई भूल भइल होखे तो माफी दिहल जाय! माफी बाबू साहेब, माफी! माफी बाबाजी लोग, माफी! पंचों! माफी।"

बाबूलाल, लच्छन राय और जगदेव भी मंच पर आकर हाथ जोड़कर सबको शांत कराने में जुट गए। मगर ज्यादातर लोगों को ठीक-ठीक समझ में नहीं आ रहा था कि क्या हो रहा है। झगड़े की आशंका से जहाँ नीमर-दूबर लोग जल्दी-जल्दी पराने (भागने) लगे, वहीं गाँव-जवार या जाति के झगड़े की आशंका सूँघकर कुछ जाते हुए लोग लौट भी आए।

भिखारी जिस-तिस से बार-बार निहोरा कर रहे थे, "इसी की खातिर हम पहिले ही हुकुम ले लिए थे।" मुँह अरज कर रहा था और कान भीड़ की नब्ज सुनने को बेताब!

"अरे जाने दीजिए, तमाशा ही तो है।"

"उसने तो पहले ही आज्ञा ले ली थी।"

"कुल्हि आज्ञा इनका गाँड़ी में डाल देंगे। इनकर माई के...।"

कंधे पर किसी के हाथ का स्पर्श पाकर डरकर चिहुँक उठे, देखा तो यादव जी के

भाई थे, "ठाकुर जी, आप लोग चुपचाप निकल जाइए यहाँ से। कहीं कुछ हो-हवा गया तो...।"

"अभी तो मरजाद (दोपहर) का नाच भी बाकी है। आखिर भइल का...? कोई गलती हुई हो तो..."

"वो सब छोड़ो। देर मत करो।" वे झुँझला पड़े।

उजास होने तक बैलगाड़ियों को इंतजार करना था। उन्हें भोर में आने की हिदायत देकर जरूरी सामान लेकर अँधेरे में चल पड़े वे। दिन और रात-भर की थकान ! यह उनके आराम करने का समय था, लेकिन पीछे तो 'जयंत का बाण' लगा हुआ था।

लालू और जगदेव दबे स्वर में भिखारी को ही कोस रहे थे, "नाच का मतलब नाच होता है।"

"तब का !"

"अरे खेलना है तो 'सुल्ताना डाकू' खेलो, 'अमरसिंह' खेलो, 'सरवन कुमार', 'भक्त प्रह्लाद' खेलो, ई का तो 'बेटी-वियोग' !"

"इनकर बनावल कुल नाटक अइसने बाड़न !"

"और आपन छोड़ के दोसर के नाटक खेलिहें ना !"

लच्छन राय ने दबे स्वर में घुड़का, "चुप ना रहब-अ!"

थोड़ी दूर तक पहुँचने के बाद सुनरसन अपने गाँव की ओर लौट गया। लच्छन राय और महेन्दर अगल-बगल चल रहे थे, पीछे-पीछे रामचन्नर, बीच में बाकी लोग।

"बेटी-वियोग का तमाशा रोक दिया जाय ?" दो घंटे के आत्ममंथन के बाद भिखारी ने अपने गिरोह के सामने यह सवाल रखा।

"और बाकी सट्टों का क्या होगा ?" लच्छन राय ने पूछा।

"बेटी वियोग नहीं होगा, बाकी दूसरे तमाशे तो खेल ही सकते हैं। क्यों बाबूलाल ?"

बाबूलाल ने, जो लच्छन राय के बढ़ते प्रभाव के चलते पिछले कुछ दिनों से खुद को हाशिए पर पा रहे थे, जैसे ऊँघते हुए जवाब दिया, "नाच-तमाशे में तो यह सब होता ही रहता है। रजपुरा ही तो समसे देशवा नहीं। दू-चार जगह औरो देखल जाय।"

दूसरे सट्टे में वैसा कोई उपद्रव नहीं हुआ, तो थोड़ा साहस बढ़ा। तीसरे सट्टे में फिर विरोध हुआ और नाटक को बीच में ही बन्द कर देना पड़ा।

तफजुल ने हँसकर कहा, "बाबूलाल की यह बात सच नहीं है कि समसे देशवा तो रजपुरा नहीं हो गया।...हकीकत में तो यह है कि समसे देशवा रजपुरा हो गया है।"

ठीक ही कह रहे थे तफजुल मियाँ, हर गाँव में कोई न कोई बेटी बेची गई थी, हर गाँव में कोई न कोई झरीखन या बबुनी के बाप का धोख का पुतला खड़ा था—नाम अलग था, रूप अलग, जात अलग, पाँत अलग, मगर वह था कोई न कोई 'चटक' ही। भिखारी का नाई मन बिल्ली की तरह डर-डरकर फूँक-फूँककर दबे पंजे से कदम उठा रहा था, पकड़े जाने पर 'म्याऊँ !' का कातर समर्पण, "हम तो नाई हैं बबुआन,

भूल-चूक छिमा ! और कुत्तों द्वारा भौंके या खदेड़े जाने पर यह जा, वह जा !''

देखते-देखते 'बेटी वियोग' को लोग 'बेटी-बेचवा' और 'बहरा-बहार' को 'बिदेसिया' के नाम से जानने लगे। तमाशे से आगे बढ़कर वे लोगों के किस्से बन गए, फिर किस्से से आगे बढ़कर 'गाथा'।

बाह्मण, राजपूत, भूमिहार और कायस्थों के ज्यादातर घरानों और उन घरानों में जो खुद को इज्जतदार या ऊँचा मानते थे, भिखारी एक तरह से 'समाजद्रोही' के रूप में उजागर होने लगे थे। गाँव-जवार में परिवार के बड़े-बूढ़ों ने बच्चों-जवानों को पक्के तौर पर बता दिया था कि भिखरिया के नाच में कोई नहीं जाएगा। उन्हें इस बात का सख्त मलाल था कि भिखरिया सारे लड़के-लड़कियों को खराब कर रहा है।

''आखिर उसकी इतनी हिम्मत कैसे हुई ?'' कोई हैरानी प्रकट करता है।

''हिम्मत...! अरे बड़-जाति के ही कुछ लोग भभीखन बने हुए हैं न! वही उसे सिर पर चढ़ाए घूम रहे हैं।''

एक तरफ भिखारी जवार-खारिज थे तो दूसरी ओर भिखारी के 'तमाशा' का जादू हर किसी के सिर पर चढ़कर बोल रहा था। उड़ी-पड़ी खबरें आ रही थीं कि अलाने गाँव में लड़की बूढ़ा वर देखकर मंडप से ही भाग गई तो फलाने गाँव में उसने जहर खा लिया ! भला बेटियों की इतनी हिम्मत! माई-बाप के मुँह में करिखा पोत दिया ?

नौतनवाँ गाँव में तो प्रौढ़ वर देखकर गाँव के लोगों ने ही बरात वापस कर दी। लड़की अपना कपार फोड़ रही थी और लड़की का बाप गाँववालों से फरियाद कर रहा था, ''आप लोग अच्छा नहीं कर रहे हैं।''

भिखारी डर-डरकर सुनते ये खबरें और हुक्का गुड़गुड़ाना भूल जाते। बाबूलाल की पत्नी साहस देती ''ठीक तो कर रही हैं बेटियाँ। बूढ़-वर गले में बाँधने चलोगे, तो लड़की भाग नहीं जाएगी ?''

''आहि ए बाप ! का हो दीनानाथ !''

''कराह क्यों रहे हो ? तुम क्या चाहते थे कि...''

''ना, माने...''

''तब तो उपदेश दोगे और अब डर के मारे गाँड़ सुटुक रही है। अरे मरद बनो मरद! रामजी की इच्छा से जो हो रहा है ठीक-ए हो रहा है।''

''लोग तो मुझे पापी समझ रहे हैं।''

''भीतर-ए-भीतर, गाय मार के, चाहे तो, हजम कर लें लोग। चाची, मामी, मौसी, फूआ, बहिन, बिटिया, चाहे तो कुच्छो ना छूटे और तुम बोल दिए तो तीते हो गए ?''

भिखारी को बल मिला। मगर भोर तक एक नामालूम-सी हीनता ने उन्हें आ घेरा। मन में आया, फकुली चले जायँ बसुनायक सिंह के पास। ना, महेन्दर मिसिर से मिलना ठीक रहेगा।

''अँगुरी में डसले बिया नगिनिया रे...और 'नजरा गइली गुइयाँ...' जैसे गीतों के

रसिक कवि...! वे भी तो बदनाम हैं, उन्हीं की तरह। कहते हैं, काही मिसरौलिया की ड्योढ़ी छोड़कर रंडियों के यहाँ पड़े रहते हैं।

महेन्दर मिसिर देखकर चकरा गए, "बरखा, बूनी और बाढ़ में तुम ?" भिखारी ने पाँव छूकर प्रणाम किया। फिर बोले, "घर से नहीं, चन्ननपुर से आ रहा हूँ।"

"अरे भाई तब भी सरजू जी तो पड़ी ही होंगी।"

भिखारी कोई सफाई देते, इसके पहले फेकू सिंह ने कहा, "क्या तो सुनते हैं तुलसीदास जी ऐसे ही कुदिन में जमुना जी पार कर रत्ना जी के पास पहुँचे थे और ईश्वरचंद्र विद्यासागर दामोदर पार कर अपनी माई के पास! मन से मन के तार जुड़ जाला तो...।"

"आओ बैठो, खड़े क्यों हो ?" महेन्दर मिसिर ने कहा। भिखारी नीचे ही बैठ गए तो मिसिर जी ने बाँह पकड़कर उठा लिया, "अरे एनिया आव-अ मरदे!"

उस दिन शिवाले में बैठकी जमी। पहले महेन्दर मिसिर ने कीर्तन गाया, "जब हम जननी सखिया रामजी पहुनवा, विहान ही सवेरे चलि जइहें हो लाल..." बेजोड़ गला, गोरा, सुडौल चुंबकीय व्यक्तित्व ! इसके बाद भिखारी ने कृष्णलीला का भजन 'जब जाईं जमुना किनार...' गाया। झेंप के कारण अच्छा नहीं गा सके। फिर महेन्दर मिसिर ने 'पटना से बैद बोलाइ द-अ, नजरा गइली गुइयाँ' की पुरबी गायी। जवाब में भिखारी क्या गाएँ, देर तक सोचते रहे। फिर संकोच के साथ 'हमनी के रहब जानी...' गाया।

भिखारी को थका जान गवनई दो घंटे बाद रोक दी गई। फिर बात पुरबी और भोजपुरी पर छिड़ गई, चर्चा के बीच में रानियों, रनिवासों, रजवाड़ों का जिक्र आया, रंडियों का जिक्र आया, फिर धीरे-धीरे 'ढेला बाई' से होते हुए मोख्तार साहब बाबू हलवंत सहाय का प्रसंग छिड़ गया।

फेकूसिंह ने दबी जबान में कहा, "रेवेल साहब ने पोसा मुख्तार साहब को और एक अंग्रेज बना दिया—देशी अंग्रेज !"

"आपन-आपन पसंद! अब इनहीं की जाति के ब्रजकिशोर बाबू, राजेन्दर बाबू, महेन्दर बाबू, जयपरकाश बाबू उसी अंग्रेजी राज को उखाड़ने के लिए लड़ रहे हैं।"

जब ये बातें हो रही थीं, भिखारी ढेला बाई के बारे में सोच रहे थे। बहुत चर्चे हैं उसकी सुन्दरता के, उसके गाने के। क्या वह उनकी दुनिया बाई से भी ज्यादा सुन्दर है ? वे ऐसे सोच रहे थे, मानो उन्होंने सचमुच की दुनिया बाई को देखा हो, "तुम्हारा गाँव तो..." महेन्दर मिसिर के टोंकने पर वे चौंके।

"कुतुबपुर दीयर में।"

"कहवाँ पड़ेला ?"

"बबुरा देखतानी ?"

"बूट लादा जानेवाला..."

"हाँ।"

"भोजपुरिये माटी है नू...।" किसी ने बात को बीच में ही लपक लिया। फिर चर्चा भोजपुर के क्रांतिकारी वीरों पर केन्द्रित हो गई—मंगल पाँड़े, बाबू कुँअर सिंह और न जाने कौन-कौन !

क्या कहने आए थे वे और कहाँ अटककर रह गए। उन्हें अचरज हुआ, यहाँ किसी ने भी 'बेटी-वियोग' या 'बहरा-बहार' की चर्चा न की। बात राजों, रजवाड़ों, कांग्रेस और ऊँची जाति के नामी वीर पुरुषों तक महदूद रही। इस गौरवशाली परंपरा में खुद को कहीं से भी जोड़ नहीं पा रहे थे भिखारी। उनके मन में बार-बार एक सवाल उठ रहा था, "इसमें नाई कहाँ हैं, नाई की बात तो दूर-दूसरी नान्ह जाति के लोग ही कहाँ हैं ?"

लौटते समय महेन्दर मिसिर ने कहा, "मन नहीं भरा! गोदना सेमरिया के मेला में आव-अ न!"

महेन्दर मिसिर, हुँह ! मन ईर्ष्या से जला जा रहा था। एक तरफ रंडी का कोठा, दूसरी ओर भजन। अचानक उनके अन्दर का भाँड़ भड़क गया—

मिरदंग कहे—धिक है धिक है,
मंजीर कहे—किनको किनको ?
तब हाथ नचाय कहे गनिका
इनको, इनको, इनको, इनको !

माने, हर गणिका महेन्दर मिसिर को धिक्कार रही थी।

रामजी हो रामजी ! ई क्या सोचने लगे ? मिसिर बाबा, छिमा !

11

छोटे-मोटे नाले नदी में मिलते हैं और नदी बड़ी नदी में। मेले जानेवालों के छोटे-छोटे जत्थे बड़े जत्थों में मिलते हैं और बड़े जत्थे गोदना सेमरिया के मेले में। सिर पर गठरियाँ उठाए, बगल में थैले के साथ बच्चे लटकाए गीत गाती औरतें। सिर पर पगड़ी बाँधे, कंधे पर लोटा-डोरी लटकाए मर्द। किन्हीं-किन्हीं कंधों पर बन्दर की तरह हुलकते बच्चे। बूढ़े-बूढ़ियों को हाथ से सहारा देते या कंधों और खटोलों की डोली पर लाते श्रवण कुमार ! विधवाएँ सादे कपड़ों में, सधवाएँ और नवीनाएँ गुलाबी और बासंती रंगों में रँगे लूगे में...!

नजर बार-बार जवान विधवाओं पर चली जाती।

मिर्चइया बाबा ने मुस्कराकर कहा, "का देख रहे हो ? सौभागिनी विभूषणहीना, विधवन के सिंगार नवीना!"

"देख रहे हैं कि सभी गंगाजी में नहाने आ रहे हैं।" भिखारी ने कहा।

"'पाप भी बहुत-ए न बढ़ गया है।" रामानन्द सिंह ने जोड़ा।

"चलो कोई बात नहीं, सब का पाप धोकर पवित्तर कर देंगी गंगा मइया।"

भीड़ ही भीड़। नावों में भीड़। घाट पर भीड़। बैलहट्टा में भीड़। चरखी पर भीड़। गुड़ की मिठाइयों पर बिरनी (ततैया) और मक्खियों-सी भिनभिनाती भीड़। सेंदुर, टिकुली पर भीड़।

"फूलमतियाऽऽऽ! ए फूलमतिया ऽऽऽ !" फूलमतिया हेरा गई मेले में।

कितनी फूलमतियाएँ हेरा गईं—कौन जाने! इस भीड़ में महेन्दर मिसिर कहाँ है ? तो क्या फूलमतिया की तरह वे भी हेरा गए मेले में ? वर्षों के बिछोह के बाद मेले में भेंटा गई औरतें गलबहियाँ डाले भेंट (रो) रही थीं। उनका सखा कहाँ था ? किससे पूछें...? घोड़ों पर सवार दरोगाजी और उनके सिपाही मेले की निगरानी के लिए घूम रहे हैं। एक पेड़ के नीचे बने मंच पर खड़ा होकर एक आदमी मेले में 'हेराए' लोगों की सूचना दे रहा है। भोंपू को मुँह से लगाकर जब वह बोलता है तो किसी दूसरे जगत का ही प्राणी लगता है। सिपाहियों से डर लगता है, मगर भोंपूवाले से पूछा जा सकता है।

पूछने की जरूरत नहीं पड़ती। भोंपू बन्द होते ही दूर से आते किसी सुरीले पुरुष-कंठ ने खुद ही घोषणा कर दी कि हम यहाँ है।

"कहाँ ?" अचकचाकर अनकते हैं भिखारी और सुर की डोर पकड़कर जा पहुँचते

हैं सुर के स्रोत तक।

तो यहाँ साधुओं की मंडली में बिराज रहे हो मिसिर बाबा! धन्य हो। साचो के बहुरूपिया हव-अ! कभी रंडी के कोठा पर तो कभी साधुन के सत्संग में।

प्रणाम-पाती के साथ साधुओं के उस दल में मिर्चइया बाबा का दल गंगा और सोन की तरह मिलकर एकाकार हो गया। भजन पूरा कर महेन्दर मिसिर आए, भिखारी और रामानन्द सिंह ने पाँव छूकर प्रणाम किया, फिर परिचय कराने पर महेन्दर मिसिर बाबा का चरण स्पर्श करने को झुके तो बाबा ने पाँव खींच लिए, ''अपने का बढ़ामन (ब्राह्मण) हईं। पाप मत लगाईं।''

महेन्दर मिसिर भिखारी को किनारे ले गए, ''भजन-कीर्तन तो चलता रहेगा। भंडारे में जाकर सबको भोजन करा लाओ। और सुनो, एक महात्मा जी गंगोत्री से गंगासागर के गंगा-अभियान पर निकले हैं। कल यहाँ से बलवनपुर तक का कार्यक्रम है, नाव पर माने गंगा-सोन संगम तक। रास्ते-भर गीत-गवनई, प्रवचन का सत्संग। चाहो तो तुम लोग भी साथ चल सकते हो।''

अंधा क्या माँगे, दो नैना ! तैयार हो गए भिखारी।

पश्चिम में कातिक की पूरणमासी का आखिरी चन्द्रमा गंगा में डुबकी लगाने जा रहा था और पूरब में अगहन का पहला सूरज गंगा में नहाकर निकला आ रहा था। उसकी ललाई नदी के पूरे विस्तार में खिंची हुई थी, जैसे प्रकृति सुन्दरी ने अभी-अभी अपनी माँग भरी हो। गंगा की धारा के साथ मंथर गति से चली जा रही थी नाव। नाव में साधुओं के दल के साथ महेन्दर मिसिर, मिर्चइया बाबा, ददन तिवारी, फेकूसिंह रामानन्द सिंह, भिखारी और दो मल्लाह। कुछ लोग धूप की गरमी में झपकी ले-लेकर जग रहे थे, कुछ लोग भजन गा रहे थे। गाँजे की चिलम घूम रही थी। भिखारी को महात्मा जी पर अचरज हो रहा था—देखने में विल्कुल लेलहा लेकिन बोली सुगना की तरह टाँय-टाँय—साफ-सधी हुई और मृदंग की तरह धमकती हुई। किसी कबीरपंथी ने निर्गुण छेड़ दिया था—

ई अँखिया अलसानी हो पिया सेज चलो।

''वाह-वाह !'' बाबा खुश हो गए। सबके सिर मटकने लगे। गीत में डूबते-उतराते भिखारी की नजर सहसा ही कगारों पर चली गई जो पानी के खलिहा (उतर) जाने से नंगे लग रहे थे। ऊपर नंगे, नीचे नीली-साड़ी-सा पानी...

'धीरे पाँव धरो पलंगा पर जागत ननद-जिठानी', नाच रही थी जैसे कोई दीवानी, कपड़ों तक की सुधि नहीं।

''निर्गुण है निर्गुण !'' ददन तिवारी ने मटकते हुए कहा।

''धत्त तेरे की!'' राम-राम की बेला में भिखारी ने चौंककर इधर-उधर देखा, किसी ने भाँप तो नहीं ली मन की चोरी ? न ! अब नीचे नहीं ताकना है। मन गड़बड़ाने लगता है। वे कगार के ऊपर ताकने लगे। ऊपर चना, मटर, खेसारी और जौ के जाम आने से हरियरी हो आई थी। सूरज का पतंग आसमान में ऊपर ही ऊपर खिलता चला जा

रहा था। धूप की डोरों में मंझा लग गया था। कंबल उतार दिए गए।

महात्मा जी को क्षेत्र का परचिय कराते जा रहे थे रामानन्द सिंह।

"आप सभी धन्य हैं।" महात्मा जी ने कहना शुरू किया, "तीन-तीन नदियों के संगम पर जनमें हैं—गंगा, सरजू और सोन!

"तनिका आगे तक चले जाइए तो गंडकी भी...।"

"हाँ, गंडकी भी और एक और नदी है जो गंडकी में मिली है—माही।"

"क्या उसका काई खास तातपरज है ?"

"ई तो अजगुन बात बतइनी!"

"हमको हमारे आसपास का इतिहास भी जानना चाहिए!"

"जरूर।"

"अब देखिए कि 1857 में सिपाही विद्रोह होता है और सन् 1880 में लार्ड डफरिन बनारस में राजघाट पर पुल बनवाते हैं और 1885 में कांग्रेस की स्थापना होती है। अठारह सौ नब्बे तक भोजपुर नगर के बारे में कहा जाता था कि—

बावन गली तिरपन बाजार
दिया जरे छप्पन हजार।

माने, आबादी छप्पन हजार की। अब यहाँ देखिए कि बत्तीस पुतलियोंवाले सिंहासन बत्तीसी का खंडहर भी है राजाभोज का...।"

"महात्मा जी तनी छपरा के बारे में भी कुछ बताइए न।"

"देखिए जानने के लिए ही तो निकले हैं अभी, सो ज्यादा तो नहीं मालूम लेकिन एक बात तो तय है कि छपरा नाम बहुत पुराना नहीं है—क्या पता, 'च' से 'छ' बना या 'छ' से 'च'...? बाबर की जीवनी 'बाबरनामा' में 'चोपरा चतुर्मुख' का उल्लेख मिलता है। गौतम आश्रम और माझी के बीच से कहीं बाबर को सरयू को पार करने के लिए नाव का पुल बनवाना पड़ा था। उस समय के जौनपुर के सिरकी बादशाह के सेनापति सरजू के इस पार थे। लड़ाई शुरू हो, उसके पहले ही जोरों का आँधी-पानी। छावनी का तंबू उधड़ गया, पानी अन्दर गिरने लगा। बाबर का और जो भी नुकसान हुआ हो, मगर सबसे बड़ा नुकसान यह हुआ कि 'बाबरनामा' के पन्ने भींग गए। तब लड़ाई बन्द कर रात-भर आग जलाकर पन्ने सुखवाता रहा था बाबर।"

"माने ई ऊ धरती है जहाँ किताब की हिफाजत के लिए लड़ाई तक को मुल्तवी कर दिया जाता था, वह भी ऐरा-गैरा नहीं, बाबर जैसा प्रतापी बादशाह।"

इस बात पर दबी जबान थोड़ा मजाक भी हो गया कि गंगाजी के उत्तर यानी छपरावाले मौगा होते हैं और दक्षिण आरावाले वीर-बाँकुरे!

"हथुआ महराज ने अँगरेजों को हराया था।" उत्तरवालों का तर्क था।

"जगदीशपुर के बाबू कुंवर सिंह आरा से आजमगढ़ तक अंग्रेजों को पदाते रहे।" दक्षिणवालों का पक्ष!

"इतने बहादुर लोगों के वंशवाले हैं, हमें नहीं पता था। आजकल क्या कर रहे हैं

आपलोग ?" महात्मा जी ने कटाक्ष किया तो लोग झेंप गए।

"अच्छा यहाँ कुँवर सिंह के संबंध में कोई गीत-गवनई नहीं हैं ?"

"है न 'पँवारे', महेन्दर मिसिर ने कहा, "ई अपने फेंकूसिंह भी गाते हैं।"

"सुनाओ न महात्मा जी को..."

फेंकूसिंह 'पँवारे' को ऐसे गाना उसका अपमान समझते हैं। उन्होंने धोती खोलकर वीर बाना बनाया, ढोलक का काम सँभाला खंजड़ी ने, खड़े हो गए फेंकूसिंह। फिर अपनी मुद्रा में वीरोचित बदलाव लाने के लिए फेफड़ों में हवा भरी और शुरू हो गए—

बहुत घना दावाँ जंगल बा, कइ जोजन के ले परमान,
संत बसुरिया बाबा रहेलें, तपल तपावल साधु महान।

....

"ये संत बसुरिया कौन थे ?" महात्मा जी ने धीरे से पूछा।

"कुँवर सिंह के गुरु और सलाहकार!" रामानन्द सिंह ने बताया।

महात्माजी ने मूड़ी हिलाई और फेंकूसिंह की मुद्राओं को देखने लगे। फेंकूसिंह का केवल मुँह ही नहीं, पूरी देह पँवारे पर पेंग ले रही थी—

मत घबरइह-अ कुँवर अमर भइया,
आजमगढ़ में चलत बा लड़इया
किलवा लुटाई, लूटाई कोतवलिया
मत घबरइह-अ कुँवर अमर भइया

... ...

नाव अब बबुरा पहुँच रही थी। दूर खड़ा स्टीमर घाट पर रुका पड़ा था। रामानन्द सिंह ने नाव को किनारे लगवाकर भिखारी के कान में कुछ कहा। भिखारी नाव से उतर कर रामा गोंड़ को ढूँढने लगे। इस मझोले कद, गंदुमी रंग के गठीले जवान रामा को ढूँढ निकालना इसलिए आसान था कि वह कहीं भी जोर-जोर से अपनी बहादुरी के किस्से बखानता बैठा रहता था। भुइँडोल में सचमुच ही बहादुरी के करतब कर दिखाए थे उसने।

रामा आया तो नाव में मिर्चइया बाबा और रामानन्द सिंह को देखकर एकदम से झुककर हाथ ऊपर कर जोड़ लिए।

"तुम पहले कुतुबपुर जाओ, वहाँ से बीस 'अदमी' का सीधा पिसान लेकर बलवनपुर पहुँचो तिवारी जी के घर और सुनो, छोटन से कहो कि हमारा घोड़ा लेकर वहीं आ जाए।

उस पार नाव के लगते ही रामा ने कपड़े खोलकर सिर की पगड़ी बना ली। अब उसकी देह पर एक लाल लँगोट-भर रह गया। उसने पहलवान की तरह अपनी जाँघों और बाँहों पर ताल दिया, फिर उलटे मुड़कर सबको हाथ जोड़कर जुहार किया और नाव से नीचे कूद पड़ा। अब वह किसी सधे धावक-सा दौड़ रहा था। महात्मा जी और बाकी लोग अवाक होकर देखते रह गए राम के इस हनुमान को।

महात्मा जी ने गंगा-अभियान के बारे में बहुत-सी बातें बताईं।

"अब देखिए कि वैसे तो गंगोत्री से हरिद्वार तक और हरिद्वार से प्रयाग तक गंगाजी हर जगह महिमामयी हैं, लेकिन उनका वास्तविक विस्तार प्रयाग के बाद से ही मिलता है, जब हिमालय से निकली नदियाँ एक-एक कर उनमें मिलने लगती हैं। प्रयाग में यमुना जी, जहाँ भारद्वाज ऋषि का आश्रम है, फिर चले आइए मिर्जापुर विंध्यवासिनी देवी और अष्टभुजा देवी के स्थान, नीचे काशी जहाँ वरुणा मिलती है, विश्वनाथ बाबा का स्थान, उसके नीचे गाजीपुर में गोमती आकर मिलती है, मार्कंडेय स्थान, और नीचे आने पर बलिया में भृगुस्थान, माझी में सरयू जी, वहाँ जिस मेले से आ रहे हैं, गौतम जी का स्थान, सिमरिया में श्रृंगी ऋषि का स्थान, अब सामने आ रहा है बलवन टोला जहाँ सोन-गंगा का संगम है...फिर आगे गंडक, पुनपुन, महानंदा, कोशी कई-कई नदियाँ हैं—शाखोच्चार में पंडित जी लोग जब गाते हैं—'प्रतिदिनं कुशलं जय मंगलम्' तो उसमें सभी नदियों का स्मरण करते हैं, जैसे शादियों में सभी पुरखों का स्मरण किया जाता है।"

रामानन्द सिंह ने भिखारी की ओर देखा, उन्हें देखकर संतुष्टि हुई कि वे चिरई की तरह चोंच बाए शब्द-शब्द पी रहे थे।

"महात्मा जी यहाँ जो 'बिनगाँवा' है, वहीं बाणभट्ट जी का जन्म हुआ था।" महेन्दर मिसिर ने कहा।

"कौन शुष्कं काष्ठं वाले...?" महात्मा जी ने हँसकर पूछा।

"हाँ।"

"एकर का तातपरज महात्मा जी ?" भिखारी भौचक्का थे।

"सुनिए, बाणभट्ट जी राजा हर्षवर्धन के दरबार में कवि थे, ऊ एक गो किताब लिख रहे थे, 'कादंबरी'। लिखते-लिखते बुढ़ा गए, मगर पुस्तक पूरी न हो पाई। तब अपने दूनों लइका लोगन को बुलाए और बोले कि ए बबुआ लोग, हइ एकगो चीजु ह-अ एकरा ठीक से देख-अ। लड़कों ने देखा तो हैरान हुए, सामने तो सिर्फ एक चइली पड़ी हुई थी। बाणभट्ट ने परीक्षा लेने की गरज से कहा, "एकरा पे कविता लिखे के बा। लिख के ले आव-अ।" मिसिर जी ने कहा।

"बड़का लइका का लिख के ले आइल...तो ऊहे जौन महात्माजी बतवलीं ह-अ।"

"शुष्क काष्ठं तिष्ठति अग्रे..."

""माने बताते जाइए मिसिर जी!" महात्माजी ने टोका।

"माने ई कि सामने सूखल काठ पड़ल बा! ई तो भइल बड़का बबुआ की कविताई, बाकी छोटका बबुआ का लिख के ले आईल ?"

"का ?"

"नीरस तरुरिह विलसति पुरुतः! माने पेड़, जो नीरस हो गया है, आँगन में मौज कर रहा है।"

"वाह ! वाह !" फेंकूसिंह और रामानन्द सिंह ने ऐसे मूड़ी हिलाई, जैसे उन्होंने

मरम बूझ लिया हो।

"रस और व्यंजना, जिस कविता में नहीं हो, वह दो कौड़ी की।"

"माने सूखल काठ से कविताई न होगी, ऊ तो तब होगी जब सरस रहे। अब जिसकी जैसी सामर्थ्य, जैसे हमारे महेन्दर जी रस के अवतार ही हैं।" फेंकूसिंह ने कहा—

"पटना से बैदा बोलाइ—द—अ
नजरा गइलीं देहिया..."

महेन्दर मिसिर के गीतों की चर्चा चल निकली तो एक से बढ़कर एक मिसालें सामने आने लगीं, कबीरपंथी साधु ने पूछा, "अच्छा यह जो गीत है—

अँगुरी में डँसले बिया नगिनिया हो,
हे सखी, दियना जरा द—अ..., यह भी आपका ही गीत है ?"

महेन्दर मिसिर कुछ बोलते, इसके पहले ददन तिवारी ने बात लपक ली, "साधु जी, बनारस से लेकर कलकत्ता तक के, मय रंडी लोग इन्हीं की पुरबी न गाती हैं !"

"नजरा गइलीं देहिया, माने नजर लग गई देह पर; इतना सुन्दर बना दिया गया देह को ? और वो अँगुरी में डँसले बिया नगिनिया...दादा हो दादा! कमाल के गाना बनवले बाड़न महेन्दर मिसिर। नागिन माने पुरुष से मिलन की इच्छा, डँस लेले बिया, अँगुरी में और अंग-अंग में विष भिंद रहा है, टीस की लहर पर लहर आ रही है। जियो महेन्दर मिसिर!" भिखारी मन-ही-मन महेन्दर मिसिर पर फिदा हो गए।

सहसा उन्हें याद आया, यहीं कहीं वर्षों पहले "जेठवा-बैसखवा की पाकली भुमुरिया..." पर मन मगन हो चला था।

सामने दीर्घ प्रवाह था सोन का। छोटी-बड़ी नावों की भरमार। आगे पानी-ही-पानी, जैसे पुरी का समुद्र हो।

नाव किनारे लग गई थी। एक-एक कर उतर रहे थे लोग। सबसे पीछे सामान उतारने के बाद सकुचाते हुए उतरे भिखारी।

रामा गोंड़ के चलते तिवारी जी ने सारा इन्तजाम कर रखा था। सहायता के लिए नेकनाम टोला के रामसेवक ठाकुर और कई लोग थे। नहा-धोकर दोपहर में भोजन किया सबने। भिखारी इधर-उधर दौड़-दौड़कर इन्तजाम करते रहे। अब तक वे इस मंडली में भिखारी नाई के रूप में परिचित हो चुके थे, जो थोड़ा रसिक और भक्त मिजाज का टहलुआ है और नाचदल चलाता है।

मन हीनता में बिंधता चला गया। भजन, राग, नाच, गीत-गवनई और समाज की इतनी चर्चाएँ हुईं लेकिन एक बार भी इन लोगों ने उनका नाम न लिया। महेन्दर मिसिर तो जानते हैं उन्हें, मगर नहीं, खुद की प्रशंसा से अघाते तब न! और रामानन्द सिंह...? वे भी आज उन्हें याद नहीं आए। याद आया तो क्या, बाबू कुँवर सिंह का पँवारे ! इन सबके लिए वे नाई थे, सिर्फ नाई। सिर्फ एक आदमी थे रामसेवक ठाकुर, जिन्होंने उनके गीतों की चर्चा चलाई, लेकिन वह आगे न बढ़ सकी। वह भी इसलिए कि वे भी नाई थे।

सबके खा चुकने के बाद रामा, छोटन, रामसेवक और भिखारी बैठे खाने पर। बाकी लोग तिवारी जी के दलान में बिछी पलंगों पर लेट गए। भिखारी ने वहीं नीचे जमीन पर अपना गमछा बिछा लिया, सिरहाने ईंट रख ली और चुपचाप औरतों का बरतन मलना देखते रहे। वे शायद नाइन या कहारिन होंगी। देखते-देखते उनकी नजर भटक गई...नजरा गइलीं देहिया...! कइसन देह ह-अ भाई ? इसमें नाइन, कहारिन, धोबन, मुसहरिन की देह शामिल नहीं हैं क्या ? कमेरिनों की देह इतनी नाजुक तो होती नहीं। ई देह जरूर कौनो रानी-महारानी चाहे रंडी, पतुरिया की है ! फिर उन्हें खुद पर खीझ आई, अभी कुछ देर पहले तो आँख मूँदकर वाह-वाह कर रहे थे, और अभी आँख टेढ़ी कर तिरस्कार कर रहे हैं। उन्होंने आँख बन्द कर ली। हालाँकि वे बेहद थके हुए थे और बैदजी के परामर्श के बाद से दोपहर की नींद उनकी आदत में शुमार हो चली थी, फिर भी आज आँख नहीं लगी। रामा, छोटन, यहाँ तक कि बुढ़ऊ रामसेवक ठाकुर भी 'फों-फों' कर सोने लगे, मगर वे करवटें बदलते रहे। उठ पड़े। गमछे की गर्द को झाड़कर कंधे पर रख लिया, फिर भी कुछ था, जो झड़ने से रह गया था और वह अब उनके कंधे पर सवार था।

चुपचाप निकल रहे थे कि महात्मा जी ने देख लिया, "जा रहे हैं भिखारी जी ?"

"हाँ, महात्मा जी, तनी दूर जाना है, अबेर हो जाएगा।" कहते हुए आकर पाँव छूकर प्रणाम किया और चल पड़े।

सूरज अब डूबने जा रहा था। उसकी ललाई उनके थके गोरे चेहरे को और भी लाल बना रही थी। आगे जाकर एक टीले के पास वे तनिक रुके। दूर-दूर तक फैला था दीयर, एक भी पेड़ नहीं। कोहरे का रेशा-रेशा पकड़कर उतर रही थी ठंढ। यह सूर्यास्त की बेला थी और वे अपने सूर्योदय के बारे में सोच रहे थे—मेरे जीवन का सूरज तीस बरस बाद उगा है। तीस बरस बाद पलकें खोली हैं मेरी आँखों ने (कुत्ते-बिल्ली के बच्चों की भी इससे जल्दी खुल जाती है)। तीस बरस तक जो भी देखा, यूँ ही देखा; जो भी सुना, यूँ ही सुना; जो भी जिया, यूँ ही जिया। इस यात्रा में, विद्वानों के इस संग-साथ में पता चल गया कि थोड़ी-सी वाह-वाही के बल पर खुद को तीसमार खाँ समझने की भूल न करो। ज्ञान का कितना बड़ा समुन्दर पड़ा है और कितना कम जानते हो तुम! पढ़ा-लिखा आदमी तो पोथियों से भी बहुत कुछ ज्ञान हासिल कर लेता है, और तुम टो-टोकर रामायण-भर पढ़ सकते हो। विद्या से हीन, जाति से हीन, धन-दौलत से हीन। उन्हें लगा उनके लिए सारे रास्ते बन्द हैं—जिस पत्थर पर पाँव रखते हैं, वही डूब जाता है। उन्हें अपनी पोथियाँ, अपनी कविताई, अपने तमाशे, अपना गिरोह—सब छूछे लगने लगे। "जे कवित्त नहिं बुध आदरहीं, से श्रम वाद वाल कवि करहीं।" बहाने जो भी बना लिए जायँ, बड़ी जातियों और विद्वानों के समाज में तुम आज भी वही हो—भिखारी नाई। वहाँ रंडियों के कोठेवाले मिसिर जी तो स्वीकार्य हैं, मगर तुम नहीं, अपनी तमाम भक्ति और सदिच्छा के बावजूद!

नहीं, कुछ करना होगा।

क्या करना होगा ?

संस्कीरत! गोसाईं जी लिखते तो देसी भाखा में थे, लेकिन संस्कीरत का छौंक-बघार जरूर डालते थे। यह अच्छी युक्ति सूझी। हर तमाशे में प्रार्थना के लिए कुछ संस्कीरत के श्लोक!

दयालचक में गनवई का कार्यक्रम था। भिखारी की बारी आने पर जिद करके उन्होंने 'संस्कीरत' से ही शुरू किया—

बामांके चॅ-अ बिभाति भूधॅर सुता मॅस्तके
भॉले बॉल विधुरॅगॅले चॅ-अ गॅरलॅम् यस्योरॅसि व्यालॅराट!
... .

लोगों ने प्रशंसा की नजर से उन्हें देखा, "ए भाई, ई तो संस्कीरतो जानेला।" भिखारी ने गुमान से सबको ताका। फिर "हमना बसब तोर नगरी जसोदा जी..." वाला कृष्ण लीला का अंश गाया तो लोग झूम उठे। इसके बाद कई गवैए आए, लेकिन भिखारी के आगे सभी फीके रहे।

आज महफिल लूटी थी भिखारी ने, सो जमीन पर पाँव नहीं पड़ रहे थे। आज पहली बार बड़ी जातियों के लोगों को उन्होंने अपना लोहा मनवाया था, सो तनिक सिर उठाए चल रहे थे।

"भिखारी!" पीछे से किसी ने पुकारा था।

चौंककर देखा तो साधु गोसाईं! तुरत हाथ जुड़ गए। सिर झुक गया, "का बबा ?"

साधु गोसाईं के चेहरे पर शिशुवत भाव था, मगर आँखें वात्सल्य से छलकी आ रही थीं।

"पहली बार श्लोक सुनाया तुमने आज।"

"ऐसे ही मन आ गया बाबा !"

"कहाँ से सीखा ?"

"बाबू रामानन्द सिंह रामायण सुनाते हैं न, वहीं से सुन-सुनकर।"

"तमाशा में लोगे इसे ?"

"हाँ।"

"मुझे पता था...।"

"क्या ?"

"यही कि तुम्हारे मन में शुरू से ही व्यास बनने की महत्वाकांक्षा थी, सो...।"

लो पकड़े गए न! गड़बड़ा गए एकबारगी! साधु गोसाईं के चेहरे पर वही वात्सल्य भरी हँसी थी, "हर्ज क्या है! तब हाँ, आज जैसा तुमने यहाँ सुनाया, वैसा मत सुनाना, सुनाने से पहले ठीक कर लो...।" इसके बाद आवाज धीमी हो गई, "नहीं तो लोग कहेंगे गँवार है।" वे अब भी हँस रहे थे।

भिखारी पर सौ घड़े पानी पड़ गया, झुककर पैर पकड़ लिया साधु गोसाईं का,

''बाबा हमरा के संस्कीरत बोले सिखा देईं।''

''गोड़ छोड़-अ ए भिखारी, गोड़ धइला से काम ना होखी, कोशिश कर-अ, कोशिश!''

''करब बाबा !''

''तो पहले 'संस्कीरत' न, 'संस्कृत'।''

''संस्कृत!''

''हाँ। अब सुन-अ 'बामां के' ना, 'वामांके', 'बिभाति' ना 'विभाति' माने 'ब' न, 'व'!'' और साधु गोसाईं ने 'वामां के च विभाति...' का सस्वर पाठ करने के बाद भिखारी को दुहराने को कहा।

''वामां के च-अ विभाति...''

''ना-ना वामां के च-अ विभाति...'व' तो ठीक हो गइल लेकिन तोहरा उच्चारण में दोष बा—भोजपुरी के असर बा 'च-अ' ना च!''

साधु गोसाईं ने 'ह्रस्व', 'दीर्घ', तालव्य, मूर्धन्य और श, ष, स, के भेद भी बताए और सावधान भी किया, ''उच्चारण की यह शुद्धि सिर्फ संस्कृत और हिन्दी तक है, भोजपुरी की कविताई में भोजपुरी ही रहेगी।'' भिखारी ने अनाड़ी की तरह मूँड़ी हिलाई।

यात्रा ! निरंतर यात्रा!

''यह 'संस्कीरत', नहीं-नहीं 'संस्कृत' भी बड़ी दंबंग भाखा है। बोलो तो समसे देह गनगना उठती है, जैसे कसी हुई ढोल या तंबूरा। 'अखंड मंडलाकारं व्याप्तं येन चराचरैः !' वाह-वाह, टन्न-टन्न बज रहा है !'' यह भी एक किसिम की यात्रा थी—भाखा से भाखा तक की।

निरंतर अभ्यास से मँजता गया उच्चारण। चन्ननपुर से इस बार फगुआ के लिए गाँव लौटे तो रास्ते में ही भेंटा गए रामानन्द सिंह, ''का भिखारी ? तू तो देसवे छोड़ि दिहल-अ !'' भिखारी ने हाथ जोड़कर 'परनाम' करते हुए सफाई दी, ''का कहीं बबुआन, काम ही ऐसा है।''

''अरे बरखा-बूनी के चार महीने तो रामचन्दर जी भी आराम करते थे। तू तो उनसे भी चार हाथ आगे निकल गए। यह फागुन चल रहा है, मालूम ?''

भिखारी हँसने लगे, ''रामचन्दर जी अराम करते थे, लेकिन लछिमन जी नहीं—नींद नारि भोजन परिहरही, ताके मारे पिया मोर मरहीं ! तरुआर को न माजिएगा बबुआन तो ओकरा में मोरचा लग जाएगा।''

''खैर, दल तो तुमने सजा ही लिया।''

''बड़का भैया का आशीरबाद है।''

''ए हो !'' रामानन्द सिंह को कुछ याद आया, ''सुनते हैं, आ कि लालु-ओ नाचने लगा है।''

''हाँ।''

''अहो, उसका बाप तो कहता था कि खाली किसन कन्हैया जी का पाट करेगा।

कवन मन्तर मरल-अ ह-अ भाई ?''

''हम ना, ऊ!'' भिखारी की उँगली आसमान पर उठ गई, ''सबहिं नचावत राम गोसाईं !...''

''नाचहिं नर मरकट की नाईं।'' चौपाई का दूसरा चरण रामानन्द सिंह ने पूरा किया और हँसते हुए घोड़े को एँड़ लगाई। घोड़े ने नाचकर दोनों टाप ऊपर कर दिए, ''पीं-हीं-हीं...'' जैसे वह भी इस हँसी में शामिल हो।

सात दिन सात गाँवों में फगुआ गाते बीते और आज आठवें दिन चैन से सोने का सवाल ही नहीं है—'सम्मत' (होली) जो जलेगा आज ! होली की हुड़दंग कभी इधर से तो कभी उधर से। पलानी के फाँक से झाँककर देखा तो हँसी आ गई। रामा गोंड़ नदी से नहाकर आ रहा था कि गाय की नाँद साफ करती हुई बिन्द बहू ने नाद का पानी उस पर उलीच दिया था और अब अनजान बन रही थी कि उसे तो मालूम ही न था कि रामा आ रहा है। बिन्द बहू के दुआर पर अलख जगाते हुए बैठ गया है रामा गोंड़, ''ई तिसरकी बेर है। साल-भर में एक बार तिल-संकराती (मकर संक्रांति) को नहानेवाले रामा को भौजाइयों ने आज ही तीन बेर नहवा दिया। बाकी अब हम फेन नहीं जाएँगे गंगाजी नहाने। गाँव-भर की भौजाइयों सुनो, जिसको जो डालना है, डाल लो। सबकी साध पूरी हो जाने पर ही फेन नहाने जाएगा ई रामा।''

यूँ तो बसंत पंचमी के दिन से ही, जब सम्मत का रेंड़ गाड़ा जाता है, कुतुबपुर में फगुए का मौसम शुरू हो जाता है और शुरूर आधे चैत तक बना रहता है, मगर आज और कल यह अपने चरम पर रहेगा। आज यहाँ फाग गाया जाएगा, तो कल वहाँ; आज यहाँ हुड़दंग, तो कल वहाँ ! फागुन में बूढ़ा ससुर भी देवर लगता है तो रामा तो रामा है। अहीरों, लोहारों, कुम्हारों, बिन्दों, दुसाधों के घरों की मेहरारू निकल आई हैं और चुहुल कर रही हैं। बड़ी जातियों की औरतें मन मसोसतीं दुआर पर से ही बोली बोल रही हैं, दुलहिनें आड़ से ही 'खीं-खीं' कर रही हैं। अचानक रामानन्द सिंह के खँखारते ही सबने सन्नाटा खींच लिया। रामानन्द सिंह गाँव-भर के भसुर हैं, रामागोंड़ गाँव-भर का देवर और बिन्द बहू गाँव-भर की भौजाई !

बिन्द बहू का यह बदलाव अच्छा लगा।

उस अकेली पलानी को भी गाँव के लड़कों ने सम्मत में डाल दिया है। भिखारी को याद आया—इसी पलानी ने उन्हें गीत का एक बन्द दिया था—''केकरा के छोड़ जाला टुटल-अ पलानी!'' रामानन्द सिंह और गाँव के बड़े-बूढ़े नौजवानों पर बमक रहे हैं—''मार कराने का मन है क्या ?''

खैर, पंडी जी ने मंतर पढ़ा, पाँच प्रदक्षिणा कर सम्मत (होलिका) में आग छुआ दी गई, ''बोल-अ, बोल-अ सम्मत बाबा की जै !''

''जै !''

लड़के लुकारी लेकर निकल पड़े, बड़े-बूढ़ों ने 'तीसी, जौ' के अधपके पौधों को

होलिका में जलाकर समहुत की। वहीं से शुरू हो गया फाग का गायन जो दूसरे दिन गजाधर सिंह और लाला जी के दुआर पर 'फागुन फाग पिया संग खेलब, चैत खेलब बरजोरी ई-ई-ई।' से समापन हुआ। रस रंग-अबीर से सराबोर भिखारी जब झूमते हुए अँधेरे में घर पहुँचे तो मनतुरनी देवी ने धीरे-से सिर्फ एक बात पूछी, "अब सुधि आई है ?"

दूसरे दिन से फिर नध गए चैता में, "आज चइता हम गाइब, ए रामा, एहि ठैंया...!"

जन्माष्टमी के दिन रामानन्द सिंह की बैठकी में भजन-कीर्तन का कार्यक्रम था। इधर जब से महात्माजी से संपर्क हुआ, रामानन्द सिंह कुछ ज्यादा ही धार्मिक हो गए थे। महात्माजी की तरह उन्हें भी गंगायात्रा की धुन सवार हो गई थी।

"अरे छोड़िए, वह सब साधु-सन्यासियों को ही शोभा देता है।" हरिनन्दन सिंह ने कहा।

"ना, गंगासागर तो जाएँगे ही।"

"ठीक है एक-आधा साल बीतने दीजिए, हमलोग भी चलेंगे।"

बात घूम फिर कर महात्माजी पर केन्द्रित होती गई, "महात्माजी का बोलले रहनी, भिखारी ?" रामानन्द सिंह ने कुरेदा।

"अब बोले के कुछ बाकी रखले रहलन।"

"महटियाओ मत; आज घेरा गए हो।"

"कुछ बताइएगा भी ?"

"बोले थे कि हमको अपने आसपास के इतिहास के बारे में भी जानना चाहिए। भोर पड़ गइल ?"

"आप ही दोनों जन बूझिएगा कि कुछ हमें भी बताइएगा।" हरिनन्दन सिंह खीझ गए।

रामानन्द सिंह पर मानो उस दिन महात्माजी की आत्मा सवार थी, उन्हीं के अन्दाज में उन्होंने भोजपुर, चिराँदगढ़, दधियाँवा, माझीगढ़, हथुआ महराज, बाबू कुँवर सिंह के आन्दोलन से जुड़ी ढेरों बातें बता डालीं। "लिखवैया, कवि होने के नाते तुम्हारा फर्ज बनता है कि इन पर भी लिखो।" उन्होंने उपसंहार दिया।

"बिल्कुल।" सबने एक स्वर से समर्थन कर दिया।

अगले कई दिन बाढ़ के चलते अफरा-तफरी में बीते। पानी इधर तो नहीं बरसा था, मगर गंगाजी का पानी अचानक बढ़ने लगा था। उधर सरजू की छाड़न भी नदी का रूप ले चुकी थी और सोन तो सोन ही था। पूरी तरह से घेरा गया था गाँव।

पूरी तरह से घेरा गया था भिखारी का मन भी, किस पर लिखे, कुँवर सिंह पर कि मोरध्वज पर कि और किसी पर ? अजीब छटपटी थी, बाढ़ की फँसी चिरई की तरह मन कभी इस बबूल की टुनगी पर जा बैठता, कभी उस बबूल की टुनगी पर। इस बाढ़

में जानी-पहचानी घरती गुम थी। यह कोई अंतर्यात्रा थी या भटकाव...?

"एहि ठैंया झुलनी भुलानी-हो रामा,
कासे मैं पूछूँ...?"

रेंड़ी के तेल की टिमटिमाती रोशनी में थकी-थकी आँख, उलझा-उलझा मन और मुरझे-मुरझे से आखर कैथी के।

बाबूजी सीधे-सीधे नहीं बोलते, किसी को सुनाते हुए उन्होंने कहा, "तेल मत जियान (बर्बाद) कर-अ लोगन; तेल ना मिली। बाढ़ से घेरा गइल बा गाँव!"

मनतुरना देवी की चूड़ियाँ खनकीं, "बाबूजी ने क्या कहा, सुना नहीं ?"

"क्या ?"

"यही कि..." और प्रौढ़ा नायिका ने मुँह से फूँक दिया दियना को।

रात सपने में एक यात्रा और...

मिर्चईया बाबा, महेन्दर मिसिर, रामध्यान सिंह, ददन तिवारी, रामानन्द सिंह, हरिनन्दन सिंह, साधु गोसाईं, रामसेवक ठाकुर, बाबूलाल, लच्छन राय, और पता नहीं कौन-कौन घेरकर खड़े हैं, महात्माजी पूछ रहे हैं–

"बावन गली तिरपन बाजार
दिया जरे छप्पन्न हजार।"

"तुमको राजा भोज नहीं दिखाई पड़ते ?"

सामने चमकती तलवार ताने कोई योद्धा खड़ा है।

"ना।"

"राजा मोरध्वज और उनकी रानी ने सत की रक्षा के लिए अपने लड़के को चीर दिया था, वह भी नहीं ?"

"ना।"

"दहियावा टोला में महादानी दधीचि ने हड्डियाँ तक दे डाली थीं वृत्रासुर का नाश करने को, यह सब लिखने की चीज नहीं लगती ?"

"ना।"

"हथुआ महाराज ने क्लाइब को हराया था, वे भी तुम्हें प्रेरित नहीं करते ?"

"ना।"

"कुँवर सिंह भी नहीं, पँवारे में कितना कुछ तो गाया जाता है, यहीं के रणबाँकुरे थे, हाथ तक काटकर फेंक दिया गोली लगने पर–ऐसी अपूर्व बहादुरी भी तुम्हें नहीं उकसाती ?"

"ना।"

चिरई पंख फडफड़ा-फड़फड़ाकर पस्त हो रही है। कहीं कोई अनजानी-सी बंदिश है जो जुड़ने नहीं देती, इस गरिमा से, जिसके घेरे में घुटा जा रहा है मन!

"मैं कुँवर सिंह से ज्यादा रामानन्द सिंह को जानता हूँ, मंगल पांडे से ज्यादा साधू गोसाईं को, मोरध्वज दंपत्ति से ज्यादा अपने मुझे धोबइन भौजी और भइया लगते हैं।

दधीचि से ज्यादा प्यारे मुझे अपने गाँव-जवार के जीवित लोग लगते हैं, बाभन राजपूत से लेकर चमार, दुसाध तक सभी। बड़े लोगों की बड़ी बात—उनकी महानता की दास्तान विद्वान, पंडित, ज्ञानी लोग लिखेंगे। देश-दुनिया के बारे में बड़का-बड़का नेता गान्ही बाबा, जयपरकाशजी, राजेन्दर बाबू सोचेंगे, मुझे तो दुखों से छलनी हो आए, मुँह दूबर लोगों के बारे में सोचने दो, जिन्हें मैं जनम से देखता रहा हूँ, चीन्हता रहा हूँ...! हम बहुत कमजोर अमदी हैं—बहुत-ही कमजोर!"

चिंचियाहट से आँख खुल गई।

भोर हो गई थी। पसीने-पसीने थे। हाथ से बगल टटोला, खाली मिला। बड़ी गजब की बात थी।

मेहरारू कब आई, कब मिली, कब गई...? जो सच था, वह सपना था और जो सपना था, वह सच!

12

"कारिन्दा आया है!" रामा गोंड़ ने टूटती आवाज में कहा, "बोलत-आ जे भिखारी ठाकुर को ले आवो!"

"कारिन्दा...? केकर...?" दलसिंगार ठाकुर कारिन्दे के नाम से ही खटिया पर से चिंहुककर नीचे आ गिरे।

"कुल्हड़िया महाराज के।"

"आहि ए दादा, अब का होखी!"

घर में कोहराम मच गया। सारी औरतें ओसारे में निकल आईं।

रचनाकार अपनी पलानी में छंदों के बन्द बुन रहा था कि छिपकली-सी पट-से गिरी। यह आवाज कापी पर!

"हम पहिले ही बरज रहे थे, हे भगवान! अब का होखी ?" दलसिंगार ठाकुर पूरी तरह उखड़ गए थे भिखारी पर।

कुछ समझने-समझाने का वखत नहीं था। भिखारी ने कापी-पेंसिल को मोड़ा और पलानी में खोंसकर चल पड़े रामा के पीछे-पीछे। माँ थोड़ी दूर तक पीछे-पीछे आई। फिर मनतुरना देवी और गाँव की दूसरी औरतों ने रोक लिया।

"तुमरा ही नाम भिखारी ठाकुर है ?" दो मुच्छड़ मुस्टंडों में से एक ने ऊपर से नीचे घूरते हुए पूछा।

"हाँ हजूर, कौनू भूल-चूक होखे तो...?"

"ऊ कुल्हि हम ना जानीला। मनीजर बाबू बोलाए हैं।"

"कब...?"

"आज-अब्भी।"

भिखारी के लौटने तक गाँव की हवा भारी बनी रही। घर में तो खैर आग भी नहीं बरी। पूरा परिवार मातम मना रहा था। एक घड़ी रात बीतने को आई, अब तक तो नाव का आखिरी खेवा भी लग चुका होगा। कुत्ते भौंकने लगे थे। दिल जोरों से धड़क रहे थे। भिखारी ही थे। चलो सकुशल लौट तो आए।

"माई, जल्दी से खाना निकाल, बहुत थक गए।"

"आग तो बरबे ना कइल।"

"ऐं, का बात बा...?"

"ऊहे ! तोहरे खातिर! जियादा मार-पीट ना किए न ?"

"अरे ना रे माई! ऊ तो बहुत आदर से बइठवलन! बोले, घोड़ा दे देते हैं, चाहे पालकी, लौटने के लिए। हम बोले, न हजूर, हम ऐसे ही चले जाएँगे।"

"हमार किरिया!"

"'तोहार किरिया!"

माँ के कलेजे की धड़कन शांत हुई।

"लेकिन बुलवाए काहें थे ?"

"तमाशा दिखाने। सट्टा दिहलन ह-अ। बहुत आदर, बहुत इज्जत, आने ही नहीं दे रहे थे। ह ऊ गमछा में दू सेर लाई लड्डू है, निकाल लो।"

इतनी रात को आग क्या बारी जाती, लाई-लड्डू ही चबा-खाकर, पानी पीकर रात कटी।

दलसिंगार ठाकुर कुछ नहीं बोलते। यह बेटे की सफलता है या कलंक–यह भी ठीक-ठीक तय नहीं कर पाते। एक तरफ राजा साहब का अनुग्रह था, दूसरी तरफ नाच का घृणित पेशा। सबेरे-सबेरे जब एक मुँह से दूसरे मुँह होते-होते बात पूरे गाँव में फैल गई और लोग उनसे प्रशंसा के लहजे में बधाई देने लगे तब भी नहीं। सिर्फ तिरछे ताका, कहीं प्रशंसा में व्यंग्य तो नहीं छुपा है। गाँव के नायक की तरह जब उनका बेटा निकला तब भी नहीं। कुछ नहीं बोलते दलसिंगार ठाकुर!

उसी दिन तीसरे पहर चन्ननपुर के लिए प्रस्थान! पूरे गिरोह को बुलवा भेजा बाबूलाल ने।

अब उन्हें उस ढोल की तरह कसा जा रहा था जिसे खूँटी पर से महीनों ..द उतारा गया हो। कसने के बाद 'टन्न' बोले तो ठीक, 'टिन्न' बोले तो फिर से कसो। और 'टन्न' 'टिन्न' करते-करते एक दिन कुलहड़िया इस्टेट में लहरा गया 'लहरा'!

ऐसा इन्तजाम न कहीं सुना, न देखा। जमींदारों, राजों, रजवाड़ों की बात ही निराली होती है। दूर-दूर न्यौते भेजे गए थे। अपनी-अपनी हैसियत के हिसाब से लोग हाथी, घोड़े या पालकी पर आ रहे थे। चार-चार तो सम्पनी (बैलगाड़ी पर चौकोर बॉक्सनुमा चँदोवा, जिन पर मखमली ओहार पड़े होते)। इनमें नाच देखने के लिए बड़की-बड़की बबुआइनें आई थीं।

नाचनेवाली बीच की जगह के एक ओर तख्त (चौकियाँ) बिछी थीं, जिन पर गाँव-जवार के सम्भ्रांत बैठेंगे। सामने गद्‌दे बिछे थे, जिन पर चादरें बिछाई जा रही थीं, चादरों पर गाव, तकिए... . .।

रैयतों के लिए सपटा (जूट के बोरे का जाजम) बिछाया जा रहा था। जिन्हें सपटे पर जगह मिल जाएगी, धन्य हो जाएँगे, बाकी रैयत दूर-दूर तक फैली होगी।

रोशनी के लिए यहाँ 'लुक्का' या 'मशाल' नहीं, बड़े-बड़े हंडर लैम्प जलाए जा रहे थे, जिनके मेंटल से दिन-सा उजाला होगा। बड़े-बूढ़े लड़कों को अभी से ही हिदायत दिए दे रहे हैं, "ज्यादा देर तक ओकरा के, ना ताके के ना तो आँखि के जोत चल जाई।"

शाम होते-होते शामियाना भर गया—भिनभिनाती भीड़ पर उड़ने लगी धूल! सबसे बाद में सम्पनीवाली बबुआइनें आईं, फिर राजा साहब!

रामा गोंड़ को नाच से ज्यादा रोचक रईसी ठाठ-बाट ही लगा। 'भाई विरोध' और 'बहरा बहार' तो वह यूँ भी कई बार देख चुका था। वैसे इस बार का नाच पहले के नाचों से ज्यादा कसा और चोखा था। राज-दरबार की बात थी न!

भिखारी भैया ने गवनई भी तो अजब-ए पेश की थी—

कलपतारन लइका जेकर मयभा महतरिया,
कलपतारन बनरू जेकर हाथ से छूटल डरिया,
कलपतारन छत्तरी जेकर हाथ से छुटल तरवरिया।
हम तो हईं नाऊ, राजा राउर के पउनिया
तो कुतुबपुर मोर गामा, बेड़ा पार लगा द-अ रामा
जाति के हजाम, जिला छपरा बलमुआ।

जियो भिखारी, कुतुबपुर और छपरा के नाम समसे दुनिया में चमका दिहल-अ!

उस साल सट्टों की कतार लग गई। बहुत-से बबुआन देर से पहुँचे तो भिखारी ने हाथ जोड़ लिए—पहिले का सट्टा है, कैसे तोड़ें। आपके आशीरवाद से जिनगानी रही तो फिर सेवा करने का मौका मिलेगा। कुछ तो लौट जाते, मगर कुछ अड़ जाते, "रहना है कि नहीं ?"

"हम तो आपके परजा-पउनी हैं।" भिखारी चिरौरी करते।

"ऊ सब हम नहीं जानते।"

कोई-कोई कहता, "कहो तो हम तिथि-वार बदल दें।" यहाँ भी गुंजाइश न निकल पाती तो धमकियाँ देकर चले जाते, "नाचने-गाने लायक नहीं रहने देंगे, सोच लो, नान्ह जात, दू पैसा का आँखि से देखल-अ कि दिमाग-ए सनकि गइल!"

बाबूलाल ने कहा, "यह तो अच्छी साँसत है।"

"हूँ ऽ ऽ ऽ!" मन ही मन स्वीकारे जाने की पुलक और ऊपर-ऊपर बड़ी जातियों के रुष्ट हो जाने का आतंक।

"दू बात !" लच्छन राय ने कहा, "पहिलकी ई कि दूसरे गिरोहों की तरह हम लोगों को भी किसी बड़े आदमी की शरण पकड़ लेनी चाहिए।"

भिखारी स्वयं ही इस विषय पर सोचते रहे थे, लच्छन राय ने भीतर के डर को बाहर कर दिया था।

क्या किया जाय...? नाच दल अमूमन नान्ह, पिछड़ी जातियों और मुसलमानों के होते थे जिनकी आर्थिक और सामाजिक हैसियत न के बराबर होती। ऐसे में मूलगैन, मलिक या दल के मालिक को अपनी सुरक्षा-संरक्षा के लिए किसी समर्थ खूँटे-खंभे की जरूरत पड़ती। ये संरक्षक आमतौर पर इलाके के कोई बाबू साहब ही हो सकते थे, जैसे विसुनदेव सिंह, कीरत सिंह आदि, जो उनकी हारी-गाढ़ी निबाहते, झगड़ा-टंटा सलटाते।

उन्होंने खुद रामध्यान सिंह का दरबार देखा था, ढोल का चाम छवाना होता, घुँघरू खरीदना होता, साड़ी-चोली या कोई और चीज खरीदनी होती तो मूलगैन यादव जी को उनके यहाँ हाजिरी देनी पड़ती। लेकिन सारे बबुआन दानी कर्ण या कला के कद्रदान गंधर्व राज ही नहीं होते थे। रंगीन तबीयतवाले संरक्षक कुछ देते थे तो प्रतिदान में कुछ अपेक्षाएँ भी रखते थे और यह अपेक्षा...? नए-नए नरम-गुदाज लवंडे ! पतुरिया की तरह इन लवंडों के नाज-नखरे उठाए जाते। उनकी हवस पूरी करनेवाले ये नचनिए अगर गलती या नुकसान भी कर देते तो उन्हें डाँटने के पहले मूलगैन को सोचना पड़ता कि कहीं मलिकार से इसने चुगली कर दी तो लेने के देने पड़ जाएँगे। कई तो नाच छोड़कर उनकी हलवाही में जुत गए थे, मगर जो गिरोह में रह जाते, वैसे कइयों के नाम मलिकारों ने खेत, बाग-बगीचे भी लिख दिए थे, मिर्चइया बाबा ने सच ही कहा था। ऐसे नचनियों के लिए बिगड़े मिजाज के बबुआनों में झगड़े और मार-पीट तक हो जाती। दल का मालिक बेचारा क्या करे—न इन्हें उगलते बनता, न निगलते!

भिखारी का दिमाग ठीक-ठीक काम नहीं कर रहा था, महेन्दर मिसिर तक के संरक्षक थे बाबू हलवंत सहाय जी।

"तो क्या सोचा आपने...?" लच्छन राय ने सवाल को महटियाने नहीं दिया।

"सोचने को क्या है, खूँटा-खंभा तो एक नहीं पचीस मिल जाएँगे, लेकिन उसकी जहमत कौन उठाएगा ?"

"कैसी जहमत ?"

"लवंडा जुगाड़ करे के परी, काली माई बलिदान माँगेलीं...।"

बाबूलाल ने कुढ़कर कहना चाहा, कि लच्छन राय से अच्छा लवंडा कौन मिलेगा, मगर चुप रह गए। लच्छन राय की बोलती बन्द।

"और दुसरकी बतिया...?" भिखारी ने लच्छन राय को कुरेदा। पहले सुझाव की ऐसी किरकिरी हो गई कि लच्छन राय एकबारगी भूल गए कि उन्हें दूसरा सुझाव भी देना था जो पहले से ज्यादा माने रखता था। और यह श्रेय लपक लिया प्रवीण बाबूलाल ने, "हम बताईं ?"

"बताव-अ!"

"चारों ओर हल्ला हो गया है और हमारे पास सिर्फ दो-तीन तमाशे हैं! कुछ और नाटक चाहीं।"

लच्छन राय को अब याद आया कि यही तो कहने आए थे वे, बोले, " 'सरवन कुमार,' 'राजा हरिश्चन्द्र', 'भक्त प्रह्लाद' जैसा कुछ...आपसे अकेले न सपरे तो कहिए तो हमीं...।"

भिखारी ने तिरछी नजर से अपने इस वाचाल सेनापति को ताका, जो सत्ता का प्रभाव-विस्तार करता हुआ उनके सिंहासन की ओर लपक रहा था। बोले, "जून-समय होखी तो देखल जाई। अभी कुल्हड़िया इस्टेट के छाँह मिलल नु बा। ई भइल पहिलकी बात, माने हड़बड़ा के हाथ-गोड़ जनि तुड़बा ल-अ लोगन! बाकी बचल

नया तमाशा...तो ऊ लिखाई न!"

और 'लिखवैया' की लिखाई...!

कहने को तो कह दिया, लेकिन जब कलम उठाई तो असल दिक्कत सामने आई। बैठकी में पचास तरह की बातें होतीं, कुछ रचनाएँ भ्रूण रूप में जन्म लेतीं मगर दूसरे ही दिन उनकी चमक फीकी पड़ने लगती। रामानन्द सिंह और मिर्चइया बाबा की बातें याद आतीं, लिखते समय आतमा पर किसी किसिम का दबाव नहीं पड़ना चाहिए। भिखारी उठकर टहलने लगते।

बच्चे, औरतें, गाएँ, खेत, सीवान, गंगा का किनारा...मन जिस चीज पर जम रहा था, वह था भाई-भाई की फूट! पहले कितनी प्रीति रहती है भाइयों में, लेकिन विवाह-शादी होने के कुछ दिन बाद विग्रह और कलह शुरू हो जाता है। रिश्तेदारियों में, गाँव में, जवार में, जहाँ भी जाते, बातें करते-करते लोग भाई-निन्दा पर उतर आते। मन में राम-भरत या राम-लक्ष्मण का आदर्श लेकिन व्यवहार कौरव-पांडव का महाभारत। सूत्रधार ने अपना नैतिक और सामाजिक दायित्व स्वीकार किया और दोनों हाथ ऊपर उठाकर गिरते हुए आसमान को रोक लिया। दो भाई हों, उनकी मेहरारू हों, विषमता के बावजूद सुमति हो, फिर कुटनी आए और...

"दू काहें, चार भाई होने चाहिए—राम, लछिमन, भरत, शत्रुघन!" रामानन्द सिंह का रामायणी बोल उठा।

"ठीक है, चार ठो कर देते हैं—पहले फूट, फिर मिलाप! मिला दें कि रहने दें ?"

अलग-अलग लोगों की अलग-अलग राय होती। दिन-भर जो कथानक मन में स्थिर होता, वह दूसरे दिन बदल जाता। मन भन्ना जाता। यह भन्नाहट उस दिन और बढ़ गई, जब साधु गोसाईं ने दो-टूक कह दिया, "ई तो सरासर नकल है रामायण की।"

बाबूलाल अलग ही जहर उगल रहे थे, "चार क्या, लिखने को तुम हजार भाई कर दो, लिखने में कुछ लगता है। एक बात तुम हमेशा भूल जाते हो कि लिख देने-भर में बहादुरी नहीं है, पब्लिक में इसे पेश करना है। चार भाई, फिर उनकर जनाना, चार दुनी आठ, लड़का-बच्चा, हित-नात, कुटनी-कुटना रखोगे ही। कुल कितने हुए ? फिर समाजी हैं, नचनिए हैं। इतनी बड़ी बरात लेकर किसी बरात में जाओगे ? खर्चा-खोराकी कहाँ से जुटाओगे ?"

बुरा हो बाबूलाल का जिसने उन्हें स्वर्ग से सीधे नरक में ठेल दिया था। उन्होंने डरकर हाथ खींच लिए। जिसे चूहा समझकर पकड़ा था, वह साँप निकला ! यह तो रामसेवक ठाकुर थे कि छोड़ने न दिया, "लिखोगे कैसे नहीं ? हाँ, तब ऐसा लिखो जिसमें 'फूट' शब्द को विस्तार मिले। वही रचना महान होती है जिसकी मार दूर तक हो, जो मर्म को छुए भी, रास्ता भी दिखाए।"

भिखारी की दुविधा और बढ़ गई, "माने ?" ठाकुर ने खुलासा किया, "घर-घर में फूट है, आदमी-आदमी में फूट है, देश और समाज में फूट है—स्वार्थ की टकराहट, अलगा-विलगी, रगड़ा-झगड़ा चारों ओर मचा है, सो 'भाई-भाई' को देश यानी भारत तक

फैला दो, जहाँ हिन्दू-मुसलमान में विरोध है, जाति-जाति में नफरत है, कांग्रेस में 'नरम' दल, 'गरम' दल का विरोध है। नाई हो—घर-घर की बिलार, सबका हाल तुम्हें पता है। दिल में दरद भी है। तुम लिख सकते हो। तुम लिखोगे।"

कई बार उठाया, कई बार रखा, साल-भर की उठा-पटक के बाद जो नाटक तैयार हुआ, उसमें सबके सुझाव शामिल थे, लेकिन पूरी तरह कोई शामिल न था। ठेठ देहाती नाटक।

बहुत मन से शुरू होता था नाटक—रामनगर की रामलीला की नारदीय शैली की धुन में...हे-ए-ए-ए...हा-आ, हा-आ, हा-आ, हा-आ!

स्तुति के साथ ही सूत्रधार की प्रस्तावना भी—

रामा, सुनहुँ कृपा करि के मन लाई, रामा हो रामा !
रामा, रहे भवन एक तीन गो भाई, रामा हो रामा !
रामा, उपदर, उपकारी औ उजागर, रामा हो रामा !
रामा, सनमत रहत सदा तिनका घर, रामा हो रामा !
... ...

'जँतसार', 'विलाप गीत', सोरठी, चौबोला, और क्या नहीं था ?

जे विसवास घात नर करिहन, घर में आग लगाई,
झगरा लगावल पाप बरोबर, समुझ-अ भारत के भाई!
एह विरोध नाटक तन-मन से विधिपूर्वक जे गाई
भरत राम लछुमन रिपुसूदन करिहन तेकर भलाई!

रामसेवक ठाकुर ने टुहुँका—"हनुमान चालीसा बाँच रहे थे क्या ?"

हँस पड़े भिखारी, "घर-घर के झगरा से राम-ए जी बचाएँगे। हमरा और कुच्छो ना बुझाइल-ह-अ!"

"अरे इसके आगे कवित्त भी है।" लालाजी ने कहा और बाँचने लगे—

"होत ना देवाल कहूँ बालू के जहान बीच
पानी के फुहेरा, चाहे सौ दफे कँड़ला से।
चाहे बरिआरा केहू कसहूँ सजाय करी,
खल के सुभाव कबो छूटत ना डँड़ला से।
भोथर दिमाग होत बड़का बुधागर के
कलही ना छोड़े जिद मार चाहे भंडला से।
कहत भिखारी मन समुझि विचार करीं।
कूकुर के पोंछि सोझ होत नाहीं मँडला से।"

बच्चे, औरतें, गाएँ, खेत-खेतार, गंगा का किनारा... !

बूढ़े-बूढ़ियों की दुर्दशा पर 'गंगा स्नान' पर थिर रहा था मन। पुण्य का पुण्य, सैर-सपाटे का सैर-सपाटा। गंगा स्नान के लिए गाँव की औरतें जा रही हैं। बुढ़िया अपने

बेटे-पतोहू से अरज कर रही है कि उसे भी लिवाते चलें। बेटा पतोहू का गुलाम। नहीं मानता। रिरियाती रहती है बुढ़िया। आखिर एक शर्त पर उसे जाने दिया जाता है कि वह सबकी गठरी ढोएगी। पतोहू को इस पाप की सजा मिलती है। साधु के वेश में ठग उसका गहना-गुरिया लेकर चम्पत ! माँ फिर बिछड़ जाती है, मगर अपनी तमाम दुर्दशाओं में भी बेटे की मंगलकामना ही करती है। सब कुछ लुट जाने पर पतोहू की सुबुद्धि लौटती है कि असली पुण्य तो बड़ों-बूढ़ों की सेवा है। इस तरह बिखरता परिवार फिर से एक हो जाता है।

'गंगा स्नान' अभी खुरदुरा था, अभी इसमें और चमक भरनी थी। सोचा, बाद में सोचेंगे और लिखकर पलानी में खोंस दी। खोंसी गई कापी उन्हें रोज घूरती—तनिक भैंगी आँखों से। भिखारी नजर फेर लेते, तमाशे के चंग पर चढ़ने लायक अभी बनो! शाम गहरा गई है। एक भगजोगनी आ बैठी है भैंगी आँख पर, जो जलती-बुझती रहती है। भगजोगनी की पीठ पर सवार हैं। भगजोगनी कहाँ लिए जा रही है उन्हें ? पीछे, बहुत-बहुत पीछे। बचपन में देखा गया डोमकच और जलुआ। मर्द की आँख से मेहरारू को देखा तो क्या देखा ! वे ऐसे विरले क्षण हैं जहाँ मेहरारू की नजर से मेहरारू को देखा गया है। मेहरारू का मन! कितनी-कितनी परतें होती हैं उनमें, खुद से खुद को छुपाती चलती हैं। डोमकच अकेला प्रसंग है, जहाँ कोई मर्द नहीं होता। वे मर्दों की पूरी नकल उतारकर रख देती है। भगजोगनी उन्हें एक डोमकच से दूसरे डोमकच में घुमा रही है।

उठ बैठे। अब 'गंगास्नान' की रचना पर कोई भगजोगनी न थी, वह तो अन्दर कहीं गहरे, जल और बुझ रही थी...'गंगास्नान' पर फिर कभी। अभी एक दूसरी ही कहन...!

पति परदेश गया है, वर्षों से सुधि नहीं ली। इधर मेहरारू के संबंध किसी और से हो जाते हैं। बेटा होता है।

ऐसे संबंधों पर कितने ही तरह के मजाक चलते। कलकत्ते और खड़गपुर में बिहारी लोग बंगालियों से कहते, "बुद्धि थाकले, बापेर घोरे छेले होबे," यानी बुद्धि हो तो बाप के घर में बेटा पैदा हो जाय और बंगाली बिहारी लोगों से कहते, "तुम लोगों का तो चिट्ठी से 'लेड़का' होता है!"

आखिर परदेशवाले पति अपनी पत्नियों को ताला लगाकर तो जाते नहीं।

"लगाते हैं।"

"कहाँ ?"

"गुजरात कि का तो राजस्थान में! लोहे का कमर-कच्छा जिसमें ताला बन्द कर चाभी अपनी जेब में रखकर देशावर गए। का जाने कब लौटें। तब तक खजाना में कोई चोर न आ घुसे। लौटकर आए तो ताला खोला। अपना काम किए, फिर जाने लगे तो फिर ताला-कुंजी।

"ए भाई, ई तो बढ़िया उपाय है। और पैखाना-पेशाब!"

"ओकर जगह बनावल रहेला।"

"तब तो एक ताला औरत के पास भी होना चाहिए, ताला बन्द कर बिदा किया। इसकी चाभी उनकी जेब में, उसकी चाभी इनकी करधनी में, लौटने पर दूनो ताला साथे ही खुले। तब ना हो सकी नियाव...!"

इस पर वो ठट्ठा मचा कि लोग हँसते-हँसते बेहाल हो गए।

लेकिन यहाँ ऐसा नहीं है। पति परदेश से लौटकर देखता है कि लड़का हुआ है। पति को अच्छा तो नहीं लगता, मगर इस बात से उसे राहत है कि चलो वंशबेलि तो पनपी, वरना गोतिया-दयाद लोग कम हरामी नहीं हैं, जो भी दो-चार कट्ठे जमीन है, कब्जिया लेंगे। इस पर अलग-अलग देश में अलग-अलग कहानी चलती और इस बुझौवल पर टूटती कि वह लड़का है किसका—पति का, कि पत्नी का कि जिससे पत्नी को लड़का हुआ, उसका।

और भिखारी का नया तमाशा इसी बुझौवल पर धीरे-धीरे उग रहा था...

तमाशा पूरा हो गया। बहुत मेहनत नहीं लगी इसे खड़ा करने में। मगन मन घर का काम-काज सलटाते रहे। लोगों को अचरज हुआ, इतना खुश तो उन्हें कभी न देखा था।

यह कथा बैठकी में सुनाई तो लोगों ने शाबासियाँ दीं। सिर्फ तिवारी जी गुम्मी साधे रहे। रामानन्द सिंह की नजर हठात उन पर पड़ी तो पूछ बैठे, "क्या बात है, तिवारी बाबा?"

"मेरी समझ में नहीं आ रहा है कि आप लोग इतने खुश क्यों हैं?"

"का कौनो भूल भइल?"

"अरे अभी तो बुझौवल का सवाल अपनी जगह बना ही हुआ है।"

"क्या...?"

"कि गबर घिचोर किसका है?"

"औरत का।" एक उत्तर।

"मरद का।" दूसरा उत्तर।

"ना, पड़ोसी का।" तीसरा उत्तर।

तिवारी जी ने आँख मटकाई, "लो सुनो!"

रामानन्द सिंह कभी कुछ बोलते हैं, कभी कुछ, आज की बात कल पलट देते हैं। यही हाल बैठकी के बाकी सदस्यों का है।

भिखारी ने जिन्दगी में बीसियों बुझौवलें बूझी थीं, लेकिन इस बुझौवल को बूझने में उन्हें खासी परेशानी हो रही थी।

'तमाशा' आधी उठी भीत की तरह अधूरा लिखा रह गया। महीने-दर-महीने बीतते रहे, तमाशे का प्रदर्शन न हो पाया। हालाँकि भिखारी के मन में अनजाने ही मंच सज जाता, मुर्दा शंख पोतकर कलाकार मंच पर नाटक करने लगते। बस एक ही जगह

तमाशा आकर रुक जाता। सारे पात्र भिखारी को घेरकर पूछने लगते—"बोलो ठाकुर, गबर घिचोर किसका ?"

ध्रुव की कथा याद आई। 'अबहीं ना मिलल कँवल के फूल' का किस्सा याद आया—रानी, जिसे ईर्ष्यालु सौत ने बाँझ बताकर उसके लड़कों को छुपा दिया और सिल-पाथर रखकर कहा, यही जनी हो! निर्दोष रानी बना दी गई कौवा-हँकनी। उसके बच्चे निकले कुम्हार के आँवा से। वहीं पले-बढ़े। सौत रानी को पता चला तो उसने उन्हें मरवा डाला। मरकर फूल बने। लेकिन न नियति उन्हें अलग रख सकी, न नियंता मनुष्य! वहाँ क्या था ? माँ का मातृत्व, मरियल माँ के स्तन निचोड़ते शिशुओं के दृश्य याद आए, बच्चों के मरने पर महतारी का रो-रोकर पागल हो जाना याद आया। अपनी माँ याद आई और अंत में याद आया अपना ही अधूरा तमाशा, 'गंगा स्नान'—नौ महीने तक गर्भ की पीड़ा, जन्म देते समय जान पर आ जाना, पाँच साल तक गू-मूत धोना, जान में जान डालकर पालना, सुरक्षित रखना, और बड़े होने पर बेटे-बहू की लात खाना ! फिर भी, एक पल को भी बेटे के अनिष्ट के बारे में न सोचना...!

एक रचना ने दूसरी रचना की सारी ऊहापोह का समाहार भी कर दिया और समाधान भी! सिर्फ बीज देने-भर से या उस खानदान में जनम लेने मात्र से गबर घिचोर के हकदार वे कैसे हो जाएँगे, असल हक तो माँ का है, सिर्फ और सिर्फ माँ का। आनुषंगिक पहलू जोड़े गए—पंच की भूमिका, बेटे, माँ-बापों की भूमिका!

'बेटी वियोग' के बाद यह दूसरा सफल नाटक सिद्ध हुआ। हँसी, ठहाके, रस, करुणा, व्यंग्य, भँड़ैती—क्या नहीं थी इसमें।

मलिक जी के सुर से सधा, बाबूलाल की नृत्यकला से निखरा, अली जान की सारंगी और तफजुल के तबले से रस घोलता तमाशा 'गबर घिचोर'!

इतनी प्रसन्नता, इतना आत्मसंतोष कि पाँव जमीन पर नहीं पड़ रहे हैं। सामने से बाबूजी जाते हुए दिख रहे हैं, उम्र के चलते तनिक झुक गया है बदन! भिखारी का मन हुआ कि दौड़कर लिपट जाएँ उनके पाँवों से, घोड़इयाँ लेकर नाचते हुए घोड़े की तरह हिनहिना उठें, "सुनीं ए बाबूजी, हम तोहार नाम डुबइलें नइंखीं, इंजोर कइले बानीं। बेफजूल (फजूल) के चिन्ता में मत घुल-अ!"

दलसिंगार ठाकुर के मन का मलाल भी ढीला हुआ है, शिवकली देवी और छोटे भाइयों ने भिखारी को स्वीकार लिया है, सभी उनसे आदर और अपनापे से बोलते-बतियाते हैं। उनकी नजर में वह कोई नचनिया नहीं, व्यास है व्यास! मन करता है, जाकर सिर पर हाथ रख दें, "हमरा तोहरा से कौनो उजुर नइखे ए बाचा!! तोहरा के समझे में भूल भइल हमरा से।"

लेकिन नहीं, अभी कोई झेंप की झिल्ली है, जो बेटे को बाप से और बाप को बेटे से नहीं मिलने दे रही।

एक बाप तो मान गया लेकिन दूसरा बाप...? सुनरसन का बाप लाठी लेकर बैठा है रास्ते पर। निबटान के लिए भरा लोटा लेकर आ रहे हैं भिखारी कि झाड़ के पीछे

से भूत की तरह प्रकट होता है यह बाप, "का ए भिखारी! डाइन भी खाती है तो सात घर छोड़ देती है, लेकिन तुम डाइन से भी बढ़कर निकले। हमरा एक ही गो बेटा और ओकरा के काँटा डाल के मछरी की तरह खींच लिया।" भिखारी ऐसे सहमकर खड़े हो गए जैसे सामने मरकहा साँड़ डकार रहा हो। हालाँकि बूढ़ा और डंगराया हुआ था यह साँड़-सुनरसन का बाप ! लेकिन ये तो एक कोस दूर रजपुरा के पास में रहते हैं, फिर यहाँ कैसे ?"

"गोड़ लागीं ए काका !"

"जीय-अ, खुश रह-अ, बाकी हमरा सवाल के जवाब देहले जा।"

"अबहीं तो..."

"दिशा फराकत जा ताड़-अ! जा! हम बइठ-अ तानी।"

आहिए दादा, ई बुढ़वा आज कसम खाकर आया है क्या!

निबटान क्या होता! बैठकर यही सोचते रह गए कि सुनरसन को गिरोह में शामिल कर उन्होंने कोई अनियाव तो नहीं किया उसके परिवार के साथ! यह तो अच्छी मुसीबत है। रामचन्नर और लालू के बाप याद आए, और भी कई...बाप ! सभी बापों का एक ही फरमान, "हमार लइका नाच में ना जाई !" इतना कलंकित है यह पेशा ? क्या जो बनिहारी और टहलुअई करते हैं, उससे भी ज्यादा! उन्होंने बैठे-बैठे ही मुड़कर देखा, सुनरसन का बाप लाठी पटकते हुए अभी भी उनके लौटने की राह देख रहा था। पानी गिराया, काँछ बाँधी, बिना निबटे ही उठ गए, निबटारे के लिए कहीं यह सनकी दुआरे जाकर दुहाई न देने लग जाय!

"का सोचे ?"

"सोचने को क्या है काका, आपको अच्छा नहीं लगता तो बेटे को मना कर दीजिए। हम उसे आपके घर से न पकड़ के ले गए थे, न पकड़कर ले जाएँगे।"

बूढ़ा बाप लाठी पकड़कर खड़ा हो गया, "जानत रहनी कि यही जवाब मिलेगा", आवाज काँप रही थी, "अरे तू भोरा ले ले बाड़-अ! कुछ खिया के वश में क ले ले बाड़-अ और हमरा से कहते हो कि हम रोक लें। ठीक बा...हम सुनरसनवा के गोड़ में बेड़ी ना डार दिहनी तो असल बाप के मूत से ना जनमलीं...एही साल गवना ले आइब।"

बाप-बेटे में बिल्ली-चूहे का खेल शुरू से ही चल रहा है। इधर सट्टों का ठाठ लगा हुआ है, उधर एक अच्छे कलाकार के दल से अलग घरबारी बन जाने का खतरा उठ खड़ा हुआ है बाकी खतरे कम हैं क्या...? खैर, जैसी रामजी की इच्छा!

13

गाँव से तनिक हटकर पोखर है। पोखर और गाँव के बीच जनवासा। नहाने-धोने, दिशा-फराकत—सबके लिए सुभीता! बबुआनों के इस गाँव में आज भिखारी ठाकुर का नाच है। खुला मंच है जनवासे का। पीछे परदा है। परदे के पीछे घेरकर रेवटी (मेकअप रूम) बना ली गई है, जहाँ नचनिए और दूसरे कलाकार साज-सिंगार कर रहे हैं। जेठ की शाम गहरा गई है। बज उठा है बाजा-गम्म-गम्म! गम्म-गम्म कर रहा है पूरा गाँव।

नाच देखनेवालों का मेला चला आ रहा है। कंधों पर 'लौर' (लाठी) धरे नौजवान चले आ रहे हैं, रेखिया उठान! अपनी शान और बहादुरी के गढ़े किस्से चुभलाते चले आ रहे हैं प्रौढ़ और बूढ़े। चले आ रहे हैं बहाने बनाकर घर से भागे हुए किशोर और बच्चे। नीम अँधेरे में सिर्फ साए हैं, आहटें हैं और आवाजें...मेड़-डाँड़, कुश-काटें, गड़हे-पोखर, भीट, बगीचे पार करते, नदी-नार थहाते तीन-तीन कोस से चले आ रहे हैं लोग पाँव-पैदल।

लाठियाँ जरूरी हैं। क्या पता कब टोका-टाँकी और छींटाकशी शुरू हो जाय और तकरार हो जाय। मगन मन कोई मस्त जवान गा उठा है—"पिपरा के पतवा पे लिखल बा सनेसवा बलमुआ-आ-आ..." (भिखारी के नाम से ही रस-संचार...?)

"जीय-अ! जीय-अ!"

अलाप भरनेवाले पर शाबासियाँ बरस रही हैं। भिखारी तक पहुँचने के पहले ही भिखारी छा गए हैं तन-मन में। उधर घोड़े पर दरोगा साहब और सिपाही लोग भी चले आ रहे हैं। टिड्डियों-सी उमड़ती भीड़ को 'कंटरौल' करना कोई हँसी-दिल्लगी है भैया! गम्म-गम्म बज रहा है बाजा नाच का।

बाजे पर तंतु-तंतु, कोशिका-कोशिका खिलकर थिरक उठी है।

"ई कवन तान है बाबा ?"

"न जानते हो, 'बेटी-बेचवा' का है...देखो-देखो धुन बदल गई, लगता है ई जँतसार शुरू हो गया बिदेसिया का।"

"ए बाबा, नहीं जानते हो तो गतें से बैठो..."

कोई दूसरा जानकार टोंक देता है, "हुँह, कैसे-कैसे लोग चले आते हैं भिखारी ठाकुर का नाच देखने!"

"अरे भिखरिया के नाच का मरम बूझने के पहले बहुत कुछ बूझना पड़ता है—

चैती, फागुआ, कहरवा, जँतसार, पुरबी, सोरठी, वृजभार, कुँवर बिजई, लोरिकायन जोगीड़ा...?''

"ह-अ नू...?''

"तब का! ऐसे ही सन्नाम हुआ है। अरे सुरसत्ती माई बिराजती हैं कंठ पर भिखरिया के, सुरसत्ती माई!''

"ई को ह-अ रे, मल्लिकजी को भिखरिया कह रहा है !''

दो भिखारी-भक्तों में तकरार! अंदेशा पाकर लाल टोपीवाले सिपाही डंडे लेकर दौड़ते हैं—चुप-चुप! चो ऽऽ प! ठेल देंगे अन्दर, बिरीटिस राज है। बाघ-बकरी एकई घाट पे पानी पीता है।''

पहले चार नचनिए नर्तकी बनकर मंच पर स्तुति-गायन के लिए आते हैं।

अब आता है प्रधान नचनिया।

"ई कवन लवंडा ह-अ रे ?''

"लालू ?''

"ना रामचन्नर।''

"ना सोमारू।''

"चो ऽऽ प!''

"ए भाई तनी शांती से बैठो, तब न मजा आई। देखो-देखो भिखारी आ रहे हैं। हम तनी उधिर सँभाल के आते हैं।''

सिपाही जी खुद ही भिखारी को करीब से देखने के लिए आगे की ओर बढ़ जाते हैं।

उटंगी दशरथी धोती, छकली मिरजई, सिर पर पगड़ी, आँखों पर चश्मा, कद्दावर गोरा गठीला बदन, प्रौढ़ता को छूती उमर। हाथ जोड़कर बोलते हैं भिखारी, "बबुआनों के गाँव रामपुर बेनियावालों और मय बड़कों-बड़कों को, मय छोटकों-छोटकों को कुतुबपुर, जिला सारन के भिखारी हज्जाम का परनाम!''

छोटे-से व्याखान, जिससे उनके व्यास पीठ पर से व्याखान देने की जीवन-भर की लालसा जुड़ी हुई थी, के बाद वे नाच पर उतरते हैं—

"नाच काँच है। बात साँच है। बात पाक है। तो नाच कच्चा होखेला, बात पक्का होखेला, शांती से बइठ के नाच देखीं।''

उधर किसी बात पर दो नचदेखवों में धरा-धरी हो गई है। पुलिस के सिपाही उस ओर भागते हैं।

जाते-जाते रुक जाते हैं भिखारी, "समय किमती चीज ह-अ! समय जियान (बर्बाद) मत करीं। न तो अबेर हो जाई। सबेरे माई-बाबू पूछेंगे, कहँवा गए थे ?...रात-भर भिखरिया के पास...?''

(चारों ओर हँसी!)

"तो ई कलंक हमारा पे मत लगवाईं!''

बिल्ली की तरह एक पंजा बढ़ाकर प्रतिक्रिया देखते हैं—नहीं, इस कदम तक तो कोई खतरा नहीं आया...

अरे ना ना, आ गया। कोई बिगड़ैल बाबू साहेब बोल उठे हैं—

"ई तो गारी देहलस हो।" 'म्याऊँ!' वाला दूसरा पैंतरा, "हम तो राउर लोगन के टहलुआ हईं भिखारी नाई। सेवा करे आइल बानी!"

मंच के नीचे उतरकर, ललाट पर लाल टीका लगाकर फिर मंच पर आते हैं सूत्रधार बनकर—

वामांके च विभाति भूधर सुता देवपगा मस्तके
भाले बाल विधुर्गले च गरलं यस्योरसि व्यालराट
सोऽयं भूति विभूषणः सुरवरः सर्वाधिपः सर्वदा
सर्वः सर्वगतः शिवः शशिनभः श्रीशंकर पातुमाम्
अखंड मंडलाकारं व्याप्तं येन चराचरम्
तत्पदं दर्शितं येन तस्मै श्रीगुरवे नमः
... .

शिव और गुरु-वन्दना के बाद राम और हनुमान जी के श्लोक, फिर समाजी वाद्ययंत्रों को साधते हैं और शुरू हो जाती है चौपाई पहले गोसाईं जी की—

मंगल भवन अमंगल हारी
द्रवहुँ सो दसरथ अजिर बिहारी।

फिर अपनी—

नाच तमाशा कीर्तन जेते
होखत बा सब जगमह तेते
नावत बानी सब कर माथा
चित देइ सुनहुँ बिदेसिया काथा।

आज बिदेसी के तमासा होइहन। बिदेसी के तमाशा काँहे ?

दूर-दूर के लोग कहेला जे बिदेसिया के नाच देखे चले के !

बिदेसिया के नाच न हवन, बिदेसिया के तमाशा हवन!

एह तमाशा में चार आदमी के पाट बा—बिदेसी-एक, प्यारी सुन्दरी दू, बटोही तीन, रखेलिन चार!

बिदेसी भइलें ब्रह्म, बटोही धरम, रखेलिन माया, प्यारी सुन्दरी जीव। ब्रह्म और जीव दूनो जाना एही देह में बाड़न बाकी भेंट ना होखे। कारन...? माया। एकराके के काटी-बटोही माने धरम!

"नाच शुरू कर-अ नाच!" भीड़ से आवाज आई।

"दू मिनट और..." भिखारी ने याचना की।

"ना एक्को मिनट ना।" भीड़ ने अनुरोध ठुकरा दिया।

लाचार होकर भिखारी ने समाजियों को इशारा किया। बाजे बज उठे नाटक शुरू।

बाल्मीकि महाभारत गीता,
करहुँ कृपा जग जननी सीता।
एह नाटक के बिचऊ बाना,
गावत बानी बिदेसिया गाना।
पति कहे पत्नी से बाता,
हम जाइब देखे कलकत्ता।

लच्छन राय एक साथ ढेर-सा काम कर लेना चाहते थे और कुछ भी नहीं कर पा रहे थे। इन बहुत सारे कामों में निर्देशन देना, व्यवस्था प्रबंधन और स्त्री की छोड़कर बाकी भूमिकाएँ भी शामिल थीं। और हाँ, शायरी भी। 'बहरा-बहार' में कभी वह पत्नी का सत डिगाने को उद्यत दोस्त की भूमिका करते और कभी कलकत्ते के सूदखोर महाजन की। आज उन्हें हिदायत मिली थी कि वे एक भूमिका चुन लें, बाकी दूसरी बाबूलाल के लिए छोड़ दें। उन्होंने मन मारकर सूदखोर की भूमिका करने का निर्णय लिया और बबुआनों के गाँव में अपने अभिनय का सिक्का जमाने की जुगत सोचने लगे। सुनरसन पिछले चार-चार सट्टे में गायब था। उसकी अनुपस्थिति में रखेलिन का पाट कभी लालू करते, कभी छबीला। आज उसके अचानक आ धमकने से रखेलिन की समस्या तो हल हो गई, मगर उसकी अनुपस्थिति में ही गड़बड़ी यह हो गई थी कि नाच को जमाने के लिए बिल्लर लबार पर बाबूलाल ने विशेष जिम्मेवारी दे डाली थी, बिल्लर को लगा कि पृथ्वी का सारा भार अचानक शेषनाग से उतरकर उसके कंधों पर आ गया है। उसने नए आए लवंडे रामचन्नर राम से राय मशविरा किया और ठाकुर जी द्वारा सिखाई गई लबारी से हटकर एक अलग ही प्रयोग कर डाला। रामचन्नर राम नाचते-नाचते उछल जाता, लबार बिल्लर चिहुँककर गिर पड़ता, फिर वहीं से उसे ताकता जैसे कोई लंपट किसी स्त्री के गुप्तांग को देख रहा हो।

'बहरा-बहार' रुपए में चौदह आने सफल रहा, दो आने की कमी महज इसलिए रह गई कि रखेलिन की भूमिका में सुनरसन पूरी तरह सहज नहीं हो पा रहा था। दूसरे नाटक में कोई विशेष परेशानी नहीं हुई।

'कृष्ण लीला' में लालू का कृष्ण के रूप में अभिनय अभी भी चल रहा था, हालाँकि कायदे से उन्हें गोकुल छोड़कर मथुरा चला जाना चाहिए था अब तक, मगर वे तब तक बने रहेंगे जब तक कोई दूसरा कृष्ण नहीं मिल जाता। भिखारी सखी के रूप में अपने स्वाभाविक निखार पर थे, साड़ी को सिर से सँभालते, तनिक लजाते, तनिक उलाहनेवाला अन्दाज, अहिरिन की तरह कड़े-छड़े, नाक में बड़ा-सा नथ, हाथ चमका-चमकाकर यशोदा मैया को उलाहने देते हुए–

अब ना बसब तोरी नगरी जसोदा मैया
अब ना बसब... ... .

'बेटी वियोग' जान-बूझकर नहीं खेला गया था।

रात दो बजे तमाशे खत्म हुए तो सामान समेटकर जो जहाँ पड़ा, वहीं लम्बा हो

गया। लेकिन तमाशे-बाद का तमाशा तो अभी बाकी था। भोरे-भोरे विदाई लेकर दल रवाना हुआ और बाजार के नजदीक एक आम के बाग में दिशा-फराकत के लिए रुका। भिखारी ने पूछा, "रामचन्नर कहाँ है ?"

रामचन्नर ढेले से एक आम तोड़ रहा था, भागा-भागा आया।

"ई हे सिखवले रहनी ? इसी के लिए इतनी मेहनत करते हैं हम ?"

"अपने न कहे थे कि अइसन नाचो कि झूम जायँ लोग ?"

"एही खातिर कूदे लगल-अ ?"

"देखो, लच्छन, रामचन्नर, सब लोग सुनो, कै-कै कोस से आदमी आता है भिखारी का नाच देखने, कौनो भाँड़ के भड़ैती देखने को नहीं...माथ पर से आँचरा ना उघरे के चाहीं। लड़का बइठल बा, ओकर बाप बइठल बा, कवन-कवन गाना गइब-अ कि मरजाद ना टूटे। भिखारी का मंडली मरजाद बनावे के चलल बा, तूरे के तो सबही लागल बा। हँसी-दिल्लगी, रस-रुलाई सब कुछ होखी मगर मरजाद से।"

"और बिल्लर...!" बिल्ली की तरह खिसकते बिल्लर को टोक दिया उन्होंने, "लबारी करत रहल-अ ह-अ कि मजाक! तोहरे 'पलान' बान्हल रहल ह-अ न ? का ताक रहे थे नीचे से ? बार-बार बताता रहता हूँ कि नाच हो, पाट हो, चाहे लबारी, लछिमन रेखा के पार ना करे के। ई नाच सीता माई हईंलछिमन रेखा के पार गोड़ गइल कि ले जाई रवनवाँ उठा के !"

हाथी पगला जाय तो उसे घेरने के लिए ऊँट छोड़ना पड़ता है, और लीजिए ऊँट आ गया। बैलगाड़ी पर अकसा-बकसा लिए-दिए बाबूलाल हाजिर, "अब रहे देईं मल्लिक जी, अबकी बार गलती भइल कि साटी से मारेंगे-एक-एक कोहम मारेंगे, हम।"

भिखारी तनिक शांत होते हैं। गुनाहगारों के चेहरे पर राहत की उजास पसीजती है। टेंट पर हाथ जाते हैं। दो रुपए का नोट लालू को देते हुए कहते हैं "जा, दू सेर जलेबी चाहे खाझा ले ले आव-अ, काल्ह की नाच से पब्लिक बहुत खुश रहल!" तभी उन्हें हठात् सुनरसन की याद आई, "ई सुनररान कहाँ है ?"

बाबूलाल ने चारों ओर देखा, "हम तो समझे कि आप लोगों के साथ ही आ गया होगा ?"

"सुतल होगा कहीं।" जगदेव ने कहा।

जगदेव सुनरसन की कमजोर नस पहचानता है, काम के वक्त काम, बाकी उसे निश्चिन्तता की नींद चाहिए। काँव-भाँव में वह सो नहीं सकता।

इसके लिए किसी स्वजातीय की खटिया या मचान सबसे उपयुक्त रहती है।

आज भी वह एक मचान पर ही जाकर सो गया था नाच के बाद। जब सूरज की गरम किरणों की मिर्ची लगी तो वह हड़बड़ाकर नीचे उतरा। सिर पर पगड़ी बाँधी। जनवासे में पहुँचा तो पता चला, दल के लोग जा चुके हैं।

"कौन है ?" किसी ने पूछा और यह पता चलने पर कि भिखारी के नाच-दल का आदमी है, उन्होंने कहा, "खाली हाथ कैसे जाने देंगे।" और खर्र से गमछे की पगड़ी

खींच ली। नकली बालों का जूड़ा अलग जा गिरा और मुड़ाया हुआ सिर रह गया। लोग हँसने लगे। सुनरसन ने दौड़कर नकली जूड़ा उठाया, 'फेंक दे या रख ले', फिर कुछ सोचकर रख लिया। गमछे में चौड़ी चकली पूरियाँ, बुँदिया और बासी कुम्हड़े की सब्जी बाँध दी गई थी और लोग नचनिए का उपहास उड़ा रहे थे।

बाजार तक पहुँचने के बाद भी दल के किसी सदस्य का पता न चला तो गमछा खोलकर बैठ गया। मुँह के पास ले जाते ही तेज भभका लगा बासीपन का। उसने रख दिया।

जब लच्छन राय और बाबूलाल के साथ भिखारी उसे ढूँढते हुए वहाँ पहुँचे तो देखा, कोई मुंडित सिर का लड़का बेशुमार कौवों के बीच बैठा है और कोई चीज कौवों पर उछाल रहा है—शायद पूड़ी के टुकड़े। आहट पाकर उसने मुड़कर देखा तो देखता ही रह गया।

"सुनरसन हो ?"

"हाँ।" वह उठकर खड़ा हो गया।

"ई का हुआ ?"

"बाबू जी मू न गइलें! इसी से..." आगे कुछ कहने की जरूरत नहीं थी। अब कोई बाप भिखारी के पास शिकायत लेकर नहीं आएगा। यह एक श्राद्ध पक्ष था मानो। कौवे पूरी-सब्जी बुँदिया पर काँव-काँव करते टूट रहे थे।

सुनरसन ने फफकते हुए बारात में अपने उपहास की बात बताई तो भिखारी की आँखें नम हो आईं।

लोग भूल जाते हैं कि नचनिया का भी माई-बाप होता है, खोढ़र से नहीं पैदा होता वह।

14

अजीब कारसाज है यह मन। क्या सोचते-सोचते क्या सोच जाता है। पहले तो लगा, सुनरसन का मुड़ाया हुआ सिर, उसमें जड़ी पथराई आँखें, गोद में पड़ा नकली झोंटा, बगल में पड़ी कुम्हड़े की बसाती सब्जी, और उस पर काँव-काँव करता कौवों का झुंड, एक स्थायी प्रसंग बनकर रह गया है, लाख धोओ, यह दाग कभी जाएगा नहीं। फिर अचानक ही इस समूचे प्रसंग की नोंक से उभर आया बिलकुल निजी प्रसंग...।

कोई हवेली-सी ड्योढ़ी, यज्ञ-जनेऊ जैसा कोई काज-परोजन के दूसरे दिन की सुबह। पीली-पीली धूप ड्योढ़ी में रेंग रही थी। नीम के फुलाए पेड़ पर कौवे काँय-काँय कर रहे थे। नीचे रात की जहाँ-तहाँ गिरी पीली दाल, जूठन, फेंके गए जूठे दोने, पत्तल, बच्चों के मल-मूत; बड़ों की पान की पीक, थूक, खखार और इनके बीच सेमल के रुए-से उड़ते जहाँ-तहाँ जूड़े के टूटे बालों के गोल-गोल गुच्छे। इक्के-दुक्के ही जगे थे अभी। पिछले दिन की अल्लम-गल्लम सारी भागदौड़ के बाद सुबह-सुबह साफ-सफाई पर जुटे थे नाई-नाइन। नाइन जूठे बर्तनों पर, नाई आँगन बुहारने पर। एक-एक दृश्य पर बिदकता है मन। साफ-सफाई करने के बाद दोपहर को रात का बासी और जूठन लेकर कृतज्ञ भाव से लौट रहे थे नाई-नाइन। घात लगाए कौवे काँव-काँव करते टूट रहे थे, ऊपर से।

कब देखा था, कहाँ देखा था—ठीक-ठीक याद नहीं आता, मगर वह तब भी सच था, पहले भी और आज भी।

जाति ! हाय रे जाति !

कहने को तो नाई भाइयों ने अपने को नाई-ब्राह्मण कहकर ब्रह्मण ही बना लिया लेकिन समाज की नजर में अभी भी ब्राह्मण क्या चीज है और नाई क्या चीज ? बाबाजी कहेंगे पुरुब जनम की कमाई है।

पिछले जनम में जरूर कोई ऐसा बड़ा पाप किया होगा कि इस जनम में नाई के घर पैदा हुए। और ये, जो बड़ जात में जनमे हैं, उन्होंने कोई बड़े पुन्न का काम किया होगा। तब एक बात, बड़ जात में जनम लेकर फिर से वही पाप करने लगे हैं ये, इनका क्या होगा अगले जनम में ?...

और हमारी माई और हम, जो इस जनम में राम नाम के गुन गाते हैं, परोपकार और धरम से रहते हैं, अगले जनम में क्या हम भी बाभन और राजपूत बनकर जनमेंगे ? माने हम बड़जात में और ये बड़ जातवाले नाई, कहार, धोबी, दुसाध चाहे कोई और

नान्ह जाति में!

करवटें बदलते बीत रही है रात। अँधेरे में दानवों की तरह खड़े पेड़ों पर रह-रह कर बादुरों, बगुलों और चकवे की इक्की-दुक्की आवाजों के अलावा कोई आवाज नहीं। सब के सब सोए हुए हैं। एक मैं ही हूँ जो बेचैनी में करवटें बदल रहा हूँ!

तीसरे पहर, जाने कब, चुपके से आँख लगी और सपना देखने लगे कि उनका नया जनम हुआ है। ऊँचा ब्राह्मण वंश, नाम भिखारी मिसिर! स्वस्थ, सुधड़, लंबी कद-काठी, दिपदिपाता गौर बरन, माथे पर त्रिपुंड, कंधे पर जनेऊ।

"खट्ट-खटर खट्ट!" करते आ रहे हैं त्रिदंडी स्वामी भिखारी महाराज !

"के ह-अ भाई ?" भीड़ लग गई है देखनिहारों की।

"काशी के बड़का पंडित महराज, भिखारी मिसिर, कुतुबपुर, छपरावाला।"

देखनेवाले धुँचियाई नजर से देखते हैं, "पिछलका जनम में तो..."

"पिछला जनम के बात छोड़-अ! यही न कहना चाहते हो कि नाई थे ? अरे अच्छा करम किए तो इस जनम में बड़का आचार्य, प्राचार्य, परमाचार्य ब्रह्मवंश में अवतीर्ण हुए हैं।" बता रहा है कोई।

सगरा के हाथी-नशीन जमींदार उनके पाँव पखार रहे हैं। बबुआइनें थार में रखे उनके गोड़ पर लोटे से पानी ढाल रही हैं। असल नाई है यह जिमिंदरवा, मल-मलकर ऐसा धो रहा है कि सारी थकान छू मँतर! अँगुलियाँ चटकाने के बाद, धुले पाँव को अपने सुवासित अँचरे से पोंछ रही हैं बबुआइनें, पाँव पखारे जल का ड्योढ़ी के अन्दर छिड़काव हो रहा है। कोई-कोई भक्त गदोरी पर लेकर आचमन कर रहा है।

वे शैतान लड़के, जो कुत्ते को बचाने की उनकी गुहार पर उन्हें गरिया रहे थे, उनकी दाढ़ी बना रहे हैं, काँख के बार छील रहे हैं, उस्तरे पर आए मैल सने बारों को उँगली से पोंछते हुए धन्य हो रहे हैं। बुकवे की मालिश, मैल की बत्तियाँ छुड़ा रहे हैं। गंगाजल ला-लाकर स्नान करवा रहे हैं। तीर्थ-यात्रा की सारी थकान उतर गई। अरे उनका लँगोटा कौन पछीट रहा हैं—नाथशरण सिंह ?

छप्पन परकार के व्यंजन, गिनो तो गिनती भूल जाए। पूजा करके भोग लगाया, डकार ली और चंदन-चाँदी के आसन पर आ बिराजे। गुलगुल गाव तकिया ! गुलगुल मिजाज! सम्पनी में आनेवाली बड़े-बड़े घरों की पर्दानशीन औरतें, बड़के-बड़के हाकिम आ-आकर गोड़ छू रहे हैं, चढ़ावे चढ़ा रहे हैं, आशीर्वाद ले रहे हैं।

"ओ यह पंखा कौन बकलौल डुला रहा है, हवा ही नहीं लगती।" भिखारी मिसिर अनसा रहे हैं।

"अरे ये तो बाबू रामानन्द सिंह हैं।" चिहुँक उठते हैं।

"न बाबू साहब ना, बड़का भैया ना!" उठकर हाथ पकड़ रहे हैं, "तुमने तो अच्छी कमाई की थी। चलिए चित्रगुप्त महराज के पास साखी-गवाही देंगे हम!"

बिल्लर और जमुना लबार यहाँ भी...? क्या कहा, यहाँ मुनीम हो ? तनी कागद उलट के देखो तो भैया, जरूर कहीं कोई भूल-चूक हुई है नाम चढ़ाने में। हमरा कुतुबपुर,

बबुरा, एकौना में कोरट कचहरी, मुंसी-पटवारी में अक्सर अइसन घपला हो जाला--घूस-पाती दे के इनकर खेत उनके नाम, उनकर बाग इनके नाम!

बिल्लर कागद उलट रहा है, एक उँगली रख देता है, "देख लीहीं मलिकजी, ई हे तो है।" फिर वह रामानन्द सिंह को बुलाता है, "ए बबुआन, कहीं आपके मन में कोई खोट तो नहीं आया कभी ?"

"ना।" जवाब भिखारी मिसिर ही देते हैं, "ए भइया, ई पंखा फेंक-अ! हम कहते हैं फेंक दो।" रामानन्द सिंह से पंखा छीनने की हाथा-पाई में टूट जाती है नींद!

सपना अभी भी जाले-सा झूल रहा है। याद करते ही झेंप जाते हैं। रामजी! हो रामजी! ई तो मनसा पाप है।

'पराश्चित' कैसे होगा हे रघुनाथ जी! कम-से-कम अभी तो गंगाजी ही नहा लें।

पराश्चित यही है कि बाबू रामानन्द सिंह का बरसों का इसरार पूरा किया जाय--माने कुँवर सिंह पर नाटक। सोते-जागते अब बाबू कुँवर सिंह छाए रहते हैं। उन्हीं की भावमूर्ति गढ़ी जा रही हैं अनुमान से। घोड़े पर कैसे चलते होंगे, जैसे बाबू रामानन्द सिंह....?

इस बीच मानपुरा जाना पड़ा। नाच भी, रिश्तेदारी भी। हल्की-हल्की नींद घेर रही है। बगल में कोई बतकही चल रही है--अनस लगता है। शायद जगदीशपुर के बगल के गाँव का वह नयका छोकरा है। पँवारे गाता है--गाँव-गाँव में डुग्गी बाजल, बाबू के फिरल दुहाई।...

"कुँवर सिंह सचमुच के मरद थे, अस्सी बरिस के उमिर में भी..."

कान खड़े हो गए। नहीं, टोकेंगे नहीं। बातचीत से शायद नाटक को गति मिले।

"एक गो बात बोलीं ?" बोलता है दूसरा लड़का।

"बोलो।" पँवारे गानेवाले लड़के ने कहा।

"ई बाबू-बबुआनों का किस्सा बाबू-बबुआनों से मत पूछो, नाई से पूछो, जिसे झेलना पड़ा हो। जिस दिन जान जाओगे, पँवारे गाना भूल जाओगे।"

हठात कुछ चुभ गया, कुछ बदबू देने लगा, नींद उड़ गई। उफ, इतना अश्लील !

"लड़कपन और जवानी में अइसन गलती हो जाला। बाद में उहे न लड़लन अपना देश के खातिर।" पहले छोकरे ने यह कह कर जैसे उनके गिरते मन को थाम लिया।

"देश खातिर ?"

"तब का ?"

"आपन राज खातिर।"

"तोर दिमाग साचों के सनकल बा।"

"अँगरेज सेनापति टेलर जब उनकरा से लड़ने के लिए रशद-पानी के जोगाड़ में गाँव की ओर आया तो ऊ ई देखकर हैरान हो गइल कि झुंड के झुंड अदमी रशद-पानी लेके हाजिर। अब अचरज-ए की बात न हुई! ओही लोगन से युद्ध और ओही लोग बिना मँगले खर्चा-पानी लेके हाजिर! पूछला पर गाँव के अदमी का बोले, मालूम ?"

"का बोले ?"

"बोले कि आप वोही रजवा से लड़े आइल बानी न, जौना के चलते हमरा जीना दूलम हो गया है।"

"गप्प!"

"गप्प ना। एकगो बाबू साहेब हमरा के बताए कि का तो गजट में लिखल बा। ई गजट का होला—ना जानीं।"

अब और नहीं। गुस्से से कुरमुराते हुए भिखारी उठते हैं और सोंटे से कुत्ते की तरह कोंचते दुरदुराते हैं दूसरे लड़के को, "भाग-भाग एहिजा से।"

"ना बाबा ना।"

"दिखलाई दिए कि थूर देंगे। उठ-उठ!"

लड़का अपमानित-सा उठता है, खिंसियाहट भरी नजरों से घूरता है अँधेरे में भिखारी को, "कोई यही अकेला गिरोह है ? दूसरे गिरोह में चले जाएँगे। बाकी आज की घड़ी से ई मत कहिएगा कि सत्त पर चलते हैं।"

कुछ एक सदस्य उठकर बैठ गए, "का बात है ?"

"कुच्छो ना, सनकल रहल। सब सनकल-ए भुलवा देंगे।"

उस दिन तो चहेट (खदेड़) कर भगा दिए, मगर वह लड़का ढीठ कुकुर-सा बार-बार आता है। वे फिर दुरदुराते हैं, सोंटा पटकते हैं, पनही लेकर खदेड़ते हैं। कुछ देर तक सब कुछ शांत रहता है, जान बची, अब नहीं आएगा, लेकिन वह फिर आता है, इस बार कई चेहरे लेकर बाहर भी 'भौं-भौं', अन्दर भी...!

एक घड़ी दिन चढ़ा होगा। उदास मन। अन्दर-बाहर की सारी आवाजों को अनसुनी कर पलानी के तखत पर बैठे हैं कापी लेकर। कुँवर सिंह पर आज लिखे बिना नहीं मानेंगे। कहाँ से शुरू करें ? ईश बन्दना से। मगर वह तो कई बार लिख चुके, कथा आगे बढ़े तब न! राग, रसोई, पागड़ी, बनाने से नहीं बनती। तभी उनके हठयोग में खलल डालने दुआर पर कोई खंझड़ी बज उठी...मन में आया कि उठकर मना कर दें लेकिन नहीं, भाँट-जोगी होगा, भीख पाते ही चला जाएगा...थोड़ी देर तक महटियाते रहे।

"धिनक धिनक धिन धिन धिन धिन,
तिनक तिनक तिन तिन तिन तिन् !"

तप का आसन डोल रहा है। अच्छी धुन है।

"काहें रे नलिनी तू कुम्हलानी
तेरे ही नाल सरोवर पानी
काहे रे..."

चिहुँक उठे भिखारी।

"आज कुछ अइसन सुनाव-अ, जवन कभी केहू ना सुनले होखस!" यह बाबूजी की आवाज है। लगता है, उन्हें उनके (भिखारी के) पलानी में होने का पता नहीं है या मौज में आ गए हैं पूरी तरह। जोगी ने दूसरा भजन उठाया, कुछ छूट गया, कुछ सुना—

चंदन के ढिग बिरख जे भड़लीं, बिगरि बिगरि चंदन होइ गइलीं,
पारस ते जे लोह छुआइल, बिगरि-बिगरि कंचन होइ गइलीं,
गंगा में जे नीर समाइल, बिगरि-बिगरि गंगा-जल भइलीं...

पता नहीं क्या सुना, क्या छूट गया, मगर भजन ने खींच लिया अपने बहाव में। 'उलटी बानी' में ही अपनी 'सीधी बानी' कैसे साध ली ! वाह रे मन !

मैं पेड़ था, चंदन की संघत में चन्दन बनकर बिगड़ा
लोहा था, पारस की संघत में सोना बनकर बिगड़ा
पानी था, गंगा में मिलकर गंगा जल बनकर बिगड़ा...

भक दिना इंजोर हो गया जैसे ! न, आज बिगड़ने नहीं देंगे अपने को और कुँवर सिंह की कापी पर लिखने लगे नाई बहार...

श्री गणेश का चरण कमल में नावत बानी सीर
कहे भिखारी नाऊ वंश पर बहुत परलबा भीर
... .
साल तेरह सौ चालीस आही (फसलीसंवत)
नाउ वंश कलपत जग माही
आश्विन शुक्ल अष्ट उजियारी
सुक दिवस मह कहत पुकारी
एह गरीब के मुँह बा बन्द
कइलन कौन कसूर सुख कन्द
... .

और जब यह कलपता हुआ बन्द मुँह कागद पर खुला तो खुलता ही चला गया। गलने लगी पीर, बूँद-बूँद टपकने लगा तेजाब...।

"बच्चे के सउरी में जनमते ही सुधि आती है नाई की कि आओ, नौ महीने का पाप लेकर बच्चे और बच्चे की माई को पवित्र करो। नेग ? बबुआ हुआ तो चार आना और बबुनी हुई तो दो आना। सउरी के काम नह काटने, नहावन कराने तक काम ही काम है नाई-नाइन के, जबकि पंडित बैठे-बठे जन्मकुंडली और पतरा देखकर बाईस रुपए ऐंठता है।

जजमान झगड़ता है पंडित से, "बड़के ज्ञानी बने हो तो बोलो पिंडा (पिंडदान) कितने प्रकार का होता है ?" नाई बेचारा क्या झगड़े ? वह तो सिरिफ नौ महीने का पातक (नरक) खाता है, पवित्र करता है...और अगर लड़का मू गया (ढपोरशंखी जन्म कुंडली की हकीकत ?) तो ब्राह्मण कहता है कि हम का करें ? शास्तर गलत है ? ना-ना ना जजमान, आपकी पुरुब जनम की कमाई ही ऐसी थी! देर मत करो। नाई को बुलवाकर माथ छिलवाओ, नह कटवाओ, कुआँ, इनार, गंगा में गोता लगाकर रात तक इन्तजार करो, तारा देखकर ही भात खाओ। ऐसा करने पर छुतिका (अशौच) का आधा पाप नाई पर चला जाएगा। वाह रे बाभन देवता !

गो हत्या! जजमान पगला गया है। अपने गोत्र-जाति के लोग भी देह नहीं छूने देते। पुरोहित जी सिर्फ धन के साथी हैं, फरके (दूर) से ही विधि बताते हैं कि कहीं छुआ न जायँ—पहले माथ कमवाओ नाई से, नह कटवाओ, स्नान करो, गौरी-गणेश का ध्यान करो, फिर हवन। हवन में पैसा लगेगा, गो-हत्या का मामला है, मजाक नहीं। पगलाए जजमान को साफ करके पंडित के पास कौन ले जाता है, नाऊ! गोबर से लीपकर हवन-वेदी को कौन शुद्ध करता है—नाइन!

पिंडदान! आग जलाने से लेकर दिया जलाने तक मिलता क्या है—जूता, छाता, बिस्तर-फाटल चींथल।

बीच में लिखना बन्द था। कुछ दिनों बाद फिर से उठाया और लिखे हुए को पढ़ा तो लगा, दीनता कुछ ज्यादा ही आ गई। उस दिन मिजाज कुछ बदला हुआ था। अनायास ही दीनता की जगह वीर रस ने ले ली—

अधनारा के रूखर धार,
दूसर जात केहु पावै न पार।
छूरा छूत खेदत पल माही,
नरक नहरनी राखत नाहीं।
कइँची कवच नाई दलवीरा,
पातक समर चाहत रणधीरा।

लड़ाई सिर्फ समरभूमि में ही नहीं लड़ी जाती, सिर्फ आदमी रूपी शत्रु से ही नहीं, सिर्फ पशु-पक्षी, जीव-जन्तु से ही नहीं, लड़ाई पाप के विरुद्ध भी लड़ी जाती है। यह लड़ाई दूसरी लड़ाइयों से ज्यादा कठिन होती है और इस लड़ाई का एकमात्र योद्धा कौन है—नाई! छत्तीसों कौमों के पातक से लड़ना कोई मजाक नहीं। लड़ो, लेकिन पैसा मत माँगो। पैसे माँगे नहीं कि जजमान की आँख में खून उतर आएगा।

तिलक! उधर बाजा घहराया, इधर नाई की छाती काँप उठी। तिलक से ही पाँव पखारने का काम शुरू। अब न्यौता बाँटना है नाई को, न्यौता बाँटते-बाँटते पाँव में छाले पड़ जाते हैं। दिन भी न्यौता देते बीत गया, रात भी, बीच में मौका निकालकर बीसियों काम...माटी के बरतन नहीं आए, कलशा नहीं आया। दौड़ो! पत्तल-दोना नहीं आया, या घट गया, दौड़ो। माली फूल और मउर नहीं लाया, दौड़ो। अरे धत्त तेरे की, ढोल कहाँ है, ठाकुर तुम भी बकलोल ही रह गया—दौड़ो। अरे तनी जल्दी-जल्दी ! दही, अक्षत, गुड़ सजाओ, गौरी-गणेश की थापना करो और सुनो, गाँव का एक भी घर छूटने न पाए, सब को न्योतना है, और सुन लो, कल तनी पहले आ जाना, बहुत काम है। न्यौते की चिट्ठियाँ लिखी जा रही हैं, सो तो तुम देख ही रहे हो।

"ई तो बहुत दूर है, रेल का किराया-भाड़ा ?"

"किराया...? आज तिलक का मौका न होता तो बताते।"

नाई की माँ लोर (आँसू) गिरा रही है, "बबुआ, तुम देश के ओरी (छोर) जा रहे हो, छाता तक नहीं जुटता, जूता तक नहीं है।"

"कच्चा एक सेर सतुआ, नून--बस। इतना ही भर मिलेगा। और बोले तो मार के थुर देंगे।" मलिकार कहते हैं।

रेल का रास्ता होने पर भी निरुपाय नाई आगे बोलने में सकुचा रहा है। पैदल ही चल देता है।

पैसा...? छह महीने की उधारी!

अनाज ? बधार अनाज से भरे पड़े हैं, मगर तुम चूँ नहीं कर सकते। गेंहूँ-तेलहन नहीं, लेना हो तो मटर, बूट (चना), जौ, खेसारी लो (जो रुपए के छह पसेरी बिकते हैं और जिन्हें बड़े लोग नहीं खाते) या फिर कोदो, अरहर आदि, वो भी साबुत नहीं, मारी गई फसलें। लेना हो तो लो वरना रास्ता देखो। और हाँ, जाने से पहले छूरा-कैंची लो, बगलें काटते जाओ।

अब हम कौन उपाय करें ? बाबू साहब के डर के मारे रात में भी कुकुरनिंनिया (कुत्ते जैसी चिहुँकी हुई नींद) सोते हैं।

चिट्ठी नेवतने का दो पाई...कुल मिलाकर दस आना। इस पर भी ईमान में खोट। दस आना कमाने में छह दिन लग जाएँगे! पसीना 'बद-बद' गिरता है। देह की भूसी छूट गई।

जजमान जिस माई-बाप की सेवा करने चले हैं, उसकी स्थापना करेगा नाई और इसके लिए नाई को क्या मिलेगा—पौने चार गज मरदानी, उटँग, पाँच गज जनानी और दू पैसा—मानो भीख हो।

घाट! मुर्दा घाट पर आया कि नाई की गुहार होने लगी। पहले मुर्दे को जलाने का प्रबंध करो, फिर अपने परिवार की सुधि लो कि चूल्हे में आग बरी या नहीं। और दस गात्र सुध तक विकार हरनेवाले नाई का नेग-सवा आना!

जो कहोगे, पैसे पर क्यों जाते हो तो—

मूल जगत में दू इ हैं, एक राम, एक दाम,
राम देत हैं मुक्ति पद, दाग सँभारत काम।

उधर बाबाजी, पूरा माल खींचते हैं। घर का सयान सवाँग मरा है। शोक में डूबा है पूरा परिवार! लेकिन गरुड़ पुराण क्यों नहीं सुनोगे ? नहीं सुनोगे तो मरनेवाले की सद्गति कैसे होगी ?

हाय, जो बेचारा मरा है, वह तो रस्से से बँधा है और पूरे परिवार को बाँध गया (वह बाँध गया या पंडीजी ?), उससे आदमी को क्या मिलेगा ? उसे वही मिलेगा जो बाबाजी को दान करोगे—वस्त्र, रुपैया, सोना, चाँदी, पुष्प, दीप, पंचमेवा जो-जो बाबाजी को दोगे, वो-वो पितरों को मिलेगा, आज तो रोआँ झाड़कर दे दो, आज न दिए तो फिर किस मौके पर दोगे ?

वाह रे दयानिधान ब्राह्मण! माल खींचने का कैसा तरीका!

अब शुरू होती है मोल-तोल की खींचातानी।

"महराज, अतना कूबत नइखे, कुछ कम करीं।"

विप्र को दया नहीं आती, करुणा भाग चुकी है शरीर छोड़कर।

दोनों ओर से सौदेबाजी हो रही है, जैसे हाट में सौदा बिक रहा हो। सौदा पुरोहित के पास है। उन्हें पर्याप्त अनुभव है सौदेबाजी का। जजमान कच्चा है, फिर उसे झख मारकर सौदा खरीदना भी है। बचकर जाएगा कहाँ ? फजिर से बारह बज गया, दिन सिर पर! सौदा नहीं पटा। पुरोहित टस-से-मस नहीं हुए, तब जजमान को रो-गाकर समरपन करना पड़ा। भूखे-पियासे जजमान के गले में फाँस जो पड़ी थी!

अब शुरू होता है दूसरा अध्याय, माने दूसरा फरमान, तोषक, तकिया, खटिया-पलँग कुछ नहीं ? किस पर सोएँगे आपके पितर ? वाह बाबाजी, वाह!

और नाई...?

नाई का क्या है, मरे दौड़-दौड़कर हाँफ-हाँफकर!

क्यों ? मुर्दे पर का कफन तो मिल ही रहा है, अलबत्ता डोम से झगड़ा करके ले सके तब! अब डोम से कफन के लिए झगड़ो।

इस तरह डोम और जजमान से मुर्दे का कफन या उतरन जो भी मिला, उसी कफन से मेहरारू लोगन का झूला (कुर्ती), झुलिया और गमछी बनी। दुःख से लाज पताल गई। कपड़े का यह हाल और खाना...बचा-खुचा जूठन, बसियौरा। पैसा...? खरी तेल चाहे दीया बराई, छूरा का नेग-दू पाई ! रुख-ताल, मिजाज भाँपकर उजुर किए, 'बाबू साहेब!' इस पर 'बाबू साहेब' ने ऐसे ताका कि जान सकते में आ गई। बाघ के आगे मेमना !

अब जो मर गए, वे तो जमपुर गए, जिसने उसका किरिया-करम सँभाला, उसे मजूरी कौन दे ?

पंडित के पास धर्मदंड था, दिला सकते थे, मगर उन्हें तो अपनी ही पड़ी है, हर जगह पसर रहे हैं बाबाजी। खोम (सुध) में महापात्र न आए तो बिना किसी संकोच के पंडित जी उसका अंश भी भकोस लें। महापात्र तो अनुपस्थित हैं। लेकिन नाई बेचारा तो हर घड़ी एक टाँग पर हाजिर। नाई के भाग पर क्यों पसर रहे हो बाबाजी ? पैसे के लिए रोएँ-रोएँ से लार क्यों टपक रही है आपके ? पंडिताइन जी तो रुपए में डूबी हुई हैं, फिर भी संतोष नहीं। मगर बाबाजी को कोई क्यों बोलेगा, सारा कसूर नाई का !

हिया का सारा हाहाकार, करेजे की सारी कसक कागद पर उतार दी।

इस बीच रिश्तेदारियों में घूमते रहे। धीरे-धीरे एक अजाना-सा डर चुभने लगा, कहीं ज्यादा तो नहीं लिख गया ब्राह्मणों के खिलाफ! क्या करें, अनियाव सहा नहीं गया, सो...! लेकिन रहना भी तो है उन्हीं के साथ! पानी में रह के मगर से बैर!

प्रतिक्रिया जानने के लिए लिखे हुए के अंशों को टप्पे की तरह दूसरों पर उछाल देते। फिर उत्सुकता से चेहरे की बदलती रंगत को देखते। कहीं शाबासी, कहीं खट्टापन, कहीं क्रोध! भय अन्दर तक सरसरा जाता। समाज के माथ हैं वे और तुम...तुम क्या हो, समाज के खिदमतगार!

तब, इसका उपाय क्या है ? नाई को तो छत्तीस बुद्धि आती है, लगाओ एक-आध, नहीं तो चहेंटकर मारेंगे।

एक ही बुद्धि लग सकती है यहाँ, ज्यादा कोई आँख तरेरे तो 'म्याऊँ'! जिसे गरियाया है, उसकी वंदना आगे भी, पीछे भी...

विप्र चरन के धूरि जे पाऊँ,
कहे भिखारी शीश-नवाऊँ।

माने कि ऐसा विप्र अगर मिले तो उसके पैरों की धूरि को माथे से लगा लूँ।

"और अगर न मिले तो...?"

"तब तो, तब तो, ऊहे जौन लिखा गइलबा...।"

"गोसाईं जी से इसीलिए बार-बार साखी भराई जाती है!"

"हा हा हा !"

"हा हा हा !"

गाँव-समाज के छोटे दायरे के बाद यह टप्पा धीरे-धीरे बड़े दायरे में उछालने का मन करता है। देखें क्या कहते हैं लोग ? पहले लोगों ने इसे गंभीरता से नहीं लिया। साहस कर दो कदम और बढ़ाए, नाच और कवि-सम्मेलन में। कोई तो अनस सामने आए...कोई नहीं!

यह तो घोर आचरज की बात है। जाति-जाति के वीर, उसमें एक नाई अपनी जातीय श्रेष्ठता का झंडा गाड़ दे और दूसरी जाति के लोग ताकते रह जायँ ?

आखिर जवाब आया।

जवाब के रूप में नहीं, सवाल के रूप में।

ब्राह्मणों की ओर से नहीं, बबुआनों (राजपूतों) की ओर से—"केहि कारण ठाकुर नाम धराई ?"

भरी सभा में बाबू रीतभजन सिंह ने उछला था यह 'छमछा' (समस्या-पूर्ति की समस्या)।

मतलब...? मतलब खूब समझते हैं भिखारी। सारे अभिप्रायों को समझते हुए भी हम चुप रह जाते हैं। क्या करें ? यही न कहना चाहते हो बबुआन कि नाई तो टहलुआ, नाई तो खिदमतगार, फिर नाई जैसे अधम को 'ठाकुर' की पदवी क्यों ?

'ठाकुर' या तो भगवान होते हैं या फिर बाभन, रजपूत या भूमिहार ! बहुत ही शिष्ट लहजे में बहुत ही बड़ी और सामूहिक चुनौती उछाली है आपने। वैसे भी जगह-जगह खुले आम गालियाँ देने लगे हैं लोग। नौजवान बोली बोलते हैं। सिर झुका रहता तो तुम्हारे लिए भिखरिया बहुत सज्जन और भगत बना रहता, सिर उठाया नहीं कि वार!

पेट में आग का गोला लिए निकल पड़े हैं दीयर की ओर।

यह साँझ की बेला है। दूर-दूर तक सुनसान दीयर। इस वीराने में वह कौन खड़ा है—नीलगाय या कि साँढ़ (साँड़) ? तीज का टेढ़का चाँद उसके ऊपर झूल रहा है। मकरा-सा दिख रहा है। रात का काला बुरादा झर-झरकर उसके मकरेपन को गाढ़ा कर

रहा है। चाँद भुतैले और मसानी परिवेश में एक तिलिस्म बनकर खड़ा है—देश-निकाला पाई हुई किसी अभिशप्त मूरत-सा।

देर तक देखते रहे उसे। चाँद अपने घर लौट रहा था, मगर वह...? अँधेरे में घुलता रहा उनका वजूद। कितना अकेला, कितना गरीब पर लाचार रंच मात्र भी नहीं, जैसे अकेलेपन का गरब (गर्व) छिटक रहा हो दूर-दूर तक!

दूर-दूर के इस बियाबान का अकेला बैताल है यह साँड़!

15

15 जनवरी 1934

भरे-पूरे दिन के उजाले में ई अजगुत! पहले तो लगा कि मनतुरना देवी उन्हें बाँह पकड़कर जगा रही हैं...अरे-अरे ई कौन-सा तरीका हुआ। खाट झूले की तरह पेंग लेने लगी। क-क कौन है ? कौन ?...कोई तो नहीं है, खपड़े गिर रहे हैं, गाएँ बाँ-बाँ कर रही हैं। दिन-दहाड़े यह कैसी प्रेतलीला है ?

गाँव का अधपगला रामागोंड़ चिंचियाते हुए दौड़ रहा है, "भाग-अ हो, भुइँडोल आइल बा!"

भागकर बाहर आए। बहोर भी आ खड़ा हुआ। बाबूजी और काका भी।

गाएँ करुण स्वर में बाँ-बाँ कर रही थीं। पलानी की बँड़ेर थूमी छटक जाने से नीचे झुक आई थी। पूरे गाँव में चिंचियाहट भागमभाग मची थी। धरती अब थम गई थी, मगर क्या पता कब फिर शुरू हो जाय। भिखारी और दूसरे भाइयों ने सबसे पहले थाम देकर बँड़ेर को ऊपर उठाया फिर चार गाएँ, दो बैलों को बाहर लाकर खूँटे में बाँधा। शाम को फिर कहीं से अफवाह उठी और अफरा-तफरी मच गई। घर के सभी सवाँग–स्त्री-पुरुष, बूढ़े-बच्चे सकते में बाहर आ गए। बुढ़ऊ ने बाहर बोरसी की रखी आग से चिनगारी बटोरी और पलानी के सरपत में रखकर आग को फिर से जिन्दा कर दिया। लपटों से उजाला हो गया। फिर संठी की लौ में एक-एक चेहरे को परखने लगे–

"सुरसतिया की माई कहाँ बिया (है) रे ?"

"हइ का ह–अ!" शिवकली देवी ने बताया।

"और बहोर-बहू ?"

"जूठन बौ के लिआवे गइल बाड़ी।"

"और हऊ शिलानाथवा रे... ?"

शिवकली देवी ने दीया पति के हाथें से ले लिया, "तुम तो गतें-से (शांति से) बैठो, न तो तुम्हीं को खोजना पड़ेगा।"

गाँव-गाँव में कुप्पियाँ जल उठी थीं। गाँव-गाँव में पशु बाँ-बाँ कर रहे थे। गाँव-गाँव में अफरा-तफरी, भागम-भाग, चीख-पुकार मची हुई थी और गाँव-गाँव में बूढ़े-बच्चे 'गतें से' बैठने के लिए डाँट खा रहे थे।

कुतुबपुर की औरतों ने दो पल में ही इतनी मनौतियाँ मान ली थीं कि सात जनम

तक पूरा करतीं तो भी पूरी न कर पातीं। अब सब मिलकर बरम्ह बाबा के थान पर पचरा गा रही थीं—नीम की लंबी डाल है, माँ (देवी) हिंडोले पर चढ़ी आ रही है। माँ के लम्बे-लम्बे केश हैं, माँ कहाँ बैठी है...?

लो, कुछ औरतों ने केश छितरा लिए देवी मैया की तरह और अभुआने लगीं। रामा स्वयंसेवक की तरह सब को पीछे हटा रहा है।

समसे बिला जाई, परलय हो जाई !

लोग आपस में भुइँडोल का रहस्य बूझते हैं, शेषनाग के फन (फण) पर रखी हुई है धरती माई। जब गढ़ुवाने लगते हैं तो एक फन से दूसरे पर कर लेते हैं, तभी आता है भुइँडोल।

''ऊ भी गढ़ुआ जाते हैं ?'' एक शंका।

''अरे जब पाप बहुत-ए बढ़ जाता है पिरथवी पर, तब पाप के बोझ से भारी न हो जाती है।'' शंका का समाधान!

''मानें कि बहुत-ए पाप बढ़ गया है न!''

गाँव-गाँव घूम रहे हैं मिर्चइया बाबा आकाशवाणी करते हुए, ''काहें ना आई भुइँडोल ? काहें न पड़ी अकाल ? काहें न पँइठिहें माता माई? काहें ना फैली पिलेग ?...अरे धरम-करम कोई मानबे नहीं करेगा! कलजुग है, घोर कलजुग! कलजुग में का है तो हम, हमार मेहरारू, हमार लइका-बाचा, बस। एक गो जिमींदार ने का किया तो अपने लवंडे के नाम पर दस बिगहा भुईं लिख दिए-बूझो!''

सौभागिनी विभूषन हीना, विधवन के सिंगार नवीना।
सब नर काम लोभ रत क्रोधी, देव विप्र श्रुति संत विरोधी।...
सुत मानहिं मातु पिता तब लौं, अबलानन दीख नहीं जबलों।
ससुरारि पियारि लगी जब ते, रिपु-रूप कुटुंब भय तबते।
कलिकाल बेहाल किए मनुजा, नहिं मानत कोउ अनुजा तनुजा।

बाबा ने रुककर निष्पत्ति दी—'तब लो।'

एकर फल पावहुँगे आगे, बानर भालु चपेटन लागे।

भिखारी के मन में बाबा के प्रति इतनी श्रद्धा उमड़ी कि पीछे-पीछे चल पड़े। रामा भी साथ हो लिया। जगह-जगह धरती फट गई थी, कई जगह बालू निकल आई थी। बाबा गाँव-गाँव घूमकर राहत कार्य कर रहे थे। जोगियोंवाले लम्बे झोले में वे एक हाथ से दान लेते और दूसरे हाथ से जरूरतमंदों को दे देते। रात तक मठिया पर लौटते तो वहाँ भंडारा चलाते। जाति के भूमिहार हैं बाबा, लेकिन अगम गियानी हैं। बड़का-बड़का जिमींदार, हाकिम-दरोगा आ-आकर गोड़ धरते हैं।

मठिया में भूकम्प की तबाही की नई-नई खबरें लेकर आते लोग। साहेबगंज से बनारस तक! समसे मुंगेर जिला मलबे में बदल गया है। सरकार उसे फिर से बसाने की सोच रही है। इतने आदमी और जानवर की लाशें सड़ रही हैं कि कोई उठानेवाला नहीं।

मिर्चइया बाबा के लिए एक टाँग पर खड़े रहते भिखारी, नहाए कि नहीं नहाए, खाए कि नहीं खाए, सोए कि नहीं सोए। जो सेवा और टहलुअई उन्हें नाई होने के नाते जन्म से मिली थी, तब जहर उगलती थी लेकिन आज दीन-दुखियों की सेवा करते हुए और बाबा की टहल बजाते हुए लगता, जीवन सार्थक हो गया। आदमी और आदमी के बीच रिश्तों का असली मतलब समझ में आने लगा था। अचानक चार दिन पहले का एक वाकया याद आया। दौड़-धूप करते उनका सिर दुखने लगा था। बाबा एक अन्तरजामी ! उन्होंने भिखारी को बुलाया, "आओ अभी झाड़कर ठीक किए देते हैं।" हाथों से सिर कनपटी और गर्दन को सहलाते हुए मन्तर बुदबुदाते रहे, और देखते-देखते ही दर्द छू-मंतर! बाबा भुइँहार तो इधर भी नाऊ-ठाकुर। पकड़ ली चतुराई। झाड़ने के नाम पर सिर की मालिश कर रहे थे ?

भूकम्प के पीछे-पीछे आई महँगाई। अब लोग भूकम्प की बात करते-करते महँगाई का रोना रोने लगते। सन् उन्नीस सौ सत्रह में जो धान रुपए का चौंतीस सेर था , वह मात्र बाईस सेर रह गया, रुपए का तीस सेर चना, बीस सेर पर खिसक गया, गुड़, आलू, घी, तेल—सब में आग लगी हुई है, आदमी खाएगा क्या ? किसान अपना रो रहे हैं, महाजन अपना!

भिखारी सोच रहे थे कि 1917 में दाढ़ी की बनवाई एक पैसे थी, बार की बनवाई एक आना। मगर शहर में। गाँव में तब भी जजमनिका थी, आज भी है। कमेरी जातियों का क्या होगा—कोई नहीं सोचता। सत्रह साल बाद, गरीब और भी गरीब हो गया।

मन उड़-उड़कर एक ही मुकाम पर आकर बैठता—पैसा चाहिए! ढेर सारा पैसा। और यह पैसा जजमनिका से नहीं, नाच से ही आएगा। माघ बीतते ही गिरोह बटोर लेना है और उन्हें कुछ नया लिखकर ले जाना है। चिराँद में कीर्तन हो रहा है। कीर्तन से लौटकर बाबा से 'आयसु' लेंगे।

कीर्तन यानी भिखारी की अपनी दुनिया ! बसुनायक सिंह भी आए थे। देखा तो कोने में ले आए। "सुना, कोई नया नाटक लिखा है तुमने ?"

"किसने कहा ?"

"अरे चारों ओर चर्चा है! का तो नाम है 'बहरा बहार'।"

"अभी मजाई बाकी है।"

"नाच में लगा दो, अपने आप घिस-मज जाएगा !"

भिखारी बोलते नहीं कुछ। शिववरन ने कीर्तन में बुलाया तो चल पड़े। जम नहीं पा रहा था कीर्तन।

जमने के लिए जरूरी है रस! रस भक्ति में भी है, मेहरारू-मर्द के आकर्षण में भी, कौतुक में भी है और हँसी-मजाक में भी। और भी दो चीजें हैं—करुणा और दिलेरी! अब ये सारे रस एक साथ कहाँ मिलेंगे ? रामलीला में...? नहीं, कृष्ण लीला में ! गोपियों

और राधा से छेड़खानी, कन्हैया की शिकायत जशोदा मैया से और जशोदा मैया का उलटे गोपियों को ही डाँटना। यही तो है वह कथा, जहाँ रस के सारे सोते खुलते हैं।

गाँव लौट आए।

'आ गया नचनिया !' बाप ने कुछ इसी अन्दाज से देखा। शिवकली देवी को कीर्तन और मिर्चइया बाबा का प्रसाद दिया तो माथे से लगा लिया, बोलीं नहीं कुछ। सरसों उखाड़ी जा रही थी। ऊपर-ऊपर सरसों उखाड़ने का काम, अन्दर-अन्दर किसी और ही सरसों के महकते फूलों की सुरभि में आन्दोलित होता रहा मन। राधेश्याम बहार के कुछ एक बन्द तैयार हुए तो लेकर चल पड़े रामानन्द सिंह के पास। फिर बैठकी, भजन-गायकी में भी कोई-न-कोई टुकड़ा दछाल देते और उसकी प्रतिक्रिया चेहरों पर पढ़ते।

हमना बसब तोहरा नगरी जसोदा मैया, हमना बसब...
मोहन जी धूरी में काना उड़ावेलन
पनिघट पर फोरेलन गगरी
अबही त घरही में चरचा चलत बा
जान जाई दुनिया-भर सगरी
नंदजी, के बड़का बा पगरी...जसोदा मैया...

खुद बाबा ने सराहा, लेकिन मीठी फटकार भी सुनाई, "अब ऐसे नहीं सुनाना। नाच में ही सुनेंगे भी और देखेंगे भी।"

वहाँ से लौट रहे थे कि हठात् ठमक गए। कुछ याद आ गया था—बदबू-सा दिमाग में घुलता हुआ। 'हमना बसब तोहरा नगरी' की अन्तःप्रेरणा कहीं रीतभजन सिंह के छमछे से तो नहीं उपजी थी! याद आया दीयर का वह मकरा साँड़ या नीलगाय और उस पर झरता काला बुरादा।

आज लगता है, उस काले बुरादे में सिर्फ जाति नहीं, सिर्फ गरीबी ही नहीं, एक और हिकारत भी शामिल थी, ज्ञान के एकाधिकार की—भला एक अदना-सा आदमी, वह भी नाई पंडितों जैसी बात करे, नहीं सहा जाएगा, बिल्लकुल नहीं।

इस बार की सभा में रीतभजन सिंह ने जब फिर से 'छमछा' पेश किया तो भिखारी तैयार थे—

अपने हैं श्रीव हजाम, बने प्रभु आप नारायण दास के नाई।
... ...
राजसूय जग्ग हस्तिनापुर में जुटल राज समाज,
पैर धोए के काम उठवलन, कृष्णचन्द्र महराज।

बाघ की दहाड़ के बाद कूटनीति के तहत बिलाय की म्याऊँ!

नाम भिखारी, काम भिखारी, रूप भिखारी मोर
ठाट पलान, मकान भिखारी, भइल चहूँदिशि शोर!

16

चार-चार पाई में प्रेस से छपी 'नाई बहार' की पुस्तिका हाथों-हाथ बिकती गई। छपाई का खर्च भी छापा गया था। उद्देश्य कमाई नहीं, प्रचार था। न सिर्फ नाइयों में, बल्कि दूसरे लोगों भी में इसकी चर्चा थी।

'नाई बहार' नाच का तमाशा नहीं था, रामायण या रमैनी की तर्ज पर कविताई था। तमाशे दूसरे लिखे जा रहे थे, भक्त प्रह्लाद पर लच्छन राय अभी लिखने का दबाव बनाए चल रहे थे, मगर प्रह्लाद पर इतने नाटक खेले जा रहे थे कि मन नहीं जम रहा था। पता नहीं, लच्छन राय के बार-बार कहने का असर था या अवचेतन में दबा प्रह्लाद और ध्रुव जैसा कोई अजाना-सा दर्द, तमाशा लिखा 'पुत्र वध'। 'पुत्रवध' की ही एक लता फैलकर नशाखोरी और 'बहरा बहार' की रंडीबाजी को अपनी ऐंठन में जकड़ते हुए एक दूसरे तमाशे के रूप में उभरी 'पिया निसइल'।

रचनाओं पर मेहनत और शोधन चलता रहता है, मगर तमाशों को एक कामचलाऊ आकार देकर नाच में उतार देते। इतने दिनों के मंचन ने उन्हें यह अनुभव दे दिया था कि तमाशे चाहे जितने भी उम्दा कथानक पर बने हों, चाहें जितनी मेहनत और तल्लीनता से उन्हें लिखा जाय, मंच की अगिन-परीक्षा कुछ और ही होती है, जहाँ बहुत कुछ जल जाता है, छँट और छूट जाता है, बहुत कुछ जुड़ जाता है, बल्कि तमाशे हर मंचन के साथ ही मँजते और सजते चले जाते हैं—हर मंचन ही अगिन परीक्षा है। रगड़ाते, घिसाते हुए बहुत बाद ये कोई टिकाऊ शक्ल बना पाते हैं। जिस प्रकार जिस रचना को जितनी बार लिखा जाय, उतनी बार निखरती जाती है, उसी प्रकार जिस तमाशे को जितनी बार प्रदर्शित किया जाय, उतनी बार सँवरता चला जाता है।

'पुत्रवध' का यह चौथा प्रदर्शन था मोतिहारी में—चपाटराम की बड़की पत्नी अपनी सौत छोटकी को अपने बेटे चेतराम को सौंपकर नइहर चली जाती है। कुटनियों के संसर्ग में छोटकी की मति फिरने लगती है और वह अपने गहनों और भोग-विलास में डूबती जाती है, चेतराम टोंकता है तो शत्रु हो जाता है। छोटकी पति से शिकायत करती है कि चेतराम उस पर गलत निगाह डालता है, वह ऐसे पापी पुत्र का वध कर दे। मूर्ख कामांध चपाटराम! सौतेली माँ छोटकी, चेतराम को भुलवाकर जंगल भेज देती है...अब आगे जंगल के दृश्य हैं जहाँ बाप चपाट को थोड़ी देर बाद आकर अपने बेटे का वध करना है।

जंगल के दृश्य को खिलाने में सबकी सम्मिलित कल्पना-शक्ति लगी हुई थी।

भिखारी की इच्छा साँप की किटकिटाहट पैदा करने की थी। बाबूलाल अवाक रह गए; "दिन में साँप बोलता है ?"

"जिनगी तो कलकत्ता में बिता दिए, जंगल देखा कहाँ तुमने ?" भिखारी ने कहा।

बाबूलाल चुपा गए।

पीछे सिर्फ एक परदा है, जिस पर जंगल बना हुआ है। सभी मिलकर चित्र के जंगल को जगा रहे थे, हुँड़ार की बोली बोलने में बिल्लर का जबाब नहीं। परदे के पीछे हुँड़ार बोल रहा है। किट-किट-किट-किट! यह तो साँप की किटकिटाहट है, नहीं भिखारी के खपटे की किट-किट है, दो छोरों से दो सियार 'हुआँ-हुआँ' कर रहे है—लच्छन और लालू। करीम की आवाज चील्ह बनकर चीरती हुई उड़ चली। तबले, सारंगी और हारमोनियम से भय का परिवेश बुना जा रहा है। अब तफ़ज़ुल उठते हैं और सारंगी की रेतनी (धनुष) से धनुष का काम लेते हुए कोई शिकार करते हैं।

दृश्य को विस्तार और नया अर्थ देने के लिए समाजियों को कुछ गीत प्रस्तुत करना है। जमुना लबार जो टुनटुनी बजा रहा था, साड़ी पहने उठ जाता है और उसकी जगह आ बैठती है साड़ी पहने कोई औरत, और टुनटुनी बजाने लगती है। जमुना पेशाब करके लौटता है तो औरत के कान में कुछ कहता है। औरत उठती है और दर्शकों के बगल से चलती हुई पीछे बैठे एक प्रौढ़ देहाती के सामने साड़ी समेटकर बैठ जाती है।

'पा लागी बड़का भैया! का खबर बा ?" जोरों से अलाप भरने के चलते गला भखरा गया है। टुकड़े-टुकड़े जोड़कर पहचान बनती है, "अरे सुनरसनवा!"

"हाँ भैया !"

"आ नीमन न भिखारी तहरा के मेहरारू बना दिहलेन-चिन्हाते नइख-अ!" शिवबरन ने हँसकर कहा, "अउर का हाल बा...?"

"हाल पूछते हो ?" शिवबरन ने वाक्य को अधूरे पर लाकर छोड़ दिया, ताकि उसमें यथोचित आतंक घुल जाए, "बाप ने बेटे का नाच छुड़ाने के लिए उसका गौना ला दिया, बेटे ने नाच नहीं छोड़ा, इसी गम में घुलते-घुलते बुढ़ऊ ने परान छोड़ दिए। मेहरारू को लड़का नहीं हो रहा था, गोतिया दयाद खूब खुश। हल्ला उड़ा कि सुनसरन मउग हो गया है, लड़का होगा कैसे ? ले-देकर गाँव में उसके एक ही मित्र हैं, हम, जिसके जिम्में घर-परिवार, गोरू-बछरू सौंपकर खुद अपने नाच के शौक को पूरा करने में लगे रहते हो। इधर रामजी की इच्छा से मेहरारू की गोद भरी, बेटा हुआ तो दयाद लोगों को अपार दुःख! तब उन्होंने नया वृतांत यह रचा है कि सुनरसन नचनिया बन के देश-देश भटकता था तो उसकी मेहरारू बच्चा पैदा करने के चक्कर में गाँव-गाँव घूमती थी। पंचायत बैठनेवाली है बिरादरी की।"

"कौन चीज की ?"

"यही कि लइका किसका है ?"

"क्या कहते हैं, किसका है ?"

"हमरा ! ई कसाई के सार शिवबरन का...! हम तुम्हारा घर-दुआर सँभालते

हैं न...!"

वृतांत पूरा कर के शिवबरन ने जेब से बीड़ी निकाली। दो-दो बीड़ियाँ जल रही हैं एक ही तीली से, एक सुनरसन को देता है, एक खुद। दोनों ने सुट्टे खींचकर ढेर सारा धुआँ उगल दिया है। अब उन दोनों के बीच कोई कथा, उपकथा नहीं, सिर्फ धुआँ है। चेहरे ओझल हैं धुए में!

शिवबरन ने कथा का उपसंहार किया, "होम करते हाथ जर जाता है। ए भाई, आपन घर, दुआर, बाल-बाचा, सँभार-अ चलि के। हमरा से ना सपरी।"

धुएँ के पीछे से आवाजें अमूर्त लोक से आती-सी लगती हैं।

नचनिया नहीं आया। कानाफूसी होने लगी, बीच के खालीपन को भरने के ख्याल से तफजुल ने आँखें मूँदीं, मानो सुनरसन का ध्यान लगा रहे हों, "हाँ-आ-आ..."

हारमोनियम के साथ अलाप एकाकार हो रहा है। हाँ-आ, अरे कहा कि—

सूर छिपै अदरी-बदरी और चंद छिपे है अमावस पाए;
पानी की बूँद पतंग छिपै...

"पतंग कहा सुरूज भगवान को।" टोककर उन्होंने पतंग का अर्थ बताया—

"तो पानी की बूँद पतंग छिपै। अरु मीन छिपै इच्छा जल पाए
भोर भयो पर चोर छिपै, अरु मोर छिपै रितु फागुन आए
ओट करो सत घूँघट की पर चंचल नैन छिपै न छिपाए।"

"दहाई हो दहाई!" दूसरे समाजी एक साथ दाद दे बैठते हैं। तफजुल ने आँख खोल ली, लेकिन कहाँ, सुनरसन का तो अता-पता ही नहीं।

भोला ने तफजुल की इस असफलता के बाद दूसरा कवित्त उठाया—

गोंठ बिनु गोधन, गयंद बिनु दंतहीन
बल बिनु बादी, ज्यों निठूहर की देहरी।
सभा बिनु सूधर, सपूत बिनु वंश हीन
वेद बिनु ब्रह्मण, सुत बिना मेहरी...

साज एक साथ बज उठे।

भोला ने व्याख्या की, "सोच लीहीं बाबाजी लोग, कबी जी का कहले बाड़न।"

दर्शकों में 'हा-हा ही-ही' मच जाती है।

भोला ने आगे कहा, "आगे देखीं जे किसान भाई लोगन खातिर का कहले बाड़न कबी जी—

बैल बिनु खेती, बरात बिनु बाजन के..."

जमुना लबार ने मौका लपक लिया, "अरे बाप! ई बरात में बाजा-ओजा आइल बा कि ना...?"

भोला ने जोड़ा—गुन बिनु पुरुष ज्यों अनाज बिन डेहरी।

जमुना ने तुक्का जोड़ा, "ए भाई, ई तो खास हमरा खातिर कह गइल बानी

कबी जी !"

भोला ने समाहार किया–

"कहैं कवि गंग, हाट-बाट में मिलन चाहें,
जासो खाब खैया नहीं, तासौ कौन नेह री!"

हाय! सुनरसन अभी तक नहीं आया। नाटक आगे कैसे बढ़े ? बड़की की भूमिका में उसे अपने पति चपाटराम से रोते हुए आकर पूछना था कि "ए रवों, कहीं ना हमार हालचाल!" चपाट को अपने बेटे को मार डालना था। बाद के इन दृश्यों का क्या किया जाय ?

भिखारी बीच में टट्टी फिरने गए थे चुपके से। परसों बरात का दही-बड़ा गड़बड़ था। एक गड़बड़ी और कसक रही थी। उन्होंने नाहक जिद की जंगल में साँप की किटकिटाहट को जोड़ने की। बाबूलाल ठीक कह रहे थे, दिन में साँप की बोली उन्होंने आज तक नहीं सुनी। खपटा छोड़कर उन्हें कुछ भी बजाना नहीं आता, शायद यह मूर्खता इसीलिए कर बैठे थे। लौटकर आए तो सुनरसन के गायब होने की खबर मिली। एक साथ कई लोगों को भेजा गया कि जहाँ भी हो, पकड़ लाएँ। क्या किया जा सकता है। गौर से दल के एक-एक सदस्य के चेहरे को देखा। नजर थिराई जाई ठाकुर पर ! हाँ, सुनरसन अगर दुबला जाय तो जाई ठाकुर हो जाएगा। और दुःख में आदमी दूबर हो ही जाता है। जाई ठाकुर को मुर्दा शंख पोता गया, आनन-फानन में साड़ी पहनाई गई। जाई ठाकुर के साथ एक ही दिक्कत है, उसे रोना नहीं आता। बार-बार बताने-समझाने के बावजूद जाई ठाकुर के चेहरे की सदाबहार हँसी लुप्त होने का नाम ही नहीं लेती। लच्छन राय का मन करता है कि कसकर दू थप्पड़ मारें कि रोने लगे, लेकिन मलिक जी नाराज हो जाएँगे।

भिखारी ने जमुना लबार को सिखा-पढ़ाकर लबारी करने मंच पर भेजा। लबार एक हंडा और एक गोजी लेकर मंच पर आता है–"अरे केहू उतार भाई लोग कपार पर से। आहि ए दादा, जान गइल!"

भोला और जगदेव मिलकर हंडे को सिर पर से उतारते हैं। तफजुल ने पूछा, "ई का है भाई जी ?"

लबार ने हाँफते हुए कहा, "देखात नइखे, दवात है।"

"अरे बाप ई दवात ह-अ! और कलमिया...?"

गोजी पटककर, "ई का है।"

"बहुत छोट बा कलम-दवात!"

"बड़का पोथा लिखे के बा नू! गंग में भंग डारि के, तुलसीदास में कालीदास के फेंटि के, सूरदास से कबीरदास के भिड़ा के कविताई करीला, कौनो मजाक है ?"

समाजी स्वागत करते हैं, "आईं कबी जी, आईं।"

"का आईं ? एहिजा हमार कबिताई के बूझी ?"

"एह समाज में एक से बढ़ि के एक बीए-सीए, डीए, एमे-ओमे बइठल बाड़न।"

"पहिले बताव-अ 'लेड़ा' हवन की 'लेड़ी'!"

"लेंड़ी...? कवन चीज के लेंड़ी-बकरी, भेंड़, ऊँट, सूअर।"

"ह-अ नू! कहलीं न, केहू ना बूझी—अरे लेंड़ी माने जनाना।"

"अच्छा, तो अइसे न बोलना चाहिए, लेंड़ी लोग बइठल बानी ओनिया बगीचा में छुप-छुपा के।"

"छुप-छुपा के...?"

"भिखारी ठाकुर के नाच ह-अ, लइकन और मेहरारू लोगन के बिगाड़ देला।"

"तो सुनी ए लेंड़ी लोग, भाई लोग, बहिनी लोग, तोहन लोग खातिर कबिताई ना करेला कबी लोग, बाकी हम जमुनादास, चेला भिखारीदास आपके लिए, खाली आपके लिए कबिताई पेश कर रहे हैं...

तुम चुरो दाल महरानी
हरदी परते जरदी आई, निमक परे मुसकानी
भात भतार से भेंट भई तब प्रेम सहित लपटानी।"

"असिल कबिताई ह-अ भाई। बोलो वाह-वाह!"

'वाह-वाह !' के मंगलोच्चार के साथ ही दीख पड़ा सुनरसन, माने बड़की। राहत की साँस ली सबने। जाई ठाकुर की जान बची।

आज सुनरसन ने बड़की के रूप में वह प्राणवंत अभिनय किया कि लोग रो पड़े। भिखारी अचरज में बन्दर की तरह देखते हैं, "अइसन पाट तो हमरो से ना होखत।"

नाटक खत्म हुआ, अब सुनरसन की इजलास में पेशी है। गिरोह के सभी सदस्य साँस रोककर देख रहे हैं, आज सुनरसनवा की खैर नहीं, बगल में ई कौन बैठा है ?

"का मालूम, सुनरसन के गाँव का लगता है।"

"ई कइसन पेशी है भाई, न मलिक जी कुछ पूछ रहे हैं, न सुनरसन कुछ बोल रहा है। दूनो, बल्कि तीनों अदमी का चेहरा पाथर हुआ जा रहा है !"

बड़की के पुत्र वियोग के दुःख में सुनरसन का दुःख इतना घुलमिल गया था कि दोनों को अलगाने के लिए समय लगेगा। एक कहानी थी, एक हकीकत! हकीकत की जलन, कहानी की जलन से ज्यादा बड़ी और ज्यादा फैली हुई थी।

"तू जनि बोल-अ..." भिखारी के उदास, सपाट कंठ से शब्द झर रहे हैं या राख, "लेकिन शिवबरन से हमरा पता लाग गइल ह-अ!" रुक-रुककर बोलते हैं, आँखें नम हुई आ रही हैं, "जिस बात के लिए तुम्हारा बाप जोर देता रहा, लेकिन तब नहीं कह सके, वही आज तुमसे कह रहे हैं, तुम नाच छोड़ दो।"

"आज कहतानी...? आज, जब आधा गंगा जी पँवरि अइनी, तब कहतानी कि लवट जा... ?" सुनरसन का गला और भी भर्रा उठा था।"

"बाबूलाल!"

"हाँ।" नींद में ही हुँकारी भरते हैं बाबूलाल।

"कलकत्ता में ऊ जगहिया तो अभी भी होगी न, जहाँ तुमरी मंडली नाचा करती थी।"

"काहें ?"

"कलकत्ते से जो परदेशिया आते हैं, नाच देखकर हमरा से कहते हैं कि कलकत्ते का परोगराम कीजिए। उधर झरिया-धनबाद से बाबू सत्यदेव सिंह के आदमी आए थे। तो सोच ई रहे थे कि पहले झरिया चलें, फिर हुआँ से कलकत्ता।"

बाबूलाल की नींद पूरी तरह टूट चुकी हैं, "लेकिन आप तो कहते थे कि सत्यदेव सिंह के यहाँ नहीं जाएँगे।"

"हाँ, कहा तो था लेकिन..." एक लाचारी टपकती है आवाज में, "जो भी नाच करवाते हैं, अइसहीं होते हैं। कोई सज्जन धर्मात्मा नाच क्यों नहीं करवाता ?" भिखारी का सवाल इतना मासूम है कि उसका जवाब नहीं दिया जा सकता।

"सो गइल-अ का ?"

"ना," माने अटकते हुए बोलते हैं बाबूलाल, "जो सज्जन धर्मात्मा होगा, पहले तो ओकरा पास पइसा ही नहीं बटुराएगा, बटुरा भी गया तो नाच काहें कराएगा ?"

"का खराबी बा हमरा नाच में ?"

"अरे ऊ लोग 'जग्य' कराएँगे, कीर्तन-भजन गवाएँगे, भागवत-पुराण बैठाएँगे कि...ओकरा में बड़का-बड़का पंडित न आते हैं।"

"बिना पइसा के ऊ भी न न आते हैं।"

झुँझला पड़ते हैं बाबूलाल, "उनको पइसवा भी देंगे और गोड़ भी धरेंगे और तोहार...नचियों देखेंगे, गारी भी देंगे। जवार में कोई भी बड़ जाति का इज्जतदार अदमी अपने लड़कों को तुम्हारा नाच देखने कहीं जाने देता है ?"

"फिर भी लोग आते हैं।"

"चोरी-चुप्पे।"

"हमारा के ई अकलंक धो देवे के बा...।"

"अभी क्या कह रहे थे ?"

"हाँ," भिखारी को याद आया, "लगन-भर कमाने से साल-भर की खरची कहाँ चलेगी ? खाली शौक से पेट न न भरेगा। सुनरसन के बारे में सोचते हुए, हमारा लागल कि महँगाई बढ़ गया है, और पैसा चाहीं।"

"सोरह आना!"

"जब नाच का ही धंधा कर लिया तो खाली लगन ही काहें, साल-भर के हिसाब-किताब बनावल जाय!"

"ठीक।"

"तो एक गो कागद लो और लिखो—कि कुआर में आरा।"

"हाँ।" बाबूलाल ने लिखा।

"फेन लिख-अ दीया...दियारी के बाद झरिया सत्यदेव सिंह के हियाँ-एक महीना।"

"हाँ।"

"एकरा बाद भर जाड़ा कलकत्ता!"

"ई नीमन परोगराम भइल, कम से कम माघ-पूस के जाड़ से परान बाची।"

"फेन फागुन से अषाढ़ तक आरा, बलिया, गोरखपुर, सीवान, छपरा, पटना, मुजफ्फरपुर!"

"फिर ?"

"फिर सावन में बलिया गरीबा सिंह के हिंया झूला, और बरम्हपुर शिवजी के मन्दिर पे, फिर सावन में आखिर में लच्छन राय के हिंया नाच, नाच के बाद..."

'फिर चन्ननपुर में बटोर।" बाबूलाल ने इसे बिना कहे ही लिख लिया।

"और ओकरा बाद कुआर में फिर आरा...।"

बैठे-बैठे ही विश्व की परिक्रमा पूरी करने के बाद उन्हें वैसी ही संतुष्टि मिली, जैसे कभी गणेश जी को चूहे पर सवार होकर विष्णु के नाम की परिक्रमा पूरी करने पर हुई होगी। इस कठिन परिक्रमा के बाद हुक्के गुड़गुड़ाए गए, खइनी ठोकी गई। अभी खइनी होंठों पर सजी ही थी कि उन्होंने देखा, एक हाथ से जुआठ में नधे बैल और एक हाथ से एक लड़के को पकड़े कीचड़ में लथपथ महेन्दर ठाकुर आ रहे हैं, "ई देखिए, भैया, ई पढ़ने जाता है कि बिरहा गाने!"

"लागत-आ ई पढ़ी ना... !"

लड़का रोने लगा, "ई देखीं हमारा हाथ मुरुक गया... ई-ई-ई-ई, अपने भी तो पढ़ रहे थे, काहें छोड़ दिए। ई-ई-ई, अपने भी बिरहा गाते हैं, सो नहीं।" स्वर में आक्रोश भर रहा था।

भिखारी को डर लगा, कि सुनरसन की तरह ही कहीं बाबूलाल के परिवार के उजाड़ने का भी पाप उनके कपार पर न आ गिरे। उठकर बेचैनी में टहलने लगे।

कोइलौरी!

सत्यदेव सिंह लंबी-चौड़ी कद-काठी के रोबीले बबुआन हैं। कोइलौरी (कोलियरी) में काम करवाते हैं, यूनियन चलाते हैं। उनके अखाड़े में दस-बारह पहलवान डंड पेलते हैं। ये इनके लठैत हैं, जो मजदूरों से मार-पीट, डाँट-डपटकर काम करवाते हैं। ज्यादातर मजदूर आरा, गोरखपुर, बलिया, छपरा, जौनपुर और हजारीबाग के हैं। बाकी बिलासपुर और रायपुर के। सारे मजदूर एक बाड़े में रहते हैं जिसे कैम्प कहते हैं। यहाँ की धरती छपरा की तरह मैदान नहीं, ऊँची-नीची है, इसी के नीचे कोयले के भंडार हैं।

कोयले के उस भंडार तक पहुँचने के लिए कुएँ बने हैं जिसे चानक कहते हैं। चानक के ऊपर लोहे के मजबूत ढाँचे पर एक बड़ी-सी चरखी है जिससे लोहे का रस्सा लिपटता-खुलता है। रस्से से बँधी डोली है जो कुएँ में आदमी को ले जाती है, ले आती हैं। जैसे कोई पुर हो, मोट से पानी निकाला जा रहा हो। अर्जुन जी ने जब खांडव वन को जला डाला तो वही कोयला बना, वही कोयला धरती माई के नीचे पड़ा हुआ है।

बारूद से ढाहकर गइँता-कुदारी से काटकर टब में भरकर डोली से ऊपर लाया जाता है। नीचे एकदम अन्हरिया रात—क्या दिन, क्या रात, एक गो लमटेन ले के जाते हैं जालीवाला, जौना से गेस भी नापल जाला।"

"जियादा गेस होखी तो अदमी मू जाई ?" लच्छन ने अलीजान से पूछा।

"एही से एक गो ललमुनिया चिरई पिंजरा में ले के जाते हैं।"

"चिरई बता देगी ?"

"अलबत्त बता देगी ?"

कलकत्ते के नाववाले पुल के बाद यह दूसरा आश्चर्यलोक था भिखारी के लिए। जिला-जिला के अदमी हैं, किसिम-किसिम की बोली-बानी।

मेहरारू भी नीचे काम करती हैं, बाकी इनकर बोली सबसे अलग है। लाज-शरम नहीं है। पाँच हाथ के लूगा पहिरलीं, तबो गतर खुला! बाबू साहेब का बड़ा रोब-दाब है।

कोइलौरी में अपने गाँव-जवार के आदमी भी बहुत हैं। निकलकर आते हैं तो देखकर डर जाय आदमी। नंग-धड़ंग करिया भूत ! लेकिन पइसा है और पइसा के खातिर अदमी क्या नहीं करता !

सत्यदेव सिंह की कोइलौरी में चार दिन नाच हुआ। टिड्डी की तरह लोग उमड़ते। बाबू साहेब ने मोटी रकम दी। रहना, खाना, सोना सब फिरी। इसके बाद दूसरी-दूसरी कोइलौरी से माँग आने लगी। मुनीडीह, सिमला बहाल, कतरास, धनबाद और कहाँ-कहाँ तो ! चार दिन के सट्टे पर आए थे, महीने-भर हो गए। सट्टे अब भी आते जा रहे थे, लेकिन सबसे हाथ जोड़ लिया भिखारी ने, "अब ना! अब कलकत्ता जाएँगे।"

धनबाद से रात में टरेन मिली। बहुत-से लोग विदा करने आए थे। छह घंटे में हबड़ा टेशन पहुँचे तो सबेरा हो गया था। हबड़ा से बस से टीटागढ़ पहुँचे जहाँ ठहरने का इन्तजाम था।

गंगा जी को यहाँ पछिमाहा लोग भागीरथी कहते हैं और बंगाली लोग हुगली। इसके दोनों किनारों पर चटकल है—चट माने बोरा! पाट से बोरा बनाने का कल।

यहाँ भी वैसे ही पछिमहा मजूर—आरा बलिया छपरा गोरखपुर जौनपुर...के !

आदमी चिरई है। दाना-पानी की खोज में उड़के हिंया आया है। कै जोजन दूर बाल-बच्चा छोड़ के। शायद यही वजह है कि इन्हें 'बहरा बहार' बिल्कुल अपना लगता है, 'बेटी वियोग' अपना लगता है, 'भाई विरोध' अपना लगता है।

पहला प्रदर्शन बहुत ही साधारण रहा। चार चौकी (तख्ता) लगाकर स्टेज बनाया गया था, बाँस-बल्ली के सहारे पीछे छोटा-सा परदा लटकाया गया था। यहाँ गैस-बत्ती के इँजोर में नाच हुआ जो मशाल और लमटेन से ज्यादा इँजोर करती थी।

छोटा-सा परदा। समाजी सामने बैठे। कलाकारों के मेकअप के लिए रेवटी बगल का कुआटर था। वहाँ से सज-धजकर सीधे स्टेज पर आते। बैठने के लिए भी औरतों का अलग इन्तजाम था और मर्दों का अलग। बीच में चार हाथ का रास्ता छोड़ दिया

गया था। इसे न कहते हैं कलकत्ता! सारी चीज तरतीबवार! नाच देखने के लिए मनीजर साहेब भी आएँगे, सो देहाती चाल-चलन नहीं चलेगा, वरना कहेंगे, कहाँ से जंगली लोगन को उठा के ले आए। वेश वही, बाना वही लेकिन बोली बदल गई थी, "जै काली माई की!" हाथ जुड़े हुए थे, भाषा कुछ हिन्दी कुछ भोजपुरी, "काली माई और गंगा माई के शहर कलकत्ता-हबड़ा को भिखारी ठाकुर की नाच मंडली का परनाम! जिला-जवार को परनाम, इहाँ के अँगरेज साहब को परनाम, मुसुरमान भाइयों को सलाम, बंगाली बाबू लोगन, मारवाड़ी सेठ लोगन को परनाम !"

इस गँवई भाखा के बाद शुद्ध संस्कृत में स्तुति। फिर सूत्रधार, नचनिए, लबार और तमाशे का सिलसिला। पहले दिन 'बहरा बहार' नाटक मंचित हुआ। भीड़ ने निराश किया, सिर्फ दू सौ आदमी। इससे ज्यादा तो वर-वरियात में लोग चले आते हैं। दूसरे दिन रिक्शे पर भोंपू लेकर एक दवा बेचनेवाले को प्रचार के लिए बैठा दिया गया था, तो भीड़ हजार तक पहुँची। कंपनी के मालिक खुद आए थे ईनाम देने। इसके बाद तो जहाँ भी गए, हर जगह भीड़ कंटरौल के बाहर ! चौथी बार एक पियक्कड़ स्टेज पर चढ़ आया और पाँचवीं बार तो दो मनचलों ने अठन्नी दिखाकर नचनियों को बुलाया। मना किया गया, फिर भी न माने तो नाच बन्द कर देना पड़ा। झरिया की तरह यहाँ लोग किसी बाबू साहब की बंदिश में न थे, सो दिन में भी घेरे रहते, जिन्दगी-भर मान-सम्मान का भूखा मन तृप्त हो रहा था।

दिक्कत बस एक ही चीज की थी—दिशा-फराकत, मर-मैदान की। कहाँ गाँव में लोटा लेकर कहीं भी निकल जाना, कहाँ ये बदबू देते पैखाने ! एक ही जगह सब टट्टी फिरते हैं। गमछे से नाक दबाकर बैठना या फिर गंगा के किनारे सबके बीच गंदगी में सामूहिक निबटान।

लोग ठीक ही कहते हैं, 'जो कलकत्ता नहीं देखा, ऊ अभी भी माई के पेट में है।' दुनिया, जहान-भर के लोग, एक से बढ़कर एक अजूबे! कलकत्ता बाबूलाल और भिखारी के लिए नया न था, मगर दल के ढेरों सदस्यों के लिए किसी अचरज से कम नहीं था। लेकिन सबको सख्त ताकीद थी कि न कोई बाहर जाएगा, न बाहर के किसी आदमी से बात करेगा।

लच्छन राय कलकत्ते के बारे में ऐसे बता रहे थे, जैसे वे बाबूलाल से भी बड़े जानकार हों, "अब देखिए कि इतना चौड़ा पाट है गंगाजी का, बाकी उस पर नाव का पुल बाँध दिया अँगरेज बहादुर ने। जुआर (ज्वार) आए, चाहे भाटा, पानी के साथ-ए-साथ पुल भी ऊपर-नीचे हो जाता है, डूबता नहीं। और जानते हो, बड़का दहाज पार होता है राती-खा (रात में) तो बिचवे से नाव हटा लिया जाता है।"

"जुआर को कैसे तोड़ा जाता है, मालूम ?" बाबूलाल ने पूछा।

"जुआर को भी तोड़ा जा सकता है भला ?'

"बजबज में तोप लगा है, जुआर आते ही दागकर तोड़ दिया जाता है उसे।"

"अरे बाप ! हद 'बुद्धी' का बरियार है अँगरेज बहादुर भी। चिरई का दूध चाहो

तो हाथ पे लाकर रख दे।" लच्छन राय उदास हो गए। बाबूलाल और भिखारी के चलते वे कभी भी मूँड़ी नहीं उठा पाएँगे।

पहली यात्रा में कलकत्ते ने अनुमान से कुछ ज्यादा ही दिया। कइयों ने साड़ी धोती, खिलौने के अलावा एक लमटेन (लालटेन) और एक-एक बाल्टी खरीदी; किसी-किसी ने चोर बत्ती (टार्च) भी। गाँव के लोग देखेंगे तो ईरखा करेंगे, "ई कैसे जरेला...?" हंडिल उठा के माचिस से खर्र दिना तीली जलाएँगे और बाती में छुआ के शीशा उतार देंगे–ये लीजिए! सबसे अचरज चोर बत्ती को देखकर होगा, "ए भाई एकरा में माचिस ना लागेला ?"

कहेंगे, "नइखे बुझाता ? ई बटन दबाईं और भक दिना इँजोर, बटन छोड़ देईं फेर जस के तस अन्हेर! केहू बूझी कि का ले ले बानी!"

"ई तो भगजोगनी ह-अ!"

"तबे न नाम है चोर बत्ती!" बिल्लर खुद को बिलार से कम चतुर नहीं मानता, वह चोर बत्ती नहीं लेगा।

"अरे लमटेन ही ले लो।" लालू ने समझाया।

"ना, ई झंझट हम मोल न लेंगे। बड़जात के गाँव ह-अ। मिया की दाढ़ी चिखवनिए में जाई।"

जमुना लबार ने लमटेन इसलिए नहीं ली कि उसका शीशा कहाँ मिलेगा।

भिखारी ने जगदेव, लच्छन और बाबूलाल के साथ नाच के सामान भी लिए–दो बक्से, मुर्दा शंख, पौडर, लाली, शीशा-कंघी, सकली, साड़ी, बेलाउज, चोर बत्ती, लमटेन और गेस बत्ती, मेंटल–"अब मशाल के झंझट ना!"

तफजुल ने नया हारमोनियम ले लेने का आग्रह किया।

"मन तो करता है कि समसे कलकत्ता खरीद लें, लेकिन पइसा न चाहीं। हरमुनिया अगली बार!"

इधर लौटते बखत जगदेव से एक भारी भूल हो गई थी। गेस बत्ती के मेंटल को वह परम आश्चर्य से देख रहा था, " यही चीज है जो रात को जलकर दिन जैसा इँजोर देता है ? ह नू ? कैसा खिला हुआ है–फूल की तरह!" मन नहीं माना। ऐसी प्यारी चीज को वह छूकर देखना चाहता था। उसने छुआ और मेंटल अंडे-सा फूटकर उसकी हथेली पर!

लच्छन राय एक सिरे से उखड़ गए, "कौन ले आया ऐसे लंठ आदमी को ?"

"ए मरदे, तू का बुझल-अ...कि ऊ मेहरारू के..." किसी ने फब्ती कसी।

"चुप-चुप ! मलिक जी!" अलीजान ने डाँटा।

17

फगुनहट (फागुनी हवा) ललकार रही थी। तन भी उड़ा जा रहा था और मन भी। गंगा के तीरे-तीरे कितनी दूर निकल आए, कुछ पता नहीं। पेट में कोई वायु-गोला था, जो उन्हें भटका रहा था। सहसा पीछे से एक आवाज ने टोक दिया, "शहर में जब कोई बिलाइत से पढ़कर लौटता है, तो उसका गोड़ भुइँ पर नहीं पड़ता।"

मुड़कर देखा तो रामानन्द सिंह थे, उन्हीं के साथ तिवारी बाबा और साधु गोसाईं भी। सबको झुककर परनाम किया भिखारी ने, "का कहते हैं, हम तो आज भी..."

रामानन्द सिंह परम आत्मीयता से भिखारी के कंधों को दबाते हुए बोले, "गाँव-जवार के लिए कलकत्ते न बिलाइत है ! बताओ, आ कि कलकत्ता से आए कब और पकड़ में आ रहे हो कब !"

"का करीं बड़का भैया, बहुत-ए जंजाल बा।"

"जंजाल मोल लिए हो तो रहेगा नहीं।" साधु गोसाईं ने कहा, "लेखक भी, सूत्रधार भी, मरद का पाट करनेवाले भी, मेहरारू का पाट करनेवाले भी, लबार भी, मूलगैन भी, नचनिया भी, बजनिया भी...यू.पी. भी, बिहार भी, अब कलकत्ता भी माने कि सोलहों कला-प्रवीण !"

"अहि-ए दादा!" तिवारी बाबा ने आँख नचाई, "सोरहों कला के चन्द्र होखे, चाहे चन्द्रमुखी—दूनों प-अ नजर लागे के हर घरी खतरा रहेला।"

चारों जन हँस पड़े।

"ई बताओ, अभी जा कहाँ रहे थे गतें-गतें?"

भिखारी का चेहरा उतर गया, "वही जंजाल...? लालू और सोमारू दल छोड़ रहे हैं, उसी के लिए पंचाइत बटोरने।"

"लौर (लाठी) चलावे के होखे तो बोलना।" तिवारी बाबा ने कहकर माहौल को सामान्य करना चाहा, "अरे दल है तो ऐसी समिस्सा तो आती ही रहेगी। और फिर तुम इतने कमजोर नहीं हो कि उनके चले जाने के बाद टूअर हो जाओगे। मर्द बनो मर्द !"

"नाम तो तुम्हारा चारों ओर हल्ला हो गया है।" साधु गोसाईं ने कहा, "ई बताओ कि पुराने को ही फेंट रहे हो या नया भी कुछ लिखे ?"

"अब का कहें ?"

"घेरा गए हो, याद है, यही जगह है, बचपन में चकचाना में भाग गए थे, आज

भाग नहीं पाओगे !''

हँस पड़े हैं भिखारी, ''भागकर जाएँगे कहाँ ? अब यही देखिए 'बेटी वियोग' पूरा हो जाने के बाद भी लगता है पूरा नहीं हुआ, 'बहरा-बहार' लिखे जाने के बाद भी मन भरा नहीं...।''

कोई कुछ बोला नहीं। गंगा की रेत पर पंजे दबा-दबाकर चलते रहे पुराने मीत। पानी छुल्ल-छुल्ल छलक रहा था किनारों पर। नावें ऊपर-नीचे हो रही थीं ? लोग-बाग आ-जा रहे थे, मगर उनका मन कहीं और ही था।

सहसा बोल उठे रामानन्द सिंह, ''कोई-कोई रचना लेखक के मन में लिखी जाने के बाद भी चलती रहती है, जैसे जीवन, जो चलता रहता है, जिए जाने के बाद भी...''

और पंचायत ? कौन नचनिया किस गिरोह को छोड़कर किस गिरोह में चला गया, उसे कौन फोड़ ले गया, इस पर आरोपों और प्रत्यारोपों की झड़ी लग गई दोनों ओर से। बतकही 'कुकुर झौं-झौं' और भूतों की पंचायत में बदल गई।

भिखारी किससे कहते अपनी कसक ? सोमारू को वही ले आए थे। रामचन्नर को वही ले आए थे, लालू को वही ले आए थे। लच्छन भी उन्हीं की बदौलत गिरोह में शामिल हुए थे। अँगुरी पकड़ के एक-एक को नाचना सिखाए, गाना सिखाए, पाट करना सिखाए और जब सीखकर होशियार हो गए तो भाग निकले। तनिको लिहाज नहीं लगा। चश्मा सँभालते हुए अपनी जगह उठकर खड़े होते हैं। आज सूत्रधार नहीं है, महज फरियादी हैं–

''हमने तुमको कभी जान-बूझकर कोई तकलीफ दी ? अपने माल-पूआ खाया और तुम्हें कोदो खिलाए कभी ?''

लालू का सिर झुक जाता है। सोमारू अपनी झुकी गरदन से कनखी से ताक रहे हैं सिधारी को।

''कभी खिसियाकर डाँटा भी तो बेटे की तरह मनाया भी।''

''एकदम सोरह आना।'' लच्छन राय ने कहा।

''फिर...अलग गिरोह क्यों ? मिसिर जी की भाखा में बोलूँ तो, भइल कौन मोसे कसूर, नयनवाँ से दूर कइल-अ बलमू...?''

लालू का मन कसमसा रहा है। सोमारू को डर है कि कहीं भोंकार मारकर समर्पण न कर दे, ''हे रे करेजा, तनिक कड़ा रह। तनिको कमजोर नहीं पड़ना है आज!''

सिर झुके हुए हैं बागियों के और उनसे ताबड़-तोड़ जिरह हो रही है, ''तो फिर क्या बात हो गई कि...?''

''ऐसे ही।'' लालू ने धीरे से दूसरी ओर ताकते हुए कहा।

''ना ना...नजर मत फेरो! हेने ताक-अ, हेने! नजरिया से नजरिया मिला के बात कर-अ!''

"आपने भी तो गिरोह छोड़ा था।" सोमारू ने कहा।

भिखारी चुप!

"क्यों छोड़ा था आपने ?"

लालू ने प्रशंसा की नजर से देखा सोमारू को, कुछ भी हो, है तो नाई का चेला ! लोहा ही लोहे को काटता है।

"हमारा मन में आया कि अपने मन का काम नहीं कर पा रहे हैं, सुतंत्र नहीं हैं..." धीरे-धीरे पुरानी यादों को पगुराते बोलते हैं भिखारी। सहसा बोलते-बोलते हड़क जाते हैं—यह क्या, परकाया प्रवेश करने के साथ ही खुद ही जवाब दे डाले खुद के सवाल का।

लालू ने देखा कि मलिक जी कमजोर पड़ रहे हैं। बस यही मौका है उन्हें चित कर देने का। बोले, "आपको तपलीफ (तकलीफ) क्या है ? हम जहाँ भी रहेंगे, आपके ही आदमी कहलाएँगे। आपका ही तमाशा करेंगे। परिवार बढ़ता है तो अलगा-बिलगी होती रहती है। यही जग की रीति है।"

और जग की इस रीति को स्वीकारने के सिवा चारा ही क्या रह गया था ! इसी को कहते हैं होनी !

तो इसका मतलब यह हुआ कि लालू और सोमारू इस गिरोह में अपने मन का नहीं कर पा रहे थे, सुतंत्र नहीं थे, जी अकबका रहा था यहाँ। आखिर यह कैसी घुटन है ? कहीं ऐसा तो नहीं कि वे उनकी मनमानी पर बिदके हुए थे ? कहीं ऐसा तो नहीं कि उन्हें लग रहा था कि समसे माल हम बटोर रहे हैं—नाम, जस, पैसा, रुतबा, और उनकी झोली में कुछ नहीं जा रहा है ? कहीं ऐसा तो नहीं कि भिखारी के गिरोह से और भी कई भिखारी अंकुरित हो रहे थे और उन्हें फूलने-फलने का उचित अवसर नहीं मिल रहा था ? ईर्ष्या ! डाह ! स्वार्थ ! गुरूर ! शायद सब कुछ!

बाबूलाल का मत था कि यह सब कुछ नहीं, बस डाह है। गिरोह में थोड़ा नाम हो गया तो सोचे हमारे बदौलत ही तो चल रहा है यह गिरोह। नारद मोह! फिर जाति का भी दरद है, अन्दर कहीं। नाई के नीचे काम करेंगे ?

"ऐसा होता तो लच्छन राय पहले टूटते।"

"लच्छन राय भी टूटेंगे। बस इनकी तरह पखना (पंख) जमने-भर की देर है।" बाबूलाल की पत्नी ने कहा।

"ना बाबूलाल, हम सोचते हैं दूसरे के गिरेबान में झाँकने से पहले क्यों न अपने गिरेबान में ही झाँककर देखें...।"

बाबूलाल कुछ समझ नहीं पाए।

"हमने सिर्फ व्यास बनने का सपना देखा था, तुम्हारी मेहनत और मेरी लगन, दल का सहयोग और राम जी की इच्छा से अब वह काफी सन्नामी गिरोह हो गया है। किसिम-किसिम के आदमी हैं, अलग-अलग जाति, धरम-मिजाज। कागद पे तमाशा बनावल आसान ह-अ और ई शिवजी की बरात गँवड़ेर के (घेरकर) चलल बहुत

मुश्किल!" भिखारी ने खुलासा किया।

"तो क्या करोगे ?"

"अइसन कुछ करे के परी कि किसी को शंका न रह जाय–आर-पार लौके!"

बाबूलाल फिर भी न बूझ पाए इस पहेली को। कई दिन बाद गिरोह के सदस्यों के सामने भिखारी ने अपनी इस 'आर-पार' का खुलासा किया–16 आने की कमाई में दस आना दल का, छह आना मालिक का। इस छह आने में मालिक दो आना साज-समान पर खरच करेगा, दो आना व्यवस्था-परबंध पर और शेष दो आना मालिक का अपना!

भाग-बटवारे के इस तरीके से कुछ ही लोगों को मतलब था, बाकी कइयों को तो कायदे से गिनना भी नहीं आता था।

"लेकिन नचनिया को अगर चवन्नी चमकाकर कोई बुलाए ?"

"कोई भी कलाकार नीचे उतरकर पैसा लेने नहीं जाएगा। हाँ, नाचते बखत बखसीस चाहे नेग-चार मिले तो वह ले सकता है लेकिन उसे मालिक के पास जमा कर देगा।"

बाबूलाल, जिन्हें पहले भी कलकत्ते में नाच गिरोह चलाने का अनुभव था, चकित थे। भिखारी ने गलत उगाही के स्रोत ही बन्द कर दिए। अब जब 'बखसीस' अकेले अपनी होनी ही नहीं तो कोई क्यों गिरेगा नीचे, क्यों मचेगी मारामारी!

लालू की जगह आ गए जूठन ठाकुर और सोमारू की जगह छबीला। जूठन भिखारी के गोतिया पट्टीदारी के थे। भिखारी चुपके-चुपके आए थे, जूठन दिन-दहाड़े। इतने दिनों में इतना बड़ा फर्क कम नहीं था। और फर्क होता क्यों नहीं, भिखारी ने पहली बार खेत जो लिखवाया था–आठ कट्ठा! इसके पहले के आठ कट्ठे के खेत जजमनिका में किसी बाबू साहब ने दया करके दिए थे। वही दलसिंगार ठाकुर के नाम सीर लग गया था। बहुत गोपनीयता से हुआ था यह काम। मुसम्मात से मिली रामा गोंड़ को खबर और रामा ने इस हिदायत के साथ फिसफिसाकर यह खबर कइयों को दे डाली कि वे किसी से नहीं कहेंगे। इसी हिदायत के साथ एक ने दूसरे से, दूसरे ने तीसरे से कही और गाँव-भर में सुनगुन हो गई।

"कतना खेत है ?"

"आठ बिस्सा।"

"केकर खेत ?"

"मुसम्मात मिसिराइन के ?"

"दीयर का खेत है ?"

"हाँ, गंगा माई की किरपा रहेगी तो दू साल में लागत वसूल हो जाई।"

"नाच में अतना पइसा बटुरा जाता है ?"

"तब का! देखात नइखे कि पुरनका बैल बदल के नया बैल खरीदा गया। भैंस खरीदी गई।"

"हूँ ऽऽऽ! पुरुब जनम के कमाई ह अ भैया, और का कहीं।"

इधर जबसे खेत लिखवाने की खबर फैली है, कुतुबपुर आते ही जरूरतमंद लोग भिखारी की तरह भिखारी के दरवाजे पर भीड़ लगाए रहते। बियाह-गौना, दवाई-दरपन, खुशी-गमी, मुकदमा, रिन, भोज-भात!

भिखारी परेशान! इस तरह दानी कर्ण और मोरध्वज बनने की भूल की तो गए काम से। पानेवाले कहते, "भिखरिया देहल-अ स-अ!" न पानेवाले कहते, "भिखरिया कहलस ले जाइए बबुआन, आपका ही पइसा है, हम तो परजा-पउनी हैं लेकिन हम बोले 'ना'। हम ना लिहनी। एक तो नाई! दूजे पाप की कमाई!"

इन खबरों को बहोर और जूठन ठाकुर बीन-बटोरकर ले आते और भिखारी के सामने फैला देते।

काका मेघबरन ठाकुर धीमे स्वर में वैसा कहनेवालों की माई-बहिनी को गलियाते। शिवकली देवी डाँटती तो चुप होते। पतोहें चौके से खिसिर-खिसिर हँसतीं। एक ही श्रोता था जो इस पारिवारिक बतकही में बिरादरी खारिज था—दलसिंगार ठाकुर, जो 'खाँय-खाँय' खाँसते अलग बैठा होता। भिखारी ने बहोर की खबरों पर एक छोटी-सी टिप्पणी दी, "खेत बढ़ेंगे, तो बैल बदले जाएँगे, बैल बढ़ेंगे तो हरवाह-चरवाह रखे जाएँगे, आमदनी बढ़ेगी, तो इज्जत बढ़ेगी। इज्जत बढ़ेगी तो जजमनिका टूटेगी। और जजमनिका टूटेगी तो सुतंत्र !

मनतुरना देवी ने चौके से आवाज दी, "खाना बन गइल बा। दीया में तेल नइखे।"

खाना खाते समय मेघबरन ठाकुर ने एक और जरूरत पर ध्यान दिलाया, "पंडीजी पतरा देखकर बता रहे थे कि अषाढ़ लगते आँन्ही-पानी के जोग बा।"

"ई कौन नई बात बताए ?"

"पलानी छवा लेनी है। पइसा है ?"

"कल आदमी ढूँढिए।"

"अदमी कहाँ मिली।"

"सिर्फ दू आदमी!"

और लीजिए, सबेरे-सबेरे दू आदमी हाजिर।

"भिखारी! ए भिखारी! कौनो बाड़न सन रे ?"

अरे बाप, ई दू आदमी तो वे आदमी नहीं हैं। देखा तो पदारथ सिंह और मुंसी जी। प्रणाम करते हुए भिखारी ने खटिया बाहर निकाली।

"बइठेंगे नहीं। तनी दाढ़ी छील द-अ जल्दी से।"

भौंचक रह गए भिखारी! पहले तो लगा कि मजाक कर रहे हैं पदारथ सिंह, लेकिन जब उन्होंने दोबारा छूरा निकालने को कहा तो जैसे उन्हें होश आया।

"हाँ-हाँ! अभी लीजिए!" पलानी में घुस गए—यहीं तो खोसा था छूरा-कैंची, नहरनी की पोटली को। कहाँ लोप हो गई ? यहाँ तो जगह-जगह कागद खोंसे हुए हैं। खोल-खोलकर देखते हैं, कैथी की टेढ़ी-मेढ़ी लिखावटवाले कागदों को। सिरी गंगा

अस्नान की अधूरी रचना और फुटकर ढेर सारी चीजें, मन में कसक उभरी—"यह रचना अधूरी ही रह गई।"

"का करने लगे भाई ?"

"हाँ, ले आवतानी!"

मिल गई। पोटली धूल से बदरंग। पदारथ सिंह और मुंसी जी के सामने ही गड़राती हुई खुलने लगी।

पदारथ सिंह ने बुरा-सा मुँह बनाया, "छूरा में मोरचा, कैंची में मोरचा, नहरनी में मोरचा, और नाई में मोरचा!"

मुंसी जी ने हँसकर कहा, "रहे देईं बाबू साहेब, हम वैसे ही आपको एक तोला गाँजा हार रहे हैं। अगर इस छूरे से आपकी दाढ़ी बनी और बनानेवाले भिखारी हुए तो राम ही मालिक हैं।"

पदारथ सिंह अपनी ओढ़ी गंभीरता को और न बचा सके। दोनों हँस पड़े। भिखारी भौंचक्का, "का बात है मुंसी जी ?"

"बताईं, अरे हम दोनों में बाजी लगी थी। इन्होंने कहा, आज भिखारी से दाढ़ी बनवाकर मानेंगे। हमने कहा, नहीं बनवा पाएँगे। एक तोला गाँजा की बाजी थी।"

अब हँसने की बारी भिखारी की थी। मुंसी जी ने कहा, "हम आ ही गए हैं तो ऐसे तो जानेवाले नहीं।"

"क्या सेवा करें ?"

"एकरा पे एक गो कविताई!"

"हाँ!" पदारथ सिंह ने समर्थन किया।

"छूरा छूटल नाच का जर से..."

रामानन्द सिंह जैसे इसी क्षण का मौका जोह रहे थे। आकर खड़े हो गए, "हम का बोले थे ? माने नहीं और चले आए परीक्षा लेने। अब आए हैं तो वरदान दे के ही जाइएगा।"

पदारथ सिंह ने कहा, "बीसो नह जोड़ के आशीर्वाद बा, जौन भिखारी में आज तक मोरचा ना लागल, आगे भी ना लागे।"

पहले पलानी छवाई गई, फिर खेत की समहुत हुई। पहले दलसिंगार ठाकुर से हल की मूठ थमवाई गई, फिर उसे ले लिया काका मेघबरन ने, फिर नए लगे हलवाहे ने। बुआई अलबत्ता मनतुरना देवी ने ही की। इसे दूसरे पर छोड़ने का मतलब था गड़बड़ा देना। खोइंछे (कोंछ) में मकई के पीले-पीले दाने मूठ से एक-एक गिराती चल रही थीं। यह अपना खेत था, खालिस अपना, अपने खून-पसीने का।

भिखारी ने रामचन्नर को बुलाया और चल पड़े चन्ननपुर। सरजू की छाड़न में घुटना-भर पानी आ गया था। चारों ओर बोआई चल रही थी। "तेरह कातिक, तीन अषाढ़।" तीन दिन में खरीफ की फसल न बो लिए तो पिछड़ जाना पड़ेगा। इक्केवाले

भी अपने-अपने हिस्से के खेत जोतने-बोने में लगे थे। छपरा तक पैदल ही जाना पड़ा। वहाँ से चन्ननपुर पहुँचे तो साँझ हो आई। समधिन (बाबूलाल की पत्नी) ने देखते ही ताना मारा, "खेत लिखवाए हो, अगर खाली हाथ आए तो घर में घुसने नहीं देंगे।"

भिखारी ने जलेबी थमाते हुए कहा, "बाबूलाल भइया कहाँ हैं ?"

"तुम आए और वे नाचना शुरू कर दें ? अरे बैठो ना ! ना, बैठो मत! हाथ-गोड़ धोकर चौके में बैठ जाओ। बरखा-बूनी का दिन है, फतिंगा पड़ जाएगा खाने में।"

"बाबूलाल को तो आ जाने दीजिए।"

"का जाने भोर-ए ले आवें, तब...?"

सच, बाबूलाल भोरे-भोरे पानी हिलकोरते हुए हाजिर हुए।

"अकेले ?" भिखारी का जी धड़का, "बाकी लोग ?"

"दोपहर, चाहे साँझ तक जिसको-जिसको आना है, आ जाएगा, जिसको नहीं आना है, नहीं आएगा।"

शाम तक लालू और सोमारू को छोड़कर प्रायः सभी आ गए। सुनरसन को पहली बार अपने खेत बुआकर आना था, सो दूसरे दिन पहुँचा। लच्छन राय खेत बिना बोए ही चले आए थे, जिस पर भिखारी को एक लम्बा-चौड़ा प्रवचन देना पड़ा। दो नए नचनिए पनधारी और गुलाम किसी बाबू साहेब के हलवाहे थे, खेतों की जुताई-बुआई करते-कराते उन्हें तीन-चार दिन लग सकते हैं। चौथे दिन की दोपहरी ढलते ही सब दलान में इकट्ठे हुए।

"आज पहली बार लालू नहीं है, सोमारू नहीं है।" स्वर भर्रा गया भिखारी का। कुछ देर खुद को सँभालने में लगा, फिर बोले, "बहुत बड़ी चुनौती है हमारे सामने। इस चुनौती को सुइकारने के सिवा हमारे पास चारा ही क्या है।"

कल को कोई ये नहीं कह दे कि गिरोह तो लालू और सोमारू के ही बल पर चलता था। जुद्ध है जुद्ध! लाठी-भाला, गोली-बन्दूक का जुद्ध नहीं, कला और गला का जुद्ध! बहुत नरम, बहुत पाकल!

जूठन को कृष्ण की भूमिका मिली। पनधारी को मिली प्यारी सुन्दरी की भूमिका। जगदेव, लच्छन, रामचन्नर, तफजुल, अली खाँ और बाकी लोग तो थे ही।

भिखारी बैठकर पनधारी को गाना सिखाने लगे। लोग चकित थे, इतनी मेहनत मलिक जी ने कभी न की थी।

गले में कोयल कूक रही थी कि पानी पर पसर रहा तेल था, प्रतिपल नया-नया रंग-रूप अख्तियार करता हुआ। पनधारी को पसीने छूट रहे थे नकल करने में।

"अन्तरा की धुन पकड़ लो, आधा मैदान मार लिए।"

पनधारी ने फिर कोशिश की तो कुछ ज्यादा ही खिंच गया।

"जबर्दस्ती कइला पे कौनो मजा ना आई!" भिखारी हँसने लगे, "राग, रसोई, पागड़ी कबहूँ-कबहूँ बनेला, हड़बड़इला से काम ना चली।"

उन्होंने पनधारी को सहज होने के लिए छोड़ दिया और गुलाम को पकड़ा—

"पहले तुम कोई गाना सुनाओ।"

"कौन...?" गुलाम उनके नाम से ही आतंकित था।

"कोई भी।"

"कौने बने रहलू ए कोइलर...?"

"ऊहे सही।"

"कवने बने रहलू ए कोइलर, कवने बने ना..."

"ई कौना के धुन है ?"

गुलाम चुप।

"जँतसार के!" भिखारी ने बताया और उसे बिरहा में गाकर सुनाया तो स्वर के पारद-स्तम्भ काँपने लगे!...

अभ्यास में इतने रम गए कि न दीन की सुधि रही न दुनिया की।

"करबो नागदेव के पूजा, महिनवा सावन आइल रे ?"

गीत सुनकर याद आया, आज नाग-पंचमी है। औरतें नाग देवता के लिए प्रार्थना गीत गाती हुई दूध, लावा छिड़कती जा रही हैं। कुतुबपुर की नाग-पंचमी याद आ रही है। माई सुबह-सुबह ही सँपेरे (साँप का विष झाड़नेवाले) के पास पीली सरसों और बालू देकर भेज देतीं, "जाओ, इसे झरवा लाओ।" वे झड़वाकर लाते तो पीली सरसों पीसी जाती। फिर उसे उस बालू और गोबर में सानकर पूरे घर को गोंठा जाता, ताकि साँप न आ सकें। हाँ, घर का पच्छिमवाला कोना छोड़ दिया जाता। माई ने पूछने पर बताया था, "देवता लोग घर के बाहर-भीतर आ-जा सकें, इसलिए..."

"छपरा में दंगल है, चलोगे नाऊ ठाकुर !" बाबू साहेब का सवाल कंकड़ी की तरह गिरता है। हड़बड़ाकर, उठकर 'परनाम' करते हैं भिखारी, "केकर ?"

"लो, बाबूलाल ने नहीं बताया...?" स्थिर होकर बैठ गए हैं बाबू साहेब, "अरे ऊ एक ठो नटिनी है ! अइसन खबसूरत कि का कहें और जेतना खबसूरत, ओतने तागत! एक गो बनारस के बड़का पहलवान जी ओकरा सीना प-अ हाथ राख देहलेन ? माने कि..." बाबू साहब ने आँख नचाकर मदन-रस से मस्त बनाया सूचना को, "बस क्या था, पकड़िए तो लिया उसने पहलवान राम की कलाई को। 'का समझ के एहिजा हाथ रखा ?' पहलवान जी के लागल कि कलाई कड़कड़ा के टूट जाई। बोललन, 'माँ समझ के !' नटिनी छोड़ देहलस गट्टा और पाँच रुपैया के लोट निकारि के देहलस चोलिया से, 'माँ बोला है तो जाओ बेटा, मिठाई खा लेना हमरा तरफ से !' "

"वाह !" मन-ही-मन चकित हुए भिखारी।

"सो उसी का दंगल है।" कहकर उठ गए बाबू साहब।

बाबूलाल आए तो उनसे पूछा। बाबूलाल भभाकर हँस पड़े, "ऊ मउगी (औरत) उनकरा मन के बनावल ह-अ। एह किस्सा के केतना तरह से केतना आदमी से कह चुकल बाड़न।"

"ह नू ?" भिखारी को लगा, वे ठगे गए। नटिनी, पहलवानिन, खूबसूरत, सीना

पर हाथ, चोलिया से रुपया निकालना—बाबू साहेब के शब्दों को जोड़ा तो मुस्करा पड़े, "रसिकता में कोई किसी से कम नहीं और समसे कलंक हमारे कपार पर, का कि भिखरिया समाज को बिगाड़ रहा है।"

ओह, ई बाबू साहब भी कहाँ लाकर फँसा गए। उन्हें तो अभ्यास शुरू कराना है।

इस बार अभ्यास डेढ़ महीने तक खिंच गया। 'बिरहा बहार', 'बहरा बहार', 'बेटी वियोग', और 'भाई विरोध' का पूर्वाभ्यास भी दो-दो बार कर लिया गया। शिविर इस ताकीद के साथ खत्म हुआ कि अपने-अपने घर जाकर अपने-अपने को माँजते रहें।

अगहन शुरू होते ही सट्टे!

धूल झाड़ी गई, छल्ले कसे गए। नाच कुछ खास जमा नहीं। उखड़ा-उखड़ा रहा। मगर माघ और फागुन के सट्टों तक जमने लगा और चैत, बैसाख, जेठ, आषाढ़ तक पूरी तरह जम गया। सबसे उम्दा प्रदर्शन रहा 'बेटी वियोग', 'बहरा बहार' और 'गबर घिचोर' का। आखिर-आखिर तक आधा-अधूरा 'सिरी गंगा स्नान' भी प्रदर्शन के लिए जोड़ दिया गया, जिसमें 'मलेच्छू' बनते थे लच्छन राय। मौग पति के अभिनय में उसने ऐसे-ऐसे प्रयोग किए कि लोग हँसते-हँसते बेहाल। भिखारी ने उन्हें पूरी छूट दे रखी थी और इस छूट का फायदा उठाते हुए उसने अतिरंजना भरा एक और प्रयोग किया—माई पर सखियों की सारी गठरियाँ लादकर मलेच्छू खुद भी उछलकर जा बैठा माई के कंधों पर, जिसे काफी पसन्द किया गया।

सिमरी में आखिरी सट्टा था, एक बाबू साहब के यहाँ। संयोग से उनके एक गोतिया ने भी उसी दिन बियाह रच दिया था। दोनों में ठनी रहती और एक-दूसरे को नीचा दिखाने का कोई मौका हाथ से न जाने देते। दोनों कन्या पक्ष थे और बरातें दूसरे गावों से आनी थीं, लेकिन इस रजपूती आन, बान और शान का क्या कहा जाय कि एक ही गाँव, एक ही दिन को बियाह और नाच भी ! गाँव के एक छोर पर भिखारी का नाच तो दूसरे छोर पर सोमारू का। दोनों के लश्कर आ-आकर जब गाँव में उतरे तो उन्हें अपने-अपने प्रतिद्वंद्वी का पता चला।

"ई का हुआ ?" दोनों की प्रतिक्रिया, मगर दोनों ही अन्ततः इस निष्कर्ष पर आ गए—"विद्यमान रण पाई रिपु कायर कथहिं प्रलाप!"

भिखारी ने अपनी चाल बदल दी, 'बहरा बहार' की जगह पहले शुरू किया 'गबर घिचोर'। उधर लालू ने शैतान के घर में ही शैतान को मात देने की गरज से शुरू किया 'बहरा बहार'।

दोनों पक्ष के बबुआनों के लिए अपने-अपने नाच प्रतिष्ठा के प्रश्न बन गए। नाच में हरा दिया, यानी दूसरे की मूँछ उखाड़ ली।

दोनों ओर ललकारें बरस रही थीं। दोनों अपने जीवन का अब तक का श्रेष्ठतम प्रदर्शन करने में लगे थे। दोनों की आवाजें एक-दूजे से टकराकर टूट रही थीं और खिचड़ी हुई जा रही थीं। जैसे एक लिखाई पर दूसरी लिखाई, एक तान पर दूसरी तान,

— —

एक चेहरे पर दूसरा चेहरा, एक वृत्त पर दूसरा वृत्त! पुरवैया हहास मारकर बह रही थी। मशाल भभक रहे थे, आवाजें उड़ी जा रही थीं। यह नाच था कि समर ? दानों योद्धा थककर चूर, फिर भी लड़े जा रहे थे। कोई शक्तिवाण चला रहा था तो कोई पाशुपति अस्त्र! सहसा जाने क्या हुआ, सोमारू के नाच की सारी भीड़ भरभराकर जा भागी भिखारी के नाच की ओर, कोई भीट पर चढ़ गया तो कोई पेड़ पर!

भोरे-भोरे सुरुज भगवान ने लालबत्ती जलाकर युद्ध को विराम दिया।

भोरे-भोरे चलने को हुए तो देखा लालू, सोमारू और उसके गिरोह के लोग इधर ही आ रहे हैं।

"परनाम मलिक जी!" सबसे सबका दुआ-सलाम हुआ।

"कइसन चलता ?"

"नया-नया गिरोह है, इस लिहाज से ठीक ही है!" लालू ने कहा।

"बाबू जी को हमार पालागी कहना। का हाल है उनका ?"

"गठिया पकड़ लिया है।"

"मदार-धतूरा के पात गरम करके बान्हो। कौनो किसिम के जरूरत होखे तो बोलना।"

लालू अभी भी हिल नहीं रहे थे। कुछ और है अभी जो बोला नहीं गया है। मगर जिसे सुनाना था, उसने सुन लिया। शब्द मूर्छित पड़े थे। गुरु ने शिष्य (चेले) के कंधे पर हाथ रखा, "किसको क्या दोष दें बाचा!"

गुरु-शिष्य संग्राम! महाभारत में तो होता ही रहता है ऐसा। गुरु हारें या जीतें, हमेशा आशीर्वाद ही निकलता है शिष्य के लिए। वैसे महाभारत में जो हारा, वह तो हारा ही, जो जीता, वह भी हारा।

कुतुबपुर आए तो बाहर बिना किसी से बोले-बतियाए सीधे अपनी कोठरी में चले गए।

दलसिंगार ठाकुर ने शिवकली देवी को ठेला, "अरे बाहर से कोई थका-मांदा आता है तो इस घर में कोई दाना-पानी भी पूछनेवाला है ?"

बाबूजी के इस बदलाव पर माई मुस्कराई—इतना दरद उमड़ते तो कभी देखा नहीं। उन्होंने मनतुरना को इशारा किया। वह जब मउनी में दाना, गुड़ और लोटे में पानी ले आई तो, कपड़े खोल चुके थे, जरा-सा गुड़ लेकर पानी गटागट पी गए और बोले, "जूठन मिठाई ले आया है, माई को दे दो और बाहर से साँकल लगा दो। कई रातों का जागा हूँ, सोऊँगा, कोई मुझे दिक न करे।"

जूड़ी, बुखार, झरी।

बैद आए। नारी धरी।

पुदीना पीसकर पिलाया गया। आम भूनकर शरबत बनाकर पिलाया गया। जिसने जो कहा, सब किया। पियनिया की सती माई को मनौती मानी गई। ओझा आए, पंडित आए, मान-मनौती हुई। कच्ची-पक्की धार, चूनर...नीबू की बलि...क्या-क्या नहीं किया

गया।

"हरारत है।"

"बरात का कच्चा-पक्का खाना है।"

"मिर्चइया बाबा के पास ले चलो।"

भन्न-भन्न आती हैं आवाजें।

बहोर छपरा से दवाई लेकर आए तो एक सनेसा (संदेश) भी लेते आए, "मिर्चइया बाबा नाच देखना चाहते हैं।"

"लेकिन हम...।" इसके आगे कुछ न बोल सके।

"ई कैसे जाएँगे। इनका देहीं में तो दम ही नहीं है, जूड़ी-बुखार-झरी ऊपर से।"

शिवकली देवी बेटे के सिर पर हाथ रखती है।

"अ तुम तो गए थे छपरा, बाबा के पास कहाँ से जा टपके ?" मेघबरन ठाकुर को लगता है, इस खुराफात की जड़ बहोर ही है।

"ओकर कौन कसूर बा।" दलसिंगार ठाकुर ने उन्हें शान्त कराना चाहा, "अगम गियानी महात्मा हैं, का जाने उनके मन में का है ?"

बात फैलते-फैलते पूरे गाँव में फैल जाती है। रामानन्द सिंह के बैठके में बतकही चल रही है, "अइसन सिद्ध महात्मा की इच्छा और भिखारी बेमार!"

दूसरे दिन रामानन्द सिंह ने घोड़ा कसा और जा पहुँचे भिखारी के दुआर पर। सारा परिवार कनमना गया।

"का ए भिखारी, का विचार बा ?"

"चले के तो चाहत रहनी, लेकिन कइसे चलीं ?" भारी आवाज गिरती है खाट से।

"हम लिवा चलेंगे। घोड़े पर!"

संकोच में पड़ जाते हैं। बाबा के दरबार में ठाकुर के घोड़े पर...?

पूरा गाँव एक तरफ। भिखारी करते क्या ?

चार मजबूत लोगों ने उन्हें रामानन्द सिंह के आगे बैठा दिया घोड़े पर।

"कस के पकड़े रहो।"

घोड़ा चल पड़ा है। गाँव-परिवार विदा कर रहा है। सरजू की छाड़न के घुटने-भर पानी में घोड़ा उतरा और उस पार आ गया।

मिर्चइया बाबा ने उठकर खुद घोड़े की रास पकड़ी। पहले रामानन्द सिंह उतरे, फिर चेलों की सहायता से भिखारी। बाबा को प्रणाम करते हुए भूमि पर भहरा गए—ढनमन गिरत भूमि लकुटाई...!

"बाबा, हमरा के छिमा करीं। हम राउर सेवा से ना हटल बानी। लेकिन चार दिन खाए हुआ, जूड़ी बुखार, दस्त! शरीर-ए साथ नहीं दे रहा है।"

कुटिया के अन्दर लिवा गए बाबा। इसके बाद क्या हुआ—यह कथा गाँव-जवारवाले बताते हैं। कथा का सार मर्म यह कि बाबा ने उन्हें दही-चूड़ा खाने को दिया और सारी हारी-बेमारी दूर। बाबा का परसाद जो ठहरा !

"फिर क्या हुआ ?"

"फिर...? बाबूलाल दल-बल समेत हाजिर। वो नाच हुआ, वो कि पूछो मत! वहाँ का छेड़ा गया अलाप सीधे कुतुबपुर, बबुरा, दोकनिया रामपुर तक सुनाई पड़ रहा था।"

"अइसन नाच ?"

"तब का! अरे बाबा खुद चलकर आए थे, कुतुबपुर आकर भिखारी की माई शिवकली देवी को परनाम किया!"

"कहते क्या हो ? कहाँ भुइँहार बाभन, कहाँ नाउन! कहाँ अतना सिद्ध महात्मा कि हाकिम तक गोड़ लगने आते थे, कहाँ ऊ खुद गोड़ लगने गए थे, ऊ भी शिवकली देवी का ?"

"यही बात तो लोगों की समझ में नहीं आ रही थी। लोग हैरान! बाबा एक ही अगम गियानी, जो भाख दें, वो झूठ कैसे हो ? बोले, इसके पेट से हमसे भी बड़े महात्मा ने जनम लिया है—जेकर नाम है भिखारी ठाकुर। अइसन धरमातमा माई के गोड़ ना लागब त-अ केकर लागब ?"

मिर्चइया बाबा की मुहर लगते ही आरोपों के सारे जाले छँट गए—दलसिंगार ठाकुर के जाले भी।

भिखारी से पूछने पर हाथ जोड़ लेते हैं, "सब बाबा की माया है। हमरा तो बुझइबे ना कइल कि कब, का भइल!"

माई बीमार चल रही थीं। दवा-दारू झाड़-फूँक, पूजा-पाठ सब कुछ चल रहा था, लेकिन बुढ़ापे का शरीर कुछ नहीं मानता। एक रात चल बसी।

भिखारी चन्ननपुर में थे। खबर मिलते ही घर लौटे। दूर से ही देखा, दुआर पर लिटाई गई हैं।

पगड़ी खोल ली, मुँह ढँककर फफक पड़े।

वह बूढ़ी औरत जो जिन्दगी-भर सात्विक वृत्ति पर चलती रही, जिसे कभी तीन-पाँच नहीं आया, जिसकी कोंख से जनम लिया, जिसका दूध पिया, जिसके आँचल की गरमाहट में आँखें खोलीं, जो हर दुःख पर उसे छाप लेती खुद सारे प्रहार झेलने के लिए...वही माई चली गई। उस समय गई जब उसके दुलरुए बेटे का नाम दिनोंदिन बुलंदियों पर जा रहा था। बासुदेव जी ने जन्मे शिशु को बाढ़ में उफनती जमुना को पार कर नन्द-जसोदा जी के यहाँ पहुँचाया था, यहाँ बाप नहीं, माँ थीं, वह भी साधारण माँ, लेकिन बाढ़ की उफनती गंगा जी को पार कर गर्भ में ही ढँक ले आई थी उस पार आरा से इस पार छपरा कोटवा पट्टी तक। वही माँ चली गई। वह माँ चली गई जिसने नाच जैसे घिनौने माने जानेवाले पेशे में भी एक पल को मुझे बहकने न दिया।

गंगा के किनारे चिता जल रही है।

दस दिन तक का सूतक। दस दिन तक शुद्ध सात्विक भोजन। शिवकली देवी ने वैसे भी शाक-पात छोड़कर मांस-मछरी कभी छुई तक नहीं।

तेरहवें दिन ब्रह्म भोज के बाद बैठे तो घघाकर रोने लगे।

दलसिंगार ठाकुर पत्नी की मौत से और झुक आए थे। कोई कुछ बोल नहीं रहा था, ओटे पर, पीढे पर, खटिया पर, मचिया पर सारे मरद मूड़ मुड़ाए बैठे थे, औरतें जमीन पर।

"तब...? का विचार बा ? नाच चालू रही कि...?" सवाल काका पूछ रहे थे, बाबूजी की ओर से।

भिखारी ने नजर ऊपर नहीं उठाई, "जाइब!"

नौजवानों के चेहरे पर राहत पसर गई, बूढ़ों के चेहरों पर झुँझलाहट।

माई की छाया कुतुबपुर से चन्ननपुर तक फैली हुई थी। दैनन्दिन कार्यों में उलझे रहने की कोशिश करते, कलाकारों के प्रशिक्षण में खुद को भुलाए रखते, भावी योजनाओं की बातें छेड़ देते लेकिन पूरी न कर पाते। सामने आ खड़ी होतीं माई। बोलते-बोलते रुक जाते, गाते-गाते अटक जाते, खाते-खाते हाथ खींच लेते, सोते-सोते चौंककर उठ बैठते। मन रुआँसा हो उठता।

बाबूलाल और दूसरे कलाकार चिन्तित रहते, समधिन कहतीं, "टटका घाव है, भरते-भरते भरेगा।"

महीना बीतने को आया। यह भादों की घनी अँधेरी रात थी। शाम से ही आकाश गुहडिल। रात के तीसरे पहर जोरों की गड़गड़ाहट हुई और चौंककर उठ बैठे। पट-पट बूँदें गिर रही थीं। उमस वैसी ही थी—बाहर भी, अन्दर भी। बूँदें छिटक-छिटककर बदन पर पड़ रही थीं लेकिन ठंढक कहीं नहीं थी, न तन में, न मन में।

कुछ भी हो जाय, नाच तो बन्द नहीं हो सकता। नाच चलता रहा। सट्टे के हिसाब से दल जगह-जगह घूमता रहा। सिर्फ एक फर्क आया था नाच में, किसी-किसी नाच में तबीयत ठीक न होने का बहाना कर भिखारी शामिल न हो पाते।

सट्टे पूरे कर जैसे-तैसे देर रात पहुँचे कुतुबपुर। सबेरे-सबेरे ही बुलावा आ गया गुप्तेश्वर सिंह का। ड्योढ़ी पर गए तो वहाँ उदासी बिछल रही थी। रामानन्द सिंह दलान में लेटे हुए थे, गाँव के कई लोग उन्हें घेरकर बैठे हुए थे। प्रणाम करते हुए भिखारी ने पूछा, "का बात बा बड़का भइया, तबीयत कुछ अनचन बा न का ?"

"हाँ हो, देख नहीं रहे हो, गले जा रहे हैं। इस पर कहते हैं कि गंगासागर जाएँगे।" जवाब गुप्तेश्वर सिंह ने दिया।

"सब समुझा-बुझा के हारि गइल, देख-अ तोहरा मनइले से साइत मान जास।" गुप्तेश्वर सिंह की माँ ने कहा।

"झूठ—ए परेशान हैं ई लोग। अब तनीमनी सर्दी-जोखाम ना होखी...आ एकरा चलते केहू धरमो-करम, तीरथ-बरत छोड़ दे!" रामानन्द सिंह ने प्रतिवाद किया, "तोहार तो माई मू गइल, लेकिन नाच बन्द भइल ?"

भिखारी ने इस बार गौर से देखा अपने बाल्य बंधु को। चेहरा उतरा हुआ, जबान थकी-थकी...।

वैसे गंगासागर का यह भूत महात्मा जी ही दे गए थे, दिनोंदिन पुख्ता होता रहा यह संकल्प, और आज...?

नदी, लगता है थिरान पर आ रही है, सागर-संगम को बेताब!

"संग में और के-के जात-आ ?"

"बबुरा के छबीला राय, दोकनिया के मिसिर जी, चिराँद के बच्चा बाबू, छगन ओझा, और..."

"और...?"

"तुम भी चले न जाओ।" गुप्तेश्वर सिंह ने भिखारी से कहा।

भारी धर्मसंकट में पड़ गए भिखारी। एक ओर पूरे गिरोह का सवाल था, दूसरी ओर बचपन की मिताई का फर्ज! ये वही रामानन्द सिंह हैं जो उन्हें बीमारी की हालत में घोड़े पर लादकर ले गए थे मिर्चइया बाबा के पास। थोड़ी देर तक सोचने के बाद बोले, "तब ई साल रहे न देईं। दवाई कराईं; तबीयत ठीक हो जाय, अगिला साल हमहूँ सट्टा ना लेइब।"

लेकिन वह न हो सका। रामानन्द सिंह गंगासागर जाकर ही माने। कोई अदृश्य शक्ति जैसे उन्हे खींच ले गई।

बीमार गए थे, और भी बीमार होकर लौटे। पटना से स्टीमर पर बबुरा उतरे तो उन्हें इस बार घोड़े से नहीं, पालकी पर लाया गया।

दिन-पर-दिन बिगड़ती गई हालत। दवा-दारू सब बेकार! पूरा परिवार घेरकर बैठा रहता बगल में जलते अलाव के पास। बेटे-बेटियाँ, नाति-नतुरुए...। होश आने पर सब पर एक नजर डालकर बाहर देखने लगते। सभी तो थे, सभी तो आ गए थे, फिर वह कौन है जिसका इन्तजार है ?

अब बोली भी बन्द हो गई है। रामायणी का सारा रामायण पूरा हो गया, पूरे हो चुके सारे अध्याय। अब बस एक ही अध्याय चल रहा है—सरयू में जल-समाधि लेने का—सागर-संगम...! नदी सागर से मिलने को बेताब है। चिल्ला जाड़ा पड़ रहा है। गऊदान दिया जा रहा है। मुँह में गंगाजल डाला गया तो ढरक गया। प्रतीक्षा करते-करते चल दिए अन्तिम यात्रा पर।

और भिखारी ? कुतुबपुर से बहुत दूर, हबड़ा में चाह पी रहे थे। कलेजा धक-सा रह गया। चाह रख दी। जूट मिल की गेट के सामने एक चबूतरे पर अकेले जा बैठे...आँखें बरसने लगीं, "तुम किस जलंधरी अगिन चिरई की बात करते थे बाबा कबीरदास, जो आकाश में अंडे देता है, अंडा फूटने के पहले चिरई अंडे से निकलकर फिर आकाश में ! तुमको पता है—उस चिरई का एक पखना माई थी, दूसरा पखना बाबू रामानन्द सिंह! दूनो पंख तो जरा आए हम!"

"जाओ बबुआन, बड़े निर्मोही निकले। बचपन के मीत थे तुम। बड़के ठाकुर थे, पर कभी ठकुराई नहीं दिखाई तुमने। मैं जाति का नाई ! टहलुआ, कभी महसूस ही न होने दिया ! खुद सुग्रीव बनते रामलीला में और मुझे बाली बनाते—बड़का भइया बना रखा था तुमने, मनतुरना को भौजाई का सम्मान देते। अभी तो कितनी ही बातें तुमसे पूछनी और सीखनी थीं, लेकिन तुम...! बड़का भैया, तुमने मुझे कितना अकेला, कितना असहाय, कितना कमजोर कर दिया...कितना...!

हाथ छुड़ाए जात हो निबल जानि के मोहिं,
हिरदय से जब जाओगे, सूर बखानो तोहिं।

अब भी मैं तुम्हें आवाज देता रहूँगा, तुम बोलो न बोलो तुम्हारी मरजी, कहत भिखारी नाई, सुनी बाबू रामानन्द सिंह......!"

18

और डुमराव का वह दिन! सुबह एक घड़ी दिन चढ़ा होगा कि देखा, मझोले कद के एक प्रौढ़ आदमी पूछते-पाछते आ रहे हैं।

"हई बाबू रामध्यान सिंह हैं—न्यूज पेपर एजेंट, तुमसे मिलना चाहते हैं।" एक मास्टर साहब ने परिचय कराया।

सलाम करते हुए भिखारी चौकी से उतर गए।

"ना ना बैठे रहिए, बैठे रहिए। अरे आप सुरसत्ती मैया के पुत्र हैं।" थोड़ी मान-मनौवल के बाद बैठ गए भिखारी। रामध्यान सिंह के लिए खाट आई।

"कइसे तकलीफ कइलीं ह-अ बाबू साहेब ?"

"हम चाहते हैं कि हमरा हियाँ दुर्गापूजा में आपका नाच हो। सप्तमी, अष्टमी, नवमी, दशमी...! किसी बात की तकलीफ नहीं होगी।"

"जवन आज्ञा होखे।"

"तो हम निश्चिंत हुए।" उन्होंने जेब से दस रुपए का नोट निकाला, "ये रहा सट्टा-बयाना।"

"एकर का जरूरत रहल।"

"बंधन! बचन के बंधन!" हँसकर उठ खड़े हुए रामध्यान सिंह।

लच्छन ने धीरे से कान में टुहुँका, "घर तो देख आइए।"

मास्टर साहब ताड़ गए। बोले, "शहर की उत्तरी सीमा, मुहल्ले का नाम मीरगंज!"

"मीरगंज!" भिखारी चिहुँक गए।

"का बात बा ?" रामध्यान सिंह ने ध्यान से देखा इस बार तो भिखारी लजा गए, "ऊ कुछ ना। एक ठो औरो मीरगंज है गोपालगंज के पास...।"

"एक ठो इलाहाबाद में भी है...और जगहों पर भी!" हँस पड़े रामध्यान सिंह।

"बाबू साहब को अभी आप नहीं जानते, कलकत्ता से दिल्ली तक के जितने कवि, लेखक, कलाकार हैं, सब इनके यहाँ आते रहते हैं। पूरा परिवार ही कलावंतों का कद्रदान है।" साथ के मास्टर साहब ने कहा।

"धन्न भाग हमार जो ऐसे बबुआन खुद चलकर हमरा पास आए !" भिखारी पिघले जा रहे थे।

"बाबू साहब के यहाँ नाचना आपकी भी अगिन परिच्छा है, जान लिजिए। हियाँ एक से बढ़कर एक विद्वान आते हैं, आप कहीं हलुक न पड़ जायँ!"

"अच्छा तो अब आज्ञा दीजिए—याद रहे, सप्तमी से लेकर दशमी...।"

भिखारी ने हाथ जोड़ लिए। आँखें दूर तक पीछा करती रहीं रामध्यान सिंह का। यह फरक है गाँव-जवार के बाबू साहब और शहर के बाबू साहब का। सलीका तो कोई इनसे सीखे! कैसे कह दिया, हिंया एक से बढ़कर एक विद्वान आते हैं, आप कहीं हलुक न पड़ जायँ!"

ये विद्वान होते कैसे हैं ? विद्या और पंडिताई से भरे हुए! जैसे एकौना के यज्ञ के रामायनी जी ? जैसे नाववाले महात्मा जी ? जैसे मिर्चइया बाबा ? यहाँ जो विद्वान नाच देखने आएँगे, वे क्या इनसे भी बड़े हैं ? कुछ भी साफ नहीं था। खासी दिक्कत में पड़ गए थे भिखारी! मिला-जुलाकर एक धुँधली-सी स्थिति नजर आ रही थी कि यह भी एक तरह का दंगल है, जो जिसको चित्त कर ले जाय। यह तो और भी मुसीबत...विद्वान को चित्त करेगा यह भिखारी हज्जाम, जिसे न कायदे का लिखना आता है, न पढ़ना!

अखाड़े में कोई लंब-तड़ंग पहलवान लँगोट कसे खड़ा ताल ठोंक रहा था, सहमा-चौकन्ना कोई सींकिया पहलवान बचाव का दाँव खोज रहा था।

" 'बहरा बहार' से काम नहीं चलेगा ?"

"ना।" खुद ही सवाल, खुद ही जवाब।

" 'बेटी वियोग' ?"

"ना।"

" 'भाई विरोध', 'गबर घिचोर'... ?"

"ना ना ना!"

संशय में पड़ गए, "का गोसाईं जी ? एकलव्य ने अपने 'द्रोणाचार्य' से पूछा और 'द्रोणाचार्य' ने कान में पढ़ दिया मंतर—

राम नाम सुन्दर करतारी
संशय विहग उड़ावन हारी।

"हूँ ऽ ऽ ऽ!"

"कुतुबपुर आकर वर्षों पहले की वह कॉपी निकाली। ऊपर फफूँदी लगी हुई थी और अन्दर पानी चू-चूकर अक्षर पसर गए थे। इधर-उधर देखा, किसी ने देखा तो नहीं ? नहीं। ठीक है, इसे गुप्त ही रखना होगा। एकक साधना थी यह। पैंसठ जोगिनियों की साधना से भी कठिन। सड़सठ नामों को याद करना कोई मजाक है ?

दलसिंगार ठाकुर ने बेटे को नहा-धोकर कुछ बुदबुदाते देखा तो मन-ही-मन खुश हुए—"किसी गुरु से मंतर लिया होगा।"

नवरात का घरी-घंट बजा तो रियाज करते पहलवान उठकर खड़े हो गए। कपिलदेव सिंह के कठगोले पर जुटान था। दल के सारे सदस्य जुट गए तो नाव पर अकसा-बकसा लादा गया। सिन्हा घाट से नदी पार! उस पार टरक खड़ा था। पहली ही हवेली बाबू रामध्यान सिंह की। भिखारी के लिए अलग कमरे की व्यवस्था थी, बाकी सदस्य एक बड़े हॉल में टिकाए गए।

लच्छन राय शाम को एक चक्कर लगा आए थे। उनकी आँखें अचरज में फैली हुई थीं, "ए भाई, हिंया तो लगता है, समसे (समस्त) आरा शहर और मय भोजपुर ही चला आ रहा है, बाबू साहब बिद्दमान अदमी हैं और ई नवरात चल रहल बा। ए समय पे लोग दुर्गा माई के और रामजी का नाम लेता है, और हम का लेकर आए हैं तो नाच!"

"कहने का मतलब का है ?"

"मतलब एक बेर पूछ लेना अच्छा रहता न कि हम कौन नाटक पेश करेंगे।"

"पूछ आओ।"

लच्छन राय लौटकर आए तो कुछ लजाए, झुँझलाए-से थे, "आपको याद न दिलाना चाहिए था कि तीन दिन के नाच बा...कुल्हिए नाटक खेले के बा-कुल।"

'श्री गंगा स्नान' नाटक कुछ खास नहीं जमा लेकिन 'बेटी वियोग' ने तो जैसे कहर ही ढा दिया। रोजमर्रे की समस्याओं और हँसी-मजाक के बीच बूढ़े वर से जवान कन्या के विवाह के अंश तक लोग हँसते-हँसते लोट-पोट होते रहे। लेकिन जैसे ही बेटी अपने प्रति हुए इस अन्याय पर विलाप करते हुए पछाड़ें खा-खाकर गिरने लगी, मंच दहलने लगा, एक से बढ़कर एक मर्मांतक बातें ! कलेजा मुँह को आने लगा।

'अगुआ के पूत मरे, बभना के पोथी जरे।' का करुणा में डूबा धिक्कार गर्म खून की तरह बरस रहा था। ब्राह्मणों के एक दल में अस्थिरता आई। एक ने उठकर नाच को रोक देने की धमकी देनी चाही, मगर दूसरे ब्राह्मणों ने उसका हाथ पकड़कर बैठा दिया। यह तमाशा नहीं, पानी में अपनी ही परछाईं को निहारने जैसा था।

दूसरे दिन सबेरे-सबेरे रामध्यान सिंह की ड्योढ़ी पर हाजिर। बैठके में उस समय रामध्यान सिंह, उनके किशोर उम्र के लड़के बालेश्वर सिंह, उनके पुजारी जी तथा कुछ एक और सज्जन थे।

"मलिक जी भेंट करना चाहते हैं।" नौकर ने अन्दर खबर भिजवाई।

"काहें...? कोई तकलीफ...?"

"का जाने, बाहर खड़ा बाड़न!"

"अरे तो उनको अन्दर न ले आना चाहिए था।" बालेश्वर सिंह खुद बाहर आए, "आई मलिक जी!"

मलिक जी की वही देहाती वेश-भूषा, वही स्वभावगत विनयशीलता और संकोच, "परनाम बाबू साहब लोगन!"

एक कुर्सी की ओर इशारा करते हुए रामध्यान सिंह ने कहा, "बइठीं! का बात है ?"

"हम धन्यवाद देने के लिए आए हैं।" अटक-अटककर हिन्दी में कहा, "विद्दामानों की सभा है न !"

सुनि केवट के बैन प्रेम लपेटे अटपटे...हँस पड़े रामध्यान सिंह, "किस बात का ?"

"आपने हम जैसों को जो इतनी इज्जत दी—पहले तो इसी के लिए।"

रामध्यान सिंह ने उन्हें बोलने दिया।

"शादी-बियाह में अब तक हमलोगों को जो भोजन मिलता रहा, वह एक तरह से दूसरे तरीके का होता था, आपका दरबार बहुत बड़ा है, दिल दरियाव है, पहली बार सबको एक जैसा भोजन!"

बालेश्वर सिंह हैरत में, "सिर्फ इस भोजन जैसी छोटी बात के लिए इतना बड़ा और सन्नामी कलाकार उन्हें धन्यवाद देने आया है। हाय रे नाशुकरे मेरे देश, भोजन तक कायदे का नहीं दिया जाता यहाँ किसी कलाकार को। वहाँ भी जात-पात! वहाँ भी ये परजा पउनी ही है।"

"एकरा में एहसान कौन चीज के बा ठाकुर जी !"

"अभी रहिए, अभी एक दूसरी बात भी है।" किसी ने टोंका।

"दूसरी बात यह कि आप पहले ऐसे बड़े आदमी हैं, जिन्होंने मेहरारू लोगन को भी बैठाने का इन्तजाम किया। अब तक मेहरारू लोग फरके बाग-बगीचा में अइसन जगह पे आड़ में बैठती थीं, जहाँ से कोई उनको देख न ले।"

"क्यों, मेहरारू लोग आदमी नहीं हैं ?"

"यही तो नहीं मानना चाहते लोग। अब 'बेटी वियोग' के तमाशा रहल! जिस पर बीतती है, ऊ नहीं देखे तो तमाशा के फैदा का भइल ?"

हालाँकि भिखारी को जितना बोलना चाहिए था, उससे पेशेगत चापलूसी के संस्कार-वश कुछ ज्यादा ही बोले जा रहे थे, फिर भी उन्हें लग रहा था, जो बात कहने आए थे, ठीक ढंग से कह ही नहीं पाए।

"बहुत दिन नाच करत भइल, बहुत जगह जाए के पड़ल बा, बाकी ई पहिला जगह ह-अ राउर दरबार, जहाँ देखा कि बाघ-बकरी एके घाट पे पानी पीयता। कहाँ तो एक ओरी बड़का-बड़का हाकिम, जिमींदार, कहाँ गरीब-गुरबा औरत-मरद सब एकही साथ !"

इतना कहने के बाद भी लगा, अभी भी अपने मरम को खोल नहीं पाए तो स्वगत में बड़बड़ा उठे, "भिखारी के नाच...ना भिखरिया के नाच...! ई नाच तो कमिया मजूरा, बनिहार, टहलुआ, नान्ह जात और मामूली हैसियत के किसान-मजूर देखते हैं। बड़ लोगन की ड्योढ़ी के बाहर ही हमको जूते की तरह निकालकर फरके रख दिया जाता। हम यही खातिर धन्यवाद दे रहे हैं, भगवान से मनाते हैं कि राउर दिन-दूनी, रात-चौगुनी तरक्की होत जाय।"

युवा बालेश्वर सिंह के लिए यह एक अलग आश्चर्यलोक था। बहुत नाम सुनते आए थे भिखारी ठाकुर का। कल जो नाच देखा तो और भी इज्जत बढ़ गई उनके लिए अपने मन में, लेकिन हैरानी यह भी कि जो-जो उनके यहाँ हुआ, वह तो सामान्य बातें थीं, महज इतनी छोटी-छोटी बातों के लिए यह लोकसिद्ध कलाकार इस कदर भावुक क्यों हुआ जा रहा है ?

"लेकिन हम धन्यवाद नहीं देंगे आपको।" रामध्यान सिंह ने मजे लेते हुए धमकाया।

"कसूर बाबू साहेब !"

"बहुत बड़ कसूर ह-अ, जेकर कवनों क्षमा नइखे।"

भिखारी की जान साँसत में।

"जो भी मेहरारू थीं, हमारे घर की मेहरारू भी...कल बिना रोए नहीं गई हैं नाच देखकर। विलाप को भी गीत में ढालकर प्रस्तुत किया जा सकता है और उसे इतना मर्मांतक बनाया जा सकता है कि कलेजा छलनी हो जाय, हमें नहीं पता था।"

कहीं दूर ताकने लगे थे भिखारी, "जौन बेटी के बेचल जाला, ओकर दरद एकरो से जियादा बा बाबू साहब, हमरा कलम में एतना तागत कहाँ कि बयान कर पाईं। अतना जरनि बा, अतना घुटनि बा कि भूसा के आगी नियर सुलगत रह जाएली जिनगानी। एकहूँ बेटी के बेचल हमरा नाटक-तमाशा से रुक जाय तो धन्न मानीं।"

"लोग तो यहाँ तक कहते हैं कि आपका नाच देखने के चलते कितनी ही बेटियों ने बूढ़े वरों से शादी करने से इनकार कर दिया, कितनी मंडप से भाग गईं, कितनी बरात आने पर, और बहुतों को तो गाँववालों ने ही खदेड़ दिया।"

थोड़ी देर तक चुप्पी तनी रही, फिर किसी ने पूछा, "कोई धार्मिक चीज नहीं है ठाकुर जी आपके पास ?"

"है न कृष्ण लीला, द्रोपदी विलाप...।"

"ई कुल्हि पुरान भइल, कोई ताजा चीज। आपको याद है न ?"

"याद है बाबू साहब !"

दूसरे दिन पहले दिन से भी ज्यादा भीड़। 'बिरहा-बहार' का भी मंचन हुआ, 'बहरा-बहार' का भी। बहरा-बहार की ब्रह्म, जीव और माया की नई व्याख्या पसन्द की गई।

तीसरा दिन।

सबको प्रतीक्षा है इस तीसरे दिन की। कल दिन-भर पता नहीं कौन-सा मंतर बुदबुदाते रहे मलिक जी। शायद डरकर हनुमान चालीसा या दुर्गामाई का कोई मंतर-ओंतर बाँच रहे होंगे। प्रदर्शन से थोड़ी देर पहले उन्होंने तफजुल, जगदेव और भोला से एकांत में कुछ बातें कीं। अजब रहस्य पक रहा था। मंच के सामने कुर्सियाँ ही कुर्सियाँ। मुंड-ही-मुंड और विजयादशमी की इस संध्या को जब भिखारी ने एक-एक कर राम की सड़सठ पुस्तों की लयबद्ध प्रभावशाली प्रस्तुति पेश करनी शुरू की तो पंडितों तक ने दाँतों तले उँगली दबा ली। दल ने लाड़ से अपने नायक को देखा।

वाचन शेष हुआ और तालियों की गड़गड़ाहट के बीच भिखारी का अभिनंदन करने की अफरा-तफरी मच गई। भीड़ में वह ब्राह्मण भी था जिसने 'बभना की पोथी जरे' पर नाच रोक देने की सोची थी, मगर भीड़ में उसे भिखारी तक पहुँचने का मौका ही नहीं मिल रहा था।

विदा की वेला में सट्टों की लाइन लग गई, "अभी ना बाबू साहेब! हमारा भतीजा के बियाह के लगन तय हो जाय, तब।"

वह बियाह इतने धूम-धाम से हुआ, कि गाँव-जवार में दलसिंगार ठाकुर की प्रतिष्ठा एक हाथ ऊपर चली गई। भिखारी ने दिल खोलकर खर्च किया और कहाँ-कहाँ से न्यौते नहीं आए। कहार कँवर-भरकर ला रहे थे—यह कुल्हड़िया इस्टेट की ओर से, यह जमादार बाबू के यहाँ का, यह टूकर सिंह के यहाँ से...यह गुप्तेश्वर बाबू के यहाँ का...। बड़े-बड़े बाबू साहब, पंडीजी, राय साहब, लालाजी का न्यौता आया। जो भी आया, बिना मिठाई खाकर पानी पिए नहीं गया।

अपनी वर्षों पहले कही बात पर सोच-सोचकर हैरान हो रहे थे दलसिंगार ठाकुर, "नाच छोड़ दो भिखारी, नहीं तो लइका-लइकी का शादी-बियाह रुक जाएगा।" बासी भात हो चाहे बासी बात, दोनों ही बास मारते हैं। आखिर सबका शादी-बियाह हुआ, गौना आया, बाल-बच्चे हुए, बिरादरी में रुतबा बढ़ा, गाँव-जवार में पहचाने जाने लगे, राजा-महराजाओं के यहाँ कदर होने लगी। लेकिन तब छुपाते फिरते थे नाचवाले प्रसंग को। तब बात आने पर भी टाल जाते, "अजी कुछ नहीं, बस गाने-बजाने का थोड़ा शौक है।" और कुरेदने पर पिनक जाते, "कौनो नचनिया है ?"

अब वही बाप शान से पूछता, "हमरा के नइखे चीन्हत बानी...भिखारी ठाकुर के नाम सुनले होखब!"

"कौन, ऊ बड़का नचनिया...?"

"अरे ना जी, नचनिया ना हँवे—मलिक जी कहालन! बड़का-बड़का बिद्वान, बबुआन, हाकिम लोग कुरसी छोड़ के ठाढ़ हो जाता है।"

"अइसा...?"

"तब का ?"

पैसा, मान-सम्मान—क्या नहीं दिया इस नाच ने ? अगर उनकी तरह हज्जामी ही कर रहे होते तो क्या यह सब हो पाता ? डाही लोग तो चाहते ही थे कि वही हो। बड़ जात के कुछ चिबिल्ली चाईं अब भी उसे नाई ही समझते हैं। बड़ जात ही नहीं, नान्ह जाति के चाईं लोग भी जलते हैं, "एह फुटानी तो देखो। अरे कितना हूँ नाम हो जाय, रहेगा तो नाई ही!" हुँह, तेल जरे तेली के और गाँड़ फाटे मसलची के।

अब थकने लगे हैं। शिवकली देवी की मौत के बाद तो उन्हें बात करने तक को आदमी नहीं मिलता। नाहक बिगड़ते रहते हैं नौकरों पर, "हई लेरू अतना घाम में बान्हल बा-हऊ नाद के पानी निकारल ना गइल, सरसों उखाड़े के बा, केहू के होश होखे तब न!"

सुबह-शाम यूँ ही टहलने चले जाते बरम्ह बाबा तक और चाहते कि कोई उनसे उनके बेटे की कीर्ति के बारे में बात करे।

19

हाकिम का हुकुम आया है कि 'वार फंड' के लिए नाच ले के जगह-जगह जाना है।

"ई वार फंड क्या बलाय है ?"

"कवन तो देश है जरमन, और कवन देश जापान, औरो का तो कवन-कवन देश है, जौना में अपना अंग्रेज बहादुर भी है, माने सब नारंतक के खानदानवाले। इनके बीच जुद्ध ठन गया है। ई दीयर पर जमीन-दखल के लड़ाई ना ह-अ कि लाठी-भाला, गुलेल से काम चलि जाई। चिरईमार बन्नूक ना, बड़का तोप! हाथी-घोड़ा ना, दहाज। खाँची-खाँची भर रुपैया लागेला। सो साहेब बोले हैं कि पइसा दो, तब जल्दी से आजादी दे देंगे।"

भिखारी गदगद हैं, इसलिए नहीं कि आजादी जल्दी से मिल जाएगी, बल्कि इसलिए कि जिस भिखारी को बड़के-बड़के बाबू साहब लोग 'भिखरिया' कहकर बुलाया करते थे, उसकी पूछ अंग्रेज बहादुर के दरबार में होने लगी है।

गोसाईं जी कमरी ओढ़े आते हैं। भिखारी तख्ते से उठकर खड़े हो जाते हैं, "गोड़ लागीला बाबा !"

"जियो, खुश रहो। तब... ? और का हालचाल है ? सुनते हैं कि इस लड़ाई में तुम भी शामिल हो गए हो।"

"हाँ, माने हुकुम तो...।"

"केकरा से लड़ना है और केकरा ओरी से...?"

ई तो ऐसे पूछते हैं जैसे भगवान कृष्ण से कभी अर्जुन पूछ रहे थे...। हँस पड़ते हैं दोनों जन, "अरे हमको लड़ना है...? हमको तो नाच ले के जाना है, वार फंड के लिए पइसा बटोरने...।"

"ऊहे...!"

"शुक्ला जी, तिवारी जी, राय जी, लाला जी, जयप्रकाश नारायण, गाँधी जी और दूसरे सुराजी लोग भी तो अंग्रेज सरकार के खिलाफ लड़ रहे हैं। और तुम उसी अंग्रेज सरकार के पक्ष से...! एकर मतलब का है ?"

भिखारी की जबान हलक से सट गई।

"रामानन्द सिंह कहते-कहते मू गइलें कि एकगो नाटक एहू लड़ाई खातिर लिखो। अरे जनमभूमि है, मातृभूमि है, कुछ तो करज और फरज बनता है।"

"बाबू कुँवर सिंह पे ?"

"हाँ माने, ऊ भी एक तरीका है, आजादी का जोग जगाने का!"

"ए बबा! हम तो नाच मंडलीवाले हैं। हमरा तो कोई भी बुलाकर नचवा सकता है। परसों दुरियाँवा के बाबू शिवनाथ सिंह आकर धमकाने लगे कि हमरा इहाँ नाचो। अब बताई फकुली के बाबू रामाशंकर सिंह के इहाँ ओही दिन का सट्टा है। तो एक बाँह एक मलिकार पकड़े हुए हैं, दोसर बाँह दोसर बबुआन और चुरकी जौन बा तौन सरकार पकड़ले बिया-हम जाई तो जाईं कहाँ ?"

"सरकार कहाँ नाच करवा रही है ?"

"पलामू और का तो कहाँ-कहाँ ?"

पलामू में सरकारी नाच हो रहा है भिखारी ठाकुर का। टिकस पर नाच हो रहा है, चार आना, आठ आना, एक रुपैया, दू रुपैया। कुछ जाने-माने लोगों ने सरकार को खुश करने के लिए पचास-पचास, सौ-सौ के टिकस लिए हैं। यह सारा पैसा वारफंड में जाएगा। चार-चार थाना के दरोगा, पुलिस भीड़ को कंटरौल कर रही है। इसपी, डिस्पी, सब आए हैं। भिखारी अपना जोड़ा-जामा, जाकिट पहनकर सज-धजकर तैयार हैं। नचनिए मुर्दा शंख पोत रहे हैं, एक दूसरे की 'सकली' बाँधकर साड़ी-जम्फर ठीक कर रहे हैं। छबीला बार झाड़ते समय ढील(जूँ) चुन-चुनकर नाखूनों पर रखकर मार रहा है। रामचन्नर पंडित ने ताना मारते हुए कहा, "अब तू सोरह आना जनाना हो गइल-अ।"

"हाय मेरी प्यारी सखी!" छबीला ने झट रामचन्नर के गले में बाँहें डाल दीं, "हाय मेरे कन्हैया जी!"

रामचन्नर बिदककर भाग खड़ा हुआ, "दू हाथ फरक रहो मोरी राधा रानी !"

"तू सचमुच के कृष्ण होते और छबीला सचमुच की राधा होता, तब ? तब भी क्या ऐसे ही जान ले के भागते ?" पूछते हैं लच्छन राय।

"राधा को ढील पड़ा है कि नहीं, देखना पड़ता।"

"झोंटा हो और ढील न पड़े ?"

"तब पिचकारी में रंग नहीं, नीम का तेल होता।"

"गलत! तब कृष्ण कन्हैया खुद राधाजी का झोंटा खोलते और ढील बीन-बीनकर उनकी हथेली पर देते जाते, राधाजी नँह से मारती जातीं। जितने ढील हाथ पर देते, उतनी ही खुश होती राधा!"

बिल्लर ने ढील पर एक बुझौवल की खोज की, जिसे अपने अगले प्रदर्शनों में पेश करेगा—

चाँदपुर में चोरी किया, चुटुकपुर धराया,
हाथपुर में लाया गया, नखपुर मराया!

अभी यह सब चल ही रहा था कि एक हवलदार जी नमूदार हुए, "नाच में देरी बा...?"

नचनिए एक-दूसरे का मुँह देखने लगे। रामचन्नर और छबीला की धमा-चौकड़ी

में छबीला की सकली ढीली पड़ गई थी, बिल्लर से उसने कहा--बाँध दो।

"हउ का दरोगा जी हैं, बँधवा ल न ?"

हवलदार सचमुच के आगे बढ़ आए!

"रहे देईं दरोगा जी!"

"अरे एकरा में का बा ?" उन्होंने लोलुप नजरों से छबीला को देखा, उसके भरे-भरे गोरे गाल, कजरारी आँखें, लाल-लाल होंठ, नजर नीचे उतरकर सीने पर टँग गई। ऐसे मस्त उरोज कि लगता है बिलाउज फाड़कर बाहर निकल आएँगे ! हाथ सीने पर गया तो चेहरा बदल गया, "हम तो समझे थे नरम होगा!"

"अतनो पे त जान ना बाचेला सरकार ?" छबीला का यह कहना था कि हँसी मच गई।

हाकिम एक ठो मेडल लगा देते हैं आलपीन से जाकिट पर और दो सौ रुपैया थमाते हुए पूछते हैं, "खुश हो न भिखारी ?"

मन-ही-मन उम्मीद लगा रखी थी कि चार-चार जगह पर नाच हुआ, हजारों रुपैया हमरा नाच के चलते बटुराया, कम-से-कम पाँच सौ तो देंगे ही...। सो मन खिसिया आया। लेकिन हाकिम की बात, "एक छदाम भी न देता तो क्या कर लेते ?" मन की कुरमुराहट को दबाकर चेहरे पर चिर-परिचित विनयशीलता ओढ़ते हुए बोले, "खुश तो आपको होना है साहब!"

"हमारा क्या है ? यह सारा पैसा तो वारफंड में चला जाएगा। अभी आपलोग जाइए, जरूरत पड़ी तो फिर बुलाया जाएगा।"

"चार-चार गो सट्टा छोड़े हैं साहब, रार मोल लिए हैं आपके हुकुम पर।" स्वर खुशामद से लबरेज है।

"और चाहिए!"

"अरे राम-राम कहिए।" जीभ को दाँत से काटते हुए इनकार में मूँड़ी हिलाते हैं, "खाली एक गो अरज बा...।"

"बोलो।"

"कहे के मतलब ई सरकार कि कोई जोर-जबर्दस्ती करे तो बचाइएगा न हजूर!"

"इस मेडल को छपरा के कलक्टर साहब को दिखाइएगा।"

चपरासी इशारे करता है। हाथ जोड़कर झुककर अभिवादन करते हुए अदब से पीछे हटते हुए लौट आते हैं, जैसे मंच की अपनी भूमिका पूरी करके लौट रहे हों। पूरी कहाँ ? अधूरी! मन में कितनी ही बातें थीं पूछने के लिए, जैसे "ई जरमन-जापान कौन देश है--कहाँ, कितनी दूर ? ऊ काहें पगलाइल बा जे बिरीटिस राज से रार ठनले बा ? आखिर कौना बात के लड़ाई ह-अ भाई ?"

लेकिन नहीं, पार्ट काटकर छोटा कर दिया है किसी सूत्रधार ने।

'वारफंड' में बुलाए जाने का असर दूरगामी हुआ, डुमराव महराज का बुलावा आया, सीवान के मनीजर बाबू का न्योता आया, छपरा के एस.पी. का फरमान आया, कुल्हड़िया इस्टेट का तो पहले से तय था ही।

गिरोह के सदस्यों का गुरूर थोड़ा बढ़ गया है इन दिनों। अब वे नचनिया कहने पर लजाते नहीं। कोई ऐरा-गैरा पुकारता है तो जवाब ही नहीं देते। कोई प्रशंसा करता है तो हँसकर ऐसे टाल जाते हैं, जैसे यह सब तो होना ही था, इसमें नई बात क्या हैं भिखारी ने अपने खान-पान में थोड़ा परिवर्तन किया है। अब वे बरात की नान्हों की पाँत में सबके साथ बैठकर भोजन नहीं करते। अलग से सीधा और नवहँड़ (नई हाँड़ी) माँगकर कच्चा भोजन बनवाते हैं, गोलमिर्च फाँकते है ताकि गला साफ रहे। ठीक समय पर भोजन करते हैं। यह 'ठीक समय' रात के नौ बजे और दिन के दस बजे का है (जेबघड़ी जो आ गई है।) और दिन को दोपहर होते ही 'दोहरा' ओढ़कर सो जाते हैं। अगर इस नियम में जरा भी हेर-फेर हुआ तो बीमार पड़ जाते हैं। बोली-बानी में प्रत्यक्षतः अभी भी विनयशीलता टपकती है लेकिन मंच पर उतरते ही लगता है, कद कुछ बड़ा हो गया है, 'पूँछ' कुछ कड़ी हो गई है। थोड़ी बुजुर्गियत झलकने लगी है। दशरथी धोती, फतुहे पर मिर्जई और सिर पर पगड़ी, आँखों पर ऐनक–दर्पणी में चेहरा देखते हैं और खुद से पूछते हैं कि व्यास बनने में अभी कितनी कसर रह गई है !

आज कुल्हड़िया इस्टेट में नाच का आयोजन है, राजा जी को किस बात की कमी है, एक स्कूल के अहाते में नाच मंडली को टिकाया गया है। बार-बार आते रहने से लगभग सारे नौकर परिचित हो चुके हैं। वह जो आदमी चबेना, गुड़-पानी लेकर आ रहा है, उसे वे अच्छी तरह पहचानते हैं–गंगा है, जाति का कहार। उसे इस बात का खास गुमान रहा करता है कि उसका बाप ही राजा जी की दुलहिन को डोली में ढोकर ले आया था। बहुत खुशमिजाज, सैकड़ों किस्से हैं उसके पास।

गंगा ने आकर 'जै राम जी ठाकुर जी' कहा, मगर यह 'जै राम जी' पहले की अपेक्षा सूखा था।

"का बात है गंगा ? बीमार-ऊमार थे क्या ?"

"ना ठाकुर जी।"

"चेहरा तो सूख गया है।"

"ऐसे ही, हइ पानी है, हाथ-मुँह धो लीजिए, चबेना और गुड़ भिजवाए हैं मनीजर बाबू!"

सवाल से कन्नी काट रहा है गंगा। गले में चबेना अटक रहा है।

डुमराव महाराज हों कि दरभंगा महराज, हथुआ महराज हों कि कुल्हड़िया इस्टेट–जब भी जाते हैं, गले में कोई न कोई फाँस लेकर लौटते हैं। ये बबुआन आज उनकी थोड़ी-बहुत इज्जत भी करने लगे हैं, मगर उन्हीं के जैसे लोग जो यहाँ टहलुआई करते हैं, उनकी कदर कुत्ते के बराबर भी नहीं।

दोपहरी ढल गई थी। ठाकुर जी और दूसरे कलाकारों ने नींद पूरी कर ली है। गंगा फिर आया है।

"तनी हई लोटवा भर द-अ ?"

"मैदान जाइब ?"

"हाँ।"

गंगा इस बार आया तो उसके हाथ में दो लोटे हैं। भिखारी ने कौतुहल से ताका।

"हम भी चलेंगे न!" गंगा ने झेंपते हुए कहा।

"चलो।"

दोनों लोटे ले लेता है गंगा।

सपाट समतल खेत। काफी दूर निकल जाने पर पलटते हैं, "अब हमारा लोटा हमको दो। तुम भी निबट लो।"

लौटे तो दूर से ही गंगा नजर आया। नजदीक आकर देखा तो उसका लोटा भरा का भरा पड़ा हुआ था।

"का बात है, मैदान नहीं गए ?"

"का जाएँ मैदान ?" गंगा रुआँसा हो गया, "साथे चलि अइलीं ह-अ!"

सन्न रह गए भिखारी।

"परसों तनी आँख लग गई थी। भोरे-भोरे घोड़ा को बूट (चना) देना था, देर हो गई। बस हमार दाना बन्द क देलन। कोड़ा से पीटलन हमरा के, कोड़ा से। कोठरिया में बन्न करवा दिहलन।"

"तोहरे साथ होखेला कि और सबके साथ ?"

"सबके साथ!"

खाली लोटे में आदत के अनुसार मिट्टी भर रहे हैं। माटी है कि चिन्ता ?

गगम् गम्म! गम्म! गम्म!

ढोल बज उठा है। ढोल की थाप पर कलेजा उछल रहा है भीड़ का—जवार-भर की भीड़। ढोल के साथ सारे साज जग गए हैं।

मनीजर साहेब ने भिखारी के कान में कहा, "राजा साहब ने कहा है कि शुरू करवा दो, हम बाद में आएँगे।" भिखारी ने मूड़ी हिलाई और नाच शुरू हो गया।

नचनिए आकर स्तुति पेश कर गए। फिर एक नचनिया आया विशेष नृत्य के लिए। भिखारी ने सूत्रधार और व्यास का अपना कार्यक्रम हमेशा की तरह प्रभावशाली ढंग से पेश किया...

आज के तमाशा 'गबर घिचोर'!

सिरी गनेश पद शीश नवाऊँ...

लो राजा साहब भी आ गए। समाजी और भिखारी समेत मंच पर के सभी कलाकारों ने उठकर हाथ जोड़कर प्रणाम किया, जैसे वे ही गणेश हों।

गलीज बहू के रूप में छबीला ने कवित्त से शुरू किया—

कमल उछाह जइसे सुरूज प्रकाश होत
कुमुद उछाह जइसे चन्द्रमा परस ते...
हाँ–आ–आ–आ तो
भौरन उछाह जइसे आगमन बसंत जानि
मोरन उछाह जइसे बरखा बरसते...

राजा साहब ने अपने अतिथियों की ओर शेखी से ताका। माने देख लो, कितनी ऊँची चीज कह रहा है।

गलीज बहू का पति पन्द्रह वर्ष बाद परदेस से घर लौटा है। गलीज बहू फूली नहीं समा रही है। वह अपने तेरह साल के लड़के के साथ पाँव छूकर प्रणाम करती है।

तेरह साल का लड़का गबर घिचोर!

गलीज इस बार इस लड़के को भी अपने साथ परदेस ले जाना चाहता है, ताकि उससे भी कुछ कमाई हो सके। इतने में गलीज का पड़ोसी गड़बड़ी जाने कहाँ से आ टपकता है और दावा करता है कि लड़का उसका है। कारण, उससे पैदा हुआ है। गलीज बहू का कहना है कि लड़का न पति का, न पड़ोसी का, लड़का उसका है। तीनों के हक जतलाने से मामला उलझ जाता है। तब पंच की भूमिका में आते हैं भिखारी, बड़ा-सा पग्गड़, माथे पर चंदन टीका, रईसी बाना। सभी को अपना-अपना पक्ष प्रस्तुत करने को कहा जाता है।

गड़बड़ी का तर्क है कि मान लीजिए आपको राह चलते एक बटुआ मिल गया। आपने बटुए में पैसे रखे। अब जिसका बटुआ है, वह आकर आपसे अपना बटुआ माँगे तो उसे आप उसका बटुआ ही तो लौटाएँगे, अपने पैसे तो आप बटुए से निकाल ही लेंगे।

गलीज का तर्क है कि मान लीजिए अपने अँगने में आपने कुम्हड़ा बोया। लता फैलकर चली गई पड़ोसी के छप्पर पर। कुम्हड़ा वहाँ फला तो कुम्हड़ा किसका हुआ, आप ही का न ?

पंच को पहले गड़बड़ी का तर्क वजनी लगा था और उसने उसके पक्ष में निर्णय सुनाया था, अब गलीज का तर्क वजनी लगता है तो उसके पक्ष में निर्णय देता है।

गलीज और गड़बड़ी 'हमार बेटा', 'हमार बेटा' कहकर गबर घिचोर की एक-एक बाँह पकड़कर अपनी ओर खींचते हैं।

गलीज बहू (पंच से)–ए बाबूजी, हमरा बबुआ के बाँह उखाड़ल लोग हो दादा!

पंच–चुप रह। केकर मजाल बा कि तोरा बबुआ के बाँह उखाड़ी लोग रे ? मारब मूका जे पाताल में धँस जाई लोग।

गलीज बहू–बढ़नी मारो तोरा पंचाइत कइला के।

पंच–तें अनेरे नूँ हमरा पे लाल पियर होतारिस!

गलीज बहू–लाल पियर होखीं ना ? कूदि के रावाँ हिनका के दे तानी, कूदि के हुनका के दे तानीं। हमरा बबुआ आ हमरा से कुछ पूछते नइखीं।

पंच—नाक चुअवलू कि मारब मूका जे...। तबे से नाक चुवअवले बाड़ी कि पूछते नइखीं। तू केकरा से पूछ के ई सब कइले बाड़ू ? हेने आव! हेने आव! तोरा से पूछब, हेने आव! ई बताव कि हई गड़बड़िया तोरा साथे झूठो के लंद-फंद बन्हले बा कि तोर गड़बड़िया के साथ कुछ बाटे ?

एक समाजी—ई हो कोई बताता है ?

गलीज बहू ने नाक छिनककर समाजी की ओर फेंकी।

दर्शकों में हँसी की लहर दौड़ पड़ी।

गलीज बहू—जब रावाँ पूछत बानी त हम कहत बानी। हइहे गड़बड़ी बाड़न, ए बाबूजी! संझिया, विहनियाँ रोज आवस, ए बाबूजी।

पंच—दुपहरियो में आवत होई। कतनों गोड़ जरत होई, बाकी मानत ना होई!

दर्शकों में से एक—दादा हो दादा! ई चीजें अइसन ह-अ!

(हो-हल्ला मच गया।)

गलीज बहू—कबों दुआरी पे बइठस, ए बाबूजी, कबो केवारी के पाला ध के खड़ा होखस आ कइसन दोनीं (तरह) मुँह कइले राखस। रोज दिन के ईहे दासा हम देखीं त एक दिन हम अपना मन में विचार कइलीं, आ सोचलीं कि हमरा पास चीज बा त-अ...! हमरा छिपावल पार ना लागल, ए बाबूजी !

पंच (घूरते हुए)—तोरा पाले कबनो सबूत बा ?

गलीज बहू—बइठीं, सबूत हम देत हईं—

घर में रहे दूध पाँच सेर, केहू जोरन दिहल एक धार!
का पंचाइत होखत बा, घीउ साफे भइल हमार!

दर्शकों की ओर से टीका-टिप्पणी चलती रही। भिखारी भी दर्शकों से बीच-बीच में संवाद करते रहे। पंच के रूप में निर्णय बदलता रहा, कभी रुपए-पैसे से, कभी बहस से। एक वक्त ऐसा आया जब गलीज और गड़बड़ी ने पंच के बार-बार मना करने पर भी झगड़ना बन्द नहीं किया तो पंच के बाने में डाँट पड़े भिखारी—"जियादा गड़बड़ी करे तो कुल्लड़िया महाराजा के हियाँ नौकर रखवा दो, दू दिन दाना-पानी बन्द रही तो अकिल दुरूस्त हो जाई।"

दर्शकों के बीच जोरों की हँसी।

थोड़ी कुँकियाहट होने लगी कि यह संवाद तो मूल तमाशे में नहीं था। नाटक चलता रहा। नाटक खत्म हो गया। भिखारी मंच के पीछे गए।

"ई रवाँ का कइलीं ह-अ ?" गलीज बने लच्छन राय ने अपने कपड़े बदलते हुए पूछा।

"हम लोगों को इतना सिखाते हैं, ऐसे बोलना चाहिए, ऐसे नहीं और खुद...?" गलीज बहू के रूप में छबीला ने अपनी साड़ी खोल दी।

भिखारी सन्न! सचमुच राजाजी के खिलाफ टिप्पणी करना उचित नहीं हुआ। लेकिन अब क्या किया जाय—ढेला तो हाथ से छूट गया था ! राजा जी को कितनी चोट

लगी, कितनी नहीं—यह जानना बाकी है। रामसूरत सिंह के पास जब तक वे नहीं आए, अपने ही लोगों के बीच हीन बने रहे, जैसे किसी बूढ़े से खटिया पर पेशाब हो गया हो।

रामसूरत सिंह हँसते हुए आए, "अरे कुछ नहीं, हम राजा जी को समझा न दिए हैं कि इस धरती पर भिखारी आप से बढ़कर किसी को नहीं मानता—भगवान को भी नहीं—वारफंड में नाचे के रहल आज लेकिन बोले पहले राजा जी, फिर आप...! का बुझाइल! हम कहलीं—

जौ लरिका कछु अचगर करहीं,
गुरु पितु मातु मोद मन भरहीं।

मनीजर बाबू आ रहे हैं। पइसा लो और जाते समय महल में माथ टेकते जाओ !

जान में जान आई।

रामसूरत सिंह साथ ही लौट रहे थे। गंगा के किनारे आए तो नाव के लिए घंटे-भर बैठना पड़ा।

"अच्छा बबुआन, कलकत्ते की तरह हियाँ भी नाव का पुल नहीं बनवा सकते अँगरेज लोग ?"

बबुआन का मन नाव के अभाव में पहले से ही खीझा हुआ था, बोले, "नाव का पुल तो हियाँ भी बनवाया था कभी बाबर ने सरजू जी पर फौज पार कराने के लिए। लड़ाई के बाद पुल तोड़ दिया गया। रहा कलकत्ता तो हुआँ अँगरेज बहादुर ने अपनी लड़ाई के लिए पुल बनाया है।"

भिखारी की समझ में यह बात नहीं आई। उसी पुल से तो और लोग भी आते-जाते थे। खुद वे और बाबूलाल भी...? और लड़ाई? कैसी लड़ाई?

"अब लड़ाई का तरीका बदल गया है, भिखारी, अब व्यापार की लड़ाई है।"

इसके पहले कि वे व्यापार की लड़ाई का आशय समझ पाते, बबुआन ने उन्हें एक और हैरानी में ठेल दिया—

"अब तो नाव के पुल की जगह लोहा का बड़का पुल बन रहा है—हाबड़ा का पुल। उस पुल में पाया ही नहीं है। बड़े-बड़े जहाज सीधे चले जाएँगे।"

मन बच्चे की तरह मचल उठा हबड़ा का पुल देखने के लिए ! इस बार नाच लेकर जाएँगे तो घंटों बैठकर देखेंगे।

20

ईस्वी सन उन्नीस सौ तैंतालीस। भादों का पिछला पाख। पिछले सात दिनों से पानी रुकने का नाम नहीं ले रहा। लगातार झड़ी (झापस)—कभी धीमी, कभी तेज! हहास मारती पुरवैया। पानी बढ़ रहा है गंगा जी का। पानी बढ़ रहा है सरजू जी की छाड़न का। उँचास पर खड़े होकर देखो तो पानी-ही-पानी। नीचे तेज तरखा है। खलखलाती, बलखाती धारा, जैसे झुंड-की-झुंड नागिनें बिलबिलाती हुई चली आ रही हों। अरार (कगार) का पेट भर गया। पानी अब ऊपर आ जाएगा। भागो, दरक रहा है, कुछ ही पलों में जमीन का यह बड़ा खंड पानी में धँस जाएगा। दयाल चक, बबुरा और किनारे के सैकड़ों गाँवों को निगलता हुआ पानी कुतुबपुर को अपनी गुंजलक में लपेटकर बैठ गया है। नीचेवाले खेत डूब गए। बउरहवा खेत पर, जो परियार साल ही लिखवाया गया था, पानी पसरता जा रहा है। शिव जी की जटा में उलझकर रह जानेवाली गंगाजी कुछ ही देर में शिव जी को भंछ जाएँगी। मन्दिर की सीढ़ियों पर चढ़ रहा है पानी, एक-एक पायदान! एक-एक पायदान, कितनी-कितनी यादें! मोहन बिन्द, जो शिवलिंग ले आया था; रामानन्द सिंह; जिन्होंने भिखारी के साथ मन्दिर बनवाया था, दूसरी पत्नी और बेटा, जो लिंग स्थापना के बाद एक-एक कर गुजर गए—अतीत के काले जल में डूबे आत्मीय चेहरे आज फिर एक बार उतराए और उतराकर डूब गए। कलश पर दो नन्हीं चिड़ियाँ—बिन्द और रामानन्द सिंह की आत्माएँ ? नहीं, पत्नी और बेटे की!

उत्तर पानी, दक्षिण पानी, जैसे दोनों ओर से दो समुद्र! दो समुद्रों के बीच सेतु की तरह एक चौड़ी पट्टी से जुड़ा एक छोटा-सा बाँध जो पानी को रोके हुए है अभी तक। बाढ़ का क्रुद्ध पानी अपने फण पटक रहा है बाँध पर। लो, दरार से पिलपिला कर इस पार चला आया है पानी। पानी क्या आया, परलय (प्रलय) मच गया मानो। कोटवा पट्टी छोड़ना पड़ेगा क्या ?

जोखन बिन्द की मेहरारू बच्चे को गोद में लिए दौड़-दौड़कर सामान बटोर रही है, रो रही है। सूप सिर पर रखकर गाँव-भर से फरियाद कर आई, "बचाईं हे बाबू लोग ! हे बाबू, हे बाबा, हे भैया ! हमरों के बचा लीहीं।" मोहन बिन्द का बेटा जोखन आसाम कमाने गया है, पत्नी और बच्चों को गाँव में छोड़कर। घर नीचे की जमीन पर है। कोई सवाँग नहीं है, सो गाँव-भर से फरियाद कर रही है। सबके सुख-दुःख, तीज-त्यौहार में शामिल रहनेवाली बिन्द-बहू कितनी अकेली पड़ गई आज ! कौन सुने किसकी फरियाद ? सब त्राहि-त्राहि कर रहे हैं। वह कौन जा रहा है काला भुजंग-सा दौड़ता हुआ,

अभी-अभी पानी में कूदा—झम्म! रामा गोंड़ है। और हो भी कौन सकता है ! शाबास ज्वान! गौरीशंकर और जूठन ठाकुर के साथ नाच के बक्से और रचनाओं की कापियाँ सहेजते हुए एक बार मन किया कि हो आएँ, मगर फिर महटिया गए थे।

औरतें चिंचिया रही हैं, बच्चे चिंचिया रहे हैं, बड़े-बूढ़े जवानों को जल्दी-जल्दी सामान समेटने के लिए डाँट रहे हैं। बोरे में जरूरी-जरूरी सामान बाँध लो। क्या बाँधा जाय, क्या छोड़ा जाय ?

छोटे-छोटे बच्चों को खाट पर बैठाकर बूढ़े रखवाली कर रहे हैं—"गतें से बैठो, नीचे पानी है, उतरे कि डूब जाओगे।"

राजेन्दर का मिट्टी गाड़ा (गड्डा) और जंतोला कोई नहीं रखने दे रहा है। वह दोनों को अपने फतुहे में लिए हुए अपनी उस दुपैसी की खोज कर रहा है, जो उसने कभी ढाक के पात में लपेटकर छप्पर में खोंस दी थी। कई घरों में चोरी के उस धन की खोज हो रही है जो कभी माटी में खनकर गाड़ा गया था। मुनिया की गुड़िया किसी ने छीन ली है, वह खाट से रोते हुए उतरकर पानी में ही शिकायत करने चली जा रही है माई के पास। माई पहले से ही झुँझलाई हुई है, उसकी हँसुली किस दीवार में चिनी हुई है, उसे याद नहीं आ रहा। मुनिया पिटकर पुक्का मारकर रो पड़ी है।

"चुप ना रहबे सँपखौनी!"

"अरे बाप, साचो के साँप! भाग-अ स-अ रे!"

"साँप है कि साँपिन ?"

"ए! मारना मत। का जाने आजा-आजी, परपाजा-परपाजी चाहे केहू और होखे—आगी के जरल, पानी के डूबल, चाहे कौनो विधि से मुअल!"

"अच्छा बन्द कर-अ 'साँझा-पराती' गाइल। एक गो दीया ना जरा देवे के...जे केहू होखे।"

"एकगो ना, दू गो-एक गो पियनिया के सती माई के नाम पे!"

"न तेल मिल रहा है न घी। दीया जरे कैसे ?"

"अरे मटियो के तेल नइखे!" मनतुरना देवी लमटेन हिलाकर देखती हैं, "समसे तेल सोखि लेली, का तो कलकत्ता के चीन्हा ह-अ!"

"सारा दोष लमटेन का! लड़ाई के बखत माटी का तेल भी मिलना मुश्किल हो रहा है, सो नहीं, ऊ तो अंग्रेज बहादुर हैं न!"

साँप को गोजी से दूर फेंका गया। लड़कों को दलसिंगार ठाकुर की कठोर निगरानी में फिर से खाट पर बैठाया गया, "जे उतरे ओकरा के एक चाँटा!" काठ-कुछ कर दो दिए भी जला दिए गए। गठरियाँ बँध गई हैं। वैसे अभी दिन डूबा नहीं है।

रामा सिर पर बड़ा-सा गट्ठर लादे चल रहा है, उसके पीछे-पीछे बिन्द बहू अपने बच्चे, एक गाय, एक बैल और कुछ सामान लटकाए चली आ रही है, जैसे वह जोखन की नहीं, रामा की मेहरारू हो। उसकी भीत का एक पाहा अरराकर गिरा है—छपास! जोखन बहू ने मुड़कर निहारा, दाँतों से होठों को दबाकर उमड़ती रुलाई को रोकना चाहा,

मगर आँख भल्ल-से बह गई!

उधर मन्दिर को निगलने के बाद, पानी गाँव के उँचास पर बने घरों की भीतों और पलानियों को घेरकर खड़ा हो गया है, जैसे हुँड़ार घेरकर खड़े हो जाते हैं भेड़-बकरियों को!

पानी में छप-छप करते कोई आ रहा है, साँढ़ (साड़) है कि भैंसा कि घोड़ा...? न शीलानाथ है, नाव लाने गए थे। ढिबरी को हाथ की ओट देकर देख रही है पत्नी। घूँघट सरकाने के लिए हाथ जो बढ़े कि झटास से ढिबरी बुझ गई। चलो, कोई बात नहीं, नाव न मिली न सही, पति तो घर लौट आया सकुशल! कपड़े गलगल। पत्नी गठरी से सूखे कपड़े निकाल रही है।

बीच-बीच में अपने-अपने दुआर से गुहार लगाकर लोग दूसरों का हाल-चाल ले लिया करते हैं।

अजीब मायाविनी रात है यह। रह-रहकर किसी घर के ढहने की खड़भड़ाहट और स्त्री-पुरुष, बच्चों, माल-मवेशियों की चीत्कारों और कराहों से भरी हुई आवाजें कँपा देतीं।

''चलो, बाहर निकल आवो सब लोग!'' दलसिंगार ठाकुर के बूढ़े गले की घरघराती आवाज, ''का पता कब भँस जाय घर। पानी बढ़ता ही जा रहा है।''

''कहाँ ? अभी तो सिरिफ हाथ-ए भर है।'' बहोर ने कहा।

''तोहरा नापे आवेला ?''

''तीन बेर नाप चुके।''

उधर मेघबरन ठाकुर ने एक और काम किया है। उन्हें कहीं से रेंड़ी का तेल मिल गया है, जिसे उन्होंने अपने तार-तार हो गए फतुहे और धोती में उड़ेलकर मसाल बनाकर टाँग दिया है एक नंगी थूमी पर। ज्वाला लपलपा रही है पानी की सतह पर, नरम उजाले में सारा परिवेश भूतैला और श्मशानी हो उठा है।

तख्त पर हुक्का सजाकर बैठ गए हैं भिखारी!

गुड़ गुड़ गुड़ गुड़!

किट किट किट किट!

हुक्के की गुड़गुड़ाहट से साँप, मेढ़क, और अन्य कीड़ों की बोली की जुगलबन्दी! मायाविनी रात, हहास मारती पुरवैया! मशाल की लपलपाती रोशनी पानी पर पड़ती है तो लगता है, बिजली कौंध रही है जमीन पर। पानी की बौछारें आग पर पड़ती हैं तो 'छन्न-छन्न' की आवाजें होती हैं, मानो घुँघरू बज रहे हों छम्म-छम्म! बादलों के शामियाने के नीचे एक अलग ही नाच-काल भैरवी का! तखत पर बैठा सूत्रधार निर्देश दे रहा है—''छम्मक कट छम्मक कट छम्मक कट छम्म !''

इस नाच की भोर भी बरातवाली दूसरे नाचों की तरह ही हुई। मेघबरन ठाकुर ने मुँह अँधेरे ही एलान किया, ''जिसको-जिसको मर-मैदान जाना हो, चला जाए, सबेर होते ही डेरा-डंडा उखाड़कर कूच कर देना है।''

सुबह!

बिन्द के ढहे हुए घर के बीच से धारा बह रही थी। अच्छा हुआ रामा कल ही बिन्द की मेहरारू और बच्चों को निकाल ले गया, नहीं तो...!

वे चुपचाप उस धारा को देख रहे थे। कल तक यहाँ एक दुनिया हुआ करती थी। दियरी की रात की वह अकेली भैरवी, भाई दूज के दिन सबसे चाँड़ आवाज में अपने उस भाई को सरापती हुई बहिन, जिस भाई को कभी उसने देखा तक नहीं, होली की हुड़दंग और अपने निपट अकेलेपन के दो पाटों के बीच पिसती जाँत पीसती हुई वह औरत ! वीरानी रात को दिया जलाकर बच्चे को जाँघ पर लिटाए जाँत पीसते हुए समय, समाज और अपनी नियति को हिलकोरती वह आवाज कहाँ चली गई ? धारा तो ऐसे बह रही है, जैसे यहाँ कभी कुछ था ही नहीं। तय नहीं कर पा रहे हैं कि बिन्द-बहू के प्रति उनकी नरमई 'बहरा बहार' का कारण थी या परिणाम !

तब, एक बात, रामागोंड़ ने बिन्द-बहू के पति की भूमिका जितने नायाब ढंग से की, वैसा उसका भगेडू पति खुद भी होता तो न कर पाता। नाटक में अक्सर ऐसा होता आया था। मगर नाटक-नाटक था, और जिन्दगी-जिन्दगी ! यह एक विरल अनुभव था !

गाँव के लोग बीच के उँचास पर खड़े हैं, जैसे मेला लगा हो वहाँ।

ऊपर भादों की उमड़ती घटा है, नीचे चारों ओर मटियाला-मटियाला पानी। नावें खड़ी हैं। यह सोन का पानी है कि गंगा का, कि सरजू का ? गाँव के बड़े-बूढ़ों के बीच बाढ़ की पुरानी स्मृतियों और नई आशंकाओं के बीच सलाह-मशविरे चल रहे हैं। बलवनपुर छपरा टोला से डोरीगंज और उसके आगे सिन्हा घाट तक पानी-ही-पानी। उधर दक्षिण बबुरा और उत्तर डोरीगंज के बीच रीढ़ की तरह यही तो एक पट्टी है जो इस महा प्रलय में एकमात्र आश्रय है। कहाँ शरण ली जाय—अभी कुछ तय नहीं हो पाया है। सारे लोग नीमचालाकी में हैं कि दूसरे का भेद जान लें, अपना भेद न जानने दें।

बूनी (बूँदें) पतराई थीं कि फिर गिरने लगीं। पानी की बूँदें नाच रही हैं पानी पर—डर नाच रहा है डर पर। पानी रेंग रहा है—डर रेंग रहा है।

कुछ दुस्साहसी युवक डोंगी लेकर आगे तक जाकर देख आए हैं। वे बढ़ा-चढ़ाकर बाढ़ और बर्बादी का हाल बता रहे हैं और अपने साहस, बहादुरी और समझदारी का सिक्का जमाते हुए आतंक घोल रहे हैं।

"कै गो लाश देखलीं। भैंस, गाय, कुकुर, गदहा के।"

"इमदी (आदमी)... ?"

"एक दू गो इमदी के लाश-ओ भी लागत रहल।"

"और गाँव...?"

"एकदम साफ!"

नाव का इन्तजार कब तक किया जाय ? कुछ लोग खाटों पर ही गृहस्थी का

सामान लादे पानी में निकल पड़े हैं बनजारों की तरह। बच्चों के सिर पर भी गठरियाँ हैं, बड़ों के सिर पर भी। कंधों पर भी बच्चे। डर के मारे रोते नहीं अब बच्चे। पानी ने सोख ली है रुलाई, मगर औरतें सुबक रही हैं—अक्षय नीरा होती हैं इनकी आँखें—तिनका-तिनका चुन-चोंथ के जोड़ी थी गृहस्थी, गंगा जी ले गईं सब!

कुछ बूढ़े, बूढ़ियाँ घोड़ों पर लादकर ले जाए जा रहे हैं, कुछ जवानों के पीछे घोड़इयाँ लदकर जा रहे हैं, किसी-किसी के हाथ में पिंजरा है। पिंजरे में तोता है कि तीतर...

या चुटकी-भर याद!

''ए शीलानाथ!'' पुकारते हैं भिखारी, ''बहोर कहीं दिखाई नहीं दे रहे हैं।''

''नाव ले आने गए होंगे।''

''और तुम... . ?''

''सिहासन के पास गए तो ऊ बोलते हैं नाव तो हमी को चाहिए।''

''वाह रे जमाना!'' कपार पर हाथ रख लिया है उन्होंने, ''लकड़ी देवे के बेरा हम और...।''

''भैया, गोबरधन के पास नाव है अभी, लेकिन पचास रुपैया माँगते हैं।''

''सेंक लो तुम भी चिता पर रोटी!'' अचानक मुड़कर देखा तो बहोर थे, ''अरे ऊहे ले आवो जाके।...और तुम बिन बताए गए कहाँ थे ?''

''पखाना लाग-अ ता बेरे बेर!''

''ओही से न! कलकत्ता के डागदर कहेलन कि गंदा पानी नहीं पीना चाहिए।''

''तो साफ पानी कहाँ से ले आईं।'' बहोर चिढ़ जाते हैं। इसका क्या जवाब है भिखारी के पास ? शीलानाथ को ही कहना पड़ेगा, ''ए शीलानाथ, हइ ल-अ बीस गो रुपैया, गोबरधन के नाव ले आव-अ जाके।''

''अरे तनी सुन-अ, तनी जल्दी करना। बरम्ह बाबा को छूने लगा है पानी। ई दर मोकाम छोड़े के परी।''

शीलानाथ के पावों में गति आ जाती है। दलसिंगार ठाकुर और बूढ़े-बूढ़ियाँ राम-राम जप रहे हैं।

नाव पर लद जाता है सारा सामान। आगे खलिहर (नीचे की खाली जमीन) का पानी है। चल पड़ी है नूह की नाव महाप्रलय के बीच। पीछे घर है छूटता हुआ, देवस्थान है, पुरखों की आत्माएँ हैं, हित-मीत हैं। पता नहीं, कौन किस घाट लगे, कौन किस घाट। नाव के अन्दर बच्चों से लेकर बूढ़ों तक का पूरा परिवार है—सहमा-सहमा-सा, नाव के बाहर पानी। किनारा छूटता जा रहा है।

तभी पीछे छप-छप की आवाज हुई। मुड़कर देखा तो कुतिया है राम पियारी। याद आई बचपन की बाढ़ की घटना—हमारे बाद से इन बेकसों को कौन पूछेगा; मगर ऐ बेकसी रोया करेगी तू हमे बरसों...!

''ए तनी रुको, चढ़ा लेने दो इसको ?''

"कहाँ चढ़ाइएगा, जगह नहीं है।" प्रतिवाद में कई आवाजें, लेकिन लम्बे हाथ लपककर खींच लेते हैं रामपियारी को। भीगी कुतिया से सभी बिदक रहे हैं। भिखारी अपने पास रखते हैं उसे। उनके इस लद्धड़पने पर सभी खुनसा रहे हैं। लोगों को कैसे समझाते कि वह महज एक कुतिया नहीं है, उन जैसे पीछे धकेले जाते बेकसों की संपूर्ण पीड़ा और जिन्दा फरियाद है वह!

खरपुरा के बगल स्कूल में आकर शरण ली। वहाँ भी भीड़ बढ़ती गई तो सुखदेव लोहार के घर पर।

कुआँ-इनारा, नदी-सबका पानी गंदा हो चुका था। सबका पेट खराब हो चुका है। न मर्दों का लाज-धरम बच पाया, न औरतों का शील-संकोच—

गंगा जी के भरल अररिया, नगरिया ढहात बाटे हो,
घरवा में धरवा बहत बा, पुकारवा होखत बाटे हो।

इसी उँचास पर डेरा डाले रहना है—अनल अकाशा घर किया...दिन-भर मेला लगा रहता, रात-भर किचिर-काँय। दिन-दिन-भर लोग दूर-दूर तक उँचास पर खड़े होकर दोनों ओर के जल-प्रवाह को देखते और तरह-तरह की आशंकाएँ प्रकट करते।

धीरे-धीरे पानी बन्द हुआ। दक्षिण का पानी कमतराने लगा लेकिन उत्तर पानी अभी भी ठाठें मार रहा था। सबसे पहले मल्लाहों ने ही पक्की खबर दी कि बबुरावाली पुरानी धारा में जोर नहीं रह गया है, उत्तरवाली धारा ही असली धारा हो गई है।

देखते-ही-देखते भूगोल बदल गया। गंगा जी के साथ-साथ सरजू जी भी उत्तर अपनी छाड़न में आ गईं। माने गंगा-सरजू का संगम अब माझी सिमरिया में नहीं, चिराँद और डोरीगंज में हो रहा है। अरे बाप रे! दो-दो नदियाँ! जिस छपरा तक टमटम-इक्के से पहुँचा जा सकता था, वहाँ अब नाव से दो-दो नदियाँ गंगा-सरजू पार कर ही पहुँच पाएँगे। यह एक उदास कर देनेवाली खबर थी, रोमांचक भी। छपरा का रास्ता रुँध गया तो बबुरा की ओर रास्ता खुल जाना चाहिए, लेकिन अभी तो बलवन टोला से बबुरा तक पानी-ही-पानी है। जैस-जैसे पानी खलियाएगा, वैसे-वैसे जमीन उतराएगी। अभी तो महीनों तक बालू-कीचड़ और लाशों से अँटा पड़ा रहेगा दीयर। अब जमीन की शिनाख्त और हकदारी के लिए मारामारी मचेगी। लेकिन वह सब तो बाद में, पहले बसेरा तो बस जाय।

नई भीत उठेली,
पुरानी भीत गिरेली...!

पुरानी भीत तो गिर गई। नई भीत उठ पा रही है क्या ? उँचास पर के खेतों में नयका कुतुबपुर बस रहा है, माटी काट-काटकर ऊँचा किया जा रहा है। जगह-जगह भीट उठ आए हैं और भीटों पर उग रही हैं भीतें। अभी गझिन नहीं; दूर-दूर बस रहे हैं लोग। पता नहीं कब गंगा जी फिर सनक जाएँ। सबको जैसे-तैसे एक घर खड़ा करने की जल्दी है। मजूर नहीं मिलते। कई परिवारों में घर के सवांग ही उठा रहे हैं घर। चारों

ओर अफरा-तफरी मची है। न खाने की सुधि, है न पहनने की।

कहाँ से कोरो आएगा, कहाँ से धरन, बड़ेर, कहाँ से बाँस, कहाँ से खपड़ा-नरिया। देखते-देखते खड़े होने लगे घर। बसते-बसते बस गई बस्ती। नया कुतुबपुर! नए-नए रास्ते। भिखारी ने यहाँ भी अपना कोना ढूँढ लिया है--कुतुबपुर से सटा पूरब का टोला सबलपुर। शाम को या कभी-कभी दुपहरिया को ही वहाँ बैठकी जम जाती है। नंदकुमार पाँड़े, खपड़िया बाबा और दूसरे लोग।

पाँड़े जी पुराना इतिहास-भूगोल खोलकर बैठ जातें हैं--बबुरा सात पट्टी का गाँव था। टोडरमल के नाम पर एक पट्टी का नाम टोडरमल पट्टी पड़ा। बाद में टोडरमल से बदलकर किसी कुतबुद्दीन मियाँ के चलते नाम पड़ा कुतुबपुर। इसी में एक था, शंकरपुर महाल।

"रामानन्द सिंह के बाबूजी बताते थे..." भिखारी ने सूत्र अपने हाथ में ले लिया, "कि आरा जिला चौगाई गाँव से करीब तीन कोस पच्छिम-दक्खिन के कोना पर एक गो गाँव था अरथू अबारी। हुआँ से पाँच पुरनिया आकर शंकरपुर महाल में बसे--राजपूत, अहीर, नाऊ, गोंड़ और दुसाध। कुतुबपुर शंकरपुर महाल की पहिलकी बस्ती थी। तब गंगा जी बहत रहलीं शंकरपुर महाल और कोटवा पट्टी महाल के बीच से। फिर धारा बदलते-बदलते गंगा जी आ गइलीं बबुरा के पास। तब शंकरपुर महाल के बस्ती बाढ़ में बह गइल। कुतुबपुर के लोग जा के बसे कोटवा पट्टी में। ई दुसरका बेर जब बस्ती बसी तब हमार जनम भइल। तब गंगा जी शंकरपुर महाल से हो के बहे लगलीं, बबुरा के उत्तर। अब जे बा से तिसरका बेर बाढ़ में गंगा जी चलि अइलीं हिहाँ से उत्तर।"

"गंगा जी ना, सरजू जी भी...।" खपड़िया बाबा ने टोका।

"हाँ, सरजू जी भी...।"

21

अकाल पड़े चाहे महामारी, सूखा आए कि बाढ़—कहाँ रुकते हैं महाकाल के चरण, कहाँ थमता है नाच ! अनल अकाशे घर किया...! जलमग्न प्रान्तरों के उभरते भीटों पर, डूबे पेड़ों की फुनगियों पर, पानी के खलिहाने के बाद पाँक में निकल आए बिरवों पर बहती, सड़ती लाशों पर पाँव रखकर और दुर्भाग्यों की चितकबरी बिसात पर बल खाते डोलते हैं चरण—छूम छन न न न, छूम ! धक-धक बजता रहता है हिया में ! खदर-खदर चुरता रहता है दिमाग में...!

सन उन्तालीस से शुरू हुआ विश्वयुद्ध, सन् चौवालीस तक खिंच आया, अभी और कितने दिन चलेगा, राम जाने ! उधर एक दूसरी लड़ाई भी चल रही है—आजादी की लड़ाई ! जनम से पहले शुरू हुई थी, जाने कब खतम होगी। सन् बयालीस में पाँड़ेजी और लालाजी कहते थे—समसे देश में बस एक ही नारा है—अंग्रेजों भारत छोड़ो ! छोड़ दिया अंग्रेजों ने भारत को ? अरे छोड़ेगा कैसे, ओकरा बाद—ए से तो अझुरा गया विश्वयुद्ध में और बोला कि पहले हमारी लड़ाई में मदद करो, तब छोड़ेंगे ! ल-अ भाई ! मदद करो। नरेटी फार-फार के जो 'गान्ही बाबा की जै' और 'अंग्रेजों भारत छोड़ो' चिचिया रहे थे, मदद में जुट गए। और ई अड़का-बड़का जिमींदार बाबू साहेब, बाबाजी लोग और ठीकेदार लोगन में वारफंड में पइसा देवे खातिर मारा-मारी मच गई। घूँघटवाली रानी, मलिकाइन लोग और पर्दानशीन बेगम लोग में अंग्रेज अफसर और उनकी मेमिन के बगल में बैठने खातिर धक्कम-धक्का मच गया। रामजी ! हे रामजी !! एकगो गरीब मजूरा और परजा-पउनी के देवे खातिर 'पइसा नइखे ! और वारफंड में दू रुपैया के टिकस सौ-सौ में खरीदे खातिर पइसा बा ! एक गो बाबू साहेब बोले, 'भिखारिया तो नाई है, नाचेगा काहे नहीं, चालपूसी तो ओकरा खून में बा ! और तू बाबू साहब ? तू काहें कइल—अ ह-अ ? तहार खून तो खाँटी रहल ! कोई गरीब करे तो समझ में आवेला, ओकरा दूनों पाटन के बीच में पिसाए के बा, तू मार-अ, चाहें अंग्रेज। लेकिन तू काहे करब-अ चापलूसी ए बाबू साहब ?

बहुत दिनों से कुछ लिखा नहीं था, आज कापी लेकर बैठे थे कि कुछ लिखेंगे, और यह पचड़ा ले बैठे !

"ए बबुआ, कहूँ दहाज जाता का ?" ध्यान एकाग्र कर ही रहे थे कि ध्यान भंग। बाहर निकलकर देखा तो रामा की आजी थी। पहले की बात याद आई और हँसी आ गई...

पहली बार कोई हवाई जहाज ऊपर से गुजरा था। गों-गों की गुर्राहट-भरी आवाज पर बच्चे से लेकर बूढ़े और औरतें तक डरकर ताकने लगी थीं। लालाजी ने बताया कि जहाज है जहाज ! लड़के पीछे-पीछे दौड़ पड़े, "दहाज ह-अ दहाज ! छोटी चुकी बा।"

सब ऊपर ताक रहे थे, मगर रामा की आजी जमीन पर, "कहाँ बबुआ, लउकत तो नइखे।"

"नीचे का ताकतारू, कौन चूँटी ह-अ ?"

बच्चे तब से जहाज की आवाज को सुनते ही रामा की आजी को चिढ़ाने लगते हैं, "देख तो बुढ़िया भुइयाँ में, दहाज कहाँ जा ता !"

बूढ़ी का भी क्या दोष ! 'दहाज' उसने एक ही देखी है, बबुरा के पास से जब गंगा बहती थीं–स्टीमर ! इधर बाढ़ के समय से जब तक रामा उस बिन्द की मेहरारू के साथ लापता हुआ है, एक अफवाह उड़ी है कि रामा को फौज में पकड़कर भरती कर लिया अंग्रेज बहादुर ने और अब वह दहाज पर ही रहता है। इसीलिए, 'दहाज' के नाम से ही वह सनक जाती है, लाठी टेकते हुए दौड़ पड़ती है, "कहाँ दहाज बा?" चूँकि उसने नीचे चलनेवाले जहाज ही देखे हैं, सो नीचे ढूँढ़ती है। लेकिन इधर जब से पांडे जी ने उसे बताया कि अब गंगा माई ने करवट ले ली है, सो दहाज ऊपर उड़ने लगा है। तब से वह नीचे नहीं, ऊपर देखती है। बूढ़ी आँखें देख नहीं पातीं। घरघराहट सुनी नहीं कि उसके मन में हड़कम्प मचा जाता है–वह एक बार देखना चाहती है कि बबुरावाला दहाज ऊपर कैसे उड़ता है चिरई की तरह, और उससे भी बढ़कर यह कि उस दहाज में उसका रामा है कि नहीं।

अफवाह के चलते दूसरे कई लोग भी 'दहाज' के नाम से डरने लगे हैं। पता चला कि दहाज ऊपर-ही-ऊपर से देखता रहता है, नीचे जैसे ही उसे कोई जवान आदमी दिखा, वह 'चील्ह-झपट्टा' मारकर उसे ले उड़ता है और फौज में भरती कर लेता है, सो अब गड़गड़ाहट की आवाज सुनते ही बड़े-बूढ़े लोग जवानों को डाँटते हैं, 'लुका जाओ, दहाज आ रहा है।'

बाबूजी अलबत्ता निश्चिंत हैं। एक तो गौरीशंकर छपरा के आबक़ारी महकमे में चपरासी की नौकरी करने लगे हैं, दूजे शीलानाथ, अगर पकड़ा भी गए तो भिखारी हैं न–वारफंड में नाच ले के जाते हैं, मजाल है कोई छू दे हमारे जवान लड़कों को।

न, आज भी नहीं लिख पाएँगे। इससे तो अच्छा होता कि छपरा ही हो आते, बाबू रामध्यान सिंह का सनेश (सन्देश) आया है, उधर बाबूलाल को खबर भेजी थी कि लबारों और नचनियों का बिटोर करना है, चलेंगे तो रामसूरत सिंह से भी मिल लेंगे, और मौका मिला तो काही मिश्रावलिया, महेन्दर मिसिर का हाल-हवाल ले लेंगे। जब से गंगा की धारा बदल गई, छपरा जाना ही मुहाल हो गया। पहले इक्के पर बैठो और घंटे-डेढ़ घंटे में छपरा। अब घंटे-डेढ़ घंटे तो सिर्फ नाव जोहने में लग जाते हैं। पहले गंगाजी पार करो, फिर सरजू जी पार करो, फिर सवारी ढूँढ़ो ! न, कल पहिलके खेवे से ही निकल चलना है छपरा !

"बोला, बोला गंगा माई की जै !"

"जै !"

नाव चली। गंगा माई को मना लेना जरूरी है। अभी धारा स्थिर नहीं हुई है, पता नहीं कब क्या हो जाए ! ये कुआर के दिन थे : जिन जगहों पर मिर्ची-सी धूप में खेत जोता करते थे लोग, आज वहाँ हाथीडुबान पानी है। इधर जिनकी जमीन थी, उन्हें तो कंगाल बना छोड़ा गंगा जी ने और उधर जहाँ पानी था, अब जमीन निकल आई है। उस जमीन पर मारा-मारी मची है कब्जे के लिए। छपरे तक लोग रोना रोते रहे अपनी बर्बादी का।

दुपहरिया को पहुँचे रामध्यान सिंह की ड्योढ़ी पर--देखते ही चहक पड़े बाबू साहब।

जेहि के जेहि पर सत्य सनेहू,
सो तेहि मिलहि न कछु सन्देहू !

असली छपरहिया बबुआन हैं ठेकेदार ध्यान सिंह। बोलते हैं तो जीभ से मधु चूता है। फिर भी भिखारी नीचे ही बैठेंगे, मरजाद की बात है !

"हुकुम ?" उकड़ूँ बैठे हुए दोनों हाथ जोड़ लिए।

"अइसे हुकुम ना, दिन लरक गईल ! पहिले भोजन करके आओ, फेन बात होखी।"

बाहर बरामदे में पत्तल पर खाना परोसा गया। खाना खाकर पत्तल फेंककर जगह साफ की, फिर हाथ-मुँह धोकर आए तो ध्यान सिंह ने बाढ़ का हाल-चाल पूछा, फिर अचानक गुम्मी साध ली। पता नहीं, कहाँ बुड़की मारे हैं, कहाँ उतराएँगे। इधर भिखारी का दम फूला जा रहा है।

"हुकुम ना बतइलीं ह-अ ?"

ध्यान सिंह ने अपनी बन्द आँखें खोल दीं, 'हमरा खातिर चार रात के टैम निकारे के परी।'

"नाच ?"

"और का हजामत बनावे खातिर ?"

झेंप गए भिखारी, "कब ?"

"जतना जल्दी हो सके।"

"जरा खोलकर बता देते तो...।"

भभाकर हँस पड़े बाबू साहब, "खोल के का, पूरा खोल के बतावतानी ! देखो भिखारी, वैसे तो अंग्रेज इस मुलुक से इतनी जल्दी जानेवाले नहीं हैं, लेकिन ई बिस्वजुद्ध वाली लड़ाई का कोई ठिकाना नहीं, आज नहीं तो कल बन्द होनी ही है। अब अंग्रेज अगर ई मुलुक से गए भी तो बाद में आगे वही रहेंगे, जो समय रहते आगे की जगह दखलिया लेंगे।"

"बतिया त-अ ठीके कह रहे हैं।"

"अभी सुनो।" उन्होंने मीठी झिड़की दी, "हमरा पास केतना आदमी आए। बाबू साहेब, तनी हमरा के एक बेर चानस दिलवा दीजिए, बस एक बेर...अरे का तो हाँ, लालू भी आया था, रसूल आया था, लेकिन हम बोले, हम असिल सिंह का बच्चा हैं राजा ! और राजा का धरम का होता है ?"

"परजा की रच्छा !" भिखारी ने सहमते हुए वाक्य को पूरा किया।

"हाँ !" उनकी आँखें शान में बुदबुदे-सी निकल आईं, "तब हाँ, विवेकसम्मत ! हमरा विवेक बोला कि ई चानस तो ओकरे मिले के चाहीं जे सचमुच एकर हकदार है। गुसाईं जी बोल गइल बाड़न–

जनम-जनम मुनि जतन कराहीं
अंत राम कहि आवत नाहीं।"

"एकरा आगे ई हो कहले बाड़न–

अचल करहुँ तन राखहुँ प्राना
बालि कहा, सुन कृपानिधाना।" भिखारी ने पहले की चौपाई जोड़ दी।

"नाऊ के छत्तीस गो बुद्धि होखे ला !" प्रशंसा में हँस पड़े सिंह जी..."हाँ तो तन को अचल करो भिखारी, परान मत छोड़ो। तहरा के कुछुओ ना करे के बा। कब, कहाँ कैसे–ऊ कुल्हि हमरा पे छोड़ो।"

"सट्टा-बेयाना...?" भिखारी ने डरते-डरते एक कदम आगे बढ़ाया।

"टिकस पे नाच होई, वारफंड में पइसा जाई !"

भिखारी की उम्मीदों को ठेस लगी, "बहुत तो नाचे वारफंड के लिए–पलामू, मुजफ्फरपुर, सीवान, आरा, पटना...।"

"ऊ नाच और ई नाच...?" ठेकेदार साहब ने तरस खाती नजरों से देखा उन्हें, "उसमें तुम नाचे नहीं थे, नचवाए गए थे, इसमें तुम खुद अपनी मरजी से नाचोगे।" फिर रसा-रसाकर राज भरे अन्दाज में बोले, "नाचब-अ तो 'राय बहादुर' के खिताब मिली, माने एके कुदान में समुन्दर पार ! कलक्टर साहब से बात पक्का कर लेहले बानी।"

डंक मारकर अन्दर चले गए ठेकेदार साहब, अब जहर नस-नस में भिंद रहा था। नशे में डगमगाते कदमों से चले आ रहे हैं 'राय साहब !' नहीं-नहीं 'राय बहादुर !' साइत संयोग अगर कहीं बन ही गए तो...? वैसे भी, कलक्टर साहब की बात है, नाच नहीं हुआ तो गोसिया जाएँगे ! कोई भी विधि हो, नाचना तो हई है। लोभ लार टपका रहा है, तर्क इस लार से जाले बुन रहा है, महत्त्वाकांक्षा जाले में सपने सजा रही है–गाँव-जवार के लोग अब भिखरिया नहीं कहेंगे, 'नउवा' कहकर खिल्ली नहीं उड़ाएँगे, कहेंगे, "राय बहादुर भिखारी ठाकुर आ रहे हैं।"

रामसूरत सिंह से सलाह ली तो उन्होंने पीठ ठोंक दी। मारे उत्साह के बछड़े की तरह कुलाँचते हुए जा पहुँचे चन्ननपुर। बाबूलाल घर पर नहीं थे। महेन्दर रिश्तेदारी में गया हुआ था। रूखी ठाकुर और समधिन से क्या बात करें। इस बाबूलाल को भी अभी

ही जाना था।

शाम को बाबूलाल आए तो उनके सामने सकुचाते हुए ध्यान सिंह का प्रस्ताव रखा और उत्सुकता से उनका मुँह ताकने लगे। बाबूलाल एक ही अघोरी, सारा उत्साह उनकी बढ़ी हुई सफेद दाढ़ी में ही उलझकर रह गया। तटस्थ भाव से बोले, "कलक्टर साहब तुमसे सीधे-सीधे भी तो कह सकते थे।"

इन्हें तो हर चीज में नुक्स निकालने की आदत है। खीजकर बोले, "अरे एक बड़का हाकिम है, दूसरा बड़का ठीकेदार। बड़के से बड़के की ही बात हो सकती है न !"

बाबूलाल चुप हो गए। यह क्या ? मौन ही साध लिया, कुरेदने की गरज से बोले, "और तुम गए कहाँ थे ? दाढ़ी भी बढ़ गई है। कई दिन से गायब लगते हो।"

"हाँ।" फिर वही छोटा-सा उत्तर।

"इससे तो अच्छा होता हम काही मिश्रावलिया जाकर महेन्दर मिसिर का हाल-चाल ले लेते।"

बाबूलाल ने भिखारी को इस बार पलटकर देखा, "तुम्हें कुछ होश रहे तब न ! महेन्दर मिसिर नकली नोट छापने के इलजाम में हिरासत में हैं।"

"ऐं !" चिहुँक गए भिखारी।

"हाँ, छपरा का बच्चा-बच्चा जान गया है, सिर्फ तुम्हें छोड़कर !...और हमको भेजकर हमी से पूछते हो कहाँ गए थे इतने दिन ?"

"हम भेजले रहनी ?"

"अरे बोलले ना रहल-अ-लबारके और नचनियों का बिटोर होगा ?"

"यह दूसरा धक्का था। याद आया, इसी पर बात करने के लिए सोचकर चले थे कुतुबपुर से। इस रायबहादुरी के नशे में बात ही दिमाग पर से उतर गई।"

"मेहन्दर मिसिर का सचमुच के लोट छापत रहलन ? हमरा त बुझात बा, फँसावल गइल बा उनकरा के।"

"उनके यहाँ एक गो निसपिट्टर जासूस था गोपीचन्द, वोही भेद लिया और पकड़ा—झूठ नइखे।"

देर तक इस प्रकरण पर बातें होती रहीं, बाबूलाल ने बात को अपनी ओर मोड़ते हुए पूछा, "त-अ का विचार बा ?"

"पहिले वारफंड के नाच, ओकरा बाद बिटोर राखल जाए तो कैसा रहे ?"

"उहे सही।"

रामध्यान सिंह ने सचमुच पक्का इन्तजाम कर लिया।

गिरोह में जाने कैसे जाना-जानी हो गई। खुलकर कोई बोलता भले न था, लेकिन उनके काम का उत्साह देखते बनता था। लच्छन राय ने कहा कि अगहन से लगन शुरू हो जाएगी, इस बार अभ्यास भी नहीं हो पाया है बाढ़-बूड़ा के चलते, सो सारे ही नाटक खेल लिए जाएँ।

छपरा बाजार में टिकस पर नाच ! लेकिन हाय, मैदान तो खाली रह गया ! दूसरे दिन मैदान मुश्किल से एक तिहाई भरा, तीसरे दिन आधा।

ध्यान सिंह भन्नाए हुए थे। कोई बोलता तो काट खाने को दौड़ते—कहाँ गई छपरहिया मिठास !

रामसूरत सिंह ने भिखारी के उतरे चेहरे को देखा तो सयानों की तरह मुस्किया पड़े, ''क्या मन छोटा कर रहे हो ? अरे तह में जाओ तह में।''

''हमरा न कुछ बुझाता, न सुझाता !'' पस्त आवाज।

''भिखारी गरीब जनता के दुलरुआ हवन ! गरीबन के पास पइसा कहाँ ह-अ ?'' रामसूरत सिंह ने कहा।

चौथे दिन चोंगे में मुँह डालकर एलौंस (एनाउंस) हो रहा है, ''आपके सहर छपरा के छपरा-बाजार में भोजपुरी के नट सम्राट राय बहादुर भिखारी ठाकुर का कार्यक्रम हो रहा है। ज्यादा-से-ज्यादा तादात में आपलोग...''

लोग चौंकते हैं, ''ए भाई, ई रायबहादुर के टैटल के दिया ?''

''कलक्टर साहब !''

''ना डुमराव महाराज !''

उधर हिरोशिमा और नागासाकी पर एटम बम गिरा और मर्मांतक बर्बादी के साथ ही लड़ाई बन्द हो गई, उधर कुतुबपुर और जवार पर भी एक बम गिरा—'राय बहादुर' का बम और कई लोग घायल हो गए।

गाँव के लोग अचरज में घेर लेते हैं दलसिंगार ठाकुर को, ''का हो, साचो के...? गाँव कब आ रहे हैं भिखारी ?''

दलसिंगार ठाकुर सोंटे की टेक लेकर दम लेते हैं, फिर गर्व से धीरे-धीरे गरदन तानते हैं, दाँत टूट जाने से 'हपुस-हपुस' करते हुए बोलते हैं, ''बड़का-बड़का जिमींदार, कलक्टर, कप्तान से फुरसत मिली, तब न गाँव आए पावें भिखारी !''

''अच्छा, सच-सच बतलाओ, नाचने के लिए ही 'राय बहादुर' की पदवी मिली है सरकार से, माने सिरिफ नाचने के चलते...?''

''ना...'' तुरन्त प्रतिवाद करते हैं दलसिंगार ठाकुर, ''ऊ कहाँ नाचता है, ऊ तो मलिक जी हवें।''

''अरे तनी एक बार बुलाइए भाई, हम भी देख लें।''

''अवसि देखिए देखना जोगू।'' खपड़हिया बाबा मूड़ी हिलाते हैं। अन्दर-ही-अन्दर तृप्त होती हुई बाप की वात्सल्य पगी आत्मा उद्घोषणा करती है—''राय बहादुर, परम ज्ञानी, भक्त शिरोमणि मलिक जी, भिखारी ठाकुर पधार रहे हैं...!''

गुप्तेश्वर सिंह मनतुरना देवी को रोककर टुहुँकते हैं 'देख रही हो बुढऊ की लीला...तब मना करते थे और अब...?''

ठग लोहार ने कहा, ''पवन जलावत आग को, दीपहिं देत बुझाय !''

दलसिंगार ठाकुर के मरम को कौन बूझे ? अस्सी के हुए। बूढ़ों से कोई बात भी

तो नहीं करता। अपनी निपट तनहाई में, अकेले में बड़बड़ाते रहते हैं, "समसे खानदान का नाम ऊँचा कर दिया...।" एक ही कचोट दूध में पड़ी मक्खी की तरह कभी-कभी उतरा आती है—'काश ! यह सम्मान किसी सम्मानजनक तरीके से आया होता !'

बाप की बुदबुदाहट खो गई एक दिन। उनके हड़हे गोड़ के पास गमछे से मुँह ढककर सुसुकता हुआ उनका बड़ा बेटा यह जान भी न पाया कि बाबूजी ने आखिर-आखिर तक उसे क्षमा कर दिया था या नहीं।

नहीं, चोट कहीं इससे भी गहरी थी, और वह कहीं और थी। मन उचटा-उचटा रहता। किसी काम के प्रति जैसे कोई उत्साह ही नहीं रह गया था।...और एक साँझ जब दीयर में दूर-दूर तक कोई नहीं था, भिखारी घस्स-से बैठ गए गंगा की रेत पर...एक अजीब-सी निस्सारता उन्हें घेरकर खड़ी हो गई। इस निस्सारता को उन्होंने छुआ और औरतों की तरह विलाप करने लगे, "वर्षों से तुममे-मुझमें परस्पर विरोध की एक ठंडी लड़ाई चलती रही। विरोध का वही जहर मेरी ताकत था, बल था। आज हठात तुम्हारे हट जाने से सन्तुलन खोकर मुँह के बल आ गिरा हूँ मैं ! तुम इतनी जल्दी क्यों चले गए बाबूजी ?"

22

"एक, दू, तीन, चार..."

लच्छन राय मूड़ी गिन रहे थे कि तीन मूड़ी गायब !

मूड़ी के हिसाब से रसोई पानी रख-रखाव का इंतजाम होना था। सूची से मिलान करने लगे तो तीनों की बात भूल गए और एक दूसरे ही नाम पर दिमाग चला गया, "और तो और, ई रसूल भैया काहें टेढ़ा गए ?"

"कौन रसूल...? भाग-अ, भाग-अ ए शान्ती, आवता मुनीमवाँ...वाला ?"

"हाँ भाई।"

"ऊ तो नहीं आएँगे और सुनरसन भी नहीं आएगा।"

"सुनरसन की तो बात-ए नहीं है। मलिकजी उसको नाच छोड़ के घरबारी बन जाने को बोले थे।"

"और रसूल उसको फिर घर से निकालकर नचवा रहे हैं।"

"हूँ।"

"हियाँ हर गिरोह दूसरे गिरोह को लंगियाकर खुद सबसे आगे हो जाना चाहता है और मलिक जी सबको बटोर में बुलाए हैं। नयका रिश्ता, पुरनका रिश्ता—लोग आएँगे कैसे ? आँख में कुछ लाज-शरम बचा नहीं है का ?"

महेन्दर अलग ही भुनभुना रहा था, "भौजी तीन बेर पूछ चुकी कि कितने आदमी का भोजन बनेगा, और अभी तक आदमी की गिनती ही पूरी नहीं बैठी। न ! शुरू करते हैं, अबेर हो जाएगी।"

मकई का भूजा और गुड़ की पिंडी बटने लगी।

सूरज गतें-गतें (धीरे-धीरे) ताड़ पर दू पुरसा चढ़ आया था, तब कहीं लबारों का बटोर शुरू हो पाया।

"पहिलका सवाल ई बा जे..." हरफन मौला लच्छन राय ने अपनी बात शुरू की, "लबारी को जो छोट काम समझे, ऊ सबसे बड़ा लबार !"

पच्चीसों नाच गिरोहों से आए हुए लबारों ने ताली बजाकर अपनी सहमति जताई।

"लबारी नाच तमाशा की चासनी है। अपनी बोली-बानी, हाव-भाव से लबार बुड़बकई करता है, लेकिन असल में ऊ सबको बुड़बक बनाता है।"

लच्छन राय के लच्छन अच्छे नहीं लगे। भिखारी पेशाब के बहाने बाहर निकलने को हुए कि लच्छन राय ताड़ गए, "ई भी लबारी है।"

"ए भाई, ई तो अच्छा जुलूम है। जबरा मारे, रोवे न दे ! अरे बतकही छोड़ो, करतब दिखाओ, करतब !"

लच्छन राय मन-ही-मन कुरमुराए, "खुद तो नाच में घंटा-घंटा भर भासन देंगे और हमरी बेर काँखने लगे।"

करतब दिखाने का काम जमा नहीं। लबारी के लिए कम-से-कम एक नचनिया या संगी होना चाहिए था, खाली हवा में तलवार भाँजी नहीं जाती। राम लखन, बिल्लर और जमुना ने अपने-अपने संगी या जमूरे का जुगाड़ करके कुछ करतब दिखाए। लच्छन कुछ बतानेवाले थे कि बाबूलाल ने दोपहर के रसोई-पानी पर सलाह के लिए उन्हें बुला दिया। लौटकर आए तो उन्हें मलिकजी की आवाज सुनाई पड़ी, "लबार खुद नहीं हँसता लेकिन हँसी की पिचकारी उसके हाथ में रहती है।"

"चढ़ बैठा व्यास का भूत !" लच्छन के मन में लबारी को लेकर जो भी विचार थे, सब के सब गड़बड़ा गए। अब वक्ता नहीं, श्रोता बनकर सुनो व्यास जी का भासन ! "लबार का काम है हँसाना। इस हँसी का मतलब ई नहीं कि फूहर-पातर कुछ भी बोल के गुदगुदी पैदा करो। ना भाई जी ना ! ई तो सरासर भड़ैंती है। भाँड़-भाँड़ है, लबार लबार ! बुझाइल ?"

सभा में कानाफूसी मच गई।

"तनी जोर से बोलिए, हम भी सुनें।" लखन ने पूछा।

"भँड़ौती और लबारी तो एक ही चीज है, हमरा समझ से।" यादव गिरोह के लबार ने साहस करके कहा।

"ना, फरक है।"

"तनी समझा के बताईं न ! का फरक है ?"

"रमैन में देखीं कि भगवान रामचन्नर जी भी लबारी करते हैं। कहाँ...हुआँ जहाँ सुपनखा उनसे गलत काम करवाना चाहती है—का कहले बाड़न कि अहै कुमार मोर लघु भ्राता ! ई जे बा से शुद्ध लबारी है, ओकरा पहिले केवट लबारी करता है जब रामजी को नाव में चढ़ाने के पहिले पाँव पखारने की जिद करता है कि एही गोड़वा के धूरि लगते ही गौतम रिखि का पाथर बनल जनाना फिर से मेहरारू बनि गइलीं, त-अ ए महाराज रामचन्नर जी, बिंध्य के लोगन के बिन मेहरारू के बहुत दुःख बा, राउर परस से मय (सब) पाथर मेहरारू हो जाई—केतना आनन्द के बात बा लेकिन...अब एकरा में 'लेकिन' का बा कि हमार केस तनिक उलटा बा, हमार नाव अगर मेहरारू बनि गइल तो जुलुम-ए हो जाई—ईहे तो हमार रोजी-रोजगार ह-अ। बिना गोड़ धोवले हम रवा के नाव पे ना चढ़ाइब ! ई हो शुद्ध लबारी है।"

आज वर्षों की साध, लगता है, पूरी हुई। केवट की बात को उन्होंने ठेठ पंडिताऊ अन्दाज में प्रस्तुत किया। लेकिन यह प्रसन्नता बहुत देर तक कायम न रह सकी, धीरे-धीरे कुम्हलाने लगी। क्या प्रवीणता के इसी लक्ष्य को पाने के लिए वे भागते रहे थे ? यह तो अन्दाज-ए-बयाँ का एक मामूली-सा तरीका है। फिर उन्हें याद आया,

गोसाईं जी ने भी 'ज्वारी, चोर, लबार' कहकर लबारों को गरियाया है।

अ दुत्त तेरी के...! इस प्रसंग को भी अभी ही याद आना था !

"हाँ, तो हम का कहत रहनीं...?"

"केवटवाली बतिया !"

"हाँ ! कहे के मतलब, ई कि यह मसखरापन न हो तो नाच-तमाशा, कथा-वार्ता सूखल-ए रह जाए। लेकिन लबारी क के गतें से हटि आवे के चाहीं। हर-हमेशा लबारी ना चले !" (सामूहिक हँसी !)

"हमारा लच्छन राय बतावेलन, जे अंग्रेजी में 'लबार' के 'जोकर' कहल जाला। हम उनका जैसा पढ़े-लिखे नहीं, बुरबक गँवार हैं।" (सामूहिक हँसी !) लच्छन राय, तुम्हारा मलाल दूर हुआ ?"

"तमाशा में जोकर चटनी है, अँचार है, सिरका है, निबुआ है, खटाई है। लेकिन बस सुआद (स्वाद) के खातिर। ज्यादा ना !"

'गइल मरद जे खाय खटाई
गइल नारि जे खाय मिठाई
गइल पेंड़ जब बगुला बैठल
फूटल घर जब साला पइठल !'

"त-अ भाई लोगन, लबार के अतने काम बा कि हँसी-मजाक के फुरेरा भी छूटत रहे और मरजाद भी बनल रहे। कतना चीजु बा जौना पे लबारी कइल जा सकेला समाज की गन्दगी, धरम के नाम पे अधरम, बड़ लोगन के छोट काम—कोई भी चीज, जौना से समाज के आँखि खुले। खाली मेहरारू के पीछे खस्सी की तरह 'बों-बों' करते हुए दौड़ना ही लबारी नहीं है।"

सीवान के शिवरतन राम नचनिया भी हैं, लबार भी। उन्होंने मलिक जी की बातों का समर्थन किया और बात करने के ढंग, भाव-भंगिमा, परिस्थिति, कपड़े-लत्ते, शक्ल-सूरत—कुल पाँच तरह की लबारी के करतब पेश किए। अन्त तक कइयों के मन की हिचक जाती रही और 'बिटोर' मनसायन हो गया।। लच्छन राय के मन का मलाल भी दूर हुआ। उन्होंने खुद कई रूप धरकर खुद को इस मसखरेपन से पेश किया कि लोग हँसते रह गए। बनारस के एक लबार ने एक गीत पेश किया—

'अधेले की दाल जरा गाढ़ी बनाना
हम भी हैं कमेरे और तू भी लरिकोरी
पीना मेरी जान भर-भर के कटोरी
ज्यादा से ज्यादा बचवा को पिलाना,
अधेले की दाल जरा गाढ़ी बनाना।'

एक लबार ने 'दादा दौड़-अ बिलाय दाल खा गइल !' की विनोदपूर्ण प्रस्तुति की, तो दूसरे ने 'मैं बड़ी बीर मजबूता' की।

इसी के साथ लबार का बटोर नाच के बटोर में ढल गया। किसिम-किसिम के लवंडे आए थे—जादव जी के गिरोह के पनधारी, सूखान बिन्द के गिरोह के रामनाथ, सोमारू भी आए थे, लेकिन सबसे चकित कर देनेवाला था सुनरसन का आना।

"तू ऽ ऽ ऽ !"

सुनसरन ने सिर झुका लिया।

बाबूलाल ने भिखारी के कन्धे दबाकर उन्हें चुप रहने का इशारा किया। कुछ बोल, कुछ मुद्राएँ, कुछ ताल...लेकिन जहाँ तक नाच का सवाल था, सब-के-सब फूहड़ और छिछले !

"खाली चूँची और चूतर हिलाना ही नाच नहीं है।" भिखारी ने बहुत देर तक खुद को जब्त किया था, मगर अब और नहीं। तुषारापात ! उस समय रामनाथ नाच रहे थे। नाच जहाँ का तहाँ रुक गया।

"लोग तो चूँची-चूतर देखने ही आते हैं।" रामनाथ ने किंचित अपमानित होकर प्रतिटिप्पणी की, "आप खुद नाचकर दिखा दीजिए !"

"हाँ-हाँ, मलिकजी हो जाए !" कई ललकारें बरस पड़ीं।

अपने ही फैलाए जाल में लटपटा गए मलिकजी, "हमको नाचना आता है ?"

"ऊ ना चली। नाचकर दिखाना पड़ेगा।"

बाबूलाल ने हाथ के इशारे ने नचनियों को रोका, बोले, "अबेर (देर) हो रहा है। बरखा-बूनी का दिन है। आप लोग मर-मैदान हो लीजिए। आज ही सातो कांड रमैन पूरा कर लीजिएगा तो काल्ह खातिर का बचेगा ?"

लोग धीरे-धीरे बाहर निकल गए। अहाते में अकेले खड़े रह गए भिखारी, जैसे उनका कुछ भुला गया हो। "लोग तो चूँची-चूतर ही देखने आते हैं।" वाक्य बार-बार डँस रहा था उन्हें। तब यह आवाज बाहर से आई थी, अब अन्दर से आ रही है। देह में जब ये अंग हैं तो काटकर फेंका तो नहीं जा सकता इन्हें। फिर काटकर फेंक देने पर बचेगा क्या ? सकली (नकली स्तन) आखिर क्यों बाँधते हैं लोग ? लेकिन मैं गलत कहाँ हूँ ? गलत नहीं हूँ तो सही भी तो नहीं हूँ। अजब साँसत में फँसी थी जान।

रात-भर बूँदा-बाँदी होती रही। हवा में ठंडक बढ़ गई थी। सुबह बूनी टूटी, मगर आकाश पर बादलों का वही जमघट, मानो कोई जुता खेत हो, जिस पर पाटा (हेंगा) नहीं चला हो। भोर की बैंगनी आभा में बारिश से धुले पत्ते और भी चटक लग रहे थे। तरोई के पीले-पीले फूलों पर तितलियाँ मँडरा रही थीं। गौरैया का एक जोड़ा चिक-चिक करता हुआ मिथुन में मगन था। आगे बढ़े तो कुत्ते के जोड़े उलझे मिले। जैसे सब उसे चिढ़ाने पर आमादा हो गए थे।

निबटान से लौटते हुए अकेले में नाच का अभ्यास-सा करते चल रहे थे। जैसे उन्हें इम्तहान देना हो। और जब पुकार हुई तो...?

मलिक जी !

मलिक जी !!

मलिक जी हाजिर। 'अग्नि-परिच्छा' है !

"देख-अ बबुआ लोग, हमको जबरन घसीट लिया है तुम लोगों ने।"

"आग-पानी जो बुझा रहा है, पेश कर रहे हैं। हँसना नहीं।" उन्होंने दशरथी धोती को खोलकर साड़ी की तरह ओढ़ लिया। पाँव थिरक उठे। कमर कमान हुई। आँखें किलक उठीं, माँग चमकी...

नचनियों को दया आ रही है, नाहक ही मलिक जी को नाचने के लिए कहा गया–यह ऊँट की डौलवाली देह-धजा। लौटान का शरीर, पकी दाढ़ी-मूँछ ! एक झूठ को ढ़कने के लिए शरीर की ऐसी की तैसी कराना। हाँफ रहे हैं, लेकिन जिद नहीं छोड़ रहे हैं...।

"वाह ! वाह !!" लोगों ने चौंककर देखा, कोई नई उम्र का छैलानुमा युवक शाबासी दे रहा था।

बाबूलाल ने आगे बढ़कर स्वागत किया, "आई, आई रवाँ के परिचय ?"

"हमारा नाम दरबारी गिरि है। सीवान के हैं। वहाँ सुना, चननपुर में नाच का बटोर है सो...।"

गिरि ने आगे बढ़कर भिखारी के पाँव छुए।

"लगता है, नाच के अच्छे जानकार हैं।"

"ज्यादा ना, तनी-मनी !"

"तो आप को मलिक जी के नाच में का बुझाया ?" लच्छन राय ने मजे लेते हुए जूठन को ठुनकियाया।

"पहले मलिक जी को बैठाइए तो।"

भिखारी जो इस औचक परिस्थिति से भौंचक-से रह गए थे, खुद ही चलकर आए और तखत पर बैठ गए।

दरबारी गिरि ने पाँवों में घुँघरू बाँधे, धोती को चुस्ती से लपेटा, कमर में गमछा बाँधा, और तबलची भोला से कुछ बातें की फिर नाचने लगे।

"हई देखीं, ई बंगाल का बाउल है।"

नृत्य की मुद्रा फिर बदली, कदम बड़े-बड़े पड़ने लगे, "ई 'छऊ' !"....ई है उड़ीसा का 'दास कांठिया'...और ई आसाम का 'अंकिया...'। मलिक जी नचनिया नहीं है, लेकिन जो भी थोड़ा-बहुत नाचे उतने में भी सारी चीजें झलक रही थीं।"

लोग दंग रह गए।

दरबारी गिरि के शामिल हो जाने से नाच के बटोर का रंग ही बदल गया। रात मशाल जलाई गई, गाँव के लोग भी आ गए। नृत्य की एक से बढ़कर एक अदाएँ पेश की गईं। कमर में डुग्गी-तबला बाँधकर बजनिया नर्तकी के साथ-साथ चलनेवाले नाच से लेकर भाँड, गोंड़, धोबिया, खेमटा, नेटुआ, भितहुर बना के नाचना ! सीढ़ी नाच और क्या नहीं ! बटोर के अन्त में भिखारी मंच पर आए। स्वर आत्मविश्वास से टक-बक ! "ए बबुआ लोग, नाच को छोटा मत जानो, नाच शिवजी का वरदान है, कन्हैया जी

का परसाद है। सिर पर भरल गगरी, गोड़ में घुँघरू और गोड़ कहाँ..तो थाली के बारी पर अइसा नाचो कि न एक बून पानी गिरे, न लय टूटे, न गोड़ कटे...। अतना कठिन साधना है भाई, जो साध पाए, वही शंकर भगवान का असली पुजारी है...बाकी तो कौरा पे कूदनेवाला कुकुर !"

प्रतिभागी अपना-अपना समान सहेज रहे थे, अहाते में चैली जल रही थी, प्याज का तड़का देकर चना भूजा जा रहा था, चाह बनकर तैयार है। नाश्ता करके सब अपनी-अपनी राह लौट जाएँगे। मलिक जी स्वयं सारा प्रबन्ध देख रहे हैं। 'बटोर' की सफलता से एक नया ही आत्मविश्वास छलक रहा है चेहरे पर। अकेले-अकेले एक-एक से मिलकर हाल-चाल पूछ रहे हैं।

कोने में कौन है ? रामनाथ ! मरकहा बाछा ! होठ बंकिम हैं। आकर बैठ जाते हैं बगल में, "का बबुआ रामनाथ, कुछ बुझाइल कि...?"

रामनाथ गर्दन मोड़ता है। उसके सलोने चेहरे में जुड़ी सपनीली आँखें देखकर लगता है, भगवान ने गलती से इसे मेहरारू के बजाय मरद बना दिया।

"हमरा का बुझाई मलिक जी ! हम न सोरह आना मरद हो पाए, न मेहरारू... हिजड़ा भी नहीं। इन तीनों के बीच के भँवर में फँसे लोग हैं हम तो।"

"ऐसा क्यों सोचते हो ?"

"का सोचें ?...दू साल से एक बाबू साहब के पास लवंडा (पुरुष रखैल) हैं और आप हमको सिखाते हैं शास्तर...!"

कपार झन्ना गया। थोड़ी देर तक क्या बोलें, कुछ सोच न पाए।

चन्ननपुर से चले तो वही सवाल बार-बार बैताल की तरह कन्धे पर आ बैठता है—आखिर क्या देखने आते हैं लोग—चूतर और चूँची...?

नहीं, नहीं, नहीं ! यह सच नहीं है। वे बार-बार बिदकते हैं इस सवाल पर। अगर यह सच है तो फिर उनका निष्कर्ष क्या झूठ है ?

इसी तरह जब यादव जी के गिरोह के लबार ने पूछा कि लबारी और भड़ैती तो एक ही चीज है, तो लगे रामायण गाने ? भूल गए कि दाग साहब को भी किसी भाँड़ ने लजवाकर भागने पर मजबूर किया था। रामध्यान सिंह ठीक ही कहते थे, मेरे अन्दर का रमैनी मुझे कायदे से पूरी सच्चाई तक पहुँचने ही नहीं देता। 'चूँची-चूतर' आंशिक सच्चाई, लेकिन उसका असर पूरी सच्चाई पर पसर जाता है। मूल सवाल अभी भी वही है, साड़ी को कितना खींचे ?

समधी-समधिन में किसी बात पर टिन्न-भिन्न हो रही है। महेन्दर को बुलाया, "का बात बा ?"

"कुछ नहीं।"

"नहीं, कुछ तो है।"

"जौ खतम हो गया।"

"दाल-ऊल है कि वह भी ?"

"कुछ नहीं है।"

टेंट टटोली तो चाँदी का एक रुपए का सिक्का मिला, फतुहा झाड़ा तो दस का एक लोट ! कुल इतनी-सी जमा पूँजी। दस का लोट महेन्दर को थमाया, "जाकर तिजारपुर से जौ, गुड़ दाल, नून तेल ले आओ...।"

"आप...?"

"एक रुपैया बहुत है कुतुबपुर पहुँचने-भर का।"

बाबूलाल के पास विदा लेने गए तो पति-पत्नी बहस बन्द कर उनसे रुकने का आग्रह करने लगे।

"घर-दुआर भी तो देखना है।" हाथ जोड़कर परनाम किए और चल पड़े। अकेले पड़े तो खयाल आया, सारे पैसे तो 'बटोर' में फुँक गए। बाकी काम कैसे होंगे, कहाँ चलें, रामसूरत सिंह की ड्योढ़ी पर ?

बैठके में आते ही नजर जाती है जमीन पर बैठे भिखारी ठाकुर पर और रामसूरत सिंह चिढ़ जाते हैं, "कै दफा बोले, ऊपर बैठा करो, ऊपर बैठा करो, लेकिन तुम...? अरे अब तो राय बहादुर हो गए, खुद न सही रुतबे का तो खयाल किया करो !"

भिखारी ने उठकर अभिवादन किया, "रहने दीजिए। यहीं ठीक है।" और फिर से नीचे अपनी पुरानी जगह पर जा बैठे।

"अरे कुछ चाह-पानी भेंटाया ?"

"आपकी दया से सब पूरा है। आजकल पेट ठीक नहीं रहता।"

"का कुछ फिर लिख रहे हैं न का ?"

"हाँ, ऊ तो रोज का धन्धा है।"

"लिख-लिख के पेट खराब कइल-अ तू और...।"

"और...?"

रामसूरत सिंह चहलकदमी करने लगे। फिर आकर जमीन पर ही उकड़ूँ बैठ गए भिखारी के सामने, जमीन में रेखा खींचते रहे, फिर बोले, "नाटक तुम क्या करोगे, अरे नाटक तो किया ठेकेदार साहब ने...।"

"तनी खोल के बताईं न !"

"अरे 'रायबहादुर' की टाइटिल चाहिए थी ठेकेदार साहब को। तुम तो बस एक मोहरा थे, वारफंड के लिए न पूरा पैसा जुटा, न उन्हें रायबहादुरी मिली।"...फिर हँसते हुए पलंग पर जा बैठे, "ऊ रायबहादुर भले ना भइल होखस, लेकिन तू हो गइल-अ !"

"हम...!" भिखारी का मुँह आश्चर्य में खुल गया।

"हाँ, तूँ...।" कौतुक में उन्होंने भी मुँह खोल लिया, "पब्लिक देहलस-ह-अ ! पब्लिक ! जनता अपना दुलरुआ के दिहलस खिताब रायबहादुर।"

भिखारी को पहले ही लग गया था कि कहीं-न-कहीं कुछ गड़बड़ है, लेकिन यह

गड़बड़ी शुरू से ही थी, इसका पता न था। मन छोटा हो आया, "हम तो नचनिया हैं, जो चाहे सो नचा ले।"

"ऊ कुल्हि छोड़-अ ! तुम रायबहादुर हो बस।...और हाँ, कोई खास बात है ?"

खास बात न होती तो आते ही क्यों, लेकिन संकोच के मारे जबान नहीं खुल रही है।

रामसूरत सिंह ने ताड़ लिया, "तीन सौ में काम चल जाएगा ?"

"ना माने..."

"ना काहें ? अरे बाप का किरिया-करम किए, वारफंड में कलाकारों को दे दिला के बिदा किए, बटोर किए...हाथ तो खाली हो ही गया होगा।"

"हाँ माने हाथ तो खाली ही है, उसकी चिन्ता न है, चिन्ता तो है कि बाहर जाना है, कपड़ा-लत्ता, साज-सामान खरीदना है।"

"'त बोलत काहें नइख-अ भाई ? कतना चाहीं...। तीन सौ में हो जाई ?"

"हाँ माने कि...।"

"हई ल—अ तीन सौ। माने बूझत रह-अ ! पइसा ना रहल तो 'बटोर' काहें करावे लगल—अ ?"

रामसूरत सिंह जैसे उदार संरक्षक ने जिस ढंग से पैसे फेंके, वह बहुत ही अपमानजनक लगा। एक बार तो मन किया लौटा दें, लेकिन फिर मन दबाकर उठा लिया। उन्हें कैसे समझा पाते कि 'बटोर' क्यों कराए। अरे, 'रामकाज कछु मोर निहोरा...।' मन कुछ थिराया तो 'बटोर' पर दिमाग गया। सोचते हुए आज भी वे उसी बिन्दु पर रुक गए जिसके एक छोर पर थे दरबारी गिरि और दूसरे छोर पर रामनाथ; खुली और बन्द पलक ! मगर कौन खुली और कौन बन्द ? वह कौन था, जिसने बाहरी दुनिया की हकीकत दिखा दी और वह कौन था जिसने भीतर झाँकने को मजबूर किया ?

बहुत दिनों तक पीछा किया पिछली बातों ने, फिर पीछे छूटने लगीं। वैसे भी एक तेज भागते समय में, जहाँ लहर-पर-लहर आ रही हो, दरबारी गिरि और रामनाथ कब तक टिकते ? लहरों ने इन्हें निगल लिया और उगल दिया सखीचन्द और छबीला को।

नाच में छबीला का अभी भी जवाब न था। 'बटोर' ने उसकी कला को और भी सान पर चढ़ा दिया था और अब वह पजाए हुए छुरे की तरह चम-चम चमक रहा था, लेकिन जहाँ तक गाने का सवाल था, सखीचन्द को शारदा माई ने वो कंठ दिया था कि लोग उसी तरंग में हिलकोरें लेने लगते। जब वह तान खींचता तो दिशाओं के दिगपाल झूमने लगते। वैसे तो महेन्दर भी ध्रुपद सीख रहे थे, भिखारी स्वयं मूलगैन थे ही, लेकिन सखीचन्द सखीचन्द था, जात का चमार हुआ तो क्या हुआ, अपने आप में निराला, अलबेला और बेजोड़।

भिखारी उसे लिए हुए ऐसे घूमते जैसे अखाड़े का उस्ताद अपने नामी-गिरामी शागिर्दों की बाँह उठाकर अखाड़े में ललकारता है—है कोई जोड़ सखीचन्द का ? ऐसे सन्नामी पहलवानों की जँघिया को चार-चार आदमी खींचकर पुट्ठे पर चढ़ाते हैं, तब

जाकर चढ़ती है वह ! नाच में भी सखीचन्द को सजाने के लिए चार-चार आदमी लगते, रामचन्नर पंडित, छबीला, जूठन ठाकुर, जगदेव। तफजुल, महेन्दर, अली हुसैन अगर नल-नील, सुग्रीव आदि थे तो अंगद थे सखीचन्द, हनुमान लच्छन राय, विभीषण लालू और बूढ़े जामवन्त थे बाबूलाल। अजेय होता जा रहा था भिखारी का गिरोह। आरा जीता, सारन जीता, बलिया जीता, मुंगेर, भागलपुर और मुजफ्फरपुर-पटना जीता, और अब वे कोइलौरी और कलकत्ता, बनारस और गोरखपुर जीतने की ओर बढ़ रहे थे।

मिरचइया बाबा होते तो कहते, 'सँभल के ! अति सर्वत्र वर्जयेत ! ज्यादा अच्छा भी अच्छा नहीं होता।' और रामानन्द सिंह होते तो कहते, 'ज्यादा मिठाई से कीड़ा पड़ जाता है।'

कीड़ा पड़े चाहे बज्जर गिरे, अब तो भिखारी को रोक पाना स्वयं भिखारी के वश में भी नहीं।

दल धनबाद आया तो शोर हो गया। सिर्फ पछिमाहा मजूर ही नहीं बंगाली, पंजाबी और ओड़िया लोग भी खिंचे चले आते। कैसे न आते, हर तरह से सजा दल जब कसे ढोल-सा टन्न-टन्न बोल रहा हो !

ठेकेदार दर्शन सिंह में औरत की भूख कुछ तो पहले से ही थी और बाकी भिखारी के नाच ने भड़का दी थी। वह दिन को भी गिरोह के गिर्द मँडराया करता। कलाकार हॉल के अन्दर होते, जहाँ अवांछित व्यक्तियों का प्रवेश वर्जित था। भिखारी ने पहले सोचा था कि रात की गैस बत्ती की रौशनी में नाचते हुए नचनियों को दिन के इँजोर में देखते ही दर्शन सिंह 'आक थू' करने लगेंगे, सो एक खुर्राट सास की तरह 'अन्दर महल' के बाहर बैठकर पहरे दिया करते। लेकिन दर्शन सिंह उनसे भी बड़े खुर्राट ! उन्हें यह 'आक-थू' भी पच जाता।

निमकी, बुँदिया-चाह पिलाने के बहाने 'अन्दर महल' तक चले जाते और नचनियों, खासकर छबीला से हँस-हँसकर बतियाते ! भिखारी हाय-हाय करते रह जाते, मगर बरज (माना) न पाते। क्या करें ? दल चलाने के लिए आगे-पीछे सोचना पड़ता है। कुछ कर भी तो नहीं सकते। कान खड़े किए रहते और जैसे ही 'अन्दर महल' से कहकहों के गुब्बारे फूटते, एक लाचार सास की तरह जल्दी-जल्दी माला फेरने लगते। रसिक-राज कभी-कभी तो वहीं पसर जाते। दर्शन सिंह के सामने से लवंडों को दूसरी जगह ले जाने का मतलब था, साँड़ के सामने से बाछी खोलकर ले जाना। दिन-रात दारू में डूबे दर्शन सिंह अच्छी मुसीबत बन गए थे।

छबीला और दूसरी चीजों में बाकी नचनियों से हेठ भले हो, साड़ी पहनकर खड़ा होता तो ससुरा सचमुच इन्नर की परी लगता है ! बाबू साहब से कहें क्या...? लेकिन इसकी जरूरत नहीं पड़ी।

उस दिन दर्शन सिंह हद से बाहर जा रहा था। दारू के नशे में वह स्टेज पर चढ़ गया और पैसे वारकर लुटाने लगा। लठैतों ने रोका तो हाथा-पाई, गाली-गलौज करने लगा। नाच रुक गया। दर्शन सिंह को लठैतों ने बन्दर की तरह उठा लिया और बाहर

ले आए।

दूसरे दिन सुनगुन थी कि दर्शन सिंह को जलते कोयले पर लाकर फेंक दिया गया। उस दिन से छबीला की तबीयत खराब रहने लगी। उसे लगता, दर्शन सिंह कभी जलते हुए, कभी जली-अधजली अवस्था में आकर उसका रास्ता रोक लेता है। कौलियरी के एक से बढ़कर एक ओझा आए मगर छबीला जस का तस !

धनबाद का कार्यक्रम जैसे-तैसे सलटाकर दल हाबड़ा आया। टेसन पर हनुमान पहलवान आए हुए थे। बोले, 'यहाँ भी गड़बड़ ही है लेकिन जब आ ही गए हो तो कोई-न-कोई परबन्ध तो करना ही पड़ेगा। ऐसा करते हैं, पहले शिवपुर चलते हैं, पकड़ी के बाबू साहब लोग कह भी रहे थे। शिवपुर नाच लो, फिर श्रीरामपुर, रिसड़ा, लिलुआ और गंगा के उस पार भी समसे पछिमाहा भरे पड़े हैं। लेकिन कलकत्ते में मार-काट मची है, कहीं कोई गड़बड़ न हो जाए।

सब कुछ ठीक ही जा रहा था कि एक दिन वह हादसा हो गया। दल ट्रक से जा रहा था कि कहाँ से एक हथगोला आया और गिरा सीधे छबीला की पीठ पर।

हाय छबीला ! कितनी बार बोला, "अब हम से नाचना नहीं हो पाएगा।" लेकिन क्या मालूम था कि...। कहाँ जन्मे, कहाँ बड़े हुए और मारने के लिए मौत कहाँ खींच ले आई ! आदमी बिल्लकुल-ए पगला गए हैं न का ! छबीला को मारकर उन्हें क्या मिला ? सखीचन्द सहमे हुए हैं, छबीला को बम ने नहीं, दर्शन सिंह ने मारा है। छबीला के बाद दर्शन सिंह जिसे सबसे ज्यादा मानते थे, वह वही थे। अब छबीला की तरह सखीचन्द को भी जब-तब जले-अधजले दर्शन सिंह जहाँ-तहाँ खड़े दिखलाई पड़ने लगे थे। मुश्किल थी, सखीचन्द दर्शन सिंह को साफ दिल का आदमी मान रहे थे।

काली माई, सर्वमंगला देवी और कहाँ-कहाँ पूजा-अर्चना, मान-मनौती नहीं की गई, मगर नाच दोबारा नहीं जमा तो नहीं ही जमा।

"ए भाई केहू जान न न देगा।" सखीचन्द के बाद सबसे अच्छे नचनिया माने जानेवाले रामचन्दर को कहते हुए लच्छन राय ने सुन लिया।

"एकरा से नीमन तो बा कि लौट चलल जाए।"

"कम-से-कम कलकत्ता तो अभी रुकने लायक नहीं ही है।"

"जब चलना ही है तो आज ही क्यों न चल चला जाए।" भिखारी ने कहा।

"अबही कौन गाड़ी भेंटाई ?"

हाबड़ा टेसन पर हनुमान पहलवान ने पता किया, "एक गो गाड़ी तो जाई बाकी छपरा ना, पटना...!"

"पटने चलल जाई !"

लेकिन इस बार की तो जैसे यात्रा ही खराब थी। पटना में सुराजियों का बोलबाला था। आजादी की बात छोड़कर दूसरी बात सुनने को तैयार ही नहीं थे। थाना, पुलिस की मदद भी नहीं मिलेगी। सारी पुलिस उन्हीं लोगों को कंटरोल करने में लगी हुई है। मिर्चइया बाबा का आश्रम पटना में ही है। एक तो खोजना पड़ेगा, दूसरे जैसे कि

अपसगुन चल रहे हैं, वहाँ भी भेंट न हुई तो...? न, पहले घर लौटा जाए। इस अमंगलकारी यात्रा का प्रभाव मिटे, फिर बाद में देखा जाएगा।

दीघा घाट से स्टीमर का टिकस लाने के लिए भिखारी ने एक समाजी को सौ रुपैया का एक हाथी छाप नोट दिया और गंगा के विस्तार को यूँ ही निरर्थक घूरते रहे।

पहला भोंपू बजा। स्टीमर छूटनेवाला है, कतना टैम लगा दिया ? बाबूलाल गए। वे भी न लौटे। तफजुल गए, वे भी वहीं रह गए, लच्छन गए, वे भी...तब युधिष्ठर को अपने चार पांडव भाइयों का पता करने खुद ही जाना पड़ा। इनके चारों भाई पुलिस की हिरासत में चिड़ियाखाने के जन्तु जैसे हुलक रहे थे।

"का बात बा साहेब ?" उन्होंने टिकट खिड़की के काउंटर के पीछे बैठे यक्ष से पूछा।

"आपका नोट था ?" यक्ष ने सिर्फ एक सवाल पूछा और जैसे ही उत्तर 'हाँ' में मिला, पुलिस के सिपाहियों ने उन्हें भी पकड़ लिया। "चलो, उधर खड़ा होखो।"

"बात का बा ?"

"कहते हैं कि लोट नकली है।"

"ई का कहते हैं ? दोसर लोट लीजिए। हमरा नाम भिखारी ठाकुर है।"

यक्ष पर कोई असर नहीं।

भीड़ जमा हो गई। उनकी स्थिति बेहद अपमानजनक हो रही थी। चेहरे पर हवाई उड़ रही थी। कातर भाव से फरियाद करते हुए कभी किसी का तो कभी किसी का मुँह जोह रहे थे। तमाशा पेश करनेवाला आज खुद तमाशा बना हुआ था। तमाशबीन पूछ रहे थे, "ए भाई, भिखारी भी जाली लोट छाप रहे थे ?"

"ना बाबू साहेब ! ऊ तो महेन्दर मिसिर...।"

भीड़ बढ़ती गई, बढ़ती गई। तरह-तरह की टीका-टिप्पणी। चुल्लू-भर पानी में डूब मरो भिखारी !

आखिर भीड़ से कोई वकील साहब प्रकट हुए, "ये जब दूसरा नोट दे रहे हैं तो टिकट क्यों नहीं देते आप ?"

"और इस जाली नोट का क्या करें ?"

"आप मुझे तो जानते हैं न ?"

"हाँ।"

"तो मैं कह रहा हूँ कि अव्वल तो ये चोर-जालसाज नहीं हैं। मैं अच्छी तरह जानता हूँ, दूसरे पचासों जगहों पर इनके कार्यक्रम होते हैं, सीधे-सादे आदमी हैं, किसी ने दे दिया होगा।"

"उहूँ !"

"आप ही जरा सोचिए न, अगर इनके मन में कोई खोट होता तो एक के पकड़े जाने पर, दूसरा इस तरह आता ? यहाँ तो पाँच-पाँच आदमी आए हैं !"

यक्ष ने थोड़ी देर तक सोचा, फिर मूड़ी हिलाई, "लेकिन इस नोट का क्या करें ?"

"जला दीजिए।"

खैर, नोट जलाया गया। दूसरे नोट की एवज में टिकस मिले।

"राउर अहसान जिनगी-भर ना भुलाइब वकील साहब !"

"अरे जाइए-जाइए स्टीमर छूट रहा है।"

स्टीमर पर बैठे-बैठे सोच रहे थे भिखारी, कहीं यह 'लोट' महेन्दर मिसिर का तो नहीं है—

अँगुरी में डँसले बिया नगिनिया हे,
हे सखी, दियना जरा द-अ !
रामजी ! हो रामजी ! हो रामजी !

23

पानी बिच मिन पियासी !

गंगा, सरयू और सोन से घिरे कुतुबपुर में सिर्फ एक कुआँ था—पंडित जी का। उसी कुएँ से सारा गाँव पानी भरता। पानी नीचे था और गर्मियों में तो और भी नीचे चला जाता। तह-दर-तह वर्ण-व्यवस्था यहाँ भी लागू थी—पहले बाबा जी लोग पानी भरते, फिर बाबू साहब लोग, फिर वे जातियाँ, जिनका छुआ चलता था, तब बारी आती कौमीनों (अस्पृश्य नीची जातिवालों) की। उनके घर की औरतें गगरी-गगरा लेकर बैठी रहतीं। जरूरतमन्द चिरौरी-मिनती कर किसी से माँग लेते, एक अनार और सौ बीमार ! बखत-जरूरत पर गंगा जी तो थी ही, अलबत्ता तनिक दूर ! मगर गंगा जी का पानी ज्यादातर नहाने, धोने और पशुओं को नहलाने के काम आता या फिर आखिरी बेला में मुँह में डालने के काम। पीने का पानी पंडित जी के कुएँ से ही आता।

सन् 46 में जब गाँव में हैजा फैला तो इस समस्या की असली भयावहता सामने आई। हैजा एक घर से दूसरे घर में फैलता हुआ, भिखारी के घर तक आ गया। मनतुरना देवी को कल से उलटी, दस्त हो रही हैं। प्याज का रस दिया गया, पुदीना पीसकर पिलाया गया, बैदजी की दवा हुई, ओझा आए, पंडित जी का जाप। पियनिया की सती माई को मनौती मानी गई, लेकिन दस्त है कि रुकने का नाम नहीं लेता।

"पानी कहाँ है, पानी ?" गगरी भरकर ले आओ और घंटे-भर में खतम !

आज शाम होते-होते हालत और बिगड़ गई। काज-धन्धा छोड़कर पतोहें उन्हें घेरकर बैठी हैं। कलकत्तेवाली लमटेन जलाकर रख दी गई है। रात में भी मक्खियाँ भिनक रही हैं।

करिखाई लमटेन की मन्द रोशनी में चेहरे झलक रहे हैं, आँखें एक-एक चेहरे को पहचानने की कोशिश कर रही हैं...बहोर बहू, शीलानाथ बहू, गौरीशंकर बहू,...पूरबवाली, ननद, राजेन्दर, हीरा...शीलानाथ—सब तो हैं मगर चारों ओर उदासी और खालीपन है। कुछ है, जिसकी कमी बार-बार खल रही है। न...! वे तो सबका दरद जान लेते हैं। हलाल की जाती हुई बेटियों के दरद, परदेशी मरद के विरह की अगिन में जलती मेहरारू का कलेश...फिर हमारे लिए ही ऐसे कठकरेज क्यों हो गए ?

पेट में फिर मरोड़ ! खाट पर ही दस्त। उठना चाहती हैं। उठ नहीं पाती हैं। खाट पर से नीचे जमीन पर उतार दिया जाता है।

बहुत सन्नामी 'इमदी' की मेहरारू है। लोग ऐसे क्यों देख रहे हैं ? अरे

भक्तशिरोमणि, रायबहादुर मलिक जी की मेहरारू हूँ—बेटे-बेटियों, नाती-पोतों से भरी...ओक !...उल्टी और दस्त दोनों एक ही साथ, पियाज पीसकर पिलाया जा रहा है। पियाज नहीं, गंगाजल डालो इनके मुँह में।

दोपहर में खबर लेकर पहुँचते हैं राजेन्दर, "बाबा ! बाबा !"

मलिक जी के साथ-साथ बाबूलाल भी निकल आते हैं, "का हुआ ?"

"आजी तो...?" खड़े-खड़े सुसुक उठता है राजेन्दर।

"कब...?" पूछते हैं बाबूलाल।

"रतिये में।"

"कैसे ?"

"हैजा फैलल न बा गाँव में।"

"दवाई ?"

"जो सपरा (संभव हुआ), सब कराया गया। परसों बीमार पड़ीं, कल रात चटपट में खतम !" खबर पाते ही समधिन आ गई, पति-पत्नी भिखारी के चेहरे को देखते हैं, चश्मे के पीछे, खाई-सी झन्ना रही आँखें।

"जाओगे ?"

इतने सट्टे हैं। सबकी इज्जत का सवाल है। गए तो सब चरमरा जाएगा।

'अजीब धर्मसंकट है, ना।' स्वगत में बुदबुदाते हैं। "जिन्दा रहती तो...। जब मू ही गई तो हम जाकर क्या करेंगे ! तुम लोग तो हो ही। जो करना-धरना है, करोगे। हम तो अभी ना जा सकब बाचा ! हई पइसा रख-अ, जाते बेर कफन खरीद लेना..." चश्मे के नीचे से एक बूँद टप से चूती है, "लाल ही लेना—सुहागिन थी।"

लौट गया है राजेन्दर ! "बहुत दिन साथ दिया—बहुत ! भर दिया मेरे घर को... हमी कुछ न कर सके तुम्हारे लिए। माफी चाहीं !" खुद-ही-खुद में घुल रहे हैं।

डबडबाई आँखें ताकती हैं दक्षिण की ओर—ताड़ के पेड़ों के पार, बाग की गझिन हरियाली के नीचे कहीं सरयू होंगी, आगे गंगा होंगी और होगा एक खपड़ैल घर जिसकी मालकिन आज पलंग पर नहीं, माटी पर लिटाई गई होगी। जिसके साथ सेज पर सोया और कितने नरम-नाजुक सुरभीले अहसासों को भोगा, वह आज जला दी जाएगी—चर-चर-चर-चर केश जरेंगे, फफोले पड़कर बदन का पानी छन्न-छन्न रिसेगा, हाड़ जरेंगे, चटख-चटखकर खपड़ोई जरेगी...अबकी बार घर जाने पर और सब तो होंगे, एक वही दिखलाई नहीं देगी, कहीं भी...!

उन्हें लगा, वे हमेशा भीड़ में ही रहे। भीड़ में ही बच्चे, भीड़ में ही पत्नी, भीड़ किसी ज्वार की तरह उठती है, और बाढ़-सी पसर जाती है। उन चेहरों को देखना चाहते हैं, उनको छूना-टटोलना चाहते हैं, मगर उन तक पहुँच पाना मुमकिन नहीं। कई और चेहरे चले आते हैं उनके और उनके चेहरे के बीच !

मेहरारू की मरनी का अभी सुध भी पूरा नहीं हुआ कि धरमपुर के सट्टे का दिन आ गया। छह महीने पर बरही मना रहे हैं जमादार राय अपने पोते की। चन्ननपुर में

दल इकट्ठा हुआ तो लगा, सबके सब शोक मनाने को आए हुए हैं।

"ई हे चेहरा लेके नाच होखी ?" भिखारी समझा रहे हैं दल को, "हम तो तेरही के पहले नहीं नाचेंगे, असगुन होगा, कोई-न-कोई बहाना कर लेंगे। लेकिन नाच बन्द नहीं होगा—ई जान लो। ई भी जान लो कि मरनी की बात भी न जानने पाए मालिक। चेहरे पर मलाल की झांईं तक न झलके।"

"हमरा तो रोआई आवता।" जूठन ने कहा।

"ना बाचा ना ! आँसू छलक आवे, गला भर जाए तो छिपा लेना है। ई हे तो असली पाट (अभिनय) है।"

तेरही के बाद खुद भी शामिल हो गए नाच में—वही लास्य, वही उल्लास, वही लबारी ! लोगों पर वही जादू ! हाँ, नाच खतम होने पर अलबत्ता किसी से नहीं मिलते ठाकुर जी। चुपचाप दोहरा ओढ़कर सो जाते हैं। घुलते रहते हैं अपने एकांत में।

लगन और सट्टे पूरे कर छपरा स्टेशन पर दल बटुरा। पैसे-कौड़ी का हिसाब कर सबको विदा किया। कुतुबपुर को छोड़कर कहीं भी जाने का मन नहीं है आज, चन्ननपुर भी नहीं। गमछे की गेंडुली बनाकर तकिए की तरह सिर के नीचे रख लिया है, चित लेट गए हैं लाटफारम पर। आसमान भराभरा है, मन भी। आधी रात है—आधी-आधी नींद है, आधा-आधा जागरण। दूर से कोई कटा-फटा गीत आ रहा है...न, छपरा टेशन की छत पर कोई गुजरिया नाच रही है। उसके लहँगे का एक छोर कुतुबपुर को छू रहा है, दूसरा चन्ननपुर को—

तुमने बाग लगाए, बगीचा लगाए,
आँगन में तुलसी क्यों नहीं लगाई ?
तुमने खेत खरीदे, खलिहान सजाए,
सेजरिया क्यों नहीं सजाई ?
तुमने मन्दिर बनवाए, मदरसे बनवाए,
'इनार' क्यों नहीं खुदवाया ?

इस बार आए तो पहला काम कुआँ खुदवाने का। दो सौ लगे, चार सौ लगे, लग जाने दो। पानी अभी मटियाला है, धीरे-धीरे साफ हो जाएगा। पहली बार अपने कुएँ में झाँका है, अस्पष्ट-सा बहुत नीचे झलमलाता हुआ एक चेहरा किसी का—अपना या मनतुरना देवी का ?

मन में थोड़ा-थोड़ा खालीपन है, थोड़ा-थोड़ा सन्तोष ! तुम्हें तो समय पर पानी न दे सका, लेकिन अब गाँव में पानी के लिए किसी और को तरसना नहीं पड़ेगा। चमारों, दुसाधों, गोड़ों को पानी के लिए घंटों अगोरना नहीं पड़ेगा अब। मेहमान आया है, निकालकर ले जाओ पानी। उलटी, दस्त हो रही है, ले जाओ। पानी है किसलिए ?

कुएँ की जगत बनी, बियाह हुआ बेर के डंडे से...इन्हीं पंडिजी के बाप ने उनकी तीनों शादियाँ कराई थीं कभी। तीनों खड़ी हैं। अब तो तिरपित हो गई आतमा ? अरे न-न...ये तो सोनिया है, गौरीशंकर बहू है, शीलानाथ की तीसरी बेटी तेतरी है।

कई दिनों के बाद आज इतमीनान से सो सकेंगे। इतमीनान ? वह तो वहीं मिलेगा, कुठरिया में। वहीं आएगा कोई दबे पाँव रात के पिछले पहर में--खुले पड़े हैं किवाड़।

घर में सो चुके हैं सारे लोग। भावुक-से खड़े-खड़े देख रहे हैं किवाड़ के पल्लों को। रही-सही जवानी की तरह जर्जर चरमराते पल्ले, आज वीरान हैं ये। इनमें दियना जराने अब कोई नहीं आएगा। दियना जरानेवाली तो जा चुकी।

उन्होंने आगे बढ़कर किवाड़ बन्द कर साँकल लगा दी और बाहर पलानी के तखत पर शापित यक्ष-से धीरे से आ बैठे।

24

लौट आए चन्ननपुर। फिर से झोंक दिया काम में खुद को। काम भी कोई एक हो तब तो...? पुरानी रचनाओं को ठीक करके छपवाने से लेकर बेचने और तमाशों के इन्तजाम तक। काम इतना बढ़ गया है कि अकेले सँभलता नहीं।

'नाई बहार' और 'कलजुग प्रेम' के बाद कुछ लिखा भी नहीं जा सका। मन में चौबरन पदबी घुमड़ रही है। जहाँ भी एकान्त मिलता है, छन्द बनने लगते हैं, खासकर दिशा-फराकत के समय। (अफसोस कागद नहीं रहता, न लिखा ही जा सकता है।) कई बार इतनी अच्छी पंक्तियाँ बनीं कि जल्दी से जल्दी लिख लेने का मोह जागा, मगर...नहीं हो पाया, बालू के घरौंदों की तरह बिखर गया सब कुछ।

लौटे तो हमेशा की तरह एक लोटा माटी लेते आए और उलट दिया कुएँ के बगल में। ढूह-सा हो गया है वहाँ। माटी से हाथ धोया, मल-मलकर लोटा मटियाया, हाथ-पाँव धोए, कुल्ली की। उठे तो एक लम्बे-चौड़े जवान ने आकर पाँव छुए।

"कौन ?" अरे, यह तो गौरीशंकर है !

"का गौरीशंकर, का हाल है ? नौकरी-चाकरी, बाल-बाचा...?"

"सब ठीक है। नौकरी छोड़ी दी।"

"ऐं !"

"तीस-चालीस रुपैया की तनख्वाह और साहेब, बाबू की गुलामी !"

"ई तो नीमन काम नहीं किए।"

"हम अकेले थोड़े न हैं, गांधी जी खुद कहते थे नौकरी छोड़ने के लिए। बहुत-से लोग नौकरी छोड़ चुके हैं। सुराज आनेवाला है।"

"धन्न भाग तोहार, गांधी बाबा कब आए थे तुमरे पास ?" 'टोइयाँ' बाबूलाल पूछते हैं। झेंप जाते हैं गौरीशंकर, "ना ना, बाबूजी साठ के न हो गए।"

"ओ ! माने मलिक जी को रिटायर कराने... ।" हँसते हैं बाबूलाल।

"ऐं क्या सचमुच मैं साठ बरिस का हो गया। साठ बरिस बीत गए !" बाँह फेरी, काले-काले रोओं के बीच सफेद रोयें। पेट और गरदन पर चाम ढीले हो गए।

गौरीशंकर के आ जाने से सभी प्रसन्न थे, सिवाय एक के–लच्छन राय ! अन्दर-ही-अन्दर उन्हें लग रहा था कि यह एक सोची-समझी साजिश थी मलिक जी की।

राष्ट्रीय स्तर पर पूरे देश में राष्ट्रीयता का ज्वार था, जिसे देखो, वही पूरे ताव पर रहता, मानो आजादी का डोला उसी के घर में उतरने जा रहा हो। न हुआ रामा ! सारे

गाँव में झंडा लेकर दौड़ लगाता ! मगर भिखारी के मन में कोई हुलास नहीं...! हम तो नाई हैं, नचनिया हैं, जो काम आजादी के पहले करते थे, वही आजादी के बाद भी करेंगे। लोग बढ़-चढ़कर बात करते हैं जैसे अंग्रेजों के जाने और सुराजियों के आ जाने से रातोंरात सब कुछ बदल जाएगा। गांधी जी ने बता दिया है कि रामराज्य कैसा होगा, उन्होंने चमारों को पहले ही 'हरिजन' टैटल दे दी है, आजादी के बाद से कोई उनको 'चमार' नहीं कहेगा। और जातियों के बारे में उन्होंने क्या टैटल दिया है, पता नहीं ! खुद जात के बनिया हैं। कोई-कोई कहता है तेली। लेकिन ई बाबू साहब लोग और बाबा जी लोग कैसे एक बनिया-तेली के नीचे रहेंगे ? क्या पता...? आगे-पीछे जरूर कोई तिकड़म करेंगे। कोई-कोई कहता है, जाति रहबे नहीं करेगी। बहुत गड़बड़-झाला है—कुछ समझ में नहीं आता कि क्या-क्या होगा, कैसे-कैसे होगा। असल चीज है कोई किसी के साथ जोर-जबर्दस्ती न करे, किसी को 'रे-कार' देकर न बुलाए।

आजादी आ रही है। बरखा-बूनी में ही आ रही है। अभी आज चौदह अगस्त है, आधी रात को आएगी। दूर से आती बारात-सी लग रही है आजादी, जिसके बाजे बज रहे हैं, 'सरग बान' छूट रहे हैं, चरखी नाच रही है, गोले दग रहे हैं, नाचवाले आगे-आगे नाचते हुए चल रहे हैं। बड़ी भीड़ है। धूल उड़ रही है। कलशा दिखाने के लिए उन्हें भी कलशे पर दीये जलाकर खड़े रहना है, खड़े रहना है कि दुलहा का जूता खोलकर गमछे से पोंछकर हाथ में ले-ले, खड़े रहना है कि मउर उतारकर हाथ में ले ले। खड़े रहना है कि चँवर डुलाना होगा और खड़े रहना है कि समसे बराती का थार में पाँव पखारकर गमछे से पोंछना होगा।

धत् तेरी की ! आज आरा में नाच है, कल पनरह अगस्त को बलिया में, लच्छनपुर में। इधर अभी-अभी कोई हरकारा कलक्टर साहब का फरमान दे गया है कि आज चाहे जहाँ रहो; कल पनरह अगस्त को छपरा में परोगराम देना है—बिदेसिया ! अरे बाप, यह कैसे होगा ? कहाँ लच्छनपुर, कहाँ छपरा...? एक जिमींदार, एक कलक्टर जिला-भर के मालिक ! एक बाघ, एक साँप ! कोई चिरई है कि पखना जामल बा, उड़कर चले आएँगे। थोड़ी देर तक बेचैनी में टहते रहे, फिर दुविधा झटक दी, "ना, सट्टा नहीं तोड़ेंगे। अधरम होगा। चलो पहले आरा, फिर वहाँ से दलसिंगार सिंह के यहाँ लच्छनपुर बलिया।"

गंगा की छाड़न में जाँघ-भर पानी है। कोई बात नहीं। गुपचुप चल निकलना है। बबुरा पहुँच गए तो जमील का इक्का घंटे-भर में आरा पहुँचा ही देगा।

नाच के ऐन वक्त पर ही मन स्थिर नहीं। बलिया जाने के लिए बक्सर से गंगा पार करें कि तिलक राय के हाता से। लच्छन राय आज अपनी मूँछ-दाढ़ी को लेकर परेशान थे कि उन्हें किस तरह लगाएँ कि एक शातिर सूदखोर दीख सके...तभी उन्हें खयाल आया, जूठन ठाकुर तो प्यारी सुन्दरी के रूप में अपने वियोग का वृत्तान्त बाँच चुके और बटोही अभी तक गया नहीं। भिखारी के सामने अपनी लटकती मूँछ लिए जा बैठे, "जइब-अ ना ?" "आ हाँ," हड़बड़ाकर उठे। भला हो समाजियों का—

'तेहि अवसर बटोही एक आए
तासो प्यारी दुःख सुनाए...'

को रोककर उन्होंने एक दूसरा कवित्त नाध रखा था—कहत कोई परदेशी की बात...आँख मूँदकर गाते ही चले जा रहे हैं। अरे सूरदासो, अब तो बन्द करो!

भिखारी को देखकर उन्होंने 'तेहि अवसर...' गाना शुरू किया। भिखारी ने परम देहाती की तरह मंच पर प्रवेश किया और अचरज से पूरे परिदृश्य को देखा—

बटोही—ए बबुआ ढबढब!

समाजी—का ह-अ बाबा?

बटोही—हम टीसन पर जाइब ए बबुआ।

समाजी—ए बाबा, हइहे रास्ता सीधे टीसन पर चलि जाई।

बटोही—अच्छा ए बबुआ, ई बताव-अ कि कलकत्ता के मसूल कतना बा।

समाजी—चार एक पाँच!

बटोही—सवा रुपैया में ना फरिआई?

समाजी—सवा रुपैया में तो टिकसे ना मिली महाराज!

बटोही—बबुआ, कम सुनेल-अ का? हम कहतानी रेल, तू कहतार-अ टिकस!

समाजी—टिकसे ना कटाइब त रेल पे कइसे चढ़ब?

बटोही—का बबुआ, टिकस पे चढ़ा के रेल में धसोर दिआई?

बटोही को पता नहीं कि 'टिकस' किस चिड़िया का नाम है। उसे जब मालूम पड़ता है कि पाँच रुपए देने पर एक टिकस नाम की अजूबा चीज मिलेगी जो छोटे-से कागद की होगी, तो उसे लगता है, ढबढब उसे बेवकूफ बना रहा है। भला पाँच रुपैया देने पर दो अंगुर का छोटा-सा टिकस मिलेगा और रेल जैसी बड़ी चीज पर चढ़ने में एक पइसा नहीं लगेगा, तो टिकस क्यों लें? समाजी बताता है, कि बगैर टिकस के धर लिए जाओगे, नौ महीने तक जेल की खिचड़ी खानी पड़ेगी। आहि ए दादा! बटोही पूछते हैं कि पुलिस तो उनके पीछे यूँ ही पड़ी हुई है, मारेगी तो नहीं! समाजी गड़बड़ा गया, "यह संवाद तो नाटक में नहीं था।" याद दिलाने के लिए उसने आगे का संवाद कहा—

"ए बाबा, खरचा-वरचा ना रहे त-अ कलकत्ता का चल देलीं...?"

भिखारी को होश आ गया कि वे 'भिखारी' नहीं, 'बटोही' हैं; और यह भी कि बात बलिया जाने की नहीं, कलकत्ता जाने की है।

इसके बाद से चौकसी बरकरार रही। समाजियों और भिखारी के अलावा किसी ने यह मर्म नहीं जाना।

नाच खत्म हुआ कि टमटम से सीधे आरा टीसन!

"बाबूजी, हऊ देख-अ...दारोगाजी!" गौरीशंकर ने कहा।

"हाँ, लग तो रहा है।"

"हमी लोगों के लिए आ रहे हैं।" मन में रगेदे जाते हुए खरहे की खलबली मची है। बलिया कैसे पहुँचा जाय अब? बक्सर जाने पर पकड़े जाने का खतरा है। कहते

हैं, नाई को छत्तीस बुद्धि आती है। आज एक भी बुद्धि काम नहीं आ रही। पच्छिम जानेवाली गाड़ी आ गई, दक्खिनवाली पटरी पर लग रही है।

चकमा देकर दल उत्तर गाय घाट की ओर निकल गया। नाव पर चढ़ गया है सारा सामान। दारोगा जी शायद गाड़ी में झाँक-झूँककर लौट गए हों अब तक। "ए जल्दी-जल्दी खेवो, तनी...।"

तभी पीछे से दारोगा जी की पुकार सुनाई पड़ी "लौट आवो भिखारी, कलक्टर साहब का फरमान है।"

"ए तनी जल्दी कर-अ भाई।" मन करता है, खुद ही लग्गा लेकर खेने लगें।

"तुम भाग नहीं सकते भिखारी, हमारी नजरों से ! भागो, देखते हैं, भागकर कहाँ तक जाते हो ?"

दारोगा की आवाज क्षीण होती जा रही है।

पुलिस से आँख-मिचोली खेलने में ही दिन जाया हो गया। रात पहुँच नहीं पाए बलिया, सुबह पहुँचे तो दारोगा जी और उनके दो सिपाही, वहाँ पहले से हाजिर थे। वह पन्द्रह अगस्त 1947 की सुबह थी। आजादी का पहला दिन ही रार-तकरार से शुरू हुआ।

"काहें रार मोल ले रहे हैं, आजादी का दिन है।" अन्दर किसी ने सवाल किया। चित चंचल हो उठा। दलसिंगार सिंह के दुआर पर भारी भीड़ है—बराती-सराती, घराती और गाँव-गिराँव। मुफत का तमाशा ! खासा उत्तेजक !

दारोगा जी का मिठाई, पान से सत्कार किया जाता है, "धन्न भाग जो हमार दुआर पर दरसन दिए..." की मधुमिश्रित वाणी से बात शुरू करते हैं दलसिंगार सिंह और गरमाते-गरमाते "आजादी मिलल बा तो सबके मिलल बा। जान ना न मरब-अ !" पर आकर टूटती है। "हमरा आप से का लड़ाई है बबुआन...?" दारोगा समझाने की कोशिश करते हैं, "कहाँ आप संयुक्त प्रान्त के, कहाँ हम बिहार के, न जात, न पाँत ! ई भिखारी को हमारे हवाले कर दीजिए, बस !"

"ऊ तो ना होई। हमरा बरात का सट्टा है, शरणागत है।"

"तो हम का हलाल करने को ले जा रहे हैं। अरे आजादी का दिन है। जगह-जगह जलसा हो रहा है। कलक्टर साहब का लालसा है कि अब तक जहाँ नाचे, नाचे; आज की शुभ घड़ी में तो अपने जिले में नाच हो। हम तो बाँध के भी ले जा सकते थे। बाकी ना...। प्रेम से, आदर से बुला रहे हैं, कुत्ते की तरह हम पीछे-पीछे चले आ रहे हैं—इसी की खातिर न कि हमको अपनी लड़की के बियाह में नचवाना है ?"

"लेकिन हम को तो है। हमारा दुआर पर का कोई इज्जत नहीं है ?"

दारोगा जी ने जब देखा कि दलसिंगार सिंह से बात करना बेकार है तो भिखारी की ओर उन्मुख हुए, "तब का विचार बा ?"

"हम तो धरम से न बँधे हैं हाकिम !"

खिसिया गए दारोगा जी, "तो हम जा रहे हैं बैरिया थाना से फोर्स ले आने।"

"फोरस ले आइए, चाहे तोप से दगवा दीजिए, आज तो नाच एहिजे (यहीं) होखी। हाँ, कल कलक्टर साहेब की सेवा में हाजिर हो जाएँगे।" दल ने अपने दलपति को देखा, इन आँखों में श्रद्धा और गुमान था "हम भी सरकार से कुछ कम नहीं !"

गरज-चमककर चले गए दारोगा जी अपनी 'फोरस' के साथ !

लोगों ने राहत की साँस ली। वह बारात कैसी, जिसमें झगड़ा न हो और वह भिखारी का नाच कैसा जिसमें 'मार' न हो !

मरजाद (दोपहर) में नाच हुआ और रात को भी। 'भाई विरोध', 'कृष्ण लीला', 'गंगा स्नान' और 'बहरा बहार' ! खूब जमा।

सोलह अगस्त को तड़के ही अपने लाव-लश्कर के साथ चल पड़े छपरा।

छपरा आए तो सुदामा की तरह अपने छपरा को पहचान ही न पाए। कल की लगाई गई झंडियाँ और तिरंगे आज तक झूल रहे थे। धूप-छाईं और उमस भरे माहौल में लोग नए-नए कपड़े पहनकर आ-जा रहे थे। अंग्रेज क्या रातोंरात चले गए इस मुलुक से ? तब ई गद्दी पर कौन बैठा है—जवाहिरलाल ! और गान्ही बाबा, राजेन्दर बाबू ! क्या कहा—राजेन्दर बाबू तो जवाहिरलाल के भी ऊपर !

गर्व से सीना फूल आता है, "जीयो ज्वान ! छपरा का नाम सरग में टाँग दिया। अब वारफंड के लिए नहीं नाचना पड़ेगा।"

मंच पर घोषणा हुई, "अपने आजाद मुल्क के भाइयों और बहनों, स्वाधीनता प्राप्ति के शुभ अवसर पर कल हम अपने घोषित कार्यक्रम के अनुसार भिखारी ठाकुर का नाच नहीं पेश कर पाए थे, इसका हमें खेद है। आज प्रस्तुत है उनका मशहूर नाटक 'विदेसिया' ! विदेसी की तरह देश की आजादी भी बिछड़ गई थी जो लौट आई है—वर्षों बाद ! तो प्रस्तुत है बिहार गौरव भिखारी ठाकुर..."

"बिहार गौरव...?" भिखारी की नजर भीड़ में दारोगा जी को ढूँढ़ रही थी, जो उसे शिकार की तरह चहेटते रहे आरा से बलिया तक।

25

आजादी किसी जमींदार के बियाह जैसी आई और बीत गई। नाच के कार्यक्रमों के बाद घर लौटे तो दूर से ही देखा, स्त्रियों और बच्चों की एक छोटी-सी भीड़ घर की ओर हुलक रही है। क्या देख रहे हैं लोग ?

पूछने का मन हुआ, मगर नहीं पूछा।

"अरे जा-जा ठाकुर, कोई मेहमान आया हुआ है घर में।"

अब तो बोलना ही पड़ेगा, पच्छिमवाली बबुआइन टोंक रही थी।

"के है ?"

"हिजड़ा !"

"हिजड़ा...?"

"अरे नचनिया के घर हिजड़ा ना आई तो कौनों पहलवान आई ?"

इन डंकों की परवाह न करते हुए वे वैसे ही आगे बढ़ गए, जैसे हंडर लैंप या 'लुक्का' के कीट-पतंगों से बचते हुए मंच पर आते थे।

घर आए तो देखा, ओसारे में कोई सोया पड़ा है। बहोर उनको अकेले में लिवा गए, बोले, "सोहरा के चानी सिंह हैं।"

"का बात बा ? पानी-वानी पूछा गया ?"

"हाँ।"

"भोजन-पानी का इन्तज़ाम है ?"

"पूड़ी-तरकारी।...वैसे दही-चूड़ा भी है।"

"इनको हुआ का है ?" शीलानाथ ने पूछा।

थोड़ी देर तक सोचते रहे भिखारी, फिर पानी पीकर कुएँ पर नहाने चले गए। सोच में चाँदी सिंह ही छाए रहे, 'नाई की नाच मंडली में इक्के-दुक्के ब्राह्मण, राजपूत एक तरह के अपवाद ही हैं। गीत-संगीत, साहित्य और कला का मोह इन्हें एक ओर खींचता है तो जातीय श्रेष्ठता का मारा समाज दूसरी ओर। प्रत्यक्ष और परोक्ष दोनों ओर से लक्ष्मण रेखाएँ खींचता है यह समाज। आड़े-उलटे, कितनी ही बार बड़ी जाति के लोगों ने कहा कि भिखारी समाज का नाश कर रहा है, लौंडेबाजी को बढ़ावा दे रहा है, बेटियों को बहका-उकसा रहा है। यह भी कहा, नाचनेवालों में मरद की मर्दानगी धीरे-धीरे समाप्त होती जाती है। चाँदी सिंह इसीलिए उनके लिए एक कौतुक के पात्र हैं। हे रघुनाथ जी !

नहाकर आए तो चाँदी सिंह जग गए थे। परनाम-पाती हुई। फिर पूछ बैठे, "से...भोजन का बेर हो रहा है। पूरी तरकारी भी बनल बा और दही-चूड़ा के परबन्ध भी, हमरा घर के भोजन में राउर (आपका) कवनों उजुर तो नहीं है ?"

चाँदी सिंह हँसे और मूड़ी हिला दी।

"तनी कोठरिया में चले चलिए।" भिखारी के कहने पर चाँदी सिंह कोठरी में गए तो दूर से हुलकती तमाशबीनों की भीड़ ने एक लम्बी साँस ली। नजारा ओझल हो गया था। वे बिखरने लगे।

"तनी गुड़ ले ले अइह-अ !" उन्होंने पतोहू को आवाज दी।

"पूड़ी के नीचे है।" मरजाद के तहत धीरे से बोलती है पतोहू। यहाँ सब को पता है कि बाबा भोजन के साथ गुड़ खाते हैं; सो भूल-चूक नहीं होती।

"आप भी ?"

"ना।" चाँदी सिंह ने हाथ हिलाया।

भोजन के बाद पहला सवाल, "अब बताईं, अतना कष्ट काहें कइली हँ-अ।"

चाँदी सिंह ने एक बार मलिक जी की ओर देखा, फिर नजरें झुक गईं। उन्होंने थैले से बीड़ी का बंडल निकाला, एक बीड़ी सुलगाई। फिर बोले, "मलिक जी हम बड़ी परीशानी में हैं।"

"हमारे लायक कोई सेवा...?"

"उहूँ !" चाँदी सिंह चुप हो गए, उनका स्याह चेहरा धुएँ के पीछे छुप गया। बोले तो जैसे कोई प्रेत बोल रहा हो, "आखिर हम लोगों के प्रति लोगों का दृष्टिकोण इतना गलत क्यों हैं ?...जैसे हम कोई रंडी हों, रंडी से भी सस्ते...जो चाहे लवंडा बना ले, दू-चार पैसे फेंककर !"

"फिर किसी ने कुछ कहा क्या ?"

"रोज ही कहते हैं।"

"हूँ ऽ ऽ ऽ !"

"गोतिया दयाद, गाँव-समाज-सब चाहते हैं कि मैं यह काम छोड़ दूँ।"

"कोई बाल-बच्चा है कि नहीं आपका ?"

"न ! ई भी प्रमाण के लिए पेश करते हैं। लोग कहते हैं कि नाच-गान में रहने पर मर्द में औरत के गुण हावी होने लगते हैं। मर्द मर्द नहीं रह जाता, मेहरारू हो जाता है। अब मेहरारू से मेहरारू को बाल-बच्चा क्या होगा ?"

मलिक जी सोचने लगते हैं, 'यही बात सुनरसन की औरत ने सुनरसन से कही थी। यही बात उनके साथ भी कभी उठी थी। इसीलिए तो आज इस उमिर में भी मेहरारू बनकर किसी न किसी रूप में आना पड़ता है कि नचनियों का साहस बना रहे।...लेकिन भगवान भी कितना निर्दयी है, एक भी बाल-बच्चा दे देता चाँदी सिंह को तो उसका क्या बिगड़ जाता। बहुत कठिन परिच्छा ले रहे हो राम जी, बहुत ही कठिन !'

चाँदी सिंह खुद ही अंगारों से उलझ रहे हैं, "राजपूत होने के नाते मन फुफकार

उठता है ऐसी बातों पर। मन करता है पटक के चढ़ बैठें। चीप दें नरेटी। लेकिन एक तो कविताई, गीत-संगीत का मोह, दूजे आपकी बदनामी का डर !"

"हूँ ऽ ऽ !" असहज हो उठे भिखारी, "रवाँ तनिक पीठ सीधा कर लेईं। हम तनी मैदान हो के आवतानी !"

मैदान के नाम पर लोटा भरकर चल देते हैं। यूँ ही दियारे में चलते चले जाते हैं। पेट में कोई आग का गोला है जो इधर से उधर घूम रहा है, "किस-किस से लड़ा जाए ? कैसे लड़ा जाए ? चाँदी सिंह में अपरमपार गुस्सा है, और गुस्सा वाजिब भी है। जिस तरह की मर्दानगी उनकी बातों से झलकती है, कविताई में उफनती है, उससे विश्वास नहीं होता कि वे नामर्द हैं, दवा-दुआ से ठीक हो जाएँगे लेकिन जैसा स्वाभिमान है, वह उन्हें कहीं भी मूड़ी नीचे करने नहीं देगा।"

वापस आकर झूठमूठ लोटा मटियाते हैं। कुल्ली कर मुँह पर छींटे देते हैं ठंडे पानी के। अब खटिया पर पाँव लटकाकर बैठ गए हैं, पगड़ी उतारकर हाथों में ले ली है, "ए बाबू चानी सिंह, गोसाईं जी का कहले बाड़न—हरित भूमि तृण संकुल, समुझि परहि नहीं पंथ, जिमि पाखंड विवाद ते लुप्त होहिं सद्ग्रंथ ! ई लाइन में अइला पे बहुत कुछ सुनना पड़ेगा, सहना पड़ेगा, बहुत बार रस्ता न सूझी। साधना ह-अ ई, कठोर साधना।...अब देखीं कि जहाँ तक नाच के बात का, के ना नचले बा...के हू बतावे ! शंकर जी, देवों में महादेव, नट सम्राट हवें। कृष्ण जी महाराज नाचले बाड़न, राधा जी के संग, गोपिन के संग, कालिया नाग पे—सब जाने ला। वृहन्नला बन के अर्जुन जइसन वीर नाचले बाड़न। अब ई भकचोंधर समाज के का कहल जाए, ऊ लोगन के पूजा करिहैं, दाँत चियार-चियार के रंडी-पुतरिया के और दोसर नाच देखी लोग, लेकिन..." उन्होंने 'लेकिन', पर बल दिया, "नाचेवालन के निन्दा ! अब गायेवालन के साथ ई हे बात बा। नारद भगवान, गन्धर्व लोग सब गायक-ए न हवें। नाद के ब्रह्म कहल गइल बा ! शारदा माई गावेवाली देवी हईं। ऋषि-मुनि गावते रहलन। केहू गाई तो लगिहें झूमे 'वाह-वाह !' लेकिन आपन समाज-परिवार में केहू ही गइल गवैया तो बस नाक कट गइल !"

"लेकिन मन के मजगूत करीं। परशुराम जी कतना फूहर-पातर अपशब्द बोललें रामचन्नर जी के। अगर ऊ परशुराम जी के जवाब देवे लगतन तो एकरे में शक्ति ओरिया (शेष) जाइत। फेन आगेवाला लक्ष पूरा कैसे होखत ?"

चाँदी सिंह फिर से बीड़ी सुलगा रहे थे, "बोलीं...(बोलिए)।"

"तो बतिया ऊहे है कि किसी बड़े आदमी को छोटी-मोटी उलझनों में शक्ति और समय को जियान (बर्बाद) नहीं करना चाहिए। यह तो एक सिद्धि परापत करने जैसा है, तपस्या ! हजार भूत, पिचास, चुरइल, राक्षस, विघ्न डालने आएँगे। सबकी जिनगी में आते हैं, हमरा जिनगी में कम आए हैं। देखिए कि मेघनाथ को इसी पैंट (प्वाइंट) पर लाकर तोड़ा था लछिमन जी ने। सोचिए कि ऊ अगर जग्ग को न छोड़ता तो मजाल है कि उसको मार पाता कोई....! त-अ कहे के ईहे बा बबुआन कि राम बनिए, मेघनाद मत बनिए। चार दिन की जिनगानी है, बर-बुता के एहि जे समाप्त हो जाई, लेकिन

अपना अन्दर जौन कला के भूख बा, ओकरा संग नियाव करीं।''

चाँदी सिंह ने सिर उठाया तो उनकी आँखें चमक रही थीं। धीरे से मुस्कुराए। यह मुद्रा उनके गम्भीर स्वभाव के अनुरूप ही थी। देह की भाषा के जानकार इसी से समझ लेते हैं।

''और बबुआन, हमरा जोग कोई सेवा...?'' भिखारी ने पूछा।

चाँदी सिंह ने झोले से एक कापी निकाली।

''कुछ लिखले बानीं ?''

''नेताजी सुभाषचन्द्र बोस पर एक गो नाटक भोजपुरी में 'जयहिन्द खबर !' हमारा तो कोई दल नहीं है, रउवा अगर...।''

भिखारी ने दोनों हाथ बढ़ाकर ले लिया नाटक को और सिर से लगा लिया, 'बहुत नीमन काम कइल-अ ह-अ ए बबुआन ! हमरो मन में बहुत कुछ आवेला कि हमहूँ लिखतीं, लेकिन पढ़ल-लिखल हईं ना, मन के साध मन-ए में रह जाला, भीतरे-भीतर 'जय' बोल के रह जाईला।''

''तब आज्ञा दीहीं।'' चाँदी सिंह झोला लेकर उठ खड़े हुए, ''दूर जाए के बा, अबेर हो जाई।''

गाँव के बाहर पहुँचाकर मुड़े तो पीछे से कई लोग भरभराकर भागे। यह तमाशबीनों का दल था जो 'हिजड़ा' देखने आया था। कपार पर हाथ रख लिया उन्होंने।

उदास कर देनेवाली खबरें अभी और भी थीं—जाड़े के दिन नाच चल रहा था कि हल्ला हुआ—'गाँधी जी को किसी ने गोली मार दी।' नाच रोक दिया गया। कइयों का दावा था कि गाँधी जी खुद नाच देखने आए थे कभी। लोग भिखारी को घेरकर बैठ गए, जैसे इसी बहाने गाँधी जी का एहसास पा लेंगे। भिखारी बुत बने बैठे थे—इस देश में यही सब होगा क्या ?

26

और अब आसाम। चाह के बागान और कामरू कमच्छा देवी का देश ! रेलगाड़ी में चाह लेते ही दिमाग में भुरभुराकर झरने लगा है चाह का चूरा और चूरे के साथ जादू-टोने। एक अजीब किस्म का तिलिस्म है यह आसाम—दल के लिए भी, दलपति के लिए भी...।

जोखन सिंह लकड़ी के ठेकेदार हैं। शहर में आलीशान कोठी है, मगर लकड़ी की कटाई यहाँ से दूर जंगलों में होती है। हाथी उठा-उठाकर टरक पर लादते हैं सागवान के रोले। कामरू कमच्छा देव भी यहाँ नहीं, कामरूप जिले में हैं। बाबू साहब के मुनीम चन्द्रेशर राय जी बगल में ही गोदाम में रहते हैं, वहीं टिकता है दल। अगर यह ठाँव न मिलता तो भारी मुसीबत में पड़ जाते लोग। रास्ते-भर में उन्हें इस बात का अच्छी तरह अहसास हो चुका था कि इसे बंगाल समझना भारी भूल होगी। बंगाल बंगाल है और आसाम आसाम। यहाँ भिखारी तो भिखारी, छपरा तक को शायद ही कोई जानता है। यहाँ की बोली भी तनी-मनी बंगाल जैसी—है, लोग-बाग भी, लेकिन भिखारी खुद को कोस रहे हैं, मुँह उठाकर चले तो आए, लौटने के भाड़े-भर का पैसा भी जुट पाएगा—इसमें सन्देह है। गोदाम के नौकर और राय जी सूचनाएँ ला-लाकर दे रहे हैं, उससे मन रह-रहकर हड़क रहा है। भिखारी ने दलपति की हैसियत से दल को सचेत कर देना अपना फर्ज समझा, "बिना मलिकार से पूछे कोई न बाहर जाएगा, न किसी अनजान आदमी से कोई चीज लेगा, न नजर में नजर मिला के बोल-बतियाएगा। हियाँ का मेहरारू दूसर देश के मरद को भेंड़ा बनाकर रख देती हैं। मान लो, भेंड़ा बनिए गए तो हम छपरा में कौन जवाब देंगे, बाप, माई, मेहरारू को ? लोग कहेंगे, हमरा इमदी (आदमी) कहाँ है, ई भेंड़ा लेकर हम का करेंगे !"

खुद को भेंड़े की शक्ल में देखने की कल्पना काफी मनहूस थी। दल के कुछ लोग चुहुल करने लगे, मगर बाकी लोग सकते में थे। सखीचन्द, जूठन, जमुना के इस दल ने काफी सोच-विचार के बाद यह तय किया कि दल के सबसे प्रवीण ठाकुर जी हैं, देश-देश देखा है, घाट-घाट का पानी पिया है, कुछ भी करने के पहले देखें ऊ का करते हैं।

दूसरे दिन शाम को नाच के लिए दल को 'बाड़े' से बाहर निकाला गया तो रामचन्नर राम की नजर शहर की भीड़ में किसी भेंड़े को तलाश रही थीं। औरतें तो काफी आ-जा रही थीं, मगर भेंड़ एक भी नहीं, शायद घरों में बाँधकर आई होंगी।

"बड़ गोर-गोर लउक रही हैं।"

"गोर और चिक्कन !" सूदन ने कहा, "लेकिन खबरदार, नजर से नजर ना मिले के चाहीं।"

"हमरा तो भेंड़ा बन जाने का मन करता है, ए सूदन भाई !"

दोनों मीत आपस में रस ले-लेकर बतिया रहे थे।

"क्या तमाशा खेला जाएगा, कुछ तय हुआ ?"

"बेटी वियोग ! यही एक तमाशा है, जो कभी फेल नहीं हुआ।"

"हियाँ मेहरारू सब भी बहुत हैं, उनको तो जरूर ही पसन्द आएगा।"

"राम जाने !"

'बेटी वियोग' प्रदर्शित हुआ। कलाकारों ने अपनी ओर से कोई कोर-कसर उठा नहीं रखी। लेकिन जमीन पर दूर-दूर तक बैठे दर्शकों में कोई प्रतिक्रिया नहीं। बूढ़े वर के रूप में भिखारी की नायाब भूमिका पर भी हँसी तक न छलकी तो कानाफूसी होने लगी। जम नहीं रहा है। जमाने के लिए तुरुप का पत्ता, माने, सखीचन्द...! सखीचन्द ने वो अलाप भरी कि कामच्छा की देवी भी जग जातीं, लेकिन हिंयाँ लोग उठ-उठकर जाने लगे तो नाच उखड़ गया।

ये उल्लास और शाबासियों पर थिरकते कदम थे, उपेक्षा के अभ्यस्त न थे।

गोदाम में लौट आया मात खाया दल ! अपने-अपने ढंग से आज के प्रदर्शन की असफलता की सभी जाँच कर रहे थे, मगर ठीक-ठीक कारण किसी की समझ में नहीं आ रहा था।

मुनीम, राय साहब ने बताया कि "असल बाधा बनी भाषा ! लोग भोजपुरी समझ ही न पाए और जब बोली ही न समझ में आए तो रस कैसे मिले ?" दल के सदस्यों ने घेर लिया है उन्हें।

"और एक बात है।" लोगों के कान खड़े हो गए, "बेटी बेचने की समस्या उस रूप में यहाँ नहीं है, जो है, वह धरम-करम से जुड़ी हुई है। यहाँ से आगे पूरब बढ़ते जाइए तो वहाँ बेटी ही बेटे को बियाह करके घर ले आती है, वही घर-दुआर, दुकान-दौरी सँभालती है। मरद तो दारू पीकर घुलटे रहते हैं।"

"साचो के ?"

"हाँ।"

"कइसन-कइसन दुनिया बनाए हैं राम जी !"

"ऐसा कोई नाटक कीजिए जिसमें यहाँ के लोग रस ले सकें।"

"लेकिन बोली की समिस्सा...?"

"हाँ, ऊ तो रहेगी ही।"

"अच्छा चाह बगान में तो देशवाली मजूर होंगे ही।"

"शहर में तो नहीं है, उसके लिए चाह बगान की बस्ती में जाना होगा। वहाँ भी 'बेटी वियोग' नहीं चल पाएगा। उन्हें 'बिदेसिया' चाहिए।"

"ह नू...?" भिखारी को अँधेरे में आशा की किरण लुहलुहाती नजर आई।

तीसरे दिन न सिर्फ नाटक बदल गया, बल्कि स्थान भी। राय स [illegible] का अनुमान सही था। चाय-बगान के काफी मजूर 'बिदेसिया' के नाम पर आए। दूसर दिन, 'गबर घिचोर' खेला जाना था, लेकिन प्रारम्भिक स्तुति और नृत्य के बाद जैसे ही भिखारी ने मंच पर आकर घोषणा की कि आज का तमाशा, 'गबर घिचोर' दर्शकों में से कइयों ने तीव्र प्रतिवाद किया, "ना 'बिदेसिया' !" चारों ओर से आवाज़ें आने लगीं, 'बिदेसिया' ! भिखारी ने हाथ से रोककर दोबारा घोषणा की, "पंच कहे बिल्ली, तो पंच-ए बिल्ली ! ठीक है 'बिदेसिया' ही होगा।" तीसरे दिन भी 'बिदेसिया' ही प्रदर्शित करना पड़ा। यहीं आकर रामचन्नर राम की वह हसरत पूरी हो गई, जिसका अब तक उन्हें इन्तजार था, माने आदमी भेंड़ा कैसे बनता है। विदेसी की भूमिका कर रहे महेन्दर ठाकुर सचमुच के भेंड़ा बन गए थे।

"बिदेसिया ना होखी।"

लच्छन, लालू, रामचन्नर पंडित, बाबूलाल, जगदेव, तफजुल, सारे पुराने सदस्य उन्हें मनाने को जुटे हुए थे, लेकिन वे किसी की एक न सुन रहे थे।

"महेन्दर !" मलिक जी ने दुलार से पूछा।

महेन्दर ने मूड़ी उठाकर ताका।

"तबीयत तो ठीक है न ?"

"तबीयत को का हुआ है ?"

स्वर की बेरुखी पर ठेस लगी है "का बात है ?"

"कुछ बात नहीं।"

"फिर बिदेसिया खेलने में क्या परेशानी है ?"

"रोज-रोज बिदेसिया...? और कोई नाटक नहीं है आपके पास ?"

"है, लेकिन पब्लिक की माँग यही है।"

"पब्लिक का क्या और आपलोगों का क्या...'नरेटी (गला) तो हमरा और रूखी ठाकुर का फट रहा है न, तीन दिन से चिंचियाते-चिंचियाते।"

रामचन्दर राम उजबक की तरह ताक रहा है महेन्दर को। इसने जरूर किसी के हाथ का कुछ पा-पी लिया है, चाहे नजर से नजर मिलाकर देखा है किसी छैल-छबीली को ! वह कहना चाहता है कि कोई ओझा-गुनी को बुलवाकर दिखाया जाय, नहीं तो बाद में पछताना पड़ेगा। मगर कोई उसकी सुने तब न !

मलिक जी शुरू से ही भन्नाए हुए हैं। आज का दिन ही खराब है। रहीम से 'पीपर तर भुताह बाटे नदिया' को दोबारा गाने का इसरार किया गया, मगर वह अनसुना करके चला आया और अब महेन्दर ठाकुर को जाने क्या सनक चढ़ गई है। एक बार फिर जाते हैं महेन्दर के पास, "ए बबुआ महेन्दर, गिराहक की माँग पर ही दुकानदारी चलती है। किराने की दुकान पर कोई आटा माँगने जाए तो दुकानदार गिराहक से यह नहीं कहता कि तुम और सामान क्यों नहीं लेते, वह सिर्फ तौल देता है।"

महेन्दर ठाकुर मुर्दे की तरह मुर्दाशंख पोतते जा रहे हैं चेहरे पर। दल में अन्दर ही अन्दर तनाव और मनहूसियत बिछल रही है।

समाजियों ने "बाल्मीकि महाभारत गीता करहुँ कृपा जग-जननी सीता" से नाच का शुभारम्भ कर दिया। बिदेसी के रूप में महेन्दर ठाकुर और प्यारी सुन्दरी के रूप में रूखी ठाकुर ने अन्य दिनों की तरह साथ-साथ बातें करते हुए प्रवेश किया। पत्नी से बिदेसी अपने परदेश जाने का प्रस्ताव करता है, पत्नी सहमत नहीं होती। रूखी ठाकुर ने रोज की तरह 'दूनों एक साथे रह के परानी देस-परदेस में आसाम मुलतानी' बहुत सधे कंठों से गाया। आसाम का जिक्र आने से दर्शकों ने गीत और नाटक के साथ खुद का तादात्म्य महसूस किया और वे रस बोध के उसी धरातल पर आ पहुँचे। 'केकरा पर छोड़िके जाला टुटही पलानी' और 'केकरा से आगि माँगब, केकरा से पानी' पर प्रवासी मजूरों की पीर हरी हो गई, 'खाला ऊँचा गोड़ परी, चढ़ल बा जवानी' पर तो बेचैनी बेधने लगी। मगर इसके जवाब में महेन्दर इतना ढीला क्यों है। जो आदमी अपनी सुन्दर जवान पत्नी को झाँसा देकर परदेश जा रहा हो, उसके चेहरे और कंठ पर वह धूर्तता कहाँ है ?

"महेन्दर तनी ठीक से। जमत नइखे !" भिखारी ने पीछे से धीमे स्वर में टोका। महेन्दर ने जैसे सुना ही नहीं, दर्शकों में असन्तोष के बुदबुदे उठने लगे।

"क्या यही भिखारी का नाच है ? जंगल से पकड़ के ले आए हैं क्या इन्हें ?" भीड़ में कई स्वर।

एक बार तो संवाद ही भूल गए महेन्दर ! समाजियों ने याद दिलाया तो उन्हें याद आया। हाय राम ! नाच आज सचमुच बिगाड़कर रख देगा महेन्दर।

"मलिक जी को बुलाओ, मलिक जी को। कहाँ हैं मलिक जी ?"

"बटोही सज रहे हैं।"

"ना, हुआँ तो नहीं है।"

"ए भाई, तनी खोजो जाकर...।"

खोजने की जरूरत नहीं पड़ी।

"बाड़-अ हो बिदेसी।" मलिक जी की ही आवाज है।

समाजी अवाक ! कलाकार हतबुद्ध ! यह तो कोई दृश्य नहीं है बटोही के आने का। जरूर इस देश में जादू-टोना चलता है। पहले महेन्दर का दिमाग खराब हुआ और फिर मलिक जी का। हाय राम, मलिक जी तो स्टेज पर चले गए !

"बिदेसी।"

"हाँ।" महेन्दर भौंचक।

"सुनते हैं कि तुम अपना बियहुता मेहरारू को छोड़ के परदेश जा रहा है।"

"हाँ, माने...।" 'बिदेसी' क्या बोले, कुछ समझ में नहीं आ रहा है।

"करब-अ तू मनमानी ? बहरे जाए के रहल-ह-अ तो बियाह काहें किया था ? एँ...!"

अरे बाप, बटोही तो लगे सोंटे से पीटने बिदेसी को!

बाप रे इतना गुस्सा !

डरकर धोती में छुल्ल-से पेशाब कर बैठता है महेन्दर !

"करबे तू मनमानी !"

प्यारी सुन्दरी के रूप में रूखी ठाकुर दौड़कर पाँव पकड़ लेता है भिखारी का, "दहाई बटोही बाबा, रहे देईं, नहीं जाएँगे।"

"मनमानी नहीं करेगा न ?"

"ना !"

उतर गया महेन्दर का भूत। अपने चरित्रों के चोले में लौट आए कलाकार। हाथ से फिसल गए नाटक को तनिक आगे बढ़कर घेरकर पकड़ना पड़ा, मगर काबू में आ गया।

सबको नाटक के खत्म होने का इन्तजार था। नाटक खत्म होते ही भिखारी का महेन्दर से पहला संवाद, "बेसी चोट तो नहीं लगी महेन्दर ?" महेन्दर भोंकार मारकर गिर पड़ा। भिखारी ने उसे उठाकर सीने से लगा लिया।

रंग जमते-जमते जम गया। प्रचार की भी अलग से कोई जरूरत न पड़ी। देशवाली मजूरों ने खुद ही प्रचार कर दिया। जगह-जगह से बुलावे आने लगे।

डिब्रूगढ़ के सारे सिनेमा हॉल बन्द होने के कगार पर आ गए। ईवनिंग और नाइट शो में कुर्सियाँ खाली रह जातीं।

कलक्टर साहब के यहाँ से हुकुम आया है—"यहाँ के सिनेमा हॉल के मालिक आपके नाच का विरोध कर रहे हैं। कल को कोई मारपीट, खून-खराबा हो जाए, तो यह अच्छी बात नहीं होगी। आप लोग बाहर से आए हैं, बेहतर यही होगा कि लौट जाएँ।" जिला बदर ! चलो बाँधो गठरी। लौट चलो अपने मुलुक को !

बनजारों की तरह डेरा डंडा उखाड़ा और चल पड़े। अब न वहाँ की चिक्कन मेहरारू अच्छी लग रही थीं, न कामरू कमच्छा का जादू। कदमों की बेतरतीब आहट थी और इस तरह खदेड़े जाने का दंश।

चौहट्टा में नाश्ता-पानी के लिए दल रुका तो सीढोलन ने कहा, "हम लोग गाइ-गोरू हैं कि सिनेमा हॉल के मालिकों का खेत चर रहे थे ?" लच्छन राय अलग ही कुरमुरा रहे थे, "न हुआ छपरा, एक-एक को मार के मुआ देते !"

"हियाँ कलक्टर साहब न आ गए उनकी तरफ से !" भिखारी ने लाचारगी प्रकट की।

"सिनेमा-मालिक सार कलक्टर के दामाद हैं। उनका सिनेमा चलना चाहिए और नाच बन्द...! काहें भाई ?"

"इसलिए कि ऊ पइसावाले हैं, इसलिए कि सिनेमा साहब लोग देखते हैं।"

"हमलोगों ने तो किसी को रोका भी नहीं था।"

"बतिया तो, जे है से, ठीक-ए कह रहे हो भैया, लेकिन अबरा (निर्बल) की सुनेगा कौन ?"

अभी ये बतकही चल ही रही थी कि सीढोलन ने मलिक जी के कान में कुछ कहा। मलिक जी के चेहरे पर असमंजस के भाव थे।

"हियाँ तो कोई सिनेमा हॉल नहीं है। पूरे बाजार में सुनगुन है कि आप चौहट्टा में है। एक नाच हो जाए तो कुछ हरज नहीं।"

लच्छन, अलीजान, गौरीशंकर भी आ गए। चटपट दुकानदारों से चार तखत (चौकी) लेकर जोड़ दिया गया और माँग-जाँचकर लाए बाँस से परदा टाँग दिया गया।

भीड़ जुटती गई, जुटती गई ! भीड़ इतनी बढ़ गई कि कुछ लोग पास के पेड़ों और अगल-बगल के छप्परों तक पर जा बैठे। डिमिक-डिमिक ढोल बज उठा, सारंगी ने अलाप भरे, नाच शुरू। भीड़ बढती ही जा रही थी। भीड़ काबू के बाहर ! भिखारी के जिस नाच को चार-चार थानों के दरोगा नियन्त्रित नहीं कर पाते थे, उस नाच को नियन्त्रित करनेवाला यहाँ कोई नहीं। जिधर देखिए, मूड़ी-ही-मूड़ी टीलों पर, छतों पर, पेड़ों पर...? अरराकर कोई डाल टूटी, चरचराकर कोई बड़ेर...। चीख-पुकार ! भागम-भाग ! तमाशा बन्द। भागो। जान लेकर भागो। पकड़े गए तो पुलिस के सिपाही पीट-पीटकर हवालात में ठूँस देंगे, मिमियाते रहोगे भेड़-बकरी की तरह।

लेकिन यह जीत थी।

भिखारी की जीत !

पूरी मंडली की जीत !

हनुमान पहलवान ने पहले तो आसाम को हिला देने के लिए दल को बधाई दी, फिर उनके कष्ट का हाल सुनकर रूठ गए, "हमको न खबर देनी चाहिए थी ! अरे आखिर ई देहिया कउन दिन के लिए हैं ?"

भिखारी को मालूम है कि हनुमान पहलवान को कैसे मनाया जा सकता है। बोले, "आपही के पुन्य-परताप से आसाम जीतकर सकुशल आपके पास कलकत्ता आ गए। आपके सिवा हमारा कौन है परदेश में ?"

थोड़ी देर के बाद उनका मलाल कम हुआ तो बोले, 'अब तुमलोगों को ऐसे नहीं जाने देंगे। अब से टोटल कंटरौल हमरा...?" भिखारी ने हाथ जोड़कर सिर झुका दिया। हनुमान पहलवान ने आगे बढ़कर दल का अभिभावकत्व सँभाल लिया। पहलवानी और 'कविताई' के साथ-साथ अब कलकत्ते में दल के प्रधान सेनापति का दायित्व भी उन पर। भिखारी से सम्बन्धित जो भी बात करनी हो, हनुमान पहलवान के माध्यम से करो, वरना कुछ गड़बड़ हुआ तो पहलवान को दोष मत देना। इन दिनों उनकी कविताई और पहलवानी दोनों ही तुंग पर थीं। अक्सर कवि सम्मेलन की बात करते-करते अखाड़े पर बात करने लगते और अखाड़े की बात करते-करते कवि-सम्मेलन पर; और उनकी हर शौर्य-गाथा का समापन किसी न किसी पहलवान या कवि को उनके द्वारा धराशायी किए

जाने से होता।

नाच चल रहा होता तो हनुमान पहलवान मंच समेत पूरी दर्शक-मंडली की प्रदक्षिणा करते रहते। पता नहीं, कब कौन गुंडा, बदमाश, पियक्कड़, नसेड़ी नाच बिगाड़ने पर तुल जाए। थक जाते तो किसी 'चाह' की दुकान से स्टूल या मोढ़ा लेकर बैठ जाते, मगर नजर नाच पर ही जमी रहती। एक दिन नाच के दौरान किसी मनचले ने एक रुपए का नोट लहराया, हनुमान कूदकर जा पहुँचे।

"ई कौनो रंडी-पतुरिया का नाच नहीं है। रखिए-रखिए पाकिट में, देने का सरधा है तो स्टेज पर जाकर दीजिए...।"

झगड़ा हो गया। लोग बीच-बचाव करने लगे। नाच बन्द।

"देख लेंगे।"

"देख लीजिएगा।"

"हमहूँ आरा के हैं।"

"हमहूँ बलिया के हैं, सावन से भादो दूबर नहीं, जहाँ चाहे फरिया लीजिएगा—कलकत्ता, आरा चाहे बलिया—जब जी चाहे।"

झगड़ा शान्त कराने के लिए भिखारी को हाथ जोड़ते बीतता।

"इस तरह नहीं चलेगा।" हनुमान सिंह ने कहा। टीटागढ़ में जयनारायण मल्लाह और नथुनी चौधरी की बाड़ी भाड़े पर ली। बाकी सारे इन्तजाम भी किए—सामान ढोने के लिए मोटिहरवा, भात बनाने के लिए भातबनवाँ, पानी भरने के लिए पनभरवा...। बाद में पंडित यशोदानन्द ने आकर स्थाई रूप से रसोई का काम सँभाल लिया।

दिन-भर मंडली बाड़ी के बाड़े में बन्द रहती। चाय-नाश्ता, भोजन-पानी, नहाना-धोना, मर-मैदान, माने जो-जो करना है सब बाड़ी के अन्दर। बाहर मत जाओ। खा-पीकर सो जाओ, ताकि देर रात तक नींद न घेरे।

शाम होते ही सिंगार-पटार का काम शुरू हो जाता। हनुमान पहलवान तब तक भिखारी को अपनी नई कविता सुनाकर या उनसे सुनकर कलाकारों के बीच चले आते और हिदायतें देने लगते, "ई ना, ऊ साड़ी...अरे एकर गाल कइसन लागत-आ भाई ? मुर्दा शंख कोई पीसनेवाला नहीं है ? लाओ हम पीस देते हैं। बादाम तो रोज ही पीसते हैं तो ई कौन बड़ा काम है !"

साड़ी-साया, बिलाउज, बिन्दी, चोटी सब का चुनाव करते पहलवान, बस एक सकली (नकली स्तन) न बाँधते। ब्रह्मचर्य खंडित होने का डर !

सबको ट्रक पर चढ़ाकर अपने ड्राइवर की सीट के पास मलिक जी को लेकर बैठते, फिर रेवटी (मंच का प्रसाधन कक्ष) के गोहाल घर में सबको बन्द करके ही आते।

कलकत्ता भिखारी को कभी अजनबी नहीं लगा। हनुमान पहलवान के अलावा भी बेशुमार देशवाली भाई उनसे मिलने आते, "आपको देखकर लगता है, कोई अपना आदमी गाँव का सनेश लेकर आया है।"

सारा वातावरण आत्मीय मिठास से भर उठता।

27

"फुन्नू गिलास (ग्रामोफोन) भी अजब-ए चीज है।" दल के वे सदस्य जो स्टूडियो हो आए थे, बाकी सदस्यों को जानकारी दे रहे थे, "एक गो लोहबन्द है, जिसका मुँह झाँझर है, उससे मैक (माइक) कि का तो लौडिसफिसफिस (लाउडस्पीकर) बोला जाता है। फिर एक गो लाह का करिया तावा है जो कोंहार के चाक-सा गोल-गोल घूमता रहता है। तिसरका चीज है, फुन्नू गिलास का बकसा, जिसमें ऊ तावा रहता है और उसके ऊपर एक चोंगा चाहे बड़का गिलास होता है। जो भी बात बोलना हो, मैक में बोलो, इधर-उधर नहीं, न तो बात बहक जाएगी। अब मैक, जो है, ऊ बात ठो को पकड़ के तावा में पहुँचा देगा। ऊ तावा को बक्सा में रखो, टरक की तरह हंडिल मारकर हवा भरो, फिर वोही बात ठो चोंगा-गिलास से निकलने लगेगा !"

"ऊहूँ !" दूसरा जानकार आपत्ति करता है, "असल चीज है, उसका हत्था जो साँप की तरह ऐंठल पड़ा रहता है। उसका मुँह भी साँप-ए जइसन होता है, अ मुँहवाँ में छोटी-चुकी सूई धरा के तब तावा में छुआना पड़ता है। ओही सूई ठो ओकरा में से खोद के आवाज निकालती है।"

तीसरे जानकार ने टोका, "तुम भी पूरा कहाँ समझ पाए ? आवाज का मनीजर के है, मालूम ?"

"के ?"

"कुकुर !"

"कुकुर ?"

"हाँ, तावा में ऊ कुकुर छापल रहता है।"

"अच्छा...!"

"तब का।"

स्टूडियो आने पर पहला काम इसी कुत्ते को ढूँढ़ने का हुआ !

"अच्छा, ऊ कुकुर केकर ह-अ भाई ?"

"रानी विक्टोरिया के।"

"लाट साहब (जार्ज पंचम) के भी हो सकेला।"

दल के सदस्य इस पर गम्भीर मंथन करते हैं और अन्ततः इस निष्कर्ष पर पहुँचते हैं, "किसी का भी हो, है तो भैरो बाबा की सवारी ही।" कइयों ने श्रद्धापूर्वक हाथ जोड़कर तस्वीर को प्रणाम किया। सभी विस्मय-विमुग्ध भाव से उस कुत्ते को देख रहे

थे, जो तावा के साथ घूमता रहता था। ग्रामोफोन से उस समय राधेश्याम रामायण की आवाज आ रही थी। तो क्या इसी तरह उनकी भी आवाज सुनाई देगी इस 'फुन्नू गिलास' से ? मन में गुदगुदी लग रही है।

जूठन ठाकुर और रहीम ने सबकी नजर बचाकर नीचे फेंकी सूइयाँ जेब के हवाले कीं और लच्छन राय की निगाह सूई की सुन्दर डिबिया पर है।

एच.एम.वी. कंपनी में बात बनी नहीं। पता चला कोहिनूर कंपनी में रिकार्डिंग होगी। मलिक जी बोले, 'कुकुरवाली कंपनी में नहीं गाएँगे, सो कोहिनूर में गाने को राजी हुए। कोहिनूर माने सबसे बड़ा हीरा। अंग्रेज सरकार बड़ा हिम्मतवाला था। साइकिल लमटेन, माचिस, घड़ी, गेस, फटफटिया, हवागाड़ी, दहाज, पंखा, बिजली, रेल—क्या बखाने और क्या छोड़े। अब, जे बा से, एक गो मशीन निकाला फोटू उतारने का, एक गो मशीन सलीमा है, और एक ई फुन्नू गिलास !

"हमरा तो कभी-कभी डर लगता है !" बूढ़े जामवन्त जी, माने बाबूलाल कपारे पे हाथ धरे बैठे हैं।

"डर ?"

"हाँ, डर ! जौना दिन ई सलीमा की चुरइल (चुड़ैल) कपार पे चढ़ि के नाचे लागी, तॅहार नाच के देखी ?"

"का कहते हैं ?" रामचन्नर राम हार मानने को तैयार नहीं, "डिबरूगढ़ में सब सलीमा और बाइसकोप बन्द करवा दिए इसी नाच से।"

"हाँ, लेकिन बनारस में शंकर डांसर का नाच बन्द हो गया सलीमा के चलते।"

लवंडा का नाच लवंडा का ही नाच है; "मेहरारू की बात ही कुछ और है।" तफजुल ने कहा, "अब ई रूखी, लालू तुम और रहीम लाख साड़ी पहन लें, सकली बाँध लें, औरत का वहम ही पैदा कर सकते हैं, औरत नहीं बन सकते; और सलीमा में सचमुच की औरत होती है।"

"अरे जाईं मियाँ जी, रामचन्नर ने औरत की तरह तिरछी नजर से तरेरा, रंडी के नाच भी उखाड़ चुके हैं हमलोग !"

"हमहूँ देखले बानी सलीमा, ओकरा में मेहरारू कहाँ बा, जे बा ऊ तो मेहरारू की परछाईं ह-अ !" जूठन ने कहा।

"ई लोग का कहेंगे ! अदमी का बनावल मशीन है कि मशीन के बनावल अदमी ?" जगदेव ने कहा।

"भस्मासुर भी शंकर-ए जी के बनावल था, बाकि काहें डर के पराने (भागने) लगे शंकर भगवान ?"

"आखिर तो मराइल न !"

दल के सदस्यों में मशीन बनाम आदमी पर तर्क-वितर्क होते रहे। उस दिन लोगों ने मशीन की अद्‌भुत मायावी शक्ति की सत्ता को स्वीकार किया, लेकिन कोई भी अपने पेशे और कला के लिए इसे खतरा मानने को तैयार न था और बाबूलाल एक स्वर से

खारिज कर दिए गए।

मलिक जी को फुरसत कहाँ है कि ऐसी बतकही में वक्त जाया करें। कई दिनों बाद आज बिदेसिया की रेकॉर्डिंग के लिए कोहिनूर कंपनी ने बुलाया है। सच, इस कलकत्ते ने उन्हें बहुत कुछ दिया। कलकत्ते में ही पहली बार सिलेमा देखा था, तब फोटू-भर आता था। दूसरी बार देखा, का तो नाम था, तब फोटू बोलने लगे थे। कलकत्ते में ही सतजुग से लेकर त्रेता, द्वापर और कलजुग तक की चीजें देखीं जादूघर में, कलकत्ते में ही दू आना, चार आना की किताब छपी दूधनाथ 'परेस' से और कलकत्ते में ही 'फुन्नू गिलास' कंपनी (ग्रामोफोन कं.) ने बुलाया है बिदेसिया का रिकाड बनेगा। लोग ठीक ही कहते हैं, जिसने कलकत्ता नहीं देखा, वह अभी माई के पेट में है।

वैसे तो आरा, छपरा, पटना में भी एक से बढ़कर एक जानकार हैं, बनारस तो बिद्‌दमानों की खान ही है, लेकिन कलकत्ता कलकत्ता है। गौरीशंकर, लच्छन और दल के सदस्यों को यह सब बताते हुए भिखारी गद्‌गद है। साथ में हैं कंपनी का आदमी आफताब हुसैन !

"अब यही देखिए कि कलकत्ता आने के पहले हमको कहाँ पता चलता कि पंडित राधेश्याम कथावाचक और फिदा हुसैन नरसी भी कोई सुरुज-चाँद जैसा नाम है, जिनकी जोति यू. पी. से समसे देश में फैल रही है और गीत और गवनई में जिनका कोई जोड़ नहीं। पंडित जी का रमैन पहली बार खड़गपुर से कलकत्ता आए थे तब सुना था, समसे रमैन झारि के सजा दिए नए तर्ज पर और उनकर चेला नरसी साहेब पारसी थियेटर में कमाल कर रहे हैं।"

"पारसी...?" गौरीशंकर के लिए नया शब्द है पारसी।

"एक गो जात है बंबई की। जइसे हिन्दू, मुसुरमान, सिख, क्रिस्तान, वोइसे पारसी। ई हो कलकत्ते में पता लागल ह-अ। बहुत पइसा होला ऊ लोगन के पास। ऊहे पइसवा से नाटक-तमाशा शुरू करावल लोग—ओकरे से नाम पड़ा पारसी थियेटर !"

"त-अ ई नरसी जी का करते थे पारसी थैटर में ?"

"पाट करते थे, नाटक लिखते थे। जैसे आप लोग करते हैं।" हुसैन साहेब बता रहे हैं, "पारसी थियेटर में नरसी जी नाटक खेले थे भक्त प्रहलाद, जिसको महात्मा गाँधी जी ने अहमदाबाद में देखा और एक ठो दूसरा नाटक 'परिवरतन' खेले थे कानपुर में, जिसे भगत सिंह के गुरु गणेश शंकर विद्यार्थी जी ने देखा था। नरसी जी का नाटक देखने के बाद दोनों रहनुमाओं के दिमाग ही बदल गए।"

"ह नू...?" भिखारी अपने पसन्दीदा छपरहिया तकिया कलाम की टेक लेकर ताज्जुब से ताकते हैं हुसैन साहब को, "तमाशा हो तो अइसा हो।" फिर धीरे-धीरे लेखकीय ईर्ष्या और आतंक छाने लगता है उन पर। हीनता हावी होते ही सारा गुमान गलकर विनय में बूँद-बूँद टपकने लगता है, "हे शारदा माई, हे काली माई, हमरो कलम में ऊ 'शक्ती' दे दे-अ मैया !"

हुसैन साहब बता रहे हैं, "पहली नाटक कंपनी मूनलाइट नाटक कं. मानी जाती

है, लेकिन पंडितजी का केवट प्रसंग नरसी साहब ने 1936 में ही रेकार्ड करा लिया था। इसके और आगे चले जाइए तो फिल्म आती है, सन ! 1931 तक वह भी बे आवाज थी। सिनेमा हॉल में गाजे-बाजे के साथ पहले डांस होता था—फिल्म के पहले और बीच-बीच में। तब बनारस में काशी टॉकीज और दीपक सिनेमा हॉल था जिसके अपने नचनिया थे शंकर डांसर ! तब तक नाटक में डाइलॉग बहुत कम होते थे, गीत-गवनई में ही बात होती। हरिश्चन्द्र भी स्टेज पर नाचते-गाते आते, तारामती भी।''

'' 'डांस' माने तो नाच भइल, लेकिन ई 'डाइलॉग' माने ?''

''बातचीत !''

''ओ, वार्ता !''

''हाँ, सोचिए कि हम बात कैसे करते हैं--गाकर बोले तो कैसा भद्दा लगेगा, लेकिन वही चलता था उन दिनों।''

''हुसेन साहब !'' लच्छन राय से बिना बोले रहा नहीं गया, 'हमारे मलिक जी ने तो उसके बीस बरिस पहले ही 'वार्तिकी' शुरू कर दी थी।''

''ऐं !'' चौकते हैं हुसैन साहब।

''और सामाजिक नाटक भी...।''

हुसैन चकित हैं। उन्होंने श्रद्धाभाव से भिखारी के हाथ को दोनों हाथों में ले लिया, ''जभी कहें कि साहब ने आपको ही क्यों चुना रेकार्डिंग के लिए !''

पूरा दल गद्‌गद है। महेन्दर मिसिर, मुकुन्दी भांड़, शंकर डांसर, मुनिया बाई, दुनिया बाई, पंडित द्विजराम पाठक, बसुनायक सिंह किसी का 'रिकाट' बन रहा है ? नहीं न ! सिर्फ मलिक जी के बिदेसिया का बन रहा है। भिखारी की आँखें भावुकता में छलक आती हैं, पियनिया की सती मैया को वहीं से सुमिरन करते हैं, ''बहुत दिया माई तुमने, बहुत। पढ़े-लिखे के हाल ना जानी, आज हमरा जइसन देहाती भुच्च के सिर पर मउर धरा गइल !''

हुसैन साहब ने बताया कि उन्होंने नरसी साहब के साथ बहुत दिनों तक काम किया उस कंपनी में, बाकी अब इस कम्पनी में आ गए हैं।

''काम ठीक होखी न !''

''एकदम !''

रेकार्ड बनकर आया तो दल की उत्सुकता अपने चरम पर थी, ''एकरे में हमन लोगन के अवाज भरल बा !''

''तब का !''

''ए भाई, तनी समझाव हमरा के।'' जगदेव जमुना, और दूसरे लोग जो रेकार्डिंग के लिए नहीं जा सके थे, रेकार्ड को चिह्नाकर ताक रहे थे, रेकार्ड, जो भैंस की पीठ-सा चिकचिक कर रहा है। अब इस बात को मलिक जी से ज्यादा कौन समझा सकता था, सो मलिक जी बोलते भए ''जैसे गाय-गोरू के थन में दूध भरल रहेला...'' और लो दूध झरने लगा...

"हाय नाथ मोहिं सौंप दिए
तोहें भाई बाप महतारी
सत के बंधन छोड़ के स्वामी जी
मत करिह-अ बरियारी..."

"ई तो प्यारी सुन्दरी के गाना ह-अ, माने रूखी ठाकुर के ! लेकिन बहुत जल्दी-जल्दी गावत-आ !" हुसैन ने स्वर को सम किया।

बिदेसिया में रूखी ठाकुर को छोड़कर ज्यादातर आवाजें बदली हुई थीं, बटोही माने मलिक जी की भी। बहुतों को कोई खास खुशी नहीं हुई, लकिन एक गुमान तो सभी को था ही—उनके दल का 'रिकाट' बना है, और रिकाट के उड़नखटोले पर चढ़कर 'बिदेसिया' चल पड़ा देश-विदेश !

"अभी तो आवाज ही जा रही है तो होश उड़ गए, क्या होगा उस दिन, जब पूरा दल ही सशरीर जा पहुँचेगा विदेश। विदेश माने रंगून !" बिना प्रसंग के लोग चर्चा छेड़ देते रंगून की, "जाने को तो अभिए चले जाते, बाकी, सामने डुमराव महाराज की इज्जत का सवाल है, भिखारी का नाच न हो तो क्या इज्जत रह जाएगी।"

"बेटी का बियाह है। इज्जत का सवाल है। बड़के-बड़के राजे, महराजे, मन्तरी-सन्तरी आएँगे। डुमराव में डंका पीटने के बाद ही, जे हे से, रंगून को परस्थान करेंगे।"

इस गहमागहमी में बहुत कम लोगों का ध्यान अपने उस बूढ़े सरदार पर गया जो चन्ननपुर में अकेला पड़ा-पड़ा घुल रहा था। कलकत्ते से ही लौट आए थे बाबूलाल। दल आसाम गया, बाबूलाल नहीं गए, दल रंगून जाएगा बाबूलाल नहीं जाएँगे। एकाएक नहीं टूटता तन और मन। आघात पर आघात और तिल-तिल छींजता जाता है सब।

आज से नहीं, वर्षों से अकेले पड़ते गए थे बाबूलाल। तब से, जब लालू, लच्छन आए और उन्हें किनारे सरकाकर खुद अगुआई करने लगे। जिस आदमी ने नाच को खड़ा किया, जिसने दल को चन्ननपुर में शरण दी और मरने से बचाया, जिस आदमी ने रचना को लिखे जाने से लेकर, नाच सिखाने, पेश करने और सारे इन्ताजम खुद किए, कराए, वही बूढ़े बैल की तरह अकेला पड़ा है। अपनी अशक्त आँखों से ताड़ के पत्तों से कटे-फटे नीले आसमान को देखता है, कब लौटकर आएगा विजय अभियान पर गए हुए योद्धाओं का दल। "अभी कहाँ, अभी तो फागुन है, ऊ तो लगन बन्द होने पर न !" बता रही है महेन्दर की भौजाई। पत्तों के झरने का मौसम है। पुराने पत्ते झरेंगे और नए पत्ते आएँगे। नई भीत उठेगी, पुरान भीत गिरेगी ! और बसन्त पूर्व के उस मौसम में जब तिजारपुर और चन्ननपुर की धरती हरी-भरी फसल के बोझ से गढ़ुआ रही थी, एक दिन पुराने पीयर पात की तरह निःशब्द जा गिरे बाबूलाल ! माई, बाप रामानन्द सिंह और पत्नी के बाद यह चौथी मर्मांतक मौत थी मलिक जी के लिए।

काम किरिया के बाद भिखारी ने निपट तनहाई में खुद से पूछा, "अब...?" सफेद धोती

में आ लगीं किवाड़ से समधिन। भिखारी क्या कहें, कुछ समझ में नहीं आ रहा था। बड़ी मुश्किल से शब्द जोड़े, "घबराइएगा नहीं। कुतुबपुर से हम बराबर हाल-हवाल लेते रहेंगे।"

"कुतुबपुर से...?" समधिन का भीगा सवाल, 'उनहीं से नाता था ?'

"ना, माने...।"

"नाच छोड़कर उनकी कोई भी तो निशानी नहीं। वो उधर चल दिए, तुम नाच लेकर इधर चल दो, चन्ननपुर को क्या 'शमशान' ही बना दोगे समधी ?"

निरुत्तर हो गए मलिक जी।

बाबूलाल की मरनी की खबर थिराते-न-थिराते रंगून की चर्चा फिर उभरने लगी। नाच दलों में वैसे भी गम के लिए गुंजाइश कहाँ बचती है ? लोगों को मौज चाहिए, मस्ती चाहिए और यह बस बुझे-बुझे मुँह से तो सिरजी नहीं जा सकती। यही तो असली कसौटी होती है अभिनय की। मन में लाख हाहाकार हो, लेकिन नाच में उसका रेशा तक न झलके। वहाँ, प्रतिपल कौतुक है, प्रतिमुहूर्त उल्लास !

"त-अ का भइल रंगून जाएके ?" नयका रामचन्नर पुरनका रामचन्नर से पूछता।

"मलिक जी से पूछो।" बात खत्म हो जाती।

मगर बात फिर उठती नए सिरे से, नए अन्दाज में, "ऊ कइसन देश ह भाई ?"

"आसाम से भी पुरुब जाना होगा।"

"धन्न हो बरम्हा जी, कतना बड़ा दुनिया बनाया है !"

"हाँ। सबका फोटू होगा, पासपोट बनेगा, डागदरी होगी। फिर नंगाझोरी। तब दहाज पे चढ़ने देगा।"

"बाप-दादा भी कभी सोचा होगा कि उसका छौंड़ा रंगून जाएगा। पिछला जनम में जरूर कोई पुन्न किए होंगे।"

धीरे-धीरे सारी प्रक्रियाएँ पूरी हो रही हैं। फोटो हो गया, अँगूठे की टीप ले ली गई तो उन्हें लगा, आधी लड़ाई जीत लिए !

"ए भाई, कोई ठीक-ठीक बताता क्यों नहीं कि कब चलना है, कैसे चलना है—हवाई जहाज से कि पानीवाला दहाज से, कितने कपड़े रख लें, रास्ते में खाने के लिए क्या ठीक पड़ेगा—पूड़ी कि ठेकुआ, चबेना कि लीटी ! अपने से कुछ करें और वहाँ जाकर मलिक जी गोसिया जाएँ—नाक कटा दिया हमारा।"

नाक कटने का एक और सबब है—नाच ! अपनी-अपनी कला को माँजकर सभी चमकाने में लगे हैं। कोई अलाप भर रहा है, कोई ठुमके लगा रहा है, कोई संवादों को और भी धारदार बनाने का अभ्यास कर रहा है, लेकिन मलिक जी...?

रंगून जाने के नाम से ही, पता नहीं क्यों, डर समा गया है मलिक जी के मन में। (यह कतराना क्यों ? क्या बाबूलाल के मरने से ?) इतने-इतने लोगों को लेकर जा रहे हैं, कहीं कुछ गड़बड़ हो गया तो क्या जवाब देंगे घरवालों को ? आसाम में ही नहीं

सँभाल पाए तो वह तो रंगून है, अपना देश नहीं, सचमुच का विदेश !

घरी-घरी पैखाना लगता है। जितनी बार पायखाने पर बैठते हैं, पेट गुड़गुड़ करता रहता है, लौटकर आते हैं तो दल की उल्लास भरी आवाजों पर दिल बैठने लगता है। चश्मे के पीछे से ताकने पर ये आवाजें किसी और ही दुनिया से आती हुई लगती हैं। कुछ भी अच्छा नहीं लगता, कुछ भी ! चोर न भावई चाँदनी राता ! मन का चोर झाँकता है।

"ए बबुआ...।" अशक्त आवाज ! आगे बोल न पाए। वहीं लुढ़क गए हैं। दौड़ा-दौड़ी, भागमभाग ! बीमार हो गए हैं मलिक जी। बुखार में बर्रा रहे हैं, "ऐ बबुआ रंगून नहीं जाना, दहाज का कल-पुरजा बिगाड़ देगा, समुन्दर में डूब जाएगा दहाज। समुन्दर नहीं देखा है न ! पुरी में हम देखा है, चारों ओर पानी-ही-पानी। देख-देख के करेजा काँप जाएगा। सब डूब जाएगा !" बीमार भिखारी का बीमार करेजा !

बीमारी बढ़ती ही गई। बैद आए, नारी पकड़ी, दवाई दी, लेकिन सब बेकार। डागदर आए। कान में आला लगाके सुन रहे हैं, का बोलता है बुखार ? अंग्रेजी दवाई आई, लेकिन कोई फायदा नहीं।

समय पार होता जा रहा है। दल की अकबाहट बढ़ती जा रही है, "हे भगवान, हे भगौती माई, मलिक जी को ठीक कर दो, नहीं तो रंगून जाना रुक जाएगा।"

समय पार होता जा रहा है। पार होता जा रहा है। पार हो गया। उदास हो गया दल।

दल उदास हो गया, लेकिन दलपति के चेहरे पर ताजगी लौट आई। मलिक जी अपने आप ही ठीक होते गए। अब रंगून नहीं जाना होगा।

सन् 1951 में भारत गणतन्त्र घोषित हो गया है। हल्ला है कि अब अँगरेजी कनून नहीं चलेगा। पंडित जवाहिरलाल जी बोल दिए हैं। नयका कनून लागू हो गया है। ए भाई, ई नयका कनून में नया क्या-क्या है ? किसी को ठीक-ठीक मालूम नहीं। आजादी की तरह इसका अपने-अपने हिसाब से मतलब निकालने में लगे हैं लोग।

सारा देश एक तरफ, काशी एक तरफ। तीनों लोक से न्यारी बाबा विश्वनाथ की नगरी जो ठहरी ! यहाँ एक दूसरा ही गणतन्त्र मनाया जा रहा है—शिवजी के गणों का तन्त्र, माने भोजपुरी सम्मेलन ? आरा से, बलिया से, गाजीपुर, गोरखपुर, छपरा और कहाँ-कहाँ के भोजपुरी के कवि-कथाकार आ रहे हैं। पूरी काशी भोजपुरीमय हो रही है। लोगों में एक उत्कंठा भिखारी ठाकुर को नजदीक से देखने की भी है, जिनको यहाँ 'भोजपुरी सम्मान' मिलनेवाला है। टाउन हॉल खचाखच भरा है। जिनको वहाँ जगह नहीं मिली, बाहर भीड़ जमाए हुए हैं। भीड़ में तरह-तरह की शंकाएँ हैं।

"रंगून नहीं गए तो बनारस आएँगे ? झूठो के बुड़बक बना रहे हैं लोग।"

"तब तो बीमार हो गए थे न ?"

"अरे वह सब बहाना है, असल बात जानते हो ?"

"भिखारी की भीड़ को वहाँ सँभालता कौन ? रंगून की सरकार ने हाथ जोड़ लिए थे।"

"है न ? ठीक-ए कह रहे हो।"

"अरे ई तो एलौंस भी होने लगा ?"

"ऊ तो जा भी रहे हैं।"

"कहाँ ?"

"अरे वही...देहाती आदमी, पगड़ी नहीं देख रहे हो ?"

भीड़ में ठेलाठेली मच गई है। वही उटंग धोती-मिरजई, माथे पर पगड़ी। लजाते, सकुचाते क़दम बढ़ चले हैं मंच की ओर।

"इनका अइसे ना छोड़ल जाई !" कई आवाजें, "कुछ सुनाकर जाएँ !" आँखें हँस रही थीं चश्मे के पीछे से। हाथ में मानपत्र था, हाथ जुड़े हुए थे। दर्शकों की इच्छा सिर-आँखों पर। चटपट अन्दर गए। एक मिनट की तैयारी। मंच पर आ गए। धोती का पल्ला खोलकर मंच पर ही आँचल की तरह लहराकर ओढ़ लिया, जैसे कोई लजाती युवती हो, "सगरी देहिया, बलम के सरकारी होई गइल ना..." प्रियतम की सारी देह ही सरकारी हो गई। (उस पर न उनका वश रहा, न अपना। गणतंत्र की रसीली व्याख्या!)

राजोपट्टी में चार दिनों का सट्टा है। जमींदार लोग करा रहे हैं नाच। उपलक्ष्य क्या है—यह नहीं बताया उन्होंने। राज का मन और भैंस का मन—दोनों की थाह नहीं मिलती। वैसे नचनियों का क्या ! उन्हें तो पैसे से मतलब है सो सावन के इस शेषान्त में एक निचाट मैदान में जम गया है डेरा। फूही पड़ रही है। चार-चार अंगुल के हाथ-हाथ भर के निराए-गोड़े हुए मकई के पौधे नहा रहे हैं फूही में। भिखारी दिशा-फराकत के लिए लोटा लेकर तीसरे पहर निकलते हैं तो दो-चार बैलों के झुंड और एक-दो दुकानें दूर में खड़ी दिखती हैं। सुनगुन है कि बजार लगेगा, लेकिन बस इतने से ? ऊँह ! उन्हें इससे क्या !

लौटकर आते हैं तो गला साफ करने के लिए आदतन गोल मिर्च फाँकते हैं और पोथी लेकर बैठ जाते हैं, इन दिनों भिखारी शंका-समाधान पर काट-पीट चल रही है।

बेटा बाप से कइलन युद्ध
माई के तजलन पीकर दुद्ध
धन-धन कलियुग दानी
भइलन दुनिया-भर मस्तानी
पतोहिया सास के ऊपर रानी
बन के करे ताना-तानी
लुगरी दे के फाटल पुरानी

जोम से मुँह चमकावे जानी
....
चढ़ के मूते भतार का चानी
भाई वाह-वाह
वाह-वाह-वाह-वाह !

एक ही रपटीली ढलान पर भेंड़ के झुंड से उतरते गए हैं छन्द--बिलकुल नया तर्ज है देहाती भाँड़वाला। इसे बाँधेंगे कैसे--इस पर मन थिर नहीं हुआ है। कलम होठों में दबाए सोच रहे हैं। सोचते-सोचते कहीं दूर जा पहुँचे हैं, जहाँ न राजोपट्टी है, न नाच न बैल...निर्जन बियाबान...किसी अदृश्य लोक से नगाड़े, मृदंग, बाँसुरी के स्वर उभर रहे हैं। स्वर तेज होते जा रहे हैं और उन्हें अपनी ज़द में लेते जा रहे हैं। एक अछूते राग-रस के संधान में अन्दर पैंठते जा रहे हैं, पैंठते जा रहे हैं--गहरे, कहीं बहुत गहरे झलमला रही है कोई अमरित की बूँद। हाथ वहाँ तक पहुँच नहीं पाते। बीच में खर-पतवार है, जाले हैं। बेकली बढ़ती जा रही है। आकार स्पष्ट भी है और नहीं भी, रूप रस, गन्ध मिल भी रहा है और नहीं भी। धीरे से हिला देते हैं जाले को, जाले के हिलते ही बूँद बुलबुले-सी ऊपर उठती है और पानी की सतह पर तेल की बूँद-सी पसर जाती है। पीले, नारंगी, लाल, बैंगनी, हरे नीले--किसिम-किसिम के रंगों के आवर्त। छूने चलते हैं तो सातों रंग छिटककर आसमान में छा जाते हैं।

धूप निकल आई है, झींसी भी पड़ रही है। बदरकट्टू धूप। धरती की धानी साड़ी पर सोने-चाँदी, हीरे-जवाहरात के बुँदकें, ऊपर पूरब के क्षितिज पर, उन्हीं सात रंगों का मेहराब सज गया है। मेहराब को ठीक बीच से पकड़ते हैं...। अगर सात आदमी सात रंग के कपड़े पहनकर इसी गीत को बारी-बारी से पुराएँ तो...?

''मलिक जी ! मलिक जी !''

ना, छुओ नहीं। अरुई के पात पर अभी-अभी तो मोती थिराया है, छूते ही पानी बनकर ढरक जाएगा। छेड़ो नहीं, अभी निर्विकल्प समाधि में हैं।

लेकिन छेड़े बिना काम भी तो नहीं चलेगा, से पहिलका नाटक का होखी--'' 'बिरहा बहार' कि 'सिरी गंगा अस्नान'...?''

तप भंग !

अब बाल्मीकि और बेदव्यास का चोला उतार दो भिखारी, मलिक जी की मिरजई-पगड़ी धारण कर लो। दिन डूब गया, गैस बत्ती जल गई, नाच शुरू नहीं करोगे ?

नाच शुरू हुआ। एक नहीं, दो नहीं, तीन नहीं, चार-चार दिन लगातार। तिल धरने-भर की जगह नहीं। बाहर निकलते ही बाजार पर नजर जाती है। अरे यहाँ तो बैल-ही-बैल हैं, दुकानें-ही-दुकानें, लोग-ही-लोग। यह तो बसही बाजार से भी बड़ा है।

''ठाकुर जी, जैराम जी की !'' जमींदार के खिदमतगार ने दूर से ही सलामी ठोंकी। नाई होने के चलते जहाँ भी जाते, वहाँ जात-बिरादरी में सुनगुन हो जाती। कुछ लोग तो भिखारी को अपना गौरव मानते, लेकिन पुरनिया और शुद्धतावादी अभी भी उन्हें

जाति के नाम पर कलंक घोषित कर पास तक न फटकते। खिदमतगार पहले श्रेणी से आया था। बात चली तो उसी ने राजोपट्टी के इस नए बाजार का रहस्य बताया...

बसही बाजार कैसे बसा, राजोपट्टी के जमींदारों ने बसाया या दूसरों ने, यह तो नहीं पता लेकिन उजाड़ने का काम भिखारी ने जरूर किया। वह किस्सा इस तरह शुरू होता है कि जमींदारों को अपने भोग-विलास, शाही खर्च और अंग्रेज बहादुर की सरकार को देने के लिए इफरात पैसा चाहिए था, सो लगान वसूली की तरह ही बसही के बैलहट्टा में भी उन्होंने बैलों के दलालों की व्यवस्था की। ये दलाल हर सौदे पर कौड़ी वसूलते—दू, पाँच, दस रुपए। जैसा माल, वैसी कौड़ी ! समय बीता, दिन-काल वह रहे नहीं। जमींदार कमजोर हुए और कौड़ियावाले मजबूत। जैसे-जैसे वे मजबूत हुए, अपनी मनमानी करने लगे। उनकी ज्यादतियों के खिलाफ लोग फरियाद लेकर जमींदारों के पास जाते, मगर वे कुछ कर न पाते।

जमींदारों ने सोचा कि बाजार को बसही से हटाकर राजोपट्टी कर देने से ही कौड़ियोंवालों से छुटकारा मिल सकता है। सो बाजार राजोपट्टी आ गया, लेकिन बिना आदमी के बाजार कैसा ?...और आदमी आएँ कैसे ? तभी किसी ने सुझाया कि आदमी आएँगे अगर भिखारी का नाच हो। और भिखारी का नाच हुआ, राजोपट्टी का बाजार बसते-बसते बस गया, बसही बजार उजड़ते-उजड़ते उजड़ गया।

"हूँ ऽऽऽ !" भिखारी ने लम्बी हुँकारी भरी, "तो क्या मुक्तापुर की चालाकी यहाँ भी दुहराई जा रही है ?"

"का भइल रहल मुक्तापुर में ?"

"वही, वहाँ भी बाजार लगाना था, हमरा पास नाच के लिए आए थे। नाच हुआ, बाजार बस गया।"

खिदमतगार को पूरी खुशी थी, लेकिन भिखारी परेशान। वही हुआ। नाच पूरा कर इक्के पर लौट रहे थे कि रास्ते में कौड़ियावालों ने घेर लिया, "का रे भिखरिया, बहुत सनकल बाड़े ?"

हाथ जोड़ते बीत रहा था भिखारी को, "राम कसम ! हमरा के कुच्छो नाहीं मालूम।"

छत्तीस बुद्धि में एक भी काम नहीं आ रही थी। आज तुम बच नहीं पाओगे भिखारी !

"तुमको कोई बताया नहीं था ?"

"अरे राम कहीं बबुआन, बताता तो हम सट्टा सुइकारते कभी ? आप ही लोगन का तो खा रहे हैं।"

एक-एक कर पीछेवाले इक्के भी आ गए। लच्छन, गौरीशंकर और रामचन्नर जैसे लम्बे-तगड़े सदस्य इक्के से कूदकर भिखारी के बगलगीर हो गए, "बा बात है मलिक जी ?"

"कुछ नहीं।" भिखारी ने कहा।

लेकिन कौड़ियावाले एक जवान ने डपट दिया, "कैसे कुछ नहीं। हमरा पेट पे लात मारने चले आए और कहते हैं कुछ नहीं।" और उसने बसही बाजार के उजाड़ने में नाच की भूमिका का खुलासा किया।

"तो बबुआन, पहले न बोलना चाहिए था। अब हम तो ठहरे नाचवाले, हमको का मालूम कि..."

"मालूम होना चाहिए था न !"

"जरिको कान में भनक पड़ी होती तो मजाल था कि..."

"हम अगर कहें कि बसही में नाचना है तो नाच दोगे ?"

दल भारी असमंजस में था, भिखारी ने फौरी निष्कृति के लिए कहा, "आप 'शान्ती' से सोच-विचार लीजिए, फिर जब कहिए...अभी तो हुकुम दीजिए !" और हाथ जोड़ लिए।

लौट गए शिकारी कुत्ते। राम-राम करते हुए दल लौट आया चन्ननपुर। कसम सत्ती मैया की, अब से सोच-समझ के सट्टा लेंगे।

इन शिकारी कुत्तों से बचने के लिए कितनी बार कसमें खाओगे भिखारी ? क्या-क्या तजोगे ? कहाँ नहीं हैं कौड़ियावाले ? मुजफ्फरपुर के एक गाँव में तमाशा नहीं होने दिया एक बाबू साहब ने। सारी रात नचवाते रहे। किसकी मजाल जो चूँ कर दे। धरे रह गए तुम्हारे 'बहरा बहार', 'बेटी बेचवा' और 'गबर धिचोर ! तुमने तब भी कसम खाई थी कि अब ऐसे गाँव में नहीं जाएँगे। सुनरसन की बात अभी भूली नहीं होगी। बाप मना करते-करते मर गया, सुनरसन तबाह, तुमने तब भी कसम खाई थी कि अब ऐसे लड़के नहीं लेंगे।

"और गिनाएँ ?"

"ना।" खुद से ही खुद भाग खड़े हुए मलिक जी।

28

गाँव बेसहरा।

गीत-संगीत की यह एक छोटी-सी महफिल थी।

बिशुनाथ सिंह ढोलक पर संगत कर रहे थे। हारमोनियम स्वयं चाँदी सिंह बजाते हुए गा रहे थे स्वरचित गीत। गले में कोई खास माधुर्य नहीं, लेकिन गीत में आग भरी थी—

"कहे चानी तोहरा के
हमना छोड़ब तोहरा के
ले जाता बिलाइत में ढोआइके
तनी ताक-अ प्यारी नजर उठाई के !"

एक गीत पूरा हुआ। फिर चौपाल से फरमाइश आई, "तनी राजेन्दर बाबूवाला गीत होखे..." चानी सिंह ने हारमोनियम का सुर बदला—

"जिनवा बाँट लेहलस पाकिस्तानवाँ
तोहें गहनवे लागल बा ?
कहत राजेन्दर अपनी नारि से
मानि ल-अ न-अ हमरो कहनवा।"

चाँदी सिंह ने गीत रोककर भाव बताए—

"खयाल कीजिए सज्जनो, राजेन्दर बाबू की जनाना राजेन्दर बाबू से गहना गढ़वाने को कहती है, इस पर राजेन्दर प्रसाद जी क्या कहते हैं...?"

"क्या कहते हैं ?" बिसुनाथ सिंह ने पूछा।

"कहते हैं कि जिन्ना ने भारत को बाँटकर पाकिस्तान ले लिया, इतना बड़ा कांड हो गया और तुमको गहने की सूझ रही है !" चाँदी सिंह ने फिर से गीत उठा लिया—

"जबले भारत हाथ न अइहें
मत पहिर-अ जोसनवाँ...
तोहरा गहनवे लागल बा...?"

"वाह-वाह बाबू चाँदी सिंह !" चौपाल में एक सुर से प्रशंसा बरस रही थी। गीत-संगीत के रसिया चाँदी सिंह ने अलग गीत उठा लिया—

'मथवा पे हथवा धइके, रोवें सोशीला रानी
दिनवा पातर भइले ना...

"खयाल कीजिए सज्जनो, सुदामा के घर की गरीबी का हाल क्या है। उनकी मेहरारू सोशीला देवी कपार पे हाथ धर के कलप रही है।"

"कैसे कलप रही है ?" बिशुनाथ सिंह ने ढोलक पर थाप देते हुए पूछा।

"दिनवा पातर भइले ना", चाँदी सिंह ने गीत को पीछे से उठा लिया–

"रात-ए दिन हँड़िया बा उपास
दिनवा पातर भइले ना..."

चौपाल की पूरी श्रोता मंडली करुणार्द्र हो उठी।

"आखिर में हम ऊ गीत पेश करना चाहते हैं जो मेरा लिखा हुआ नहीं है, किसी और का लिखा हुआ है–बूझिए तो किसकी कलम का जादू है यह–

"के हमरा जरिया में अरिया लगवलस
कि सँसतिया भइली ना
कब ले सहब दुरगतिया
कि सँसतिया भइली ना...!"

चौपाल में एक स्वर से 'वह नाम' गूँज उठा, "भिखारी ठाकुर...!"

चाँदी सिंह को अपनी कविताओं की दाद पर इतनी प्रसन्नता नहीं हुई थी, जितनी भिखारी ठाकुर के इस गीत पर। वे खुद को कलियुग का एकलव्य मानते हैं; गुरु इस बार द्रोणाचार्य नहीं, भिखारी ठाकुर हैं। भिखारी के नाच गिरोह में वे जबरन घुसे हुए हैं, जब कि इस बात को अच्छी तरह जानते हैं कि भिखारी ने कभी भी पूरे मन से उन्हें स्वीकार नहीं किया। एक ही कठकरेज हैं गुरु। बोले, "नाचने में तो बबुआन, से जवन बा कि राउर कौनों जवाब नाहीं। भगवान जी की माया है–देह धजा से पूरा। सोरह आना में साढ़े पनरह आना मेहरारू के छबी उतार दीहीला। कविताई में राउर कौनों जवाब नइखे। हरमुनिया बजावे में केहू पार ना पाई। एक ही चीज में मार खाइला बबुआन..."

"गला ?" चाँदी सिंह अपनी कमी को स्वीकार करते हैं।

"हाँ गला ! ऊहे तनी पातर रहता न तो राउर सामने कोई खड़ा ना हो सकत।" जल्दी-जल्दी प्रशंसा की मिट्टी से भर देना चाहते हैं भिखारी उनकी हीनता के छेद को।

"कौन-कौन-से छेद भरोगे ठाकुर जी ?" चाँदी सिंह स्वगत में लम्बी साँस लेते हैं, "यहाँ तो छेद ही छेद हैं।" बीड़ी सुलगाकर लम्बा कश लेते हैं चाँदी सिंह और ढेर सारा धुआँ उगल देते हैं, धुआँ या जहर !...जैसे धुएँ के परदे में अपनी शख्सियत छुपा लेंगे ! गुरु को याद करते हुए गमगीन हो गया है शिष्य ! बिसुनाथ सिंह को पता है कि ऐसे में क्या किया जा सकता है और उनकी ढोलक 'लहरा' में हिलकोर लेने लगी है, "ग गम् गम्म, गग-गम्म !"

उधर भोजपुर से पचासों जोजन दूर हाबड़ा के जूट मिल के मैदान में भोला का ढोल बज उठा है–गगम् गम्म गम गम्म ! (इतनी दूर की जुगलबन्दी !) "सज्जनो, आज ठाकुर जी का गिरोह जो नाटक पेश करने जा रहा है, वो है, बाबू चाँदी सिंह का लिखल

नाटक 'जयहिंद खबर !' बोलिए, नेताजी सुभाषचन्द्र बोस की..."

"जै !"

"गम्म !" ढोल ने भी जैकार किया और बाकी समाजी शुरू हो गए। इन दो ढोलों की आवाज घहराती है छपरा में और पान की दुकान के आठ-दस पनखौवे चिहुँककर ताकने लगते हैं। मामूली लोग नहीं हैं ये, राजेन्द्र कॉलेज के प्रोफेसर और प्रतिष्ठित लोग—शिवपूजन सहाय, सिंहजी, लालाजी, खपड़हिया बाबा, हरिनन्दन सिंह और रामसूरत सिंह। एक छात्र भी है—जितेन्द्र सिंह। दुनिया-जहान की बातें हो रही थीं कि ढोल के घहराने की आवाज ने चर्चा अचानक महेन्दर मिसिर और भिखारी ठाकुर की ओर मोड़ दी।

"भिखारी ही क्यों, अरे भाई हम भी जवानी में शैव्या बनते थे।"

"आप ?"

"और क्या, देखनिहार को धरनिहार लगते थे !" सहाय जी जब अपने टूटे दाँतों से बोलते हैं तो सामने से लोग हट जाते हैं।

"हाय ! शैव्या के बुढ़ा जाने पर ऐसा अपमान !"

सहाय जी के फिकरे में ही फिकर है। तब वे प्रोफेसर नहीं, हिन्दी के सिद्ध साहित्यकार नहीं, ठेठ लबार की भूमिका में उतर आते हैं। कॉलेज के सामने ही एक छात्र की जो नकल उन्होंने उतारी थी कि लोग हँसते-हँसते लोटपोट, खुद भी..., "बताइए, बी.ए. के इम्तहान में बराबर ऊ 'रीतिकाल' को 'रतिकाल' लिख रहा था।"

"उस बेचारे का क्या दोष ?" जितेन्द्र ने पूछा था।

टूटे दाँतों से खाए हुए पान की पीक से लालजी का सफेद खद्दर का कुरता लाल हो गया था। तब से सहाय जी की हँसी से लोग सावधान हो जाते हैं।

"अच्छा सुनते हैं कि महेन्दर मिसिर स्वाधीनता-सेनानियों की मदद करते थे !" खपड़हिया बाबा पूछते हैं।

"एक गीत था, वो क्या कि संघतिया, संघतिया, संघतिया...बाकी तो...।"

"अर्थ निकालने की बात है, उसमें देशप्रेम कहाँ है ?" हरिनन्दन सिंह बोलते हैं।

"नहीं, छपरा के स्वाधीनता सेनानी रामशेखर सिंह की शायद मदद की थी कभी।"

"आपको पता है गोपीचन्द जासूस कौन था ?"

"कौन ?"

"अरे वही हँसि-हँसि पनवा ख़ियवले गोपीचनवा...जिसने नकली नोटों के मामले में मिसिर जी को पकड़वाया था।"

"ना।"

"उनका नाम जटाधारी प्रसाद था और उनको कोढ़ हो गया है।"

"होना ही था।" खपड़हिया बाबा ने कहा।

"लोग भी यही कहते हैं।" शिवपूजन सहाय ने पान की गिलौरी मुँह में रख ली है।

"अरे ई भिखरिया भी नाचा है वारफंड के लिए।"

"तनी-मनी...?"

वारफंड का ढेला क्या फेंका किसी ने कि चारों ओर से थू-थू होने लगी भिखारी पर।

विद्वानों की इस बातचीत के बीच में धुँधला-सा कुछ याद आता है जितेन्द्र सिंह को...।

हाँ, 'मर्यादा' पत्रिका का वह संयुक्तांक जो जॉर्ज पंचम के भारत आगमन पर प्रकाशित हुआ था। सन् 1912-13 रहा होगा। पंडित चन्द्रधर शर्मा गुलेरी ने 'राज राजेश्वर' की अभ्यर्थना में संस्कृत में कविता लिखी, लेख लिखे, बदरी नारायण चौधरी 'प्रेमघन' ने छह पृष्ठों में भिन्न-भिन्न छन्दों में स्तुति लिखकर उन्हें रघु और राम के बराबर ला खड़ा किया। अयोध्या सिंह उपाध्याय ने दादरा और कौवाली में राजाधिराज की वन्दना की। बालकृष्ण भट्ट ने 'बड़ों का बड़प्पन' लिखा। मर्यादा के अलावा भी सभी क्षेत्रों के विशिष्ट लोग स्वागत में बिछे पड़े थे। कहते हैं, रवीन्द्रनाथ टैगोर ने 'भारत भाग्य विधाता' कहकर 'जय हे, जय हे' कहा। इसी के चलते 'गर्भरंडा' जैसी अगिया बैताल रचना लिखनेवाले पंडित नाथूराम शंकर शर्मा ने 'मर्यादा' में ही इन सभी के ऊपर 'हिजड़ों की मजलिस' का आल्हा लिखा था।

लोगों की याददाश्त कितनी कमजोर होती है। उन्हें कोई कुछ नहीं कह रहा है, सारा दोष-पाप भिखारी पर। भिखारी नाचे तो जरूर वारफंड के लिए, मगर किसी भी नाच में उन्होंने इन बड़े लोगों की तरह अंग्रेजों की स्तुति तो नहीं की—इन विद्वानों को यह क्यों नहीं सूझता ? उनका मन किया कि बातचीत में हस्तक्षेप करें, मगर संकोचवश कुछ बोल न पाए।

रामसूरत सिंह संभवतः कुछ उदार थे, "हाँ, लेकिन भिखारी ने चाँदी सिंह का नाटक 'जयहिन्द खबर' भी उठाया है...।" स्वगत-सा बर्राये।

शिष्य गुरु के लिखे गीत गाता हुआ घूम रहा है और गुरु शिष्य के लिखे नाटक को जगह-जगह दिखाता (मंचन करता) हुआ। द्वापर की एकलव्य-द्रोणाचार्य की परम्परा कलियुग तक आते-आते पूरी तरह उलट गई है। शिष्य गुरु की कविताई पर फिदा है, गुरु शिष्य के नाटक पर। तभी तो जिस भिखारी ने दूसरे का लिखा नाटक छुआ तक नहीं, वह चाँदी सिंह का 'जयहिन्द खबर' खेलता है। यही नहीं, उससे प्रभावित होकर अपना सामाजिक 'जयहिंद खबर' भी रचने लगता है।

चाँदी सिंह ही नहीं, दरबारी गिरि ही नहीं, गुरु ने कितनों के कान फूँके हैं, गुरु को भी नहीं मालूम ! कितने-कितने कंठों पर शारदा माई ने लिख दिया है भिखारी को...एक भिखारी डोली ढोते हुए जा रहा है, एक भिखारी नाव खेते हुए आ रहा है, एक भिखारी गाड़ीवान बना है—गाँव-गाँव, जिला-जिला, सात समुन्दर पार तक भिखारी ही भिखारी !

"बाकी ऐसा विनयी, ऐसा रामभक्त, कहते रह जाइए लेकिन जमीन पर ही बैठेगा।

साक्षात केवट का अवतार !''

हरिनन्दन सिंह ने चुटकी लेते हुए पूछा, ''बस ? हम तो समझे, भरत मुनि चाहे तुलसीदास तक जाइएगा।''

''नौवा नू है, बहुत परमोशन दे दिए।'' खपड़हिया बाबा ने कहा तो शिवपूजन सहाय को फिर से हँसी आ गई—सामनेवालो भागो ! मुँह में पान की पीक है !

''असल तो तब बखानूँ जब गूँगों के कंठ से वह फूटे !'' शिवपूजन सहाय ने एक चुनौती हवा में उस अदृश्य वीर के लिए उछाली और पान की दुकान की सभा विसर्जित हुई।

बाबू हरिनन्दन सिंह, बाबू रामसूरत सिंह, खपड़हिया बाबा या साहित्यकार शिरोमणि शिवपूजन सहाय को कहाँ पता था ? पता था जितेन्द्र सिंह को...।

अकेले-अकेले चले आ रहे हैं जितेन्द्र सिंह। इन बूढ़ों की तुलना में उन्होंने ज्यादा दुनिया अभी नहीं देखी, लेकिन इन हवेलियों को जरूर देखा है, जहाँ की मूरतें गूँगी हैं।

अपनी श्रेष्ठता के गुरूर में ऐंठी हवेलियाँ, ड्योढ़ियाँ जहाँ न्यौता लेकर आने पर भिखारी ठाकुर को कोई पानी तक न पूछता, बैलगाड़ियों पर मखमली ओहारों की 'सम्पनियों' में बैठी राजमाताएँ, उनकी बहुएँ, बेटियाँ जो उनका नाच देखने आतीं, मगर जिनकी एक झलक तक न देख पाते, सिर्फ कल्पना ही कर सकते थे कि ऐसी होंगी, वैसी होंगी, ये सारी गुड़ियाएँ गूँगी होतीं और अपने दुःख को मन की अँधेरी परतों में दबाए चिर बंदिनी-सी घुलती रहतीं, वहाँ वज्रकपाट जड़े थे, बाहर कड़े पहरे थे। अचानक पाया कि मन की उन अँधेरी परतों में जुगनू-सा जल-बुझ रहे हैं भिखारी। गूँगों की जबान बोलते हैं भिखारी ?—तभी न !

कहाँ से सीखी इस नट ने वह भाखा ?

जंगल, आबादी, कुएँ, गड़हे, नदी-नार, ताल-पोखर, सब का पानी सोख-सोखकर बनते हैं बादल। यही बादल जब बरसते हैं तो फिर से भर जाता है पानी सब में। नया जनम मिलता है पानी को। सब नहीं कर सकते ऐसा। पानी कर सकता है। उस भाखा को जानने के लिए पानी बनना पड़ता है।

बड़की ड्योढ़ी का राजकुँअर है जितेन्द्र, कुछ ज्यादा ही संवेदनशील ! बचपन से ही अन्दर महल में औरतों द्वारा खेले जानेवाले स्वाँग, डोमकच और जलुए को देखता आया है। कुछ बड़े होते ही ऐसे स्वाँगों में उसका प्रवेश निषिद्ध कर दिया गया। 'निषिद्ध' की सूची में और भी बहुत कुछ था, जिनमें एक था भिखरिया का नाच। पर यह मन था कि 'निषिद्ध' के गिर्द ही मँडराता।

उसाँसें छोड़तीं गाँव की तपती दोपहरियाँ ! गाँव के बाहर काली मइया के मन्दिर के पास नीम की छहिंया में आया है भिखरिया का नाच। सबकी नजर बचाकर चुपके से पहुँच जाते। बाद में भिखारी ठाकुर का आना कमता गया, कमता गया। बिदेसिया के अलाप के स्वर दूर होते-होते लुप्त हो गए। अचानक फिर उभरे, धीमे स्वर धीरे-धीरे तेज हुए। कहाँ से आ रहे हैं—अचकचा जाते हैं। बनारसी चाचा, जब से घर छोड़कर

गए, उन्हें कुछ भी सुनाई नहीं देता। अरे ये स्वर तो उनकी अपनी छोटकी चाची के कंठ से उभर रहे हैं—उनकी अपनी ड्यौढ़ी के अन्दर से।

किवाड़ की झिर्री से झाँककर देखा, औरतों की महफिल सजी है, औरतें ही औरतें। लालटेन की मंद रोशनी में सब कुछ साफ-साफ नहीं दिखता, सिर्फ पानी के तल में हिलते सेवार और तैरती मछलियों जैसा आभास मात्र होता है। भिखारी ठाकुर का 'बिदेसिया' यहाँ भी चल रहा होता, वही प्यारी सुन्दरी, वही बिदेसी, वही रखेलिन, वही बिछोह, दर्द की अजानी घाटियों से आती वही टेर ! पर एक बात समझ में नहीं आती किशोर जितेन्द्र को, छोटकी चाची हमेशा बटोही ही क्यों बनती हैं ? बटोही बनकर नाटक को अपने ही ढंग से सजाती हैं छोटकी चाची, "केकर-केकर मरद हेराइल बा, सब केहू नाम पता और निशानी द-अ लोगन !"

भिलमिलाहट मच जाती है। पगड़ी बाँधे, सोंटा लिए वह हर औरत के पास जाती हैं—कहाँ गइल बाड़न—कलकत्तवा कि काशी, गोर हवें कि साँवर, उमिर...?

"बनारस...।"

"ब...।" बोलते-बोलते जबान पर लगाम। बनारसी चाचा के चलते 'बनारस' का उच्चारण नहीं कर सकती छोटकी चाची। शरारती फूआ की इस शरारत पर आँखों ही आँखों में धमकाती हैं और आगे बढ़ जाती हैं।

"तोहार ?"

"हमार मरद तो गाँवे में भुलाइल बा ?"

"एं !" अचकचा जाती है चाची।

सिर्फ और सिर्फ बटोही की भूमिका ही क्यों करती हैं छोटकी चाची ! अब तो बार भी पकने लगे।

29

बड़के पोते राजेन्दर के देखुआर आए थे। गन्ना गनाकर, दिन-वार तय कर विदा हुए तो महीनों से रुकी पड़ी रचनाओं को उठाया। राजोपट्टी में क्या तो एक नायाब तरीका सूझा था, पन्ने पलटते हैं, टेढ़ी-मेढ़ी कैथी की लिखावट में सात रंगों का विधान है। थोड़ी देर तक डूबे रहे उसमें। हाँ, यह बिल्कुल नई चीज होगी, उनके अब तक के रचनाकार के लिए एकदम से नई। लेकिन छन्द कम हैं। उनकी संख्या बढ़ानी होगी। कलियुग के कुछ और वृत्तान्त...ताड़ी--

बेटा-बेटी भूखे मुअलन, माई बाबू भइलन सूर
मेहर के तन पर बस्तर नइखे, बबुआ नसा में भइलन चूर
हउव हिन्दू मुसलमाना, असल जात खानदाना
आँख का ऐनक के समाना, तेपर खाला अइसन खाना
जाला तारी के दोकाना, पाकल लवनी में पकवाना
चूँटा-चूँटी तजल पराना, हाड़ा, बिरनी तक डूब जाना।

बदबू देते महुए की तरह गंधाते कपड़े से छानी जा रही है ताड़ी, उसके फटे अंश से सब नीचे गिर रहा है। ताड़ीवाले के मुँह की गन्दगी ताड़ी में जा रही है, कभी-कभी तो उसी लवनी से वह पैखाने का काम भी सलटा लेता है। ऐसी लवनी, ऐसी ताड़ी को मछरी के चखना के साथ लोग पीते नहीं अघा रहे हैं; वे भी, जिनको पंचायत में बड़ा ज्ञानी माना जाता है; वे भी, जिन्होंने लाखों कमाया है; वे भी जिन्होंने कितनी ही पोथियाँ पढ़ी हैं। इन लोगों ने वेद, कुरान पढ़ा है, काशी से लेकर दूसरे तीर्थ कर आए हैं, लेकिन मन ही का भरम नहीं गया।

उपदेश हावी हो रहा है–

हर छन रट-अ राम-रहमाना
पहुँच-अ असली मूल ठिकाना
बोल-अ वाह-वाह ! वाह-वाह ! वाह-वाह! वाह !

ताड़ी का बयान लिखने के बाद फिर से पढ़ा तो अच्छा लगा। सोचा, इसे लच्छन राय और सखीचन्द को दिखाएँगे तो थोड़ा और सुधर जाएगा–

करम फूटल दुखिया के जिन्ह भइलन सवखीन
काम-धंधा रुचत नइखे, सवख में लवलीन
बबरी माथ में, घड़ी हाथ में, रंडी साथ में
नथइब नाथ में...

दो और हो जाते तो छह हो जाते। फिर सातवें पर आकर सही क्रम टूटकर नया मोड़ ले लेता और यह एक बिलकुल नई बात होती। सातों बन्द सुरूज भगवान के सात घोड़े की तरह खींचते और अग-जग इँजोर हो जाता।

नाच काँच ह-अ
बात साँच ह-अ
कह-अ वाह-वाह !

अपनी दृष्टि पर परम प्रसन्न है स्रष्टा ! जग जीत लिया, मानो। इसे एक साथ नहीं, गतें-गतें (धीरे-धीरे) पूरा करना है—रख देते हैं। मगन मन टहल रहे हैं। आज बाबू रामानन्द सिंह की कमी खल रही है। हर रचना पर पहली शाबासी उन्हीं की मिलती थी। टहलते-टहलते पचास बातें दिमाग में आती और जाती हैं। आजा गए, माई गईं, बाबूजी गए, रामानन्द सिंह गए, मेहरारू गई, बाबूलाल भी गए...एक-एक कर सब चले गए। जिन्दगी के मेले में कुछ बिछड़ गए, कुछ जुड़ गए ! आसमान में बेशुमार परिन्दे उड़े जा रहे हैं। चिराँद के श्मशान की ओर पंक्तिबद्ध पाँतें टूट-टूटकर नई पाँतें बनती हैं। कुआर का आकाश। भरी हुई गंगा। खुला हुआ आसमान ! सहसा ही मन खाली हो आया। एक दिन इन्हीं चिरइयों की तरह उन्हें भी उड़ जाना है। कई मित्रों ने सुझाया है कि अब वे अपना जीवनचरित लिख डालें। यह तो शेष रचना है। अपनी पहले की रचनाएँ ही अधूरी पड़ी हैं। शेष को क्या शुरू करें ? फिर शेष को शुरू से शुरू करना पड़ेगा। सवाल उठता है इस शुरू को कहाँ से पकड़ा जाए। छन्द क्या होगा ? एक ही तो गुरु हैं गोसाईं जी...

कोटवा दीयर परम सुहावन
जहाँ बहे गंगा जल पावन...

अनजाने ही—

जन्मभूमि मम पुरी सुहावनि
जहाँ बहे सरजू जल पावनि

की खोल में समाते गए...

गौरीशंकर छपरा से लौटे हैं। किंचित देर से देख रहे हैं उनका लिखना। नजर उठती है। चश्मे के पीछे पुराने कुएँ-सी खोढ़राई नजर। इस आदमी ने अपने तप से जो थोड़ी-बहुत सिद्धि अर्जित की है, लुटेरों की नजर उस पर लग गई है।

"का कुछ कह रहे हो ?"

"हाँ।"

"का ?"

गौरीशंकर ने शीलानाथ को बुलाया, "भैया।"

और भैया ने तख्त पर ताश के पत्तों की तरह कुछ पोथियाँ बिछा दीं, "हई देखिए, ई हो 'बिदेसिया', ऊहो 'बिदेसिया', ई 'बेटी बिलाप', ऊ 'बेटी बेचवा...'।"

भिखारी कुछ समझ नहीं पाते—

इहाँ-उहाँ दुई बालक देखा
मति भ्रम मोर की आन विशेषा !

गौरीशंकर पोथियाँ उठा-उठाकर दिखाते हैं, "देखिए, यह आपकी लिखल है और यह नकल, जैसे असली और नकली लोट !"

भिखारी पोथियाँ उठा-उठाकर देखते हैं—हू-ब-हू एके जैसी।

"छापेवाला का नाम देखिए—एकरा में छपल है प्रकाशक कचौड़ी गली, बनारस ! और दूसरी में दूधनाथ प्रेस, कलकत्ता।"

"केकरा नाम से छपल बा ?"

"नाथशरण सिंह !"

"ओह !" मर्माहत हो उठते हैं भिखारी—

ऊँच निवास नीच करतूती,
देखि न सकहिं पराई विभूती।

लिखना-पढ़ना बन्द। कई दिनों तक हर्फ-दर-हर्फ खोज चलती रही। नकलवाली पुस्तकों में आरम्भ और अन्त तो वही है, बीच-बीच में कुछ अंश बदले हुए हैं।

'भाई विरोध' नाटक—लेखक महादेवी प्रसाद घनश्याम, नाचाप, आरा पँवारा कैसरे हिन्द, मूल्य आठ आना मात्र ! प्रकाशन : राजा दरवाजा, कचौड़ी गली, बनारस।

'कहत भिखारी नाई' की जगह लिखल बा 'मोरी आँखि निंदिया न लागे हो लाल।'

'रात कुछ बीती गइले' के बाद फिर से मूल रचना की तरह ही है।

'हई का है ?' भिखारी जयहिन्द खबर—लेखक भिखारी ठाकुर, किताब मिलने का पता—लालचन्द गुप्त, दाम—तीन आना। भिखारी तिलमिला गए हैं। भिखारी अवाक् हैं। भिखारी करें तो क्या ? अब न वहाँ कोई भक्त-शिरोमणि है, न मलिक जी, न रायबहादुर, न भोजपुरी या बिहाररत्न, वहाँ एक भेंड़ा है, जिसकी ऐंठी हुई सींगे हैं, चौड़ा मस्तक है, आँखें युयुत्सा में भैंगी हैं, जो अपने हरे चारे और रमणीय अभिसारवती भेंड़ों को तजकर चला आ रहा है—पैतरे-दर-पैंतरे, 'हाँ हजूर, देख लीहीं, चिन्ह लीहीं, ई हे भिखरिया ह-अ।'

कहत भिखारी नाई घरवा कुतुबपुर भाई,
जेकर नाम भइल बाटे बहुत दूर।
नाम भइल बा बहुत दूर ले, नाच का लबारी में
केहू जपत बा गाय, चरावत, केहू जपत बनिहारी में।
केहू जपत बा बिरहा गाके, चिखना खा के तारी में।
केहू जपत बा चाउर तौलत, केहू जपत मनिहारी में।
केहू जपत बा हम ना देखलीं, ऊपर भइल बुढ़ारी में।
भोजन करत में बालक सुमिरत, भात-दाल तरकारी में
केहू जपत बा सेम-साग में भंटा तुरत कोड़ारी में।

कोई दँवरी में भजता है, कोई रेड़वारी में, कोई आम के पेड़ पर, कोई बँसवारी में,

कोई इनार-पोखर पर, कोई बखार धरते हुए। लोहसारी, खेत-खलिहान, मन्दिर, मस्जिद, घोड़े पर, रेल में, पैदल—कहाँ नहीं लिया जा रहा है भिखारी का नाम ? बिहार-भर में नाम फैल गया, विदेश में फैल गया, राजा से रंक तक, सारी से टिकुली तक हर जगह छा गया भिखारी का नाम ! कोई गाली देते हुए नाम ले रहा है तो कोई प्रशंसा में। मगर गालियों का क्या है, ससुराल की गालियाँ भी मीठी होती हैं...

कहत भिखारी नाई घर बा कुतुबपुर में भाई
जेकर नाम भइल बाटे बहुत दू-ऊ-ऊ-ऊ-र !

कवि का चोला उतारकर बिरही (बिरहा गायक) कान पर हाथ धरे दूर-दूर तक ललकार रहा है।

नाई को गरियाए और नाई पलटकर उसका समुचित जवाब न दे तो वह नाई कैसा ? लकिन यह नाई तनिक परमार्जित है, सो उसकी गारी भी परिमार्जित है—

भुक-भुक कर भगजोगिनी समनवाँ,
मनवा में कहेले जे हमहूँ हईं चनवाँ

भुक-भुक जुगनू की तरह चमकनेवालो, मन-ही-मन खुद को चाँद समझ रहे हो ? हद है ! मेरी किताबें—शायरी, बिरहा अपने नाम से छपवाकर मेरा पैर पकड़ने से कहीं अच्छा होता राम का नाम भजते। हाथ जोड़कर ओरहन दे रहा हूँ—तुम जो कई जन यह चोरी का काम कर रहे हो और मेरे नाम के चलते झूठी शान बघार रहे हो, मेरी निन्दा करके पाप के खजाने लूट रहे हो...।

मामला जाति की निन्दा तक खिंच गया है, सो जाति को गुहार लगाना लाजमी हो गया है—

'नाई बंस का चरण कमल के हरदम हम गोहराते हैं
ठग-ठग कर नाई भाई से दाढ़ी माथ करवाते हैं
बाहर बनकर छैल चिकनिया मूसरचन्द अस खाते हैं।'

श्री अयोध्याजी के धोबी को मैं प्रणाम करता हूँ जिन्होंने रामजी की शिकायत की, जिसके जरिए लवकुश कांड रामायण उत्पन्न हुआ, वैसा ही मेरी शिकायत—जो-जो मनुष्य छपवाया, उसी शिकायत के जरिए 'शंका-समाधान' किताब तैयार हुई। इस किताब को शुरू से आखिर तक सज्जनो चित्त लगाकर पढ़ें, पढ़ने योग्य है (अवसि देखिए, देखन जोगू !)

हमारे पास में दो किसिम का सौदा है, जैसे समुद्र से अमृत-विष दोनों का उत्पत्ति हुआ, वैसे ही हमारे दुकान में एक गुण है, दूसरा औगुण। अपना गाँव, 'जवाड़', दरबार, गृहस्थ, पंडित, साधु 'कवी', सज्जनों के यहाँ मेरा बोलाहट होता है...मेरा गुन देखकर के हर एक बात से आदरपूर्वक रुपैया से बिदाई होता है, वही हमारे गुनों के ग्राहक हैं, उसी से मेरे बच्चों का प्रतिपालन होता है। जो कोई मेरा शिकायत—'रे कार' के किताब छपवा करके बिक्री कर उस नफा से अपने बच्चों को पालते हैं, वही तो मेरे औगुण के ग्राहक हैं, जैसे रामायण जी में लिखा है कि—

भले भलाई पर लहइ, लहइ निचाई नीच
सुधा सराहिय अमरता, गरल सराहिय मीच।
... .

एक मंच से दूसरे मंच भिखारी का यह पाठ होता, नई-नई व्यंजनाएँ जुड़ती जातीं—

'रहिमन बुरा न मानिए, जो गँवार कहि जाय
जस घर के नदवान ते, भलो, बुरो बहि जाय।
अंध न जानत दीपक की छवि
औ, बहिरो नहिं राग को जाने।
मान सरोबर का सुख के
कबहूँ नहि काक सके अनुमाने।
पापी महा अधमाधम हूँ
कबहूँ नहिं स्वर्ग के सुख बखाने।
तैसेहि मूरख या जग में
भकुहा, उल्लुवा बदुरा के समाने।'

और—

'सब कर निन्दा जो नर करई
सो चमगादर होई अवतरई !'

हमारे नाम का किताब से उनको बहुत-सा लाभ है, घर का खर्चा चलता है, साथे-साथ नाम होता है। कोई कहते हैं कि अरे यह तो बड़ा भारी विद्वान हो गया, कोई-कोई को मना भी करते हैं लेकिन....

अंधहि काहि दिए अरसी
बहिराहि कहाँ रस-राग के तानें।
भेंड़िहि काहि दिए बुकवा,
हरवाह जवाहिर का पहिचाने।
आदी के स्वाद कहाँ कपि के उर
नीच कहा उपकारहिं माने।
हिजराहि कहा रति के गति जानत
आखर के गति का खर जाने।
आखर कहल जाला 'अक्षर', और 'खर'...?

समाजी—गदहा, "गदहा का जाने अक्षर के मर्म !"

दर्शक और श्रोता एक दूसरे को ठुनिकियाते—कैसी गाली दी ? अंधा, बहिरा, भेड़ हरवाह, बानर, हिजड़ा, गदहा, भगजोगिनी, मूसरचंद, चोर, हरामी, नीच, कौआ, मूरख, उल्लू, बादुर, चमगादड़...कुछ छोड़ा है ?

बस भिखारी, बस ! बहुत हो गया। भूल गए अपनी ही विनयशीलता को—'कलजुग प्रेम' के इक्कीसवें पृष्ठ पर तुम्हीं ने तो लिखा था—

यह पापी के कवन पुन्य से भइल चहूँ दिशि नाम
भजन भाव के हाल न जनलीं, सबसे ठगलीं दाम।

लेकिन 'बस' नहीं रहा वश में। नाम तुंग पर था, नाच तुंग पर ! नाच-दर-नाच पुष्ट होता रहा 'भिखारी शंका-समाधान' !

जमुना लबार ने पुरानी फुलझड़ी को फिर से उठाया--

चाँदपुर में चोरी किया, चुटुकपुर धराया
तरहथपुर में सभा हुआ, नखपुर मराया।

महेन्दर हँसते हैं, "भिखारी के गिरोह ने और कुछ उनसे सीखा हो या नहीं, कविताई सब सीख गए।"

और एक दिन...

"बाबा ! बाबा !!" हीरा हाँफ रहा था।

"का ह-अ ?" घबरा गए भिखारी। अब कौन-सी आफत आ गई ?

"राहुल जी तोहरा बारे में का बोलले, मालूम ?"

"का ?"

"भोजपुरी के शेक्सपीयर।"

"ई सेक्स पी...का बोले ?"

"शेक्सपीयर।"

"माने ?"

"लो तुम भी नहीं जानते ?"

आजा, पोता दोनों में से किसी को नहीं मालूम !

सुभाष सिंह से दौड़कर पूछ आता है।

"ए बाबा, शेक्सपीयर माने अँगरेजी के सबसे बड़का नाटक लिखनेवाला।"

"कहाँ बोलले राहुल बाबा ?"

"सीवान में भोजपुरी सम्मेलन में...।" हीरा की त्यौरियाँ किसी चारण-सी चढ़ी हुई हैं, "बड़का-बड़का विद्वान थे हुआँ--लेकिन राहुल बाबा के आगे केकरा बोले के हिम्मत ! महापंडित ! जो-जो पीठ पीछे कुँकिया रहा था, सबकी सिट्टी-पिट्टी गुम !"

चश्मे के लेंस के पीछे से पोते को देखते हैं भिखारी, पोते के लघु आकार के पीछे राहुल सांकृत्यायन की दीर्घ छाया है।

मन गद्गद हो आया है। खुशी इतनी कि सँभाले नहीं सँभलती। उठकर खड़े हो गए हैं। चार कदम चले तो अपनी ही चाल अटपटी लगी। किस बात पर हठात उठकर खड़े हुए थे, यह भी याद नहीं। लौटकर फिर बैठ जाते हैं उसी जगह।

वह स्वप्न था या जागरण, शायद दोनों के बीच की स्थिति, सामने खड़े राहुल बाबा का गोड़ पकड़कर लगे विलाप करने, "बहुत सताया, बहुत रुलाया, बाबा इन लोगों ने। इतना अकबका दिया कि किरोध में हमहूँ उलटा-पलटा बोल गए...ऐसे नहीं बोलते,

तोहार किरिया। ई लोग बोलवाया, हमारा मुँह से, ई लोग। हमको भरस्ट कर दिया बाबा !" भिखारी रोए जा रहे हैं। बाबा सिर सहलाए जा रहे हैं।

मिर्चइया बाबा, रामानन्द सिंह, रामसूरत सिंह और मीरगंज के बाबू बलेश्वर सिंह के बाद पहले सम्मानित आदमी ने नाम लिया था और यह आदमी भोजपुरी, हिन्दी में कद-काठी में कोई मामूली आदमी नहीं, महापंडित था। कहाँ मिलेंगे राहुल बाबा ?

राहुल बाबा से भेंट सपने में ही हो पाई। वही वर्षों पुरानी नाव थी, बरसों पुराने यात्री—महेन्दर मिसिर, रामानन्द सिंह, फेकू सिंह, कुछ साधु-संन्यासी। सिर्फ एक बदलाव था, इस बार महातमा जी नहीं थे, उनकी जगह बैठे थे राहुल जी। नाव बलवनपुर छपरा चली जा रही है। गीत-संगीत की चर्चा हो रही है। महेन्दर मिसिर का जिक्र आता है, 'ई हो लिखते हैं।' आश्चर्य, राहुल बाबा ने मिसिर जी की ओर ताका तक नहीं (ईर्ष्याजनित तृप्ति !) अरे-अरे, भिखारी ने कायदे से अभी तक देखा नहीं था, नाव में राजेन्दर बाबू बैठे हैं, जयप्रकाश नारायण जी बैठे हैं, शिवपूजन सहाय बैठे हें, गणेश चौबे भी बैठे हैं। राहुल जी बता रहे हैं, बाकी लोग सुन रहे हैं—

"भिखारी, तुम मामूली कवि नहीं हो, लोककवि हो, वाचिक परम्परा के कवि। इस देश में ज्यादा पढ़े-लिखे लोग नहीं, ज्यादा धनी-मानी लोग भी नहीं, यह गरीब, गुरबों और गाँवों का देश है। यहाँ श्रुति और वाचिक, माने सुनने और बोलने वाले विद्वानों, कवियों की परम्परा ही चलती रही है। वेद भी श्रुति है, गुरुओं की बानी भी...। कबीर से बड़ा कोई कवि नहीं हुआ, वह भी वाचिक परम्परा के ही थे। वाचिक परम्परा के कवियों के लिए उसके पाठक या श्रोता नजर से दूर नहीं होते। वे जिसके लिए लिखते हैं या जिसको सुनाना-दिखाना चाहते हैं, वे उनके सामने और आसपास होते हैं—अपनी पूरी पहचान के साथ।"

"और जहाँ तक विद्वान होने की बात है, तो सोचो, तुलसी एक तरह से भिखारी ही थे, सूर अंधे थे, कबीर जोलहा (जुलाहे) थे, बाल्मीकि बहेलिया, कालिदास गड़ेरिया, रैदास चमार, कुंभनदास कुम्हार, सेना नाई...लेकिन सबने अपना लोहा मनवा लिया या नहीं ? शुरू-शुरू में किसी ने माना था क्या ? नहीं न ! बाद में सबने माना, ब्राह्मण, जिन्हें अपनी पंडिताई की जिमींदारी का गरूर था, को भी किसी न किसी बहाने इन सभी को ब्राह्मण मानकर अपनी लाज ढँकने की चालाकी करनी पड़ी।"

"और तुम छोटे कहाँ हो ? एक बार अपने होने का स्वाभिमान आ जाए तो कोई भी तुम्हें अपमानित करने का दुस्साहस नहीं कर सकता। तुम्हारा तो सौभाग्य है कि तुम्हारा जन्म ही नाई वंश में हुआ है—ऐसे लोग, जो सभी के लोकाचारों, खुशी-गमी, अन्दर-बाहर, बच्चों से बूढ़ों तक, स्त्री से पुरुष तक, समाज से रिश्तेदारियों तक—सबकी गाँठ जोड़ते हैं, जो किसी औरत-मर्द को उतना जानते हैं, जितना उसके परिवार के लोग भी नहीं जानते। तुमको, भगवान ने सिरजा ही इसलिए कि तुम इनके दुःख-दर्द, हँसी-खुशी को सबके सामने ला सको। उन्होंने तुम्हें ऐसी जगह खड़ा किया है कि तुम जाति के घमंड में इतरा भी नहीं सकते और अछूत न होने के नाते तलछट में गर्क भी

नहीं हो सकते, जिसे सबकी देह से लेकर दिमाग और भोजन से लेकर पहनावे तक का राई-राई, रत्ती-रत्ती पता है। तुम्हें विधना ने सिरजा ही इसलिए है कि तुम जन-जन के लेखक, कवि, नाटककार या कलाकार बनो—किसी जाति या वर्ग के नहीं। तब हाँ, चुनना पड़ेगा कि क्या लिखें, कैसे लिखें कि उदासीन लोगों को भी चुंबक की तरह खींच सकें। उसी में तुम्हारा सौभाग्य है, तुम अपने सौभाग्य से आँख मत चुराओ।''

''बाबा, सब कहते हैं कि तुलसी की नकल है।'' ओरहन (नालिश) अभी पूरा नहीं हुआ।

''अपनी अन्तरात्मा से पूछो।''

सिर झुक जाता है भिखारी का।

''तुम जिस देश, काल, स्थान पर पैदा हुए हो, वहाँ यह तुम्हारी मजबूरी भी हो सकती है, लेकिन तुम तुलसी की हू-बहू नकल कहाँ हो ? उनसे अलग तुम्हारा निजी भिखारीपन है।''

''कहाँ बाबा, हमारा तो लौकत नइखे।''

हँसते हैं राहुल बाबा, ''तुम्हारे गुरु गोसाईं जी ने भी नकल की है और चरित गढ़े हैं, लेकिन तुम ? तुमने चरित गढ़े नहीं, चुने हैं। वह भी आसमान से नहीं, अपने समाज से। यह ऐसी शिफत है जो तुम्हें तुम्हारे गुरु से आगे ले जाकर कबीर से जोड़ती है।''

भिखारी की आँखें खुशी और अचरज से बारिश में निकले सूरज-सी चमक रही हैं।

''मामूली आदमी कैसे सुधरें, वे दूसरों के और अपने बनाए हुए मकड़ी के जालों से कैसे उबरें—यह कबीर भी दिखाना चाहते थे और तुम भी। तब एक बात है'', राहुल बाबा राज़-भरे धीमे स्वर में कहते हैं, ''कबीर बहादुर आदमी थे, तुम नहीं हो, तुम डर-डरकर, फूँक-फूँककर कदम रखते हो।''

''हाँ बाबा !'' कहीं गहरे से कराह उठती है।

''लेकिन फिर भी जितनी बहादुरी और भेंड़चाल से अलग, खुद का चुनाव तुमने किया है, वह कम नहीं है। तुमने भिखारी की भूमिका बहुत निबाही, एक बार मुझे उस भूमिका में उतरने दो...'' और देखते-देखते ही राहुल बाबा भिखारी ठाकुर बन जाते हैं, आवाज की तेजी से, विद्वता से, अपनी आन-बान और शान से राहुल, मगर रूप से भिखारी, बोलते हैं तो आवाज झहरा रही है, मानो कोई देव बोल रहा हो—

''हाँ, हम भिखारी ठाकुर हईं। गीत, कवित्त, साज, गवनई, नाच, नाटक के बिना हम जी ना सकीला। ई हमरी देह से आतमा तक में खून, साँस, धड़कन बन के समाइल बा। हमरा बारे में का-का कहल जाला, हमरा ठीक-ठीक ना बुझाला। हमरा तो ईहे बुझाला कि हम मूलगैन हईं, मलिक हईं। ई ऊ चीज ह-अ, जवन हमरा के ई समसे धरती, जवना में मल-मूत्र, बदबू, घिना, हिंसा, डाह, बरियारी भरल बा, से ऊपर उठावेली। हम भगवान जी के नइखीं देखले, न जानीला कि ई चान, सुरुज अन्हार-उजियार के पार ऊ कवन चीज ह-अ जेकर जोत जरत रहेला। लेकिन अलाप

भरलीं कि ओकर तार से हमार तार जुड़ि जाला। हम सात तल पताल और सात तल अकाश के गहिराई, ऊँचाई में एकही साथ प्हुँच जाइला और हमरा साथे सभे गावे लागेला, छोट-बड़ जीव भगवान सभे। सब में हम बहत जाईला, सब हमरा में बहत जाला...!''

[''हाँ, मैं भिखारी ठाकुर हूँ। गीत, कवित्त, साज, गवनई, नाच-नाटक के बिना मैं जी नहीं सकता, ये मेरे जिस्म से लेकर आत्मा तक में खून, साँस, धड़कन और चेतना की तरह समाए हैं। मेरे बारे में जो भी कहा-सुना जाता है, उसे मैं ठीक-ठीक समझ नहीं पाता। मैं मूलगैन हूँ, मलिक हूँ, यह वह चीज है जो मुझे इस पूरे धरातल, जिस पर मल-मूत्र, सड़न बदबू, घृणा, हिंसा, डाह, दमन की तमाम गन्दगियाँ हैं, से ऊपर उठाती है। मैंने ईश्वर को नहीं देखा, नहीं जानता कि ये चाँद-सितारे, अँधेरों, उजालों के पार क्या है ? वह क्या है, जिसकी जोत जगर-मगर करती रहती है, मगर अलाप भरते ही उसका तार मुझसे जुड़ जाता है। मैं सात तल पाताल और सात तल आकाश की गहराइयों और ऊँचाइयों में एक साथ जा पहुँचता हूँ, मेरे साथ-साथ सब गाते हैं—जर्रा-जर्रा तक, एक से अनेक, व्यष्टि से समष्टि, सबको बहाए लिए जा रहा हूँ मैं...सब मुझमें बहे जा रहे हैं।'']

30

" '॥ श्रीराम जी ॥' श्री बाबू जगदीशचन्द्र माथुर साहब, चरण-कमल में प्रणाम..." बिहार के शिक्षा सचिव माथुर जी ने अपने नाम की चिट्ठी को बमुश्किल पढ़ना शुरू किया। टेढ़ी-मेढ़ी कैथी की लिखावट, जैसे किसी नौसिखुए ने लिखी हो–

"हम अपना दल के साथ ता. 25-1-54 के आइब। अपने के चपरासी अइसन मुसकिल कइलस कि भेंट ना भइल। हम अपना खरच से आइब। ता. 26-1-54 के रहब।

द : भिखारी ठाकुर
मोकाम कुतुबपुर
पो.–कोटवा पट्टी रामपुर
छपरा, हाल मोकाम नोखा
पो.–नोखा, ज़िला आरा।"

पत्र हाथ में था, उसकी दो पंक्तियाँ फड़फड़ा रही थीं दिमाग में–"अपने के चपरासी अइसन मुसिकल...हम अपना खरच से आइब। 25-1-54 के आइब।"

आज 25 तारीख है जनवरी की।

उन्होंने एक गहरी साँस ली। पत्र को डायरी के हवाले किया और उस वृद्ध नट के स्वागत के लिए सतर्क हो उठे। घंटी बजाई। चपरासी ने आकर सलाम किया।

"देखो, भिखारी ठाकुर आ रहे हैं, उन्हें आते ही मेरे पास लेकर आना।"

"जी।"

और थोड़ी देर बाद चपरासी जिस व्यक्ति को लेकर आया वह ठेठ देहाती, गँवई किस्म का वृद्ध था–गौर वर्ण, लम्बी हड़ियल काठी, उटंग धोती, सिर पर पगड़ी, बातें भोजपुरी के लहजे में पूरी तरह से रसी-पगी, स्वर में सहज विन्रमता, आवाज में आत्मविश्वास !

तो यह थी भोजपुरी की वह शख़्सियत जिसके एक इशारे पर गोरखपुर, आजमगढ़, बनारस से लेकर कलकत्ता तक के करोड़ों भोजपुरीवासी झूम उठते हैं, नट-सम्राट भिखारी ठाकुर ! माटी में सना माटी का आदमी !

26 जनवरी, 1954 की रात। बाहर कड़ाके की ठंड है लेकिन पटना के हार्डिंग पार्क के पीछे आम की यह बगिया आज गर्म है। जगह-जगह गैस के हंडे सों-सों कर रहे हैं,

बिजली के लट्टू जल रहे हैं, सो अलग। ऊँचाई पर बने बड़े-से मंच के सामने कुर्सियाँ ही कुर्सियाँ हैं। जमीन पर बैठनेवालों का इन्तजाम दोनों कोनों से पीछे दूर तक चला गया है। आदमी ही आदमी। खद्दर ही खद्दर ! खाकी ही खाकी ! इतने तो आ गए लेकिन अभी और लोग आते ही जा रहे हैं। भीड़ अरर बोल रही है। कोई साधारण जलसा नहीं यह, बिहार सांस्कृतिक समारोह का तृतीय आयोजन है।

बिहार-भर से चुन-चुनकर लाई गईं लोक-नर्तकों की मंडलियाँ ! हजारीबाग के घटवार नर्तक, राँची के ओराँव, सरायकेला का छऊ नृत्य, वैशाली का महुआ मंडल, दरभंगा का जट-जटिन—एक से बढ़कर एक ! एक तरह का दंगल है यह। देखें बाजी किसके हाथ लगती है ! सभी की आँखें उस अकेली मंडली पर टिकी हैं जो सिर्फ नृत्य नहीं, महज संगीत नहीं, मात्र अभिनय नहीं, बल्कि साहित्य, संस्कृति और सभी कलाओं का समंजन है—भिखारी ठाकुर ! आज वे अपने सुप्रसिद्ध नाटक 'बेटी वियोग' के अंश प्रस्तुत करेंगे।

माइक से जैसे ही घोषणा हुई और 'गम्म-गम्म' बाजा घहराया, लोग उठकर खड़े हो गए। सभी आगेवाले को ठेलकर खुद आगे जाना चाहते हैं, ताकि भर-नजर अपने लाड़ले कलाकार को देख लें। नियम-अनुशासन सब भंग ! भीड़ एक लहर की तरह उठती, ज्वार की तरह खिलती और दर्शक-दीर्घा की कुर्सियों पर जाकर टूट जाती। दर्शक और मंच एकमेक ! आयोजकों के चेहरे पर हवाई उड़ रही है, "आहि ए दादा, अब का होखी ! शरमाजी ए शरमाजी, परसाद जी ए परसाद जी, सिन्हा बाबू और पांडे जी कहाँ हैं ?

शरमा जी, बरमा जी, प्रसाद और पांडेय जी भीड़ के ज्वार में सीपियों से गोते खा रहे हैं।

पुलिस के सिपाही नाच देखने के लोभ में भीड़ के जाम में जहाँ-तहाँ फँसे पड़े हैं। जैसे-तैसे कुछ आए तो रूल और लाठी से लगे प्रहार करने—"ऐ पीछे हट...और पीछे और पीछे। गतें-गतें कहाँ सरकल जा ताड़-अ ?" माइक से बार-बार अनुशासन बनाए रखने की हिदायतें फूँकी जा रही हैं, लेकिन कोई फल नहीं। पुलिस बल, उनके डंडे और धमकियाँ, उनकी गालियाँ, माइक के अनुरोध—भीड़ की लहरों में सब तिरोहित ! नाच भंडुल ! नाच बन्द ! तिलकधारी पंडित के रूप में भिखारी स्वयं हाजिर होते हैं मंच पर। साज बदलता है, आवाज बदलती है—

"रौवा लोग गतें (चुपके) से अपना-अपना 'अस्थान' पे जाकर के बैठिए, जब तक ना बैठब, नाच शुरू ना होखी।"

भीड़ ने फरमान जारी किए, "बिदेसिया !"

"ठीक बा !"

"गबर घिचोर !"

"ठीक है।"

"पुरबी।"

"उ भी होगा भाई ! जो चाहिएगा वही सुनाएँगे, जो देखिएगा, वो ही दिखाएँगे...। हुआ न ! अब राउर लोगन से सिरफ एक ही विनती बा—बइठ जाईं अपना-अपना 'अस्थान' पे जाके। हल्ला-गुल्ला ना !"

भीड़ जस की तस ठुसूस खड़ी है।

"ठीक है, आप लोग संकल्प कर लिए हैं कि खड़े रहेंगे तो हमहूँ खड़े रहेंगे। जब तक आप लोग अपना-अपना जगह पे जाके बैठ नहीं जाएँगे, भिखारी ठाकुर परोगराम नहीं दिखाएँगे।"

अफसरों, आयोजकों में कानाफूसी चल रही है, "भिखारी ठाकुर को ही सँभालने दिया जाए।"

फिर तो जैसे भिखारी के लिए भीड़ को नियन्त्रित करना प्रतिष्ठा का प्रश्न बन गया। उन्हें लगा, जैसे कोई मस्त नाग हो जिसे पकड़कर पिटारी में बन्द करना है।

आज सब फिरी है। सूदन और रामचन्नर को देखकर लगता नहीं कि ये लड़के हैं—'इल' का 'इला' में रूपान्तरण ! भिखारी का दल देखते-ही-देखते अप्सराओं से भर जाता है—रम्भा, मेनका, उर्वसी, और जाने कौन-कौन ! एक से एक रसीली, एक से एक कँटीली ! लेकिन अप्सराएँ इस तरह कूदती भी हैं क्या ? चार-चार फुट की उछाल खा रही हैं वे। लहँगा लहराता है तो उसकी भँवर में सारा कुछ खिंचा चला जाता है। संयोग-वियोग, लबारी, भड़ैती क्या-क्या नहीं हुआ उस दिन। उस दिन सारे तटबंध टूट गए।

तटबंध क्या एकाएक टूटे थे ? नहीं। पहले तो मर्यादा के तटबंधों की भरपूर सुरक्षा ही की गई थी...

तन धन धाम घरनिपुर राजू—रामा हो रामा...
पतिविहीन सब शोक समाजू—रामा हो रामा !

नारदीय शैली से समां को गुंजायमान करने के बाद डोर उन्होंने अपने हाथ में ले ली—

"चार चीज जोगावे के चाहीं—इज्जत, एकबाल, अकीद, अहिवात ! अहिवात खेत में ना मिले, दुआर पर, मकान में भी ना मिले। सिन्होरा में रहेला। लेकिन सिन्होरा खोलला पर भी ना मिले। कागद के पुड़िया में सेन्दुर रहेला। अब मकान के भीतर झापी रहेला। झापी के भीतर पउती। वो पउती में सिन्होरा में सेन्दुर ! वही सेन्दुर अहिवात ह-अ। वोही अहिवात वास्ते अपने बाप के गोड़ पर गिरके बेटी बिलाप करतिया..."

मंच के सामने कुर्सियों पर बैठे विशिष्ट अतिथियों ने इस अभिनव और जीवन्त वार्तिकी पर एक-दूसरे को देखा और मगन होकर मूँड़ी हिलाई।

दर्शक अभी भी शान्त नहीं हुए थे। तब भिखारी ने सखीचन्द को बुलाया, "देहाती भांड़ के नकल पे नाचे-गावे सकब-अ ?"

सखीचन्द मुँह ताकने लगा। याद आया, इसे सुर में बाँधते हुए मलिक जी की रोज डाँट सुनने को मिलती—छव गज के साड़ी पहिरलीं, तबहूँ गतर खुला में...वे बार-बार

'साड़ी' पर जोर देते—माने साड़ी—ई-ई-ई-ई पहिरलीं...। वह झुँझलाकर पूछता—'साड़ी को कितना खींचे ?'

"एकदम से खींचो।"

"दुशासन बन जाईं ?"

"हियाँ कोई द्रौपदी है कि साड़ी बचा रही है, अरे जिनके लिए कहा जा रहा है, वे खुद ही साड़ी खोलकर लहरा रही है।"

"सोचे-विचारे के टैम नइखे।" भिखारी ने फिर चेताया।

"साड़ी के पूरा खींचे के परी ?"

"जतना खींच सक-अ, खींच के लंगटा कर द-अ आज।"

फिर शुरू हुआ 'भाँड़ की नकल'।

'गरीबों की सवखीनी' पर लोग हँसते-हँसते लोट-पोट हो गए। लेकिन अभी भी 'जनानी फैसन' आ रहा था, उनके देहाती मनोभावों को रससिक्त करने...

'नीमन-नीमन चीज खा के भइलीं लहालोट,
छव अंगुरी के ताई चढ़ल, तबहूँ झूला छोट।
पेन्ह के चललीं उतान, केहुनी ऊपर से प्रमान !'

देहाती भाँड के सातों महारथी—भिखारी, लच्छन राय, शिवलाल, रामचन्नर पंडित, गौरीशंकर, महेन्दर बारी-बारी से छन्द पुरा रहे थे और बीच में सखीचन्द आधुनिका के रूप में भावाभिनय करते हुए बीच-बीच में गा उठता। उसके सुरीले अलाप में छन्द इन्द्रधनुषी प्रत्यंचा में सधकर छूटते तो दर्शक 'अस-अस' कर उठते—

आधी पेटले ठेकान, झुमका झूले दोनों कान।

... ...

आन केहू से मुस्कान, कइलीं पती के अपमान,
साँस में गीधवा मिसान, मुँह में जोड़ा खीली पान,
धइलें बाड़ी ओगलदान, का तो नीमन ह-अ खनदान !
सोना-चाँदी देह में भरल, बीता-भर के झूला
छव गज के साड़ी पहिरलीं, तबहूँ गतर खूला !'

इस बार सखीचन्द ने छौ गज की 'साड़ी' को खींचने में कोई कोताही नहीं बरती। सामने बैठी आधुनिकाएँ, मानो नंगी हो गईं। भिखारी ने उनकी साड़ी का परचम बना दिया। हँसते-हँसते एक-दूजे को ठेल रही हैं लेकिन अभी क्या, अभी तो गँवई आदमी की नजर उनके ब्लाउज पर है, पेट पर है, नाभि पर है—

आधा पेट बा उघार, लउकल ढोंड़ी सुघार,
मानो भरल बा भंडार, भइल कुल के उद्धार !
बोलो वाह-वाह !
नाच काँच ह-अ, बात साँच ह-अ...
बोलो वाह-वाह !

मन-ही-मन सराहते हैं माथुरजी, "इसे किस श्रेणी में रखें ? अश्लीलता...? नहीं, स्रष्टा की सृष्टि और सामाजिक संरचना में रचनाकार का हस्तक्षेप !"

प्रदर्शन सम्पन्न हुआ। मंच सँभल गया। भीड़ उठकर जाने लगी। भिखारी के सामने माथुर जी आकर खड़े हो गए, "ठाकुरजी, आपसे एक चीज माँगूँ तो देंगे ?"

भिखारी अवाक्, "साहब अहोभाग हमार, लेकिन हम तो खुद भिखारी हैं, का दे सकते हैं आपको ?"

"इस नोटबुक में अपनी दस्तखत ?"

"यही तो झँझट है, हमको लिखना कहाँ आता है ? बस थोड़ी-बहुत दस्तखती कर लेते हैं।"

"बस वही चाहिए।"

भिखारी ने सकुचाते हुए दस्तखत किया।

अगले ही साल भिखारी फिर हाजिर हुए थे माथुर साहब के दफ्तर में--वही गँवई बाना, वही मिरजई, वहीं उटंग धोती, वही पगड़ी। लेकिन नहीं, इस बार हाथों में भी कुछ है...

"राजा, गुरु, ब्राह्मण के पास खाली हाथ ना जाइल जाला, और हमरा का हैसियत कि आपने के कुछ देईं...ई छोटी-सी भेंट...!"

भिखारी-कृत पोथियों का समूह !

कैथी लिपि में ऊपर ही लिखा है "पढ़े, देखे वास्ते हम साहब के किताब देत बानी--भिखारी ठाकुर !"

अनगढ़ भिखारी की तरह अनगढ़ पोथियाँ। सस्ता गेटअप, सस्ती जिल्द। मोटे-मोटे अक्षर, सस्ते कागज। माटी से गढ़े आदमी की माटी से गढ़ी पोथियाँ जो किसी अभिजात के पुस्तकालय, रेक या आलमारी की शोभा नहीं बन सकतीं।

बसन्तपुर और आसपास के गाँवों में शोर हो गया--भिखारी ठाकुर अपना पोता बियाहने आ रहे हैं !

"के, भिखरिया ?" दुबेजी जनेऊ से पीठ को खुजलाते हुए पूछते हैं।

"हाँ, भाई।" राय साहब बताते हैं।

"केकरा हियाँ ?"

"राम सकल ठाकुर।"

"आछा-आछा, सकलवा के हियाँ।"

"हम दू चीजु से परहेज करते हैं--एक कइंत का फल, दूसरा भिखरिया के नाच। एक से पाख-भर अशुद्ध हो जाता है अदमी, दूसरे से जिनगी-भर !"

"एक बार चीख के देखिय न, ऊ सवाद जिनगी-भर याद रहि जाई।"

"तब गंगाजी में नहाना पड़ेगा।" मन डोल रहा है दुबेजी का।

"नहा लीजिएगा, गंगाजी कौन मार दूर हैं। बाहर-बाहर टिकट लगता है, हियाँ फिरी में..."

लोगों के मन में गुदगुदी हो रही है, मुफुत का नाच देखने को मिलेगा।

"बरात में मूँडी ही मूँडी लौकता है !" दूबेजी चकित हैं।

यूँ तो वह एक शानदार बरात थी, जिसका तिलक ही दो सौ इक्यावन रुपए था, बाकी जो पीतल का गगरा, गिलास, हंडा, थार-थारी, लोटा, डाल, दउरा, झापी, मउनी होगी सो अलग। लेकिन मुख्य चीज था नाच।

दुआर-पूजा के बाद चौक पर कुछ देर तक तो भिखारी, शीलानाथ, गौरीशंकर रहे, मगर उन्हें देखने के लिए विवाह-स्थल पर इतनी भीड़ हो गई कि ठेलमठेल मच गई। मंगल गीत गा रही औरतों को भी परेशानी होने लगी।

सरजू ठाकुर ने भिखारी से कहा, "बाबा, अपने नाच में जाई नाहीं तो बियाह नहीं सलट पाएगा, हई भीड़ देख रहे हैं—बाप रे बाप !"

"बियाह के कराएगा ?"

"हम हैं न !"

गाँव के मलिकार हैं जयमंगल सिंह। भिखारी ड्योढ़ी पर सलाम करने लगे तो उनके भाई हीरा सिंह गद्गद हो गए, "जैसा तुम्हारा नाम, वैसा ही बड़प्पन और वैसी ही विनम्रता। ऐसी बरात तो बसन्तपुर में किसी राजपूत की भी नहीं आई।"

अन्दर-ही-अन्दर तृप्त हो रहा है भिखारी का मन, "उस लड़ाई में न सही, किसी लड़ाई में तो मात खानी पड़ी बबुआन !"

यश भी अजीब चीज है—जैसे आदमी की परछाईं। पकड़ने चलो तो सरकती ही जाए और उसे नजरअन्दाज कर अपना काम किए जाओ तो पीछे से सरककर आगे-आगे चलने लगती है। फिर लाख चाहो कि रोक लो तो रुकती नहीं। कभी कितना जी ललकता था कि लोग मुझे भी जानें, मुझे भी मानें। आज जानने और माननेवाले इतने ज्यादा होते जा रहे हैं कि अपनी ही प्रसिद्धि जी का जंजाल होती जा रही है। राजेन्दर के बियाह में चौके तक पर नहीं बैठ सके। हाट-बाजार में, मेले-ठेले में, काज-परोजन में, कहीं भी अकेले नहीं रह पाते, लोग घेर ही लेते हैं। घर के सदस्यों तक से बात नहीं कर पाते। बाहर से आते ही बीमारी का बहाना बनाकर कोठरी की साँकल न लगवा लें तो लोग सूँघते-सूँघते वहाँ भी हाजिर। कभी जिन सट्टों की बाट जोहते दिन और महीने बीत जाते, वही सट्टे अब जी का काल होते जा रहे हैं। एक ही दिन के लिए कई-कई सट्टे ! खुद ही कहना पड़ता है कि आप दूसरे दिन का लीजिए।

"दूसरे दिन का करेंगे ?"

"लेकिन उस दिन तो अलाने बाबू साहब का है।"

"तोड़ दीजिए, बाकी हमारे यहाँ तो उस दिन नाचना ही पड़ेगा।"

पहले बाबाजी लोग और बड़ जातवाले नाच करवाना तो दूर, देखना तक पसन्द नहीं करते, अब भिखारी का नाच करवाने के लिए आपस में ही मार कर लेते हैं।

कवि-सम्मेलनों में आदर के साथ बुलाया जाता है। आने-जाने का भाड़ा पहले माँगने लगे, ताकि कुछ लोग तो छँटे, मगर नहीं। सट्टा पचीस-पचास से बढ़ते-बढ़ते हजार भी पार कर गया, लेकिन माँग फिर भी कम नहीं।

राजेन्द्र के बियाह के बाद कई सट्टे आए हैं, लेकिन वे चुनते हैं कुल्टी (बंगाल) का सट्टा। बबुआनों के यहाँ वे कहीं अभी भी नाई हैं, जबकि कल-कारखानों, कोइलौरी में 'कलाकार'। वहाँ लोग सर-आँखों पर लेते हैं। फिर उनके इस नाच की जरूरत भी उन्हीं को सबसे ज्यादा है, गाँव-देश, घर-परिवार, बाल-बच्चा छोड़कर परदेश बस रहे हैं, वही इस वियोग की हुडुक को मन में दबाए फिरते हैं, भिखारी उनके लिए मसीहा हैं। बबुआनों के नाम अभी भी अपनी झूठी शान बघारने के लिए जोरावर नामवर, कलक्टर, कप्तान दरोगा, मनीजर, सूबेदार, हवलदार हैं और वहाँ नाम रखे जा रहे हैं विदेसी, बटोही, सुन्दरी, भिखारी। मान भी वहीं मिलेगा, पैसा भी...!

'तिकलराय का हाता' के जमुना ठाकुर ले आए हैं कुल्टी। धनबाद और रानीगंज के बीच है यह ऊँची-नीची चिमनियों, विलास फारनेस और कोकोवेन का कारखाना। माटी से लोहा बनाया जाता है, कोइला से अलकतरा। आदमी के हिकमत का कोई जवाब नहीं, माटी से लोहा बना लेता है ! उसी की रेल की पटरी बनती है, इंजन बनता है, पुल बनता है, हर का फार (फाल), कुदार, खुरपी बनती है, तलवार, छुरी बनती है, बन्दूक, तोप बनती है और बनती है नहरनी, कैंची, उस्तरा...!

छोटे-छोटे क्वार्टर, चिकटाए, करिखाए धौड़े मगर कोइलौरी से ज्यादा साफ-सुथरे। यहाँ भी आरा, बलिया, छपरा, गोरखपुर, जौनपुर, सुलतानपुर, हजारीबाग के मजूर—वही बाबाजी, बाबू साहब, लाला जी, राय जी, जादव जी ! जगह-जगह कोहिनूर कंपनी का विदेशिया का रिकाड बज रहा है।

टिकस पर नाच। बाहर से एक लम्बे-चौड़े बाबू साहब चिक उठाकर अन्दर झाँकते हैं—

"कहाँ बा हो भिखरिया ?"

भिखारी अपना जैकेट पहन ही रहे थे कि आवाज सुनकर मुड़े—एक तीस साल का जवान एक पैंसठ साल के सम्मानित कलाकार को 'रे-कार' करके बुला रहा था, इसलिए कि वह राजपूत है और वे नाई ! घर की मारी बन में गइलीं, बन में लागल आग ! इन्हीं से बचने के लिए तो यहाँ आए थे और जातिगत दुर्भाग्य है कि यहाँ भी सूँघते-सूँघते आ ही पहुँचे। कोई बात नहीं। जैकेट पहन रहे थे कि दोनों हाथ जोड़े बाहर आए—

"हाँ हजूर, ई हे भिखरिया ह-अ ! हुकुम ?"

बबुआन पर घड़ों पानी पड़ गया था, बकार नहीं फूट रही है।

"जाईं न ?" पूछते हैं भिखारी।

खींच-खींचकर कुछ शब्द जोड़ते हैं बबुआन "गाँव-जवार के आदमी हो—परजा-पउनी ! देखने का मन किया सो..." बोलना तो यही था मगर बोल सिर्फ इतना ही पाए, "ठीक

बा जा, कवनों तकलीफ नइखे न ?"

"सब कृपा ह-अ !"

कुल्टी में नाच हुआ भी और नहीं भी। भाड़े-भर के पैसों का भी टोंटा पड़ गया। दो दिन बाद किसी मारवाड़ी सेठ के अहाते में नाच हुआ। फिर एक बाजार में और दल परदेश कमाकर घर लौट आया।

रेल में लौटते हुए भिखारी को अपने निर्णय पर पुनर्विचार करना पड़ा–सब धन बाईस पसेरी नहीं है। ये देशवाली लोग जहाँ भी जाते हैं अपनी जात-पात, गाँव-जवार का सारा बात-विचार लिए जाते हैं। अच्छे से अच्छे भी हैं, बुरे से बुरे भी। पहले जो भिखारी से नाई होने के नाते घृणा करते थे, और अब जो भिखारी से नाई होने के नाते ईर्ष्या करते हैं, वह घृणा, यह ईर्ष्या, दो पहलू हैं मगर सिक्का एक–"अरे यह सार तो ऊपर उठता चला जा रहा है !"

बड़ी जातिवालों का मन जीतने के लिए क्या किया जा सकता है ? मन-ही-मन उनकी आज तक की देखी-परखी मानसिकता को तोलते रहते। घूम-फिरकर उसी मुकाम पर पहुँचते–विद्वता !

'बहरा बहार' को फिर से उठाया। उसे अध्यात्म की चासनी में रँगना मुश्किल नहीं लगा।

पंडितों के इतने दिनों के संसर्ग से उन्होंने इस गुर को जान लिया था कि कैसे कोई भी कथा धार्मिक कथा के रूप में व्याख्यायित की जा सकती है। इसके अतिरिक्त चौबरण पदवी लिखी, जिसमें चारों वरणों की पदवियों का जिक्र था।

"सभ देश में, सभ जात में चार वर्ण दिन-रात सुराज करत बाड़न–मुँह 'बाम्हन', हाथ क्षत्री, पेट वैश्य, पैर शुद्र। चारों जाना (जन) के पदवी 'बाम्हन' के बाबाजी, 'क्षत्री' के बाबू, 'वैश्य' को भइया, 'शुद्र' को बबुआ। पहले बबुआ, तब भइया, तब बाबू, तब बाबा। कवनो जात के लइका 'बबुआ' कहावेलन, कुछ सेयान भइला पे उनकर छोट भाई उनका 'भइया' कहेलन। जवान भइला पे लड़का 'बाबू' कहेलन, बड़ा भइला पर उनकर पोता, चाहे बस्ती के लोग 'बाबा' कहेला। बकने से मुँह बाम्हन है, वह हाथ-गोड़, पेट सभी के अर्थ के लिए बोलता है। सिर्फ अपने स्वार्थ के लिए ही नहीं बकता, इहे काम बाम्हन के ह-अ ! हाथ के नाम क्षत्री, भला करेलन, तेहसे, काहें कि तीनों वरण के वो अपनी छाया करेलन, जइसे छाता चाहे कौनो फूस, खपड़ा के छावनी, चाहे पाका छत। हाथ अकेला ना आराम करस, चारों बरण के साथ आराम करेलन–ईहे काम क्षत्री के ह-अ। पेट के काम वैश्य जे बिना चलले, बिना बोलले, बिना काम कइले पेट भर जालन। जैसे भूख लागला पर पैर बजारे-हाटे धौरल चलेलन, मुँह भाव करके माँगेलन, तो हाथ ले के, बना के मुँह के जमा दे देलन, पेट खून बना के इनकारा पास पहुँचा देलन, अपना खातिर वेसी राखे के लोभ में ना पड़ेलन ! इहे काम वैश्य के ह-अ। पैर के नाम शुद्र परल, शुद्र हवन तेह से जूता के 'गजवज' में धउरल चलत बाड़न। सभे बरण से नीचे रहेलन, कुली बनके, वैश्य-पेट, क्षत्री-हाथ, मुँह-बाम्हन के ढोवले चलत बाड़न। तबहू लोग

कहत बा, कि पाँव लागत बानी। ई ना केहू कहे कि माथ लागत बानी। अब गोड़-शुद्र पर गिरला पर, मुँह-बाबा, सुखन से सरधा से आशीरवाद देलन, हाथ-क्षत्री पीठ ठोकेलन. ..। यदि ई चारों वरण के आपस में बिगाड़ हो जाए तो...? दिशा (पाखाना) लगला पे पैर कह देस कि हमना जायब, चारों बरण के हालत बिगड़ जाई, हाथ कहे कि पाखाना ना धोइब...''

भिखारी ने कलम रोक ली, ''ना, सच कड़वा हो जाएगा। कुछ ऐसा सच लिखना पड़ेगा जो प्रिय लगे।''

सोचकर लिखा, ''हाथ कहस कि हम कवर (ग्रास) ना उठाइब, तो अकेले मुँह-ए ना मारिहन, साथे-साथे हाथों मरिहन ! और मुँह के पियास लगला पे पैर कह देस ना जाइब, आँख कह देस, हम इनार ना ताकब, कौनो हमरा पीये के बा, तो इनरा पे गिरला पे खाली मुँहे ना गिरी, सभी वरण भस जइहन। अबहीं हमनी के हिन्दू, चाहे मुसलमान बाबा, बाबू, भइया, बबुआ कहावत बानी जा। हमनी का आपुस में मेल रहला से सब केहू का भलाई बा।''

रचना की चर्चा जब कुतुबपुर के दोस्तों के सत्संग में उन्होंने की तो ढेर सारी बातें निकलकर आईं। पुराणों में किसी की भी जातिसूचक पदवी नहीं मिलती, न जनक के गुरु सतानन्द जी की, न रामजी के गुरु वशिष्ठ जी की, न विश्वामित्र की। दशरथ, राम, हरिश्चन्द्र आदि की भी नहीं। सत्यनारायण की कथा तक में साधु-बनिया की कथा मिलती है, वहाँ भी पदवी नहीं है।

''तब भाई ई पदवी का रिवाज आया कहाँ से ?''

''बताएँ।'' एक बुजुर्ग ने कहा, ''जब जातिन के पौरुख थाके लागल ह-अ, तब ! तब शर्मा, वर्मा, दूबे, चौबे, तिवारी, सिंह, साहु लगावे लगलन लोग, जैसे कौआ मोर के पंख लगा के बड़-अ देखावे के कोशिश करे। कहूँ लिखल बा दशरथ सिंह, रामसिंह, 'बशिस्ठ', पाँड़े, सतानन्द 'दूबे'...?''

''छपरा के बाबू लोगन के तो पहले पदवी, बाद में नाम !''

''पुरुषारथ नहीं है, सो जाति चिन्हाते हैं, जात अलगाते हैं और तुम कहते हो मेल-मिलाप !''

भिखारी ने इस जानकारी को रचना में जोड़ा। फिर वार्तिकी से कवित्त पर उतर आए।

कुछ दिनों बाद तुलसीदास वाली अपनी पसन्दीदा शैली चौपाई-दोहा में इस पर कुछ लिखा–

'प्रथम शूद्र द्वितीय वैश, तृतीय क्षत्री हाथ
चौथे ब्राहमन बकत मुख, सदा रहत एक साथ !

'चौबरन पदवी' लिखकर सन्तोष हुआ। 'नाई बहार' की तरह जब यह भी छपकर आएगा तो लोग सोचने को मजबूर होंगे।

'नाई बहार' एकतरफा था, 'चौबरन पदवी' में पूरा समाज है। सोचते-सोचते अपनी

ही सूझ-बूझ पर रीझ उठते, लगता कि असली आजादी तो यह है, कि दुनिया बदल जाए। और दुनिया बदलेगी, जरूर बदलेगी—जाति-जाति की घिना बन्द होगी, हिन्दू-मुसलमान की घिना बन्द होगी, हर जगह लोग बाबा, बाबू, भइया, और बबुआ कहेंगे।

यही आत्मविश्वास लेकर आकाशवाणी के खुले प्रोग्राम में भाग लेने दल-बल के साथ पटना पहुँचे।

दल ने एक बार फिर अपनी श्रेष्ठता सिद्ध कर दी। आज भी उनके जोड़ का कोई नहीं। दल बाग-बाग !

दल बाग-बाग ! लेकिन दलपति...?

"मलिक जी अचानक उदास काहें हो गइलें, ए भाई ?"

"केहू कुछ कहलस-अ ?"

"हमरा जानते तो ना।"

"पैसा-कौड़ी, मान-सम्मान में तो कवनों तुरूटी (त्रुटि) ना भइल-ह-अ ?"

"का जाने ?"

लोग थाह लगाने की कोशिश करते और थाह नहीं मिलती। आखिर मलिक जी उदास क्यों हैं ? दंगल जीतनेवाला भी कहीं उदास होता है ?

मलिक जी की जगह कोई खुद होता तो जान पाता इस उदासी का सबब ! यह एक हमपेशा कारीगर का एकान्तिक दुःख था जो पहले दूसरे की श्रेष्ठ कलाकृति पर प्रशंसा के रूप में उभरता है—शुभ्र, धवल, निःस्वार्थ; फिर एक अजाने ढंग से ईर्ष्या का रंग चढ़ने लगता है, स्वार्थ की मैल और अहं के कीड़े रेंगने लगते हैं, माधवी के उस फूल की तरह जो धीरे-धीरे शुभ्रता और सुवास खोकर लाल होता जाता है। हाय, मैं ऐसा न लिख सका, और इसने लिख दिया। अन्दर-ही-अन्दर फन पटकती है ईर्ष्या, जैसे उसकी मणि किसी ने चुरा ली हो।

किसने चुरा ली थी वह मणि?

एक तो दिखाई पड़े थे, प्रणाम-पाती भी हुई उनसे, बाबू रामेश्वर सिंह कश्यप जी। लोहा सिंह के नाम से भोजपुरी, हिन्दी और अंग्रेजी मिलाकर अकेले ही कथा-गूँथकर जो बोलते है कि महफिल हँसते-हँसते लोट-पोट—

'खदेरन की माई...' वाले

लोहा सिंह से कैसे लोहा ले पाओगे भिखारी ?

दूसरा...?

दूसरा तो और भी खतरनाक। इधर मलेटरिहा जवान है तो उधर ठेठ किसान—भूत की तरह परगट नहीं हुआ, लेकिन उसका गीत है ! बाप रे ! कमाल का गीत, कमाल की धुन !

> आगे-आगे बैला चले
> पीछे से किसनवाँ
> हरवा जोतेला किसनवाँ....!

हर छन्द ही लाजवाब है इसका। मैं ऐसे गीत और ऐसी वार्तिकी (संवाद) क्यों नहीं लिख पाया। समग्र रूप में मैं अभी भी सूत्रधार हूँ लेकिन! क्यों टीस रहा है यह 'लेकिन,' क्यों ?

बहुत दिनों तक पीछा करते रहे ये साये। फिर दूसरे सायों की भीड़ में घुल-मिल गए।

ज्वार उतर रहा था। आवेग की केंचुल झर रही थी। एक नया भिखारी जन्म ले रहा था, पुराने भिखारी से। पहले से ज्यादा सहनशील, ज्यादा समझदार, ज्यादा सन्तुलित। और यह सब हो रहा था निःशब्द, गुपचुप...। दल के लोगों को पहली बार इसका आभास इस सावन को ही लग पाया...?

घर में न सूई डोरा,
लुगरी फटिल बा मोरा।

मकई की हिलकोरें लेती फसल के बीच हिलकोरें लेती तान। बगल की डगर से गुजर रहे थे तफजुल, रामचन्नर पंडित, जाई ठाकुर, अलीजान और लच्छन। वह पीर, वह कसक, वह टेर और सूई में 'सू' के बाद तथा डोरा में 'डो' के बाद फूलों की डाली-सी वह लचक कि सबके मुँह से अनायास ही निकल पड़ा 'वाह !'

दो बार गाकर गायक अपने निराने के काम में जुट गया तो श्रोताओं का सम्मोहन टूटा। इस बार सबके मुँह से हैरानी में निकल पड़ा, "अरे ?"

लच्छन राय की भृकुटियाँ लक्ष्मण जी की तरह चढ़ गईं, "के ह-अ भाई ? तनी हियाँ आव-अ ?"

पहली पुकार पर एकदम से चुप्पी छा गई। जैसे वहाँ मिनख नाम का कोई प्राणी न था, और गीत धरती के किसी अनजान लोक से खुद-ब-खुद उभरकर खुद-ब-खुद लुप्त हो गया था। मगर दूसरी पुकार पर एक साथ बीस सिर फसलों के बीच से निकल आए–स्त्री, पुरुष, बच्चे ! फिर उनमें से दो सहमते कदम आगे बढ़े !

लच्छन राय को हमेशा से लगता रहा है कि लोग दुनिया को बिगाड़ने पर तुले हुए हैं और उसे ठीक कर देना उनका फर्ज है। दूसरे तो दूसरे, खुद अपनी चीजों को भी वे दुरुस्त करते रहते हैं। उस दीन-हीन साँवले युवक को देखकर उन्हें दया आई, "गाते अच्छा हो लेकिन गीत ठीक कर लो–सूई-डोरा घर में ना, लुगरी फाटल बाटे, लड़िका रहत बा उघार पिया निसइल !" गाकर उन्हें लगा, इसमें वह बात नहीं आ पाई जो इस युवक के गायन में थी।

युवक ने पूछा, "आप बबुआन के हैं ?"

"लच्छनराय का नाम सुना है ?"

"हाँ, मलिक जी के नाच-दल के नामी..."

"मनीजर !" इसके पहले कि वह उनका परिचय बिगाड़ कर 'नचनिया' बनाता, उन्होंने फट से अपना परिचय थमा दिया, "हरपुर कराह टोला में हमारे घर पर 'कलजुग प्रेम' नाच होगा, आकर देख-समझ लेना। युवक ने मूँड़ी हिलाई।"

सावन की पूरनमासी ? जैसा कि इधर होता आया था, लच्छन राय के घर पर यह अन्तिम नाच नाचकर दल के लोग लगन-सट्टे तक के लिए अपने-अपने घर प्रस्थान करते। संयोग से आज बादर भी नहीं थे। टह-टह इँजोरिया ! दर्शक ही दर्शक ? 'कलजुग प्रेम' नाटक खेलने का फरमान जारी कर लच्छन राय कई बार भीड़ का जायजा ले आए।

"का बात बा ?" पिया निसइल की अपनी मुख्य भूमिका में सजते हुए भिखारी ने पूछा। लच्छन राय ने कल के 'सूई-डोरा' की कहानी का हाल बताते हुए कहा, "पता नहीं, वह आदमी नाच देखने आया भी है या नहीं ?"

हँस पड़े भिखारी, "हर जगह रार ही मोल लेते रहते हो ! इतनी भीड़ में 'सूई-डोरा' का पता कैसे चलेगा ? फिर डोरा कहीं अरूझा गया हो तो...?"

नाच के बाद दल जब एकत्र हुआ तो 'सूई-डोरा' का प्रसंग फिर उभरा। मलिक जी ने सिर खुलजाते हुए धीरे से कहा, "वह किसान ही ठीक था लच्छन ?"

"लेकिन अशुद्ध न गा रहा था।"

"हमको भी शुद्ध लिखना कहाँ आता है ?"

पूरा गिरोह इस बात पर हैरान था, क्या ये वही मलिक जी हैं, जो संस्कृत तक के शुद्ध उच्चारण के पक्षधर और नकल के घोर विरोधी हुआ करते थे ?

"ना मलिक जी, लच्छन राय गलत नहीं हैं। जहाँ देखिए कोई आपकी पोथी की नकल छपवा रहा है, कोई नाच बिगाड़ रहा है, कोई गाना...कुछ करना पड़ेगा।"

"नकल और चीज है भाई, और ई दूसर चीज। उसमें कपट है और इसमें आतमा का विलाप !"

लोग फिर भी सन्तुष्ट नहीं हो पाए तो उन्होंने चश्मे को उतारकर अँगोछे से पोंछना शुरू किया।

अब वे बिल्कुल अलग ही व्यक्ति लग रहे थे। श्रीहीन, जैसे दूह लेने के बाद का चुचका थन, "तनी समझने की कोशिश करो, गीत अब हमरा रहा ही कहाँ। लिख देने के बाद तो वह समसे समाज का हो गया। हर आदमी में उसकी जिनगी की तरंग, दुःख, तकलीफ में जो गीत पनपा, फरा-फुलाया, गम-गम गमका, वह उसकी आतमा का हुलास या विलाप है, हम और तुम इसको रोकनेवाले कौन हैं ?"

31

समय चौकड़ियाँ भरते हुए कहाँ का कहाँ जा पहुँचा! पचपन बीता, छप्पन बीता, और सन सत्तावन जा रहा है। उमर भी चढ़ते-चढ़ते सत्तर की फुनगी पर जा चढ़ी।

तब की बातें ! सोच-सोचकर कैसा लगता है ! उन दिनों जलकुंभी की जड़ से नकली मूँछ-दाढ़ी बनती। रेह और दुद्धी से मुँह पोता जाता, बाद में उजरा (खली) आया और अब पौडर आ गया। ढिबरी का काजर पार कर काले रंग का काम लिया जाता, कपड़े में अबरख के गोले से गाल पर धीरे-धीरे थपथपाते तो चेहरा चकमक करने लगता और नचनिया लगता कि चन्द्रलोक से आया हुआ है। इँजोर (प्रकाश) के लिए पहले मशाल जलता, फिर रेंड़ी के बीये का लुक्का, फिर बोतल—इँजोर और हंडर लैंप ! हंडर लैंप से कितने कीड़े आते। एक-आध मुँह में भी चले जाते—रंग में भंग ! अब तो गैस बत्ती है। ऊ भी नहीं रहेगी, बिजुरी से इँजोर होगा।

नाच-तमाशा ही क्यों, जीवन और समाज में भी एकदम से बदलाव आ गया है। कलकत्ता में कितना बड़ा हबड़ा का पुल बना, कलकत्ता बदला, कुतुबपुर बदला। गंगाजी बदलीं। राज बदला, साज बदला। सब कुछ नया। नई सरकार, नया कानून, नया जमाना...पैसे तक बदल गए इस साल। पंडित जवाहिरलाल ने कह दिया, पुरनका कुछ भी नहीं रहेगा, देश को नए ढंग से फिर से बनाना होगा। बड़का-बड़का कारखाना बनेगा—कुल्टी, बरनपुर, टाटा से भी बड़ा, बड़का-बड़का बाँध बनेगा, और क्या-क्या तो होगा। अब पैसों की ही लीजिए, नए-नए पैसे! पाई और अधेली तो बिसर ही गई थी, अब पैसा भी पता नहीं, 64, नहीं 100 पैसे का रुपया। एक आना 6 नया पैसा। 2 आना 12 पैसा। इस हिसाब से चार आने की चवन्नी चौबीस पैसे की होनी चाहिए। लेकिन ना, जवाहिरलाल ने कह दिया, पच्चीस पैसे की ! राजा का हुकुम! धन्न हो सरकार, ठेंठ आदमी रोज ठगा जाता है बजार में। लेकिन एक बात है, नयका आ गया है, बाकी पुरनका अभी भी चल रहा है, माने सब कुछ पुरनके अन्दाज में ही। जात-पात भी चल रहा है, हिन्दू-मुसुरमान भी, बंगाली-बिहारी भी...।

नए की बात आ गई तो याद आया, सिलेमा (सिनेमा) कभी तमाशा समझकर अचरज से देखा था, अब वही तमाशा भस्मासुर की तरह देसी नाच-नौटंकी के तमाशे के पीछे हाथ धोकर पड़ गया। कलकत्ता, बनारस और पटना की तो बात क्या, अपने आरा, छपरा, बलिया में भी लोग सिलेमा के गाने की फरमाइस करते हैं। नचनिए परेशान! लोग उनकी तुलना परदे पर की हीरोइन से करते हैं—नर्गिस, बैजंती माला और

का तो कौन। ''हवा में उड़ता जाए मोर लाल दुपट्टा मलमल का,'' और ''मन डोले, मेरा तन डोले मेरे जी का गया करार रे, कौन बजाए बाँसुरिया!'' बाबूलाल, भगवान उनको स्वर्ग दें, ठीक-ए कहते थे कि सलीमा के आगे नाच कौन देखेगा। उन्हें सोरह आना मेहरारू चाहिए, छैल-छबीली, इन्नर की परी जैसी, चाहे परदे के फोटू में ही सही...। भिखारी चश्मे के लेंस के पार से देखते हैं जमाने के इस बदलाव को, मगर नजर धुँधलाने लगती है--कुछ है, जो निहायत ही अप्रिय है, बर्बर है, डरावना है। बूढ़ी गाय की तरह करेजा काँप उठता है कभी-कभी। लड़ाई नाचवालों से होती, लोकसंगीत से होती तो कोई बात न थी, यह एक ऐसी लड़ाई थी जिसमें असल दुश्मन सामने नहीं था और वह पूरी तरह से मायावी था, जो न परदे पर था, न मशीन में, न उस आदमी में। कहीं और ही छुपा हुआ था वह !

सहसा उन्हें ख्याल आया, इस बदलाव के बारे में विचार करने के लिए तो बैठे नहीं थे यहाँ एकांत में। कोई और ही गूढ़ बात थी जो चित्त से उतर गई...! हाँ याद आया, छोटके पोते हीरा का बियाह !

गुलेटनगंज अस्पताल के कंपोटर (कम्पाउण्डर) वंशीधर ठाकुर अपनी लड़की का रिश्ता हीरा के लिए लेकर आए थे, मगर सुनने में आया है कि जब से दिन-बार धराया है, वंशीधर के तीनों भाई उनके पीछे पड़े हुए हैं--''और कोई लड़का नहीं भेंटाया आपको इस पूरे नाई ब्राह्मण समाज में...ई नचनिए के घर हमरा लइकी जाएगी!'' वंशीघर के लिए भिखारी एक सम्मानसूचक नाम था, जबकि वंशीघर के भाइयों के लिए अपमान का।

हर पिछड़ी जाति की तरह नाई भी अपने को नाई न कहकर 'नाई ब्राह्मण' कहने लगे थे। छपरा में कोई पंडित जी बता रहे थे कि पहला जातीय संगठन कायस्थ लोगों का बना, फिर यादवों, कुर्मियों आदि का। ब्राह्मण सभा भी बनी। भूमिहारों में अभी तय नहीं है कि वे ब्राह्मण हैं कि क्षत्री। हर नान्ह जाति खुद को या तो ब्राह्मणों से जोड़ रही थी या क्षत्रियों से। कई तो जनेऊ भी पहनने लगे हैं। भिखारी ने नाई-बहार में नाइयों को क्षत्रियों से जोड़कर जगाने की कोशिश की थी और वंशीधर के भाइयों ने 'ब्राह्मणों' से जोड़ने की। कहीं यही 'ब्राह्मण' और 'क्षत्री' आपस में टकरा तो नहीं गए ?

लीजिए फिर, बात कहाँ थी और कहाँ खींचकर ले गए उसे! सवाल 'ब्राह्मण' या 'क्षत्रिय' का न होकर 'नचनिए' का था। जिस 'कला' को भिखारी सिर पर मउर की तरह उठाए 'दुलहा' और 'शहनशाह' बने घूम रहे थे, वही मउर कलंक बन गया था वंशीधर के भाइयों के लिए।

कंपोटर साहब ने भाइयों के घाव पर भरसक मरहम-पट्टी की, ''भिखारी ठाकुर नचनिया नहीं हैं ?''

''तो का हैं ?''

''कुतूबपुर और छपरा ही नहीं, बिहार-भर के गौरव और नाई ब्राह्मण समाज के माथा।''

'अबटन' से लेकर 'मात्रिपूजा' और 'भत्तवान' तक युद्ध गहराता गया। यह युद्ध

किसी भी महाभारत, किसी भी विश्वयुद्ध से कम भयंकर नहीं था।

भिखारी बरात लेकर आ गए। बरात बगिया में रुकी तो कोइलौरी के नंग-धड़ंग बच्चे दौड़ पड़े–'ईहे भिखारी ठाकुर हैं !' तमाशबीनों की भीड़ में नजरें बार-बार वंशीधर को तलाश रही हैं–क्या बात है, वंशीधर के घर से कोई अगवानी तक को नहीं आया; पानी को कौन पूछे ?

घंटा-भर बीत गया तो शंका हुई, "बरात कब दुआरे लागी भाई ?"

तमाशबीनों ने बताया, "अगवानी को आएगा कौन ? चारों भाइयों में मारपीट हुई है और वे थाने की जेहल में बन्द हैं।"

"मारपीट...?"

"हाँ, आपही के चलते ?"

"हमरा चलते ?"

"हाँ, वंशी के भाई लोग नहीं चाहते थे कि यह शादी नचनिया के यहाँ हो।"

दुआर पर जाने की बजाय मलिक जी चल पड़े थाने। रात होते-होते इक्का मीरगंज थाने के सामने रुका। थानेदार उन्हें देखते ही उठ खड़ा हुआ, "ठाकुर जी आप...?"

चारों भाइयों को उसी इक्के पर लादकर डेढ़ पहर रात बीतते न बीतते दुआर पर आए। आनन-फानन में निराश लौट गई गाँव की औरतों को बुलाया गया, बाजे बजे, बरात आई, औरतों ने मंगलगीत और गारी गाई, कलशे सजे...सारी रस्में पूरी हुई और हाँ....नाच भी!

धूमधाम से विवाह सम्पन्न हुआ। बस एक ही कसर रह गई–वंशीधर के भाइयों की औरतें तो आईं, भाई नहीं आए–झेंप के मारे। बेचारे!

हाय रे सन् सत्तावन !

सन् 57 में ही नाच के दौरान उनकी वार्तिकी से चिढ़कर पहली बार कुछ बड़ी जाति के लौंडों ने कहा, "बैठ जाइए।"

मान के भूखे भिखारी को ठेस लगी, हाथ जोड़कर बोले, "हमको दस मिनट का समय दिजिए।"

"ना बैठ जाइए।" लौंडे उठकर खड़े हो गए।

"पाँच मिनट ?"

"एक मिनट भी नहीं।"

भीड़ में खलबली मच गई। मगर उन युवकों का प्रतिवाद करने का साहस किसी में न था। भिखारी ने हजारों की भीड़ को देखा–क्या चन्द मनचले गुंडे अपनी मनमानी करके चले जाएँगे ? दबे सुर में कुछ लोग समझाने लगे, मगर भिखारी ने हाथ जोड़ लिए, "अब दादुर वक्ता भए, हमहिं पूछिहैं कौन ?"

दूसरे दिन बहुत इसरार करने पर 'मरजाद' में थोड़ी देर के लिए आए, मगर भिखारी वह भिखारी न थे।

सन् 57 में ही एक और दुर्घटना घटी। धनबाद से प्रदर्शन कर दल लौट रहा था।

गया के बाद रेलगाड़ी का स्टीम इन्जन काटकर दूसरी ओर जोड़ा गया, अब गाड़ी जहानाबाद होते हुए पटना जाएगी। तीसरे दर्जे का सफर और रात का तीसरा पहर। छुक-छुक करती रेल चली तो बकसे पर बैठे आदमी की देह अलसाने लगी। जहानाबाद में बत्ती गुल। गाड़ी वहाँ से चली तो बकसा गायब !

बनारसी साड़ियाँ, गहने, आठ-दस सट्टों के रुपए सब चले गए।

दल के सारे सदस्य जग गए थे और उस आदमी को कोस रहे थे, लेकिन भिखारी कपार पर हाथ धरे बाहर के अँधेरे और पीछे छूट रहे धुँधले सायों को देख रहे थे, "उसका क्या कसूर, जाना था, चला गया। जाओ, अपनी-अपनी जगह पर जाओ, दिक न करो।"

यह सब क्या है—आनेवाले दिनों का संकेत! यह सारा काम नई उमर के शेखचिल्ली लड़कों का है—भिखारी उन्हें नहीं सुहाते।

इधर उनके खिलाफ फिर से किताबें निकाली गई हैं। डाही लोग नउवा, भिखरिया, अनपढ़, गँवार, टहलुआ और 'रे' कार जोड़कर बुलाने से भी बाज नहीं आ रहे।

अन्दर-ही-अन्दर गलता रहता है मन—'तुम क्या कहोगे, मैं तो खुद ही खुद को इन्हीं 'पदबियों' से नवाजता रहा हूँ। फिर भी तुम पीछा नहीं छोड़ते। कुत्ते की तरह भूँकते हुए चले ही आ रहे हो, काटने ? मेरी तपस्या से डरते हो कि इन्द्रलोक का, तुम्हारा राज-पाट छीन लूँगा ?'

एक अजीब-सी कातरता घेरने लगी है। पहले तो ऐसा नहीं होता था। कहीं ऐसा तो नहीं कि जिस मान-सम्मान की चाह शुरू से सताती रही, वह अब कहीं-कहीं मिलने लगा तो मान के भूखे मन को जरा-जरा-सी बात पर ठेस लगने लगी ? ठीक ही है। कम-से-कम यह गुमान तो टूटा कि तुम अब भिखारी नहीं रहे, तुम्हें लोग जानते, मानते हैं और ऊँचा पीढ़ा देते हैं। लेकिन दूसरे ही पल मन खुद ही बगावत कर बैठता, "अगर तुमने ऐसा चाह ही लिया तो कौन-सा पाप कर दिया ? क्या तुम आदमी नहीं हो ?"

"नहीं तुम नाई हो, नान्ह हो ?" अन्दर कोई जवाब देता।

"सेना भी तो नाई थे ?"

"सेना का एक भी पद किसी को याद है ? औरों को छोड़ो, खुद तुम्हें, जिसे गोसाईं जी का रामायण लगभग याद है, 'सेना' का एक पद भी याद है ?"

आरा में कलक्टर साहब के आमंत्रण पर हाजिर हुए तो दंश का यही सघन जाल चेहरे पर था। हाथ जोड़कर झुककर सलाम किया, रुक-रुककर चूते रहे शब्द।

"कौन अपमानित करता है आपको ?"

"किस-किस का नाम लें हजूर!"

जिलाधीश ने उस आहत स्वाभिमानी चेहरे को देखा, फिर वातावरण को हल्का करने की गरज से कहा, "आप भी तो कम चुटकी नहीं काटते ?...बहरहाल, आप पहले खुले मन से कार्यक्रम तो पेश कीजिए।"

"जैसा हुकुम!"

और भिखारी ने अपने को फिर से बटोरकर सोचा—कौन-सा तमाशा ठीक रहेगा

आज के लिए ? 'भाई विरोध !' हाँ, यही ठीक रहेगा।

नाटक के बीच में जिलाधीश ने मंच से घोषणा की, "भिखारी ठाकुर हमारे देश, जाति के गौरव हैं। मेरे सुनने में आया है कि कुछ ईर्ष्यालु लोग इन्हें 'रे' कार देकर बुलाते हैं, जातिसूचक नाम से अपमानित करने का उपक्रम करते हैं। यह हमारे लिए शर्म की बात है। 'रे' कार तो दूर, इनकी उम्र और इनकी कला का वह स्तर है कि इनका नाम तक लेना अनुचित है। मेरा अनुरोध है कि आज से इन्हें सिर्फ 'मलिक जी' कहा जाय--बोलिए मंजूर ?"

"मंजूर!"

मंच के नीचे से किसी ने कहा, "बोलिए-बोलिए मलिक जी की जै!"

"जै! जै! जै! जै!"

दशों दिशाओं में सिर्फ "जै" था!

भिखारी की आँखें कृतज्ञता में लिबलिबा आईं!

आरा आएँ और बाबू बलेश्वर सिंह के घर न जायँ--यह कहाँ संभव था ? और यह भी कहाँ संभव था कि भिखारी ठाकुर आरा आएँ और कोई कवि-सम्मेलन हो और उन्हें वहाँ न बुलाया जाय।

जैन सिद्धांत भवन में भोजपुरी और हिन्दी के बड़े-बड़े दिग्गजों का समावेश था। इतने बड़े-बड़े कवियों के बीच भिखारी! भिखारी तनिक झेंपे-से, तनिक कुंठित। मंच से उद्घोषणा हो रही थी, "अब आपके सामने आ रहे हैं सन् 1857 के सिपाही विद्रोह के महानायक बिहार सिंह, भारतमाता के सच्चे सपूत बाबू कुँवर सिंह के वंशज बाबू बद्री सिंह 'बागी'।"

कान में घुलते हैं शब्द, जैसे कोई किसी पुराने राजमहल के खंडहर के सामने ला खड़ा कर रहा हो उन्हें। खंडहर के सामने सबसे पहले दिखते हैं बाबू रामानन्द सिंह, और उन्हीं के साथ याद आता है उनका शालीन अनुरोध, "तुम कुँवर सिंह पर क्यों नहीं लिखते ?"

रामानन्द सिंह का तिरोधान होता है। अब वहाँ उभर रहा है घोड़े पर सवार एक अस्सी साल के लम्बे हड़ियाल राजा—दंत कथाओं, स्मृतियों और कल्पनाओं से सिरजा—बाबू कुँवर सिंह का चेहरा। 'बागी' से इस बागी के चेहरे की मिलान कर रहे हैं। वहाँ सिर पर मउरनुमा पगड़ी है, कवच है, तलवार है, यहाँ वह सारा कुछ झड़ गया है। नहीं, इतनी आसानी से सारा कुछ झड़ता नहीं, वह वहीं होता है, अन्दर कहीं छुपा हुआ, सिर्फ हम उसे तत्काल देख नहीं पाते।

बद्री सिंह बागी ने क्या कविता पढ़ी, वे न सुन सके। उनके नाम की घोषणा हुई तो जैसे नींद से जगे। उन्होंने माइक पर खड़े होकर सबका हाथ जोड़कर अभिवादन किया, 'बागी' का विशेष रूप से। उस दिन मंच पर जो कविता पढ़ी, वह 'देहाती भाँड़ की नकल' के ताड़ीवाले अंश पर थी।

बागी कई कवि-सम्मेलनों में मिलते रहे, दुआ-सलाम होता रहा और एक कवि-सम्मेलन में औचक ही उन्होंने एक चुनौती दे डाली। चुनौती समस्यापूर्ति की थी और समस्या थी—"केहि कारन नाम भिखारी परी...?"

श्रोताओं में सरगर्मी आ गई। वे तो बुलबुल, तीतर, मुर्गा, भेंड़ा, पहलवान और कौवालों की लड़ाइयों के रसिया थे।

"हाँ-हाँ, हो जाय, हो जाय!" ललकार बरसने लगी।

भिखारी के अन्दर उतर गई यह ललकार, "हाँ-हाँ उठो, तब तो बड़े क्षत्री बने फिरते थे, अब असल क्षत्री ने ललकारा तो कतरा रहे हो ?"

"नहीं, वो बात नहीं।"

"तो फिर कौन-सी बात बची है अब—विद्यमान रण पाइ रिपु कायर कथहिं प्रलाप!"

भिखारी हाथ जोड़कर खड़े हो गए, "सभा के गियानी, गुनी, विद्वान, पंडित जन, सभ के फेन से भिखारी ठाकुर के सलाम!" तनिक ठमके फिर रस लेते हुए बोले, "बाबू बागी जी तो बड़ा फेरा में डाल देहलन हमारा के! (चारों ओर से हँसी।) एक ठाकुर ने एक ठाकुर को ललकारा है ! सभा के बीच! तो सावन से भादों दूबर ना होखे! ऊ ठाकुर तो हमहू ठाकुर!" सभा के किसी कोने से जोरों से तालियाँ बजीं, मगर लोगों ने साथ नहीं दिया। भिखारी ने आगे कहा, "बाबू बागी जी का ई 'समस्या समाधान' 'केहि कारन सुन्दरि हाथ जरी' के तरज पर है। अब जे है से, हुआँ पर तो दियना जरत रहे, ओकरा इँजोर के सामने विवस्त्र होखला पे लाज से ओटकर लेलीं—तेहि कारन सुन्दरि हाथ जरी, लेकिन हियाँ...? हियाँ हमरा दिवस्त्र करे के रचना रचल गइल बा। (सभा में फिर हँसी) त-अ बागी जी के उत्तर हम देइब, लेकिन तनी बाद में...।"

"आपको अगले कवि-सम्मेलन भर का टाइम दिया जा रहा है।" किसी ने चाँड़ आवाज में एलान करते हुए चुनौती को गाढ़ा किया। माने बड़के पहलवान गामा, चाहे मंगलाराय अखाड़े में लँगोट बाँधे खड़े हैं, "बड़े बहादुर बनते हो भिखारी तो चलो हाथ मिलाओ...! कुस्ती अखाड़ा के अन्दर मानी जाएगी...टैम अगले कवि-सम्मेलन तक !"

और अगले कवि-सम्मेलन में भिखारी ने मंच से बागी को जवाब दिया—

"नितही नित भंग धतूर चबावत, (कितना जहर और कितनी मस्ती!)
अंग समूचा में खाक भरी।
डमरू तिरसूल लिए कर में,
कौशल्या कहँ जाइके अल्ख करी।
दीन दयाल सदा जन-पालक
आप उदासी के रूप धरी।
भेष भिखारी बना शिव का,
तेहिं कारन नाम भिखारी परी।"

चारों ओर तालियों की गड़गड़ाहट, जैसे बागी का वार ढाल पर रोककर ठेल दिया।

चौतरफा आक्रमणों के बीच मानो बनैठी भाँजते हुए भिखारी हर वार को नाकाम करते हुए खुद को बचा रहे थे। वह बाहर का संग्राम था...और घर का...?

"पीपर पाँती जाए का बारे में का सोचल-अ ?" समधिन आकर दरवाजे पर खड़ी हो गईं।

भिखारी ने चश्मेवाला मुँह उनकी ओर बैल की तरह टेर दिया, सहसा कुछ याद नहीं आया।

"सोनिया की जाँघ में फोड़ा हुआ है। कैसे तो रहती होगी बेचारी।"

"ओ, ऊ बात ?" याद आ गया। फिर कुछ सोचते हुए बुदबुदाए, "हमरा तो दम मारने का भी फुरसत नहीं। शीलानाथ और गौरीशंकर जाके देख आए हैं। सरजू ठाकुर से जो बन पड़ रहा है, कर ही रहे हैं।"

"दवा-दारू, झराई-फुँकाई, मान-मनौती सब करके देख लिया। इतने बड़े बाप की बेटी क्या ऐसे ही रिरिक-रिरिककर मर जाएगी ? नाच क्या आदमी की जान से भी बढ़कर है ?" कुछ नहीं बोलते बनता भिखारी से।

"उसकी माई मरी, तब भी तुम्हें फुरसत न थी, आज बेटी मर रही है, तब भी फुरसत नहीं हैं। एही नाच के चलते महेन्दर के भैया सीझत-सीझत चले गए, एही नाच के चलते मेहरारू, बाल-बाचा, जिनगी चलि जाई।"

"बस बस! कल ही जाते हैं।" भिखारी ने हथियार डाल दिए।

इक्का और डोली-खटोली से सोनिया आएगी। जवानी में गई थी, बुढ़ापे में लौटेगी। अपने पाँव गई थी, लेकिन अपने पाँव नहीं लौट पाएगी। सरजू ठाकुर लाचार हैं।

"कलकत्ता ले चले के काम बा! हुआँ बड़का-बड़का डागदर हैं।"

"तब देर काहें!"

पहले भी कलकत्ते आते थे, इस बार भी आए हैं, मगर यह आना अलग किसिम का है, यह नाच अलग तरह का है—एक अस्पताल से दूसरे अस्पताल, एक डागदर से दूसरे डागदर नाच रहे हैं बेटी को लेकर! आखिर में सियालदह का कमला अस्पताल।

मन घबराता रहता है। डागदर कहते हैं, पहले ले आना चाहिए था। एक तो शरीर से पस्त, दूसरे बेटी का सवाल! आखिर चली गई सोनिया। नहीं ही बचा पाए। पगड़ी से मुँह ढँककर रोते रहे ! सिर का ताज भींगता रहा आँसुओं से।

क्यों भिखारी, बाहर के वारों को तो झेल गए जैसे-तैसे, अन्दर के वार को कैसे झेलोगे ? तुम्हारे सामने तुम्हारी बेटी मरी। और तुम पस्त, लाचार! बहुत दिन जी लिए क्या ?

वह सन् 1960 की एक अगहनी शाम है। अलीजान सारंगी कुछ ज्यादा ही विलंबित सुर में बजा रहे हैं। कौन-सा राग साध रहे हैं, राग या विलाप ? मन की कोई अजानी-सी पीर है जो दिशाओं में बह रही है। शाम का नीला आसमान है। कोई चील अपने परों को फैलाए आकाश में सुस्त गति से मँडरा रही है।

32

नहीं, यह कोई तमाशा नहीं था। वह तमाशा भी नहीं, जब बबुरा का कोई भावविह्वल दर्शक, 'पिया निसइल' में बर्बर नसेड़ी बाप की भूमिका कर रहे भिखारी को मारने चला आया था, न ही वह तमाशा जब भिखारी एक भूखे पागल को दामाद की तरह खाना खिला रहे थे और पूरा गाँव मजे ले रहा था। यह एक अलग ही तमाशा था, बहुत कुछ बक्सर जेल की उस घटना जैसा, जब गाँव के तिरलोकी तेली के लड़के ने जेल में ही उनके गोड़ पकड़ लिए थे, "बाबा, हमको जेहल से छुड़ा लीजिए।" उस दिन तो जेलर साहब से चिरौरी-मिनती करके उसे छुड़वा लाए थे, लेकिन आज...?

कुतुबपुर के लोग आपस में रस ले-लेकर बातें करतें हैं।

बातचीत के मुद्दे हैं गोरखपुर के कोई बलदेव जी। कल से ही आकर धरने पड़े हैं। उनकी एकमात्र इच्छा है कि उनके बेटे के बियाह में भिखारी ठाकुर का नाच हो। कसम खाई है कि नाच न हुआ तो बियाह भी नहीं होगा। दूसरी तरफ भिखारी हैं कि पगहा तुड़ा रहे हैं।

"नाऊ, धोबी, दरजी, तीन जात अलगरजी!" एक टिप्पणी।

"नाऊ, उस पर नाचवाला--एक तो करेला, दूजे नीमचढ़ा!" दूसरी टिप्पणी।

"उन्हीं का क्या दोष, सबको भिखारी चाहिए, सिर्फ भिखारी, एक अकेला भिखारी किस-किस की गरज निबाहें ?" तीसरी टिप्पणी।

तमाशा देखने एक-एक कर लोग भिखारी के दुआर पर जमा हो रहे हैं।

"का बात बा ? पैसे-कौड़ी पर मामला अँटका पड़ा है ?" पहेली बूझी जा रही है।

"हो सकता है। रेट भी तो अढ़ाई हजार हो गया है।"

आपस में लोग बतकही कर रहे हैं।

"मलिक जी कहाँ गए ?"

"ऊ का आ रहे हैं लोटा लेकर मैदान से।"

"का बात बा भिखारी, काहे के भीड़ लगउले बाड़-अ ?" गुप्तेश्वर सिंह पूछते हैं।

"ठीक है, बलदेव जी, हम आपके बेटे के बियाह पर नाच ले के आ रहे हैं।" भिखारी ने कहा।

"बोलो-बोलो रामचन्द्र जी की जै!" बलदेव ऐसे खुश हो गए मानो जग जीत लिया हो।

"सट्टा लिखो शीलानाथ—आधे पैसे पर, खेवा-खरचा बाद!"

अचकचाते हैं शीलानाथ, अचकचाती है भीड़, विस्मित है बलदेव! "आधा पैसा ?" जबकि उसी दिन के लिए मुजफ्फरपुर के बाबू साहेब डबल पैसा देने को तैयार हैं। बलदेव की तो ढाई हजार देने-भर की भी हैसियत नहीं है !

बलदेव विदा हुए तो हीरा एक चिट्ठी लेकर आया। बड़ी छाप-छूपवाली चिट्ठी है। ई तो लिफाफा है।

"पढ़ो तो!"

हीरा पढ़ता है, 'बिहार राष्ट्रभाषा परिषद, भोजपुरी परिषद' की ओर से भोजपुरी व्याख्यानमाला का आयोजन किया गया है। "आप एक लब्ध-प्रतिष्ठित भोजपुरी कलाकार हैं, आपको हमारा सादर आमंत्रण!"

"भेजनेवाला का नाम का लिखल बा... ?"

"शिवपूजन सहाय।"

"शिवपूजन सहाय ?"

नाच एक चीज है, गवनई दूसरी, नाटक तीसरी और साहित्य चौथी! मन के मानसरोवर से निकली अलग-अलग डालियाँ। सबका मूल एक, मगर स्वाद भिन्न-भिन्न !

जब से साहित्य का दायरा बढ़ा है, कितने ही नए-नए नाम जुड़ते रहे हैं—शिवपूजन सहाय, राहुल सांकृत्यायन, दुर्गाशंकर जी, हरि उप्पल जी, नए किशोर अविनाशचन्द्र विद्यार्थी और महेश्वराचार्य आदि। भोजपुरी मीठी तो है, निहायत अपनी भी, लेकिन इसका दायरा बहुत छोटा है। हिन्दी अपनी जैसी नहीं, किसी पढ़ी-लिखी मास्टराइन चाहे साहेबाइन जैसी लगती है, लेकिन बनारस से कलकत्ता, मय यू.पी., सी.पी. (मध्य प्रदेश) दिल्ली, बंबई तक समसे देश में फैलार है इसका।

शिवपूजन सहाय हिन्दी के बड़के लेखक हैं। उन्हें देखा है कभी ? हाँ, सपने में।

सपना भी दरअसल एक मंच ही है—नाच-नौटंकी, सिलेमा और बाइस्कोप सब कुछ ! आप वहाँ जिसे जैसे चाहें कपड़े पहनाएँ, सजाएँ, नाटा बनाना चाहें, नाटा बना दें, लम्बा बनाना चाहें लम्बा, मोटा, दुबला, गोर, करिया, कंजहा, खंजहा, लँगड़ा, लूला, जटाधारी, चंडुल, स्त्री, पुरुष, बूढ़ा, बच्चा जो चाहें बना लें, जो चाहें सो करा लें आप। नहीं, आप नहीं, वहाँ कोई और ही सूत्रधार होता है, आपका होकर भी आपसे स्वतंत्र। सपने में 'दुनिया बाई' कैसी दिखती थी—इन्द्र की परी जैसी! राहुल बाबा कैसे दिखे थे, गज को ग्राह से छुड़ानेवाले भगवान विष्णु जैसे। सपने में आजा, बाबा, माई, रामानन्द सिंह, छबीला, सरदार जी, सुनरसन कौन-कौन-सा रूप धरकर आते और जाते रहे हैं। कब के मर गए लोग भी वहाँ जिन्दा हैं। स्मृति और कल्पना का जगत! नींद की नदी में बहता रहता है कितना कुछ, जो हैं, वे भी, जो नहीं हैं, वे भी...। लेकिन नाटक खत्म होने के बाद वही पात्र जब अपना रंग, रोगन, दाढ़ी, चोटी, मुखौटे, आवरण उतारकर आते हैं तो कैसे लगते हैं, बदरंग बेनूर !

शिवपूजन सहाय कुछ ऐसे ही सामने आए थे सपनों से निकलकर मंच पर। विद्वानों

के बीच जो नाटा, कृशकाय, अत्यंत साधारण किस्म का आदमी बैठा है, उसी का नाम आचार्य शिवपूजन सहाय है। एक दुर्लभ रत्न छुपाने के लिए आत्मा ने कैसा आवरण ओढ़ लिया है ! जीवन स्वयं एक नाटक है। पता नहीं, यह भरम है जो दिख रहा है या वह भरम था जो सपने में दिखा था! शायद दोनों ही। असल है उसकी आत्मा, जो ऊपरी आवरण हटा देने पर दिखती है।

भिखारी जरा देर से पहुँचे हैं। मंच पर इस समय जाने-माने विद्वान गणेश चौबे का भाषण चल रहा है। कई कुर्सियों के बीच एक खाली कुर्सी पर जाकर बैठ गए हैं। बड़े भारी विद्वान हैं चौबे जी, कान उधर ही रोप रखे हैं, जबकि नजर चारों ओर घूम रही है। अचानक एक वाक्य कान में तेजाब की बूँद-सा टपकता है—"भिखारी मौलिक नहीं हैं।"

हाय राम ! चर्चा उन्हीं पर चल रही है। गणेश चौबे जी आगे बोलते हैं, "यह जो विदेशिया है, इस पर 'प्यारी सुन्दरी वियोग' से लेकर दूसरी चीजों के प्रभाव हैं। कथा-सूत्र भी मौलिक नहीं, भोजपुरी की छौंक-बघार को छोड़ दें तो इसमें तुलसी से लेकर आज तक..."

भिखारी का गला सूखने लगता है, कान के लवें गर्म होने लगते हैं। सभा में सरगोशियाँ शुरू हो गई हैं। भिखारी का एक कान मंच पर है, एक उनके ठीक सामने चल रही खुसुरफुसुर पर।....

"ठीक-ए कहते हैं। महेन्दर मिसिर की पुरबी के सामने कहाँ टिकती है भिखरिया की पुरबी।"

"अरे अउरो है भाई भिखारी में।"

"अउरो का है—ब्राह्मण निन्दा, नाई स्तुति, आपन बखान, अहम् ब्रह्मस्मि! यही सब न!"

"अरे अउरो है भाई !"

"देखिए..." एक दूसरी आवाज उभरती है, "विदेशिया की प्रसिद्ध धुन और रघुवीर सिंह के 'बटोहिया' की धुन एक है। रामसकल पाठक, द्विजराम, दुनिया, मुनिया बाई का प्यारी सुन्दरी, बीसलदेव रासो, नल-दमयंती और भिखारी का विदेशिया—सब एक-ए है। विद्यापति की 'हम नहिं रहब आजु एहि अँगना...' और 'बेटी बेचवा', एक है।"

"वही नहीं", एक अन्य आवाज, "गबर घिचोर" और ब्रेख्त का 'काकेशियन सर्किल' भी एक ही है—मिला के देख न लीजिए।"

"ह नू ? तब तो ठीक-ए कहते हैं चौबे जी।"

भिखारी अवाक् ! पूछने का मन करता है कि दादा ई बीसलदेव रासो और ब्रेख्त कौन हैं, कहाँ रहते हैं ?

शिवपूजन सहाय उठते हैं, "चौबे जी जैसे विद्वान के कथन के बाबजूद हमारे लिए भिखारी ठाकुर का महत्व कम नहीं हो जाता। मौलिकता तो उस तरह से तुलसी में भी

नहीं है, उन्होंने 'नाना पुराण निगमागम सम्मतं यत्कृतं रामायणं' कहकर खुद इंगित भी कर दिया है।" शिवपूजन सहाय ने किसी दूसरे वक्ता का आह्वान किया।

मगर भिखारी अब सुन नहीं पाते। बगल के दरवाजे से बाहर निकलते हैं तो अविनाशचन्द्र विद्यार्थी साथ हो लेते हैं। लड़खड़ाते चल रहे हैं, कोई गहरी ठेस लगी है। गणेश चौबे जी विद्वान हैं, पंडित हैं, उनके सामने उनकी कौन सुनेगा ?

सामने सड़क है। कोई इक्का घुँघरू झनकारते गुजर रहा है। स्वगत बोलते हैं, "सबको सिरफ खोट दिखलाई पड़ता है हममें, कोई यह नहीं देखता कि काशी से भागलपुर तक के बीच हमारे से पहले नाटक नहीं था भोजपुरी में।"

"लोग समझेंगे कभी न कभी।"

'क्या समझेंगे ? मंच पर तो केहू विरोध नहीं किया।' अन्दर-ही-अन्दर घुल रहे हैं। जिस साहित्य और साहित्यकार को वे इतनी बड़ी चीज मानते आए थे, वहाँ भी वही कनफुसुकिया और चपड़-चालाकी, वही डाह, वही 'बाभन-सूद' चलता है क्या ! 'राम जी, हे राम जी! उसी से बचने के लिए साहित्य और कला में आए और यहाँ भी वही...! चौबे जी की तरह विद्वान होते तो...नहीं, नहीं, चौबे जी की तरह विद्वान ब्राह्मण होते तो बात और थी, खाली बाभन ही होते तो भी चलता। महेन्दर मिसिर को इतनी छूट क्यों मिली हुई है—बाभन-ए के नाते न! कहा जा रहा है कि एक्को रंडी से संसरग नहीं किए, कि नोट छापते थे अजादी के आन्दोलन के लिए...वाह रे समाज!'

'कौन चीज में कम हैं हम ? जो कहो चेहरा-मोहरा, तो ईश्वर की दया से वह है ही, जो कहो पंडिताई तो ऊ भी हासिल की, जो कहो योग्यता, तो अपनी कला में बहुतों को पछाड़ दिया, लेकिन विश्वामित्र की तरह ब्रह्मर्षि ना होवे सकलीं।' आहत अभिमान अन्तःस्राव-सा बह रहा है। मन भी अटपटा है, चाल भी, कहाँ चले जा रहे, कुछ पता नहीं !

"मलिक जी!"

"हाँ।"

"एक कवित्त है, ओकरा पे नजर ना गइल ह-अ विद्वान लोगन के, नाहीं तो एक गो नया आरोप लाग जाइत।" अविनाश कुछ सोचते हुए कहता है।

"केकर कवित्त...?"

"भारतेन्दु हरिश्चन्द्र के..."

"अइसन बात बा, तब तो सुने के परी।"

और विद्यार्थी ने उन्हें वह कवित्त सुनाया—

"रोकहिं जो तो अमंगल होय
औ प्रेम नसें, जो कहें पिय जाइए।
जो कहें जाहु न तौ प्रभुता
जो कछू न कहैं तो सनेह नसाइए।
जो हरिचंद कहैं तुमरे बिन जीहैं न,

तो यह क्यों पतियाइए ?
ता सौं पयान समै तुमरे,
हम का कहैं, आपै हमै समझाइए।"

चिहुँककर खड़े हो गए भिखारी। आँखें विस्मय में फैल गईं, मुँह खुल गया, "अरे दादा हो दादा! अतना बड़ बात! और अतना संक्षेप में!" मन-ही-मन दुहराते हैं पंक्ति-पंक्ति! आँखें उमड़ी आ रही हैं, स्वर भर्रा रहा है। फूट-फूटकर रोने लगते हैं। वियोग का अइसा वर्णन, प्रेम से ऐसा सराबोर! हम भी अइसा लिख पाते! कइसन तार से तार जुड़ जाला! वही तार सूरदास, वही तार हरिचन्दर बाबू, वही तार दुनिया बाई, वही तार द्विजराम, वही तार बीसलदेव रासो, वही तार नल-दमयंती और वही पीर हमरा बिदेसिया में। केहू केहू के जानल ना, बाकी एकही पीर, एक ही पुकार!

33

गुप्तेश्वर सिंह के एक रिश्तेदार बाबू रामनारायण सिंह छपरा में जमादार होकर आ गए हैं। चन्ननपुर से कुतुबपुर आते-जाते रामानन्द सिंह के परिवार का हाल-हवाल लेने-देने के लिए उनसे भेंट करना लाजमी हो जाता है। इस बार बाबू रामनारायण सिंह भिखारी को घर तक लिवाते आए हैं। सकुचाते हुए कदम रख रहे हैं कि कहीं कुछ गड़बड़ न हो जाए।

"अजी सुन रही हो!" बाबू रामनारायण सिंह ने आँगन में खड़े होकर गुहार लगाई, "देखो तो, आज घर में कौन आया है।"

परदे के पीछे उत्सुकता में आ खड़ी हुईं औरतें, हुलकने लगे बच्चे, मानो आँगन में कोई अजूबा आ गया हो। लम्बा, गोरा, बूढ़ा गँवई आदमी—यह कोई जादूगर है या सँपेरा...?

"अरे शरमाओ नहीं, गुप्तेश्वर बाबू जी के खास मित्र और पड़ोसी हैं भिखारी ठाकुर, पूरे देश में इनके जैसा नाट्यकार और मूलगैन नहीं।"

"भिखारी ठाकुर...?"

"हाँ, आकर पाँव छूओ इनके।"

कहने-भर की देर थी, पूरा परिवार आँगन में निकल आया। बच्चों का दल पंछियों की तरह उड़कर उनके कदमों की ओर झुका। भिखारी झेंपकर पीछे हटने लगे, "ना, ना, रहे देईं बाचा, खुश रहीं। भगवान राजेन्दर बाबू अस बना देस।"

फिर आईं औरतें।

"ना, ना-बबुआइन ! ई पाप हमरा से जनि कराईं।"

लेकिन रामनारायण सिंह के शासन और अनुशासन के आगे किसी की नहीं चलती।

खाट बिछ गई। खाट पर दरी, तकिया..."आइए, बैठिए मलिक जी।" आग्रह करने पर भी संकोच का अतिक्रमण नहीं कर पाए, नीचे ही बैठ गए। भरभराकर सारा परिवार नीचे आ गया, "ई काहें...?"

इतना आदर तो उनके छोटे आँचल में समाता नहीं। आँखें नम हैं। कहाँ "रे भिखरिया, रे नउवा..." की बोली बोलनेवाले बड़ी जाति के नए-नए शेखचिल्ली लड़के, कहाँ उसी बड़ी जाति के ये सभ्य सुशील बच्चे !

थोड़ी देर तक गुप्तेश्वर बाबू की बात होती रही, फिर बात पलटकर उनके बाप

रामानन्द सिंह पर आ गई...फिर देश की आजादी, राजेन्द्र प्रसाद के विद्यार्थी जीवन की कहानियाँ, जयप्रकाश नारायण के हजारीबाग जेल से पलायन...आदि पर।

"आजकल का लिख रहे हैं ?"

"माई पूजा और देवता मिलाप..."

"नीमन (अच्छी) चीज ! मातृ ऋण, पितृ ऋण, गुरु ऋण सबसे उऋण होना पड़ता है—तनी सुनायब!"

पच्चीस-पचास हजार की उमड़ती भीड़ का वह कलाकार आज आठ आदमियों के बीच कार्यक्रम पेश कर रहा था—एक ही परिवार के आठ सदस्य! पहले अटपटा लगा, फिर सधते-सधते सध गया कंठ—

"बियाह के पहिले से माई लोग साँझा पराती गावेलीं, जेह गीत में माता-पिता के नाम उचार होखेला। शादी के पहिले मातृपूजा होखेला। पुरखा लोगन के पिंडा दियाला बेटा भइला पे नन्दी मुख श्राद्ध होखेला...से ही माता-पिता के जियता भर में नीमन भोजन, कपड़ा देवे के जरूरत बा, तेकरा से नीमन बात बतियावे के जरूरत बा, लेकिन नीमन बात बतियावे के सवाँस (समय) नइखे लागत...

"धर्मशाला, पाठशाला, बहुत बन गइल, बुढ़शाला के जरूरत ना सोचल गइल।

"पेट में सरवन (श्रवण कुमार) हो के पोसलीं, कुली होके गोदी में ढोवलीं, मेहतर बनि के गुह-मूत के गोइँतर साफ कइलीं, खिजमतिया हो के देह में तेल लगवलीं...

धन कलियुग के बात बलिहारी
बेटा के देह के पीछे बाप के गारी
सास भइलीं हलुकी पतोह भइलीं भारी
धन....
मउगी के मरदा बेसाहे नाया सारी
फटही लुगरिया जवाल महतारी
धन धन... ...
माई ना कहे कह के बुढिया पुकारी
सिर पर भइल बा परेत के सवारी..."

रात वहीं टिकना पड़ा। सबेरे रामनारायण सिंह गुप्तेश्वर सिंह के घर कुतुबपुर चलने के लिए तैयार हुए तो उनका छह साल का बेटा नीरज भी साथ चलने को तैयार हो गया।

नाव में साइकिलें और आदमी हैं, बैल और घोड़े भी। जैस-तैसे जगह बनाई गई। पाट चौड़ा है, नाव लदी हुई। बूनी पड़ने लगी। मल्लाह मस्त डाँड खेते हुए मौज में गाने लगा—

"पिया अइतन बुनिया में
राखि लिहतन दुनिया में।"

नाव तनिक बेकाबू हुई। बूढ़ा मल्लाह डाँटने लगा, "सनकल बाड़े का न रे, अरे

लग्गा लगा के ठेल एनियाँ!"

"ठेलात नइखे।" जवान मल्लाह ने विनोद में कहा।

"तू अपने साथे-साथे उनहूँ के ले डुबबे, जेकर गीत के मस्ती तोरा पे छा रहल वा।"

"ऐं ठाकुर जी!"

"हाँ!"

"परनाम ठाकुर जी! अब जे बा से, नाव कहाँ डूबे देइब, हम भले ही डूबि जाईं!"

सारी नजरें मलिक जी पर!

राम-राम करते नाव किनारे पर लगी, ठीक किनारे पर नहीं, किनारे से तनिक दूर। आगे छिछला पाट है। नदी में उतरकर पानी हिलकोरते हुए जाना होगा।

"ठाकुर जी बइठल रहीं। आपको हम घोड़इयाँ लेके उतारेंगे।" कहकर वह नौजवान नाविक बैलों, घोड़ों को उतारने लगा, जो पानी से बिदककर पीछे हट रहे थे, घोड़े तेज निकले। पहले ही पार हो गए। घोड़ेवाले घोड़ों पर चढ़कर चल पड़े, वयस्क लोग उतर गए पानी में। नीरज उदास। सहमते-सहमते बाप से बोला, "हम भी घोड़े पर चलेंगे।"

"आओ न बबुआन।" भिखारी ने कहा, "एकदम से नीमन घोड़ा तैयार है।"

"कहाँ ?"

भिखारी ने नीरज को उठाकर कंधे पर बिठा लिया, "यह!" और अपनी लंवी-लंबी टाँगों से नदी को हिलकोरते हुए आगे बढ़े।

आज बहुत याद आई चाँदी सिंह की।

अजीब बात है, जब तक चाँदी सिंह दल में शामिल होते रहे, मन में एक अजीब-सी उलझन और डर समाया रहता कि कहीं कोई इनकी असलियत जान न ले, असलियत, जिसे दल में या तो भिखारी जानते थे या फिर चाँदी सिंह।

कलकत्ते में अक्सर आशंका रहती कि कहीं 'खोजा' लोगों (हिजड़ों) का दल आकर झगड़ा न करने लगे कि हमारे आदमी को हमारे हवाले करो। हनुमान पहलवान गुंडा-बदमाशों से लड़ सकते थे, हिजड़ों से भला कैसे लड़ते ? टीटागढ़ में चौधरी की बाड़ी से बाहर निकलने की सख्त पाबन्दी लगा रखी थी, फिर भी जब तक कलकत्ते से दल सकुशल लौट नहीं आया करता, डर बना रहता।

चाँदी सिंह के साथ भी क्या मजाक किया विधाता ने! मर्द नहीं बनाना था तो जनाना ही बना देते—जो भी बनाते पूरा-पूरा बनाते—यह क्या कि न इधर का रखा, न उधर का। उनकी कविताई में जो ताकत है, सही चीजों को सही अन्दाज में पकड़ने की जो कूबत है, उसका कोई जवाब नहीं...वहीं दूसरी ओर गला इतना मोटा ! इतनी ही विडंबना क्या कम थी, कि एक और विडंबना जोड़ दी। माई-बाप ने शादी भी करा दी। चाँदी सिंह का दर्द तो कुछ अंश तक समझा भी जा सकता है, लेकिन उनकी दुलहिन का दर्द...? उसकी थाह किसके पास है ?

कई बार कलम उठाई, इस पर क्या नया नाटक लिखा जाय ? न, नहीं लिख पाएँगे वे, खासकर तब तक, जब तक चाँदी सिंह जिन्दा हैं। कितने-कितने गम लादकर चल रहे हैं चाँदी सिंह ! गम भुलाने के लिए बीड़ी पीते हैं, गाँजा पीते हैं, क्या-क्या नशा नहीं करते! इतने सामाजिक कि हर आदमी के दुःख-सुख में एक पाँव पर खड़े रहते हैं चाँदी सिंह, मगर कहीं से भी क्या भर पाते हैं उस खालीपन को ?

'जयहिन्द खबर' के मुख्य कलाकार हैं, लेकिन अपनी पहचान छुपाए चलते हैं, कहीं पता चल गया कि नचनिया हैं तो नाक कट जाएगी। राजपूत घर का जवान और नचनिया! चोर, बदमाश, गिरहकट, पियक्कड़, परस्त्रीगामी, लंपट होने से नाक कटती नहीं, उलटे ये चीजें शान बढ़ाती हैं। अजीब बात है कि चाँदी सिंह सज्जन, परोपकारी और आला दर्जे के कलाकार हैं, मगर रजपूती शान में फिट नहीं पड़ते, इसलिए कि नचनिया समझे जाते हैं। हिजड़ा होने से भी नाक कटती, सो शादी रचा दी गई है, नवासा पर आ बसे हैं, सोहरा में, लेकिन नचनिया...? ना भाई न ! राजपूत नाच देखता है, खुद नहीं नाचता। नाचना रंडी, भाँड़, लौंडे का काम है जो नीच जाति के हो सकते हैं। जो नाचे वो राजपूत का बच्चा नहीं।

अगर उन्हें कला-संगीत रसिक ही बनाना था तो भगवान ने उन्हें स्त्री या पुरुष बनाया होता, स्त्री या पुरुष न भी बनाया होता तो राजपूत घर में जनम न दिया होता, जनम दे भी दिया तो शादी न कराई होती! 'हाय बाबू चानी सिंह!' अकेले-अकेले में रो रहे हैं भिखारी धार-धार!

जूठन आया है। अपनी डबडबाई लाल आँखे टेंक दी हैं मलिक जी ने। जूठन का चेहरा उदास है—ओहिजा (वहाँ) तो जाना जानी हो गया, से ऊ तो भाग गइलें कलकत्ता!

"बिसुनाथ सिंह से मिले थे ?"

"ऊहे बताए न।"

"अउर मलिक जी, एक गो नया बात सुनली हँ-अ ?"

"मालूम बा।"

"का ?"

"यही न कि ऊ हिजड़ा थे ? आज से ना, पिछले दस साल से ई बात हम अपने करेजा में रखले रहलीं।" और स्वर भर्रा गया।

34

कोई पूछे कि भोजपुर की सांस्कृतिक राजधानी क्या है तो बिना हिचक कहना पड़ेगा—बनारस। उसी बनारस में भोजपुरी सम्मेलन है। सम्मेलन नहीं, दंगल। किसिम-किसिम के कलाकार। कोई कजरी का उस्ताद है तो है कोई बिरहे का, कोई 'लोरिकायन' का तो कोई 'पँवारे' का ! विजय बलियाटिक जैसे सन्नामी कवि भी आए हैं, कथाकार भी। भाँति-भाँति की नाच मंडलियाँ हैं, एक से एक नामी-गिरामी। दूसरों को पछाड़कर अपनी जीत का झंडा गाड़ देने की तैयारी है आज!

राजा साहब त्रिभुवन नारायण सिंह की कोठी के पास शामियाना गड़ा है। मुख्य अतिथि हैं बाबू जगजीवन राम! मंच के सामने सूचनापट्ट पर लिखकर टाँग दिया गया है कि किस दल को कौन-कौन-सा गीत और नाटक पेश करना है। वहाँ उचक-उचककर लोग अपने दल का दिशा-निर्देश पढ़ रहे हैं। लच्छन राय अपनी लम्बाई का फायदा उठाते हुए पीछे से ही पढ़ लेते हैं अपने दल का निर्देश—एक-"कवना बने रहलू ए कोइलर..." दो—"बनवारी हो, रहरी में बोलेला हुँड़ार", तीन—गंगास्नान नाटक। मन ही मन हैरान हैं, मलिक जी के गीत तो खुद ही बेजोड़ हैं, उनकी जगह उन्हीं के दल को दूसरे गीत क्यों गाने को कहा जा रहा है ?" अजब भकचोंधर हैं लोग !

उद्घोषक हैं हिन्दी के कवि डॉ. शंभुनाथ सिंह के भाई, भोजपुरी कहानियों के प्रणेता डॉ. स्वामीनाथ सिंह...और भीड़...? भीड़ ऐसी है जैसे गंगा-स्नान के लिए उमड़ पड़ी हो।

भिखारी के दल की उद्घोषणा होते ही भीड़ में हड़बड़ी मच गई है। पहला प्रदर्शन सखीचंद ने किया, दूसरा रामचन्नर ने...। उम्दा प्रदर्शन! डॉ. साहब ने माइक पकड़ा, "अभी आप आनन्द ले रहे थे भोजपुरी के शेक्सपीयर भिखारी ठाकुर के दल द्वारा पेश किए गए नृत्यों का...अब आपके सामने आ रहे हैं सीवान के..." डॉ. साहब बोल भी नहीं पाते कि भीड़ हल्ला बोल देती है। कुछ लोग उठकर जाने लगते हैं, कुछ वहीं खड़े होकर तैश में हाथ हिला-हिलाकर कुछ कहते हुए देखे जाते हैं। डॉ. साहब बार-बार दर्शकों से बैठ जाने का अनुरोध करते हैं, मगर भीड़ उखड़ गई है। तभी इस भारी अव्यवस्था के बीच कोई माइक डॉ. साहब के हाथ से छीनकर अपने हाथ में ले लेता है, "सुनीं सभे! एक जरूरी घोषणा सुनिए। अभी भिखारी ठाकुर का सिर्फ एक प्रोग्राम दिखाया गया है, सिर्फ एक! दूसरा प्रोग्राम अभी बाकी है। आप शांत होकर अपनी-अपनी जगह बैठ जायँ जिससे कि बाकी प्रोग्राम पेश किया जा सके!"

दर्शकों की उबलती भीड़ थिराने लगी। जादू-सा असर! तो क्या इतने बड़े सम्मेलन में इतनी बड़ी भीड़ सिर्फ भिखारी ठाकुर का कार्यक्रम ही देखने आई है!

भिखारी के दल का उत्साह ज्वार की तरह फूलने लगा है, "बूझ लिए न, भिखारी ठाकुर के तेज को ?" भिखारी मन ही मन मगन होते हुए अपने दल के सिंगार-पटार का निरीक्षण कर रहे हैं। लच्छन राय को देखकर मुँह पर हाथ धरकर हँसने लगते हैं। छह फुट की लंबी गोरी काया करिया भुजंग बनी हुई है। लच्छन राय के दिमाग में कोई कीड़ा है, जो उन्हें चैन से बैठने नहीं देता। तरह-तरह के करतब करते रहते हैं। एक ही पाट (भूमिका) में बार-बार कुछ न कुछ नया जोड़ते-घटाते रहते हैं। इस बार जानें क्या है इनके मन में ! सारी देह में कारिख पोत ली है। कपड़े भी काले। 'गंगा स्नान' का मलेच्छू आज सचमुच का 'म्लेच्छ' दिख रहा है।

लच्छन राय भूत की तरह मलेच्छू बने मंच पर अवतरित होते हैं और पत्नी तथा अन्य औरतों को गंगा स्नान के लिए लिवा जाने लगते हैं। मलेच्छू की महतारी ने एक 'फोंकने' (बेलून) का प्रलोभन देकर मलेच्छू को एक गीत गाने के लिए राजी करा लिया है। मलेच्छू एक नम्बर का बकलोल ! गीत के नाम पर भजन भी उठाता है तो किसका—मकई का !

'ए मकई तोहार गुन गूँथब माला।

... ...'

वह हर तरह से गरीबों के लिए उपयोगी मकई की श्रेष्ठता सिद्ध करता है। रोचक इतना कि लोग हँसते-हँसते लोटपोट !

राजा साहब ने हँस कर कहा, "मकई को मानपत्र भिखारी के सिवा कौन देता भला !"

जगजीवन राम ने हँसते हुए जवाब दिया, "सही कहा आपने। एक बात और... हम तो लोगों को कहते फिरते हैं कि जवान होना चाहते हो तो भिखारी ठाकुर का नाच देख लो, बुढ़ा गए हो, फिर भी जवानी वापस आ जाएगी।"

उधर मंच पर मलेच्छू की महतारी ने चिरौरी-मिनती कर खुद के जाने का जुगाड़ भिड़ा लिया है। सास के सिर पर गठरियाँ लादकर खुद छैल-छबीली बनी सखियों से बतियाती हुई चल पड़ी है मलेच्छू-बहू! और मलेच्छू...?

मलेच्छू कहाँ गया ?

तमाशे में रोचकता लाने के लिए लच्छन राय शामियाने के काले खंभे पर बन्दर की तरह जा चढ़े हैं और वहीं से पुकारते हैं, "ऐ सखी!"

"हाँ।" अचकचाकर देखती हैं औरतें।

"हम कहाँ बानी ?"

औरतें परेशान हैं, मलेच्छू उन्हें कहीं दिखता नहीं।

"कुछ देखात नइखे...हियाँ तो सब कुछ करिया-करिया लौकत-आ।"

"बताईं...?"

"बताव-अ।"

"बुरा ना न मनबू ?"

"ना।"

मलेच्छू झट खंभे से कूदकर जगजीवन राम के पैरों के पास जा बैठता है, "हम हियाँ नू हैं। कइसे चीन्ह पाती!"

दर्शक इस फब्ती के मर्म को समझकर जोरों से ताली बजाते हैं। जगजीवन राम का चेहरा इस अपमान से पल-भर के लिए और भी काला हो उठता है। गुस्से से तमतमाते हुए उठते हैं राजा साहब, "बन्द करो यह बदतमीजी!"

लच्छन राय का सारा विनोद हवा हो जाता है। नाटक का नाश ! लच्छन राय अनुतप्त भाव से उठ खड़े होते हैं। जगजीवन राम राजा साहब के क्रोध को शांत कराने की कोशिश करते हैं, "रौवा शांत हो जाईं...ओह ! रहने न दीजिए ! हमको ही न काला बता रहा था मलेच्छू। काले तो हम हई हैं। लबारों को कुछ भी कहने की छूट होती है। आप विश्वास मानिए, हमको बुरा नहीं लगा, आप नाहक..."

"नहीं बाबूजी, यह लबारी नहीं, सरासर बेहूदगी है और मैं ऐसी बेहूदगी हर्गिज बर्दास्त नहीं करूँगा।" भिखारी अवाक! गिरते-पड़ते राजा साहब के सामने हाथ जोड़कर खड़े हो जाते हैं..."मालिक! मालिक! भूल हो गईल। चूक हो गइल ! छिमा महाराज छिमा!"

एक सत्तर साल का बूढ़ा अपनी पगड़ी हाथ में लेकर अरज कर रहा था। राजा साहब का तनाव ढीला पड़ा, "ठीक है, जाईं।"

भारी मन से चले गए भिखारी। पीछे-पीछे उनकी काली परछाईं-से चले जा रहे थे लच्छन राय!

गौरीशंकर ने मंच से घोषणा की, "अब आपके सामने 'गंगा स्नान' की जगह पर 'बिदेसिया' तमाशा पेश किया जाएगा। भूल-चूक छिमा...!"

जाड़े की लंबी रातों में गाड़ीवान के घुट्टी-मुट्टी मारकर सो जाने के बावजूद जिस तरह सधे हुए बैल बैलगाड़ी को मुकाम तक ले ही आते हैं, ठीक इसी तरह पूरा हुआ उस दिन 'बिदेसिया', मगर कुछ था जो टूट गया था, अन्दर-ही-अन्दर।

ऐसी चूक !

कैसे हो गई ऐसी चूक ?

क्या यह अपनी गोराई का गुरूर था या सिर्फ जातिगत दुर्भावना...या दोनों ही, या इनमें से कोई नहीं, सिर्फ कौतुक रचने में की गई अंधी मूर्खता ?

जगजीवन राम जी ने तो कुछ नहीं कहा, उलटे उन्होंने राजा जी के गुस्से को शांत कराने की ही कोशिश की। अगर उन्होंने भी मन में गाँठ बाँध ली होती तो क्या होता आज ? किसकी मजाल है जो बाबू जी का उपहास कर दे ? उन दोनों ने तो अपनी-अपनी मर्यादा का ही पालन करते हुए हमें क्षमा कर दिया, लेकिन अगर न क्षमा करते, जिसका हक उनका सोलह आने का बनता था तो क्या गुजरता आज ? लच्छन

राय ने तो अपने साथ-साथ पूरे दल के मुँह पर कालिख पोत देने में कोई कोर-कसर उठा नहीं रखी थी! उफ! क्यों हो गई उनसे ऐसी चूक ?

यह वही जगजीवन राम हैं, जिन्होंने कभी कहा था कि जवान होना चाहते हो तो भिखारी ठाकुर का नाच देख लो, बुढ़ा गए हो, फिर भी जवानी वापस लौट आएगी।

जो आदमी हमारे बारे में ऐसे विचार रखता हो, उसी के साथ ऐसा सलूक!

रामजी! हे रामजी!

और यह लच्छन राय...?

दल में आए तो लछिमन जी की तरह कितने भक्ति भाव से रहते। होनहार, होशियार, निगहबान, लेकिन कोई तो चीज थी उनके अन्दर, जिसे समय रहते वे पहचान नहीं पाए थे, जो आज इतना बड़ा आकार ले चुकी है। क्या थी वह चीज ? दल में अपनी स्वतंत्र और ऊँची पहचान बनाने की छटपटाहट ? जैसे-जैसे समय चुक रहा है, इसी छटपटाहट में अटपटे होते जा रहे हैं लच्छन राय, जैसे बरगद के नीचे सूरज की रोशनी की तड़प में कोई पौधा टेढ़ा-मेढ़ा होकर निकल जाय!

लच्छन राय से कोई नहीं बोलता। खुद ही खुद में घुल रहे हैं लच्छन राय! खुद पर लाख-लाख लानतें भेजते हैं लच्छन राय कि ऐसा नहीं करना चाहिए था उन्हें, लेकिन...कहीं एक 'लेकिन' है जो थेथर की तरह हार नहीं मानता। इस 'लेकिन' के अपने ही 'तर्क' हैं, अपनी ही 'भावुकता' कि उन्होंने जो कुछ भी किया, तमाशा बनाने के लिए ही किया था, अपने व्यक्तिगत स्वार्थ के लिए नहीं। उन्होंने 'रंग' पर छींटाकशी की थी, 'जाति' पर तो नहीं। अब लबारी में इतनी भी छूट न मिले और जगजीवन राम जी इतने कुम्हड़े की बतिया हों कि अँगुरी दिखाते ही मुरझा जायँ तो लबारीवाले नाच में आना ही नहीं चाहिए था। करिया तो राम और कृष्ण जी भी थे। लबारों ने उन्हें भी नहीं छोड़ा।

वैसे बाबू जगजीवन राम ने कुछ कहा भी तो नहीं। बड़प्पन बना रहा उनका। कहा राजा साहब ने, राजा साहब अपने खास मेहमान के लिए इतना भी न कहते ? मलिक जी ने भी जितना कहा, वह उचित ही था, फिर...फिर गलत कहाँ हुआ ?

कोई भी तर्क मन के छूँछेपन को भरता नहीं। कुछ भी अच्छा नहीं लगता लच्छन को। कुछ भी नहीं, जैसे उनका कुछ हेरा गया हो।

35

गोरखपुर, आजमगढ़ जौनपुर के लोगों की भोजपुरी अलग होती है, आरा, छपरा, सीवान, देवरिया की अलग और मोतिहारी और बेतिया की अलग। फर्क तो गाजीपुर और बलिया तक में है, मिर्जापुर और बनारस में भी। कहते हैं पाँच-पाँच कोस पर बोली बदल जाती है। पिछले कुछ सालों से जिस तरह जातियों के संगठनों का उभार आया है, उसी तरह सारे भोजपुरी अंचल को मिलाकर अलग भोजपुरी प्रांत बनाने की खिचड़ी भी पक रही हैं। इसी सिलसिले में भोजपुरी के लोकतत्वों को भुनाने की भी अपने-अपने ढंग से कोशिशें शुरू हो गई हैं। बनारस से 'पुरवाई' पत्रिका निकलने लगी है। "गंगा मइया तोहे पियरी चढ़इबों" फिल्म बनी और अपनी माटी की सोंधी गंध का लोगों ने दिल खोलकर स्वागत किया।

'गंगा मइया...' ने कुछ ही लोक धुनों का इस्तेमाल किया था, फिल्म की कहानी भी 'बिदेसिया' के परदेशी की पीड़ा, भटकाव और मिलन से ही नोच-चोंथकर सजाई गई थी। अभी भी यह विशाल भोजपुरी क्षेत्र अपने आँचल में अपार संभावनाएँ सँजोए बैठा था, जरूरत थी तो उसे दूहने की। इसी के तहत दो सुगबुगाहटें हुईं—एक बनारस में, दूसरी बक्सर में।

बनारसी बाबू लोग फिल्मों में पहले से ही छाए हुए थे। ठेकेदारों, सिनेमा मालिकों, ज़मींदारों, साहुकारों के पास पैसे थे ही। गीत-संगीत, अभिनय, पैसा, बाजार सबकुछ था, माटी के प्रति लगन और समर्पण भी। जरूरत थी इन सबको एक कहानी में पिरोकर फिल्म में उतार लेने की।

एक अदद प्रेम कहानी ठोंक-पीटकर गढ़ ली गई—ठाकुर-चमइन का प्रेम संबंध, समाज की बाधा, समाज से विद्रोह और बागी प्रेम संबंध की जीत!

नायक-नायिका, बनारस के सुजीत सिंह, कुमकुम; बाकी पात्र, मनेर के तिवारी, गाजीपुर के नाजिर हुसेन। राममूर्ति चतुर्वेदी कहानी के साथ-साथ गीत भी लिख देंगे। जौनपुर के हैं तो क्या हुआ, मजरूह सुलतानपुरी भी तो सुलतानपुर के ही हुए।

"नाम... ?"

"भोजपुरिया माटी!"

"आक-थू!" सुननेवाले को उबकाई आई, "ई नाम के फिलम चली गुरु ?"

बनारसी बाबुओं के सामने सवाल अभी भी दैत्य की तरह खड़ा था।

"ऐसा क्यों नहीं करते...?"

"कैसा ?"

"इसका नाम 'बिदेसिया' रख दो।"

"वाह-वाह!"

"बोलो वाह! वाह!" जोगीड़ा गाते हुए झूम उठे, सबके सब!

"ई समूचा भोजपुरी एरिया और कलकत्ता-बंबई का फेमस नाम है।"

"नाम ही नहीं, पहचान भी। काले कोसों दूर मारीशस, त्रीनिदाद, गायना, फिंजी तक का।"

"तब तो हमको नेशनल के साथ-साथ इंटरनेशनल मारकेट भी मिल गया!"

"और का!"

लड्डू फूट रहे हैं मन में, हालाँकि लड्डू अभी बने नहीं।

शुरू हो गई फिलम!

तभी एक दिन किसी अभुक्तमूल नक्षत्र में 'कागभुसुण्डी जी', 'गरुड़ा जी', 'नारद जी' से बोलते भए, "आहो राजा! बिदेसिया तो भिखरिया के तमाशा न है ?"

"कौन भिखरिया गुरु ?" गरुड़ जी ने पूछा।

"अरे ऊहे...भिखारी ठाकुर! तनी सीरियसली सोच ल-अ!"

गरुड़ जी को छत से साफ-साफ साँप लटकता हुआ दिखाई पड़ा।

"ओकर बपौती है नाम पे ?" किसी ने लाठी पटकी।

गाड़ी के आगे काठ पड़ गया। इधर से जब कोई रास्ता न सूझा तो खीझ और झुँझलाहट से भर गए, "ई ससुर बार-बार कन्फयूज कर जाते हैं। औरो कुल तो बाद में होई, पहिले ई बताव-अ कि हई नाई लोग ठाकुर कब से कहाने लगे।"

"इसका जवाब तो उसकी पोथी में ही छपा हुआ है—छमछा, माने समस्या पूर्ति—केहि कारण ठाकुर नाम धराई...?" तनी पढ़ल-लिखल कर-अ राजा!" कागभुसुण्डी ने कहा।

मगर 'राजा', जिन्हें पक्षीराज होने का खिताब हासिल था, गुस्से में फनफनाते रहे।

"एही से कौनो ठाकुर की दुकानदारी नहीं चल पाती। अरे हम तो एक गो समस्या रख लीं कि इसका समाधान ढूँढ़ लो और हियाँ...!" 'कागभुसुण्डी जी' ने उन्हें सीरियसली ताका।

"अच्छा माफ कर द-अ गुरु, आगे की कथा सुनाओ, कि अगर हमरा से पहिले ऊहे नाम रख ले ले बा 'बिदेसिया' तो ओकरा से का फरक पड़ेगा।"

"फरक पड़ी न! लोग तो ओकरे नाम से जानेला—बिदेसिया! केकर ? तो भिखारी ठाकुर के...? कहीं मुकदमा ठोक दे तो बड़की कमाई हो जाई ! पब्लिक-ओ ओकरे सपोर्ट करेगा—बहुत पॉपुलर है राजा, बहुत! पच्चीस-पच्चास हजार की भीड़ जुटती है, उसके नाच में!" कागभुसुण्डी ने पच्चीस हजार की भीड़ दाईं ओर से बटोरी, पच्चीस हजार बाईं ओर से, और गरुड़जी डर गए।

गुरु-शिष्य जब असहायता के अथाह समुद्र में डूब-उतरा रहे थे, तभी 'नारायण-

नारायण' करते हुए 'नारद जी' अवतरित हुए, "काशी में रह के भी बुद्धि पर परदा पड़ा हुआ है--ठूँस काहें नहीं देते भिखरिया को भी कहीं न कहीं। इससे फिलिम की पॉपुलरिटी और भी बढ़ जाएगी, भिखरिया का मुँह भी बन्द हो जाएगा।"

इस तरह बनारस-बक्सर की ताना-भरनी से बुना गया जाल जौनपुर से छपरा तक लहरा उठा और सन् 1963 के एक शुभ दिन को बक्सर के एक टाकीज के मालिक मैनेजर प्रसाद जी और भिखारी के नए मीत बद्रीसिंह बागी का न्यौता भिखारी को पहुँच गया।

'बिदेसिया' पर फिलिम बन रही है, पूरे जवार में हल्ला हो गया। जगह-जगह बतकही...

"कलाकार कौन-कौन लिए जाएँगे ?"

"जिनगी-भर हम खेले 'बहरा-बहार' और कलाकार आएगा बंबई से... ?"

"ऊ नाच ना नू है, फिलिम है फिलिम! ओकरा में जनाना का पाट जनाना करेगा, मरदाना का पाट मरदाना!"

"ऐं!" रहीम, जूठन, सूदन, रामचन्नर और सखीचंद के चेहरे बुझ गए। पहली बार स्त्री की भूमिका निबाहनेवाले इन कलाकारों को अपनी निरर्थकता का अहसास हुआ।

"ए गौरीशंकर, ए लच्छन भैया, तनी सुनीं, ई लोग का कहते हैं।"

मगर क्या तो गौरीशंकर और क्या तो लच्छन राय, स्वयं मलिक जी भी जब अरुझाए हुए हैं तो कौन किसको बताए ?

रहस्य खुलते-खुलते खुला कि मलिक जी के साथ सिर्फ एक आदमी जाएगा, वह है काशी का शिवलाल, बाकी मंडली को जरूरत पड़ी तो खबर की जाएगी।

बबुरा तक घोड़े से, बबुरा से इक्के से कोइलवर, और कोइलवर से रेलगाड़ी जो बक्सर ले जाएगी। थोड़ा उछाह, थोड़ा संशय; थोड़ा कौतूहल, थोड़ी उलझन! ट्रेन में चढ़ती-उतरती कचपचाती भीड़ छात्रों की, पढ़वैया लड़के उन्हें हमेशा से ही अच्छे लगते रहे हैं--खिलते हुए फूलों से टटके-अपने दिनकर पोते की तरह। शेष दुनिया से बेखबर अपनी ही दुनिया में मस्त अल्हड़ किशोर। वे अभी सिनेमा पर बातें कर रहे हैं।

"एहसान तेरा होगा मुझ पर..." जैसा कोई गीत गा रहा है कोई। अनस लग रहा है।

वेशभूषा के लिहाज से देहाती भुच्च समझकर एक लड़का सवाल करता है, "ए बुढ़ऊ, तनी सरककर बैठिए।"

भिखारी सरक जाते हैं!

"कहवाँ जा रहे हो ?"

उन्हें लगा कि बता ही डालें कि जिस फिलिम की तुम लोग चर्चा कर रहे हो, उसी सिलसिले में जा रहे हैं, मगर रोक लिया खुद को। लड़के ताकने लगते हैं इस रहस्यमय पग्गड़धारी वृद्ध की ओर!

"कौनो पंडी जी हैं ?"

"ना! भिखारी ठाकुर का नाम सुने हैं ?"

"हाँ, ऊ नाचवाला न!"

"देखा है आपने ?"

"न!"

"वही हैं हम।"

"ऐं!"

फिल्म बन्द हो गई, वार्ताएँ सूख गईं, सारी आँखें एकबारगी मुड़ गईं उनकी ओर! लोगों ने घेर लिया अपने नायक को और भर-नजर लगे देखने—ऐसा भी कभी हो सकता है क्या !

तरह-तरह के सवाल करने लगे लोग।

"कुछ सुनाइए ठाकुर जी!"

"हाँ-हाँ सुनावे के परी, बड़ भाग से ई सुजोग मिलल बा!" दूसरे ने जोड़ा।

जिस शख्स के पास सट्टों की लाइन लगी रहती थी, झगड़े हो जाया करते थे, जो बिना एडवांस लिए कहीं जाता तक नहीं था, जिसके नाच के मजमे को सँभालने के लिए चार-चार थानों के दारोगा और बीसियों पुलिस के सिपाही तैनात रहते थे, वही आज बच्चों के बीच बच्चा बना हुआ गाना सुना रहा था। न कोई साज, न कोई समाजी। रेल तबले बजा रही थी, हवा सारंगी...

"रे मन रामं नाम रस घोरी
सुनि ल-अ ईहे अरज बा मोरी..."

लड़कों की इच्छा कुछ और सुनने की थी, कुछ रसीला, चटपटा, लेकिन गायक भला उन्हें बिगड़ने कैसे दे ? संकोचवश लड़के कुछ बोले नहीं और गायक अपने लद्धड़पने में मस्त! लड़के कब कहाँ उतर गए, कुछ पता नहीं।

ट्रेन बक्सर टीसन पर आ रुकी थी।

बद्री सिंह बागी को छोड़कर कोई भी परिचित न था। कुछ भी साफ-साफ पता नहीं चल पा रहा था कि बंबई कैसे जाना है, क्या करना है। संकुचित भाव से बैठे रहे कुरसी पर।

बक्सर से इत्ती-भर जानकारी लेकर लौटे कि अपने पैसे से जाना है, फिलिम कंपनी किराया-भाड़ा और मेहनताना जोड़कर एक साथ दे देगी।

मन अनचन कर रहा था।

उच्च रक्तचाप! यह कैसी फिलिम है भाई, जिसका पइसा बाद में मिलेगा ? फिर भी एक मोह है। एक मन धिक्कार रहा है, एक मन हाथ पकड़कर खींचे लिए जा रहा है।

कलकत्ता ! कलकत्ते से बंबई! कलकत्ते से भी ऊँचे-ऊँचे मकान! कैसे रहते होंगे इनमें आदमी ? इतने ऊँचे-ऊँचे महलों में पता नहीं, किस महल में होगा उनके ठहरने का इन्तजाम !

“धर्मशाला!”

“ये क्या ?”

“हाँ, धर्मशाला!”

क्या होगा, कुछ पता नहीं। कहीं पाट करने को बोले तो इस बुढ़ापे में हमसे सपरेगा नहीं। भीड़ से बजबजाते सपनों के महानगर में अकेला रिस रहा है वह आदमी, जिसके नाम से ही कई-कई कोस से भीड़ खिंचती चली आती। मन अकुला रहा है। कुतुबपुर का खपड़ैल घर याद आता है, याद आते हैं बबूल के जंगल, गंगा, सरयू की धारा, याद आते हैं, दिनकर, हीरा, राजेन्दर, गौरीशंकर, बच्चे, गाँव के लोग और माल-मवेशी! इन सबसे अलग कर किस कैद में डाल दिया गया है उन्हें, कोई कुछ बताता भी तो नहीं। अजीरन हो गया।

एक दिन बन्दीगृह के सामने दो शूट-बूटधारी आते हैं। धर्मशाला के बाहर मोटर में बैठाया जाता है। आज पेशी है तीस हजारी में!

भारी भीड़ के बीच उन्हें सहारा देकर मंच पर बैठाया गया है।

माइक से घोषणा होती है, “आज आपके सामने भोजपुरी की माटी के महान कलाकार भिखारी ठाकुर अपने नाटक बिदेसिया का एक गीत प्रस्तुत करेंगे।”

न साज, न साजिन्दे, सारा उपक्रम कैसा तो अटपटा-अटपटा लग रहा है। परवश हो भिखारी, गाओ। और कर भी क्या सकते हो ?

विशाल ब्रह्मांड, दूर-दूर टिमटिमाते तारे, ठौर-ठौर खड़ी आकाशगंगाएँ, धूमकेतु और उल्काएँ और नाचती हुई पृथ्वी! इस गोलाकार नाचती पृथ्वी पर पालथी मारे बैठा पग्गड़धारी महाकाल क्या अलाप रहा है...?

‘डगरिया जोहत ना, बीतत बाटे आठ पहरिया...’

गीत पूरा हुआ।

खेला खतम! पैसा हजम!

भिखारी फिर से भिखारी!

पइसा ना कौड़ी। किराया-भाड़ा भी नहीं ?

नहीं, झूठ नहीं बोलेंगे। थर्ड किलास का टिकस कटाकर तो दिया गया था—जाहु हरिनि घर अपने...

जाओ, चले जाओ अपने मुलुक को। तीसरे दर्जे की भीड़ में धक्के खाते कई दिन बाद लौट आए हैं बक्सर। बक्सर का वही सिनेमा हॉल, वही बाबू साहेब लोग!

कुल 520 रुपए के सादे कागज पर, जिसे कोई चेक कहता था, कोई ‘डराफ्ट’, दस्तखत कराया गया। दस्तखत करने के बाद ख्याल आया कि पइसवा तो लिखा ही नहीं...तब तक किसी ने हाथ से ले लिया उस कागज को, “रौवा जाईं। बंबई से फिलिम का पैसा आएगा तो आपको मिल जाएगा।”

यह सारा कुछ टाकीज के ऊपर हो रहा था। नीचे शिवलाल कपड़े फींच रहा था। उसे क्या मालूम कि क्या बीत रही है, मलिक जी पर ! वह तो उनकी कातर गुहार पर

उठकर दौड़ा था सीढ़ियाँ चढ़कर ऊपर! मगर जो होना था, वह हो चुका था—एक भिखारी लुट गया था धनिकों की गली में!

दल के लोग नई-नई सूचनाएँ लाते, जैसे यह कि नाम भी 'बिदेसिया' रखा, यह भी लूट है। "दिनवा गिनत मोरी घिसली अँगुरिया कि रतिया तकत नैना जाए रे ! 'बिदेसिया' में धुन की भी चोरी...आइडिया की भी...।"

"खाली मलिक—ए जी के ना चुरवलस, हऊ का नामके, हँसि-हँसि पनवा खियवले बेइमनवा—भी 'हँसि-हँसि पनवा, खियवले गोपिचनवा' के चोरी ह-अ 'नीक सैंया बिन भवनवाँ...' भी एक गो कजरी के चोरी..."

हर सूचना पर तिलमिला जाते मलिक जी, "अब कहाँ गइलें पटना के विद्वान लोग, हमरे में चोरी देखात रहल...? धन्न-धन्न पढ़ल लिखल भाई लोग।"

"पढ़ल-लिखल अदमी जियादा गू खाला।" यह समधिन की टिप्पणी थी।

पता नहीं क्या-क्या चुराया हो ? पूरे परिवार के प्रति अपराध बोध से भरे रहते हैं। सादा कागद पर दस्तखत करवा लिया है, कहीं जमीन-जायदाद न हड़प लें ! बनारसी ठगों और बंबइया पाकिटमारों का क्या भरोसा! तिथि को याद करते ही करेजा काँप उठता है! वह मनहूस तिथि थी—13.8.63.

एक वह तारीख थी, एक यह!

अँधेरे के बाद उजाला!

विद्यापति भवन, पटना! भारतीय नृत्य कला मन्दिर की वह शाम! राज्यपाल अनंत शयनम् अय्यंगर आज नौ कलाकारों को सम्मानित करेंगे।

माइक पर उद्घोषणा चल रही है, उद्घोषक हैं जितेन्द्र सिंह, "...नवों में सबसे वयोवृद्ध, सबसे लोकप्रिय और सबसे सम्मानित कलाकार हैं भोजपुरी गीत-संगीत, नृत्य-अभिनय के सम्मानित सूत्रधार भिखारी ठाकुर, अपने बटोही भइया, या बटोही बाबा, परदेश में रम रहे विदेशी बालमों को उनकी बिछड़ी प्रियाओं का संदेश पहुँचानेवाले, बेटियों की कसक और गबर घिचोरी जैसी जारज संतानों का दर्द और बूढ़ों-बूढ़ियों का दर्द समझनेवाले मलिक जी। नाटकों की लोकप्रियता का यह आलम है कि गाँव-गाँव में औरतें स्वयं उनका नाटक करती हैं और बटोही बनकर अपने बिदेसी प्रियतम को वापस ले आने का स्वाँग करती हैं..."

माइक से यह बोलते हुए युवा उद्घोषक के जेहन में एक समूची दुनिया घूम गई—वह ड्योढ़ी, वह गाँव, वह मन्दिर, कटी-फटी वह नीम की छाँव...और बटोही बनी छोटकी चाची। सिर्फ बटोही की ही भूमिका करती रहीं छोटकी चाची, पर बनारसी चाचा नहीं आए तो नहीं ही आए। नीम खोढ़राती गई, जंगल घने होते गए। पिछले साल ही वह चातकी चली गई इस जहान से...तनिक ठमकते हुए उन्होंने कहा, "यह दीगर बात है कि बटोही की भूमिका करनेवाली बहुतेरी सदा सुहागिनें चातकी की तरह रटती रह जाती हैं—पी कहाँ, पी कहाँ—कहाँ है प्रियतम ?"

अभिनंदन मंच की ओर बढ़ चले हैं—उटंग गँवई धोती में, एक बूढ़े के बेवाई फटे पैर। लड़खड़ाए हैं। अंगरक्षिका के रूप में साथ चल रही अल्पना ने आगे बढ़कर सँभाल लिया है लड़खड़ाती देह को। दूसरी ओर से पकड़ लिया जितेन्द्र सिंह ने। भाव-विह्वल पग सीधे नहीं पड़ रहे हैं। कैसे-कैसे लोग हैं—राजा, रानी जैसे! क्या सजावट है ! लगता है साक्षात इन्द्रासन उतर आया है ! एक गँवई उपेक्षित 'अमदी' को इतना मान-सम्मान!

शिक्षामंत्री की धर्मपत्नी और अनुग्रह बाबू की पतोहू के हाथ से ताम्रपत्र लेते हुए हाथ काँपे हैं। राज्यपाल अय्यंगर साहब झुककर 'अंगवस्त्रम्' समर्पित कर रहे हैं।

जनम के देहाती ! कोई सलीका नहीं आता इस राजकीय सम्मान को ग्रहण करने का। चिहाया मुँह चिरई की चोंच-सा खुल गया है। गले में नीचे तक झूलते पुष्पहार, काँख में 'अंगवस्त्रम्' उटंग धोती, मिरजई, पगड़ीवाला यह बूढ़ा दोनों हाथ जोड़कर प्रेक्षागृह में मंच के ऊपर और नीचे के लोगों को 'परनाम' कर रहा है।

लौटते हुए उनके नंगे बेवाई फटे पाँव कोमल सुवासित फूलों से ढँक गए हैं, रोमांच हो रहा है। स्नायुओं में कोई सिहरन बची भी है क्या अभी...?

चमरौधा जूता स्वयं पहना रहे हैं जितेन्द्र सिंह। आज एक भिखारी 'बिहार भूषण' हो गया!

सम्मान-ही-सम्मान !

इस बार पटना नहीं, कलकत्ता। धापा के निकट सत्यनारायण भवन है, वहीं आयोजन है। पटना से भी भव्य आयोजन।

कहाँ वे चरम अपमान के टीसते प्रसंग, कहाँ ये आदर के शिखर-सम्मान ! फूल ही फूल बिखरे पड़े हैं राहों में, इतने कि सँभाल नहीं पा रहा है यह बूढ़ा शरीर! रुकिए, रुकिए, मानपत्र पढ़ा जा रहा है...

"आदरणीय भिखारी ठाकुर जी एवम् भोजपुरी प्रेमियो, ठाकुर जी ऐसे प्रख्यात लोक-कलाकार को पाकर हम अपने को सौभाग्यशाली समझते हैं। आपने हमें भारत के एक छोर से दूसरे छोर तक, बंबई से गौहाटी तक गौरवान्वित किया है, हमारा मस्तक ऊँचा किया है, भारत से बाहर मारीशस, केन्या, ब्रिटिस गायना, सूरीनाम, मेडागास्कर, यूगांडा, बर्मा, ट्रिनिडाड, न्यूगिनी आदि दूरस्थ देशों में दो करोड़ से अधिक भोजपुरी प्रवासी हैं। उनकी जिह्वा पर आपके द्वारा रचित विरहगीत 'विदेसिया' की, रघुवीर नारायण द्वारा विरचित गीत 'बटोहिया' की और पाँवरियों द्वारा रचित वीर-गीत कुँवर सिंह के 'पँवारे' की पंक्तियाँ नर्तन करती हैं।

"आपने आंगिक प्रकंपनों और विविध प्रकार की भाव-भंगिमाओं से युक्त 'विदेसिया नाच' नामक एक नवीन शैली के लोकनृत्य का प्रवर्तन किया है। पुरबी धुन, बिरहा, खेमटा आदि लोकगीतों की रचना द्वारा आपने सरल, धर्मभीरु एवम् सत्यनिष्ठ आंचलिक जीवन का वर्णन किया है। स्वर-साधना, आरोह-अवरोह, लय-ताल, आलाप आदि से समन्वित रागों में आपकी सुमधुर कंठध्वनि सुनकर श्रोतावृन्द मंत्रमुग्ध होकर सिर

संचालन करने लगते हैं। झाल वादन के समय आप झाल की झंकार से एकाकार हो जाते हैं। विदूषक के रूप में आपकी विलक्षण ध्वनि, विचित्र वेशभूषा, अनोखी मुख-मुद्रा, रहस्यमय दृष्टि तथा कपोतवत गति देखकर दर्शकगण हास्य-रस में विभोर होकर कभी सुमधुर हास और कभी अट्टहास करते हैं। सामाजिक सामग्री के आधार पर 'विदेसिया', 'बेटी वियोग', 'विधवा वियोग', 'भाई विरोध' आदि नाटकों का प्रणयन कर आपने भोजपुरी नाटक के अभाव को पूर्ण करने का सफल प्रयास किया है।''

'कहाँ हैं गणेश चौबे जी ? सुन रहे हैं ?' भिखारी ने मन-ही-मन अपने विरोधी से जवाब तलब किया। और वे साफ-साफ देख रहे थे कि चौबे जी ने सिर झुका लिया है।

''आपने अपने समस्त नाटकों में किसी न किसी रूप में अभिनय किया है। आपका अभिनय स्वाभाविक, जीवन्त, पात्रानुरूप और चित्ताकर्षक होता है। कदाचित ही किसी भाषा में एक ही व्यक्ति ऐसा हुआ होगा जो नर्तक, गीतकार, गायक, वादक, विदूषक, नाटककार और अभिनेता के गुणों से विभूषित हो।''

'और अनपढ़ गँवार भी !' भिखारी ने भाव-विभोर 'भिखारी' को खुद ही हुरपेटा।

''ठाकुर जी, आप शिक्षा और उपदेशपूर्ण प्रवचनों, पदों, श्लोकों और कथनों द्वारा दर्शकों को अपनी ओर आकर्षित करते हैं। इन गुणों के कारण हम निस्संकोच भाव से आपको भारतेन्दु हरिश्चन्द्र की श्रेणी में रख सकते हैं।

''महापंडित राहुल सांकृत्यायन ने आपको भोजपुरी का शेक्सपीयर कहा है। नाट्यकला के मीमांसकों के विचार में राहुलजी का यह कथन सर्वथा समीचीन है। आप दोनों की नाट्य कृतियाँ और आपके काव्य मानव-जीवन की अन्तर्मुखी और बहिर्मुखी प्रवृत्तियों से ओतप्रोत हैं। आप दोनों में बिम्बग्राहिणी और सर्जनकारिणी अद्भुत कल्पना-शक्ति है।...''

आगे शेक्सपीयर, 'मैकबेथ', 'ओथेलो' और 'किंग लीयर' जैसे शब्द थे और उनके समकक्ष 'विदेसिया', 'बेटी वियोग' और 'गबर घिचोर'...जो भिखारी के सिर के ऊपर से गुजर गए।

''बिम्बोत्कर्ष, शिल्पविधान, अन्तर्दृष्टि, उदात्त कल्पना'', (उदात्त माने... ? भिखारी 'उदात्त' से टकराकर लौट आए।) ''सत्य दर्शन तथा भाषा-सौष्ठव की दृष्टि से आप दोनों की नाट्य कृतियाँ उत्कृष्ट सृष्टि हैं।''

('ई क्या है।' एक शिक्षक ने दूसरे शिक्षक से पूछा। ''राहुलजी के कथन का भावविस्तार!'' दूसरे शिक्षक ने जवाब दिया।)

''ठाकुर जी, आपने हमें अपना बहुमूल्य समय दिया है और आत्मीयता प्रदर्शित की है, इसलिए हम आपके आभारी हैं। पूज्य पिता परमेश्वर से हमारी प्रार्थना है कि आप शतायु हों, जिससे भोजपुरी साहित्य उच्चतम शिखर तक पहुँच सके।...''

वह कलकत्ते का पूर्वी सीमांत था–धापा। सतहत्तर साल के भिखारी के सिर पर मानपत्र का ताज ! अभिनन्दन भाषण के बाद चाय-पानी...फिर समापन...लेकिन अभी

रुकिए, चाय-पानी के बाद अभी एक साक्षात्कार होना बाकी है। सेंट जैवियर्स कॉलेज, राँची के प्रो. रामसुहाग सिंह ने अपनी डायरी खोल ली है। भिखारी कनखियों से देखते हैं, जो बोलेंगे सच बोलेंगे, सच के सिवा कुछ नहीं बोलेंगे।

जन्म, शिक्षा, संस्कार ग्रहण, विवाह, गाँव, जमींदार, रचना प्रक्रिया, सम्मान और उपाधियाँ, मौजूदा सरकार--भिखारी बिल्कुल अबोध, गँवार की तरह अकृत्रिम भाव से बोलते चले जाते हैं, लेकिन उलझानेवाले प्रसंगों से कन्नी काटने का तरीका क्या है--चुप्पी ? ''झूठ बोलने से बेहतर है, चुप्पी साध लेना।'' अन्दर के नाई की निपट चालाकी ? जो भी हो, सम्मान गदगद कर रहा है सम्मान के भूखे 'अमदी' को !

रात को भिखारी ने जीवन चरित में जोड़ा--

पाँच तीन पैंसठ ह-अ साल
कलकत्ता में बानी हाल।
....

36

गुप्तेश्वर सिंह के यहाँ बरात में राम जाने क्या झींक-झांक हुई कि मुँह-अँधेरे ही चल दिए लच्छन राय गमछा झटकारकर!

लच्छन का गमछा, वैसे है बड़े काम का। वह नहाकर इसे पहन लेते हैं या उसे पहनकर नहा लेते हैं। धोती फीचकर सुखवा लेते हैं। हारे-गाढ़े गमछे में कुछ भी बाँधकर लाया जा सकता है। गमछा सिर के लम्बे बालों के ढँकने के काम भी आता है। गमछा नदी में करके छने हुए पानी में सत्तू सान लेते हैं, फिर उसे धोकर सिर पर दोनों हाथों से तानकर डैने फैलाए चील की तरह चल पड़ते हैं तो छाँव भी हो जाती है, सूख भी जाता है।

मार-पीट में यही गमछा पगड़ी बनकर लाठी या गुलेल के वार को रोकता है। सो अभी गंगा पार कर लगभग सारी क्रियाएँ सम्पन्न करके गमछे की अपनी ही फैलाई छाँव में चले जा रहे हैं लच्छन राय।

"और सब तो ठीक है, मगर गुलेल और लाठी की बात...?" लच्छन राय के अन्दर बैठा लबार ताने कसता है।

"वो भी चली थी। हमारे साथ जो हुआ, वह किस लाठी और गुलेल से कम था ?...मलिक जी के गिरोह में हैं तो क्या हुआ, बेच तो नहीं दिया है खुद को ? उन्हें दबना हो तो दबें, नाई-हजाम हैं, हम क्यों दबें जी ? गुप्तेश्वर सिंह बबुआन होंगे तो अपने घर के।...और ठाकुर जी...? भला बताओ, खटपट हुई हमसे और जाकर चापलूसी करने लगे ये...? यही क्यों, सुभाष सिंह के बियाह में, देखा नहीं, सारे नेग-चार खुद ही दे रहे थे, जैसे वही रामानन्द सिंह के मुख्तार हों।"

"जात सुभाव न छूटे, जब टाँग उठाइ के मूते!" लबार लुत्ती लगाता है।

"और क्या कनफुसुकिया चल रही थी गुप्तेश्वर सिंह से...?"

"जाने दीजिए, लच्छन जरा गरम मिजाज का है, उसकी बात पर कान मत दीजिए।" जैसे लछिमन जी से परशुराम जी की बतकुट्टी होने पर पानी का छींटा डाल रहे हों राम जी परशुराम जी पर!"

कुछ भी अच्छा नहीं लगता लच्छन को , कुछ भी नहीं। न खुद कटु होकर गुप्तेश्वर सिंह से बतकुट्टी करना, न मलिक जी का उन्हें शांत कराने के लिए चापलूसी करना, न तुनककर इस तरह चले आना। उन्हें इतना गुस्सा क्यों आता है ? क्या चाहते हैं वे ? मन में हाहाकार मचा हुआ है, इसी दिन के लिए रेलवई की बनी-बनाई नौकरी छोड़कर

घर-दुआर, मेहरारू, बाल-बच्चा तजकर देश-परदेश की धूर फाँक रहे हैं!

सोनपुर-छपरावाली बड़की सड़क तो आ गई। अभी कोस-भर जमीन और धाँगने के बाद कहीं पहुँच पाएँगे पड़ाव। वहाँ से तीन कोस बनियापुर। बनियापुर पहुँच गए तो समझो घर पहुँच ही गए। सामने ही तो दिखता है हरपुर कराह टोला। नहर के उस पार मियाँ पट्टी, इस पार घर।

घर पहुँचकर तनिक दम लेकर सोचेंगे कि आखिर कब तक पूँछ पकड़े रहेंगे मलिक जी की। अरे कविताई ऊ भी करते हैं, कविताई हम भी जोड़ ही लेते हैं। पाट ऊ भी करते हैं, पाट हम भी करते हैं, बल्कि उनसे भी अच्छा। ऊ थक गए हैं, हमारी उमिर अभी बाकी है। एक ही कमी है, नाचने की। कोशिश करते तो ऊ भी आ ही जाती, तनी छोट काम है, नहीं तो अब तक नाच के दिखा दिए होते, ई लालू, सखीचंद, जूठन, रहीम और रामचन्नर का नाम ही भुलवा देते। लेकिन नया दल बनाने के लिए अगर नाचना पड़ा तो, दू-एक फरेटी (चक्कर) मार ही लेंगे। सब जुगाड़ हो जाएगा, सब, बस संकलप करने-भर की देर है।

अपने गोरे लम्बे पाँवों से इतनी ही देर में कितनी दूरी नाप चुके हैं लच्छन राय!

"लच्छन भैया! ए लच्छन भैया!" भखराया (फटा) गला। पीछे मुड़कर देखते हैं तो सखीचंद है।

"अकेले-अकेले भाग आए! सगरो जगह खोजते रह गए।"

"हमरा के के खोजेगा ?"

"मलिकजी, शीलानाथ, गौरीशंकर कौन नहीं खोज रहा था!"

कोई टिप्पणी नहीं करना चाहते लच्छन राय, फिर भी मन का भेद छुपाने के लिए कुछ न कुछ तो बोलना ही पड़ेगा, "बर बिदाई ठीक से हो गइल ह न ?"

सखीचंद इसे सुन नहीं पाता। उसके कान तो सिर्फ एक बात सुनने के दीवाने हैं—अपनी प्रशंसा।

रेडियो टीशन में जो बड़का जलसा हुआ था, उसमें उसने ऐसा अलाप भरा कि माइक ही बैठ गया। इस उपलब्धि को कितनी ही तरह से पेश कर चुका है वह, मगर हर बार उसे लगता है कि बात जितने प्रभावशाली ढंग से उसे प्रस्तुत करनी चाहिए थी, वह नहीं कर पाया। जैसे अभी वह कहना चाह रहा था, "बड़ भारी गलती न हो गिया!"

पूछनेवाले को पूछना चाहिए था, "का हो गिया ?" तब वह बताता, "अरे रेडियो टीशन की मशिनिए न बैठ गई ! बिलाइत भेजना पड़ेगा, का जाने ठीक हो पाएगी कि नहीं!"

प्रश्नकर्ता को आगे पूछना चाहिए था, "कइसे बिगड़ि गइल भाई ?"

आगे की कथा बेहतर होता कोई दूसरा सुना देता, "अरे सखीचंद कोई मामूली गवैया तो है नहीं, समसे देश में सन्नाम! अब रेडियो की मशीन की क्या मजाल जो इस आवाज को पकड़ ले! सखीचंद को पहले से हुशियार कर देना चाहिए था, 'बाबू, तनी धीमे से, भैया, तनी सँभाल के...' सो नहीं, सखीचंद ने अलाप भरी और मशीन

बैठ गई। कितना हरजा हो गया गौरमिन्ट का !''

''तोहार अलाप समा जाए–ऐसी मशीन तो बनी ही नहीं अभी।'' या इसी तरह की कोई बाग-बाग कर देनेवाली प्रशंसा सुनना चाहता है सखीचंद, लेकिन लच्छन भैया को क्या कहें, वे तो एकदम्मे से चुप हैं।

लच्छन राय मन-ही-मन तौल रहे हैं कि सखीचंद अगर उनके नए गिरोह में आ जाय तो भिखारी के दल की बराबरी करने में और कितनी कसर रह जाएगी। बहुत सावधानी से पटाना है। अगर कहीं भेद खुल गया तो बनी बात बिगड़ जाएगी। रहीम से भी बात करनी है, जूठन से भी, तफजुल से भी, जमुना से भी। पीछे से एक आवाज खरहे ही तरह उछलकर सामने आ गई–

''चाँदपुर में चोरी किया, चुटुकपुर धराया...ए भइया, पकड़ा गइल–अ !'' यह जमुना लबार था।

''तू कहाँ से ?''

''ओही नैया में हमहूँ रहलीं न! रात-भर के जागल, नइए में नींन लाग गइल। ऊ तो मल्लाह जगाया कि...''

''तुम तो छपरा से छोटी लाइन की गाड़ी पकड़ोगे ?''

''छोट अमदी के छोट लाइन! शिवलाल, शिवबालक, तफजुल, चुन्नू, दरोगा सभे तो आ रहल बाड़न, महेन्दर बाद में अइहें !''

आगे न लच्छन राय भविष्य की योजना की कोई टोह ले सके, न सखीचंद अपनी प्रशंसा का कोई माहौल बना सके। भिड़ंत हो गई 'आरा' 'छपरा' में। शिवलाल और इधर के छपरहिया 'र' को 'ड़' बोल बैठते हैं, आरावाले हँसते हैं उनके ऐसा बोलने पर। ''लच्छन भइया के छोड़ के बाकी 'छपड़हिया' जवान अलग चली।'' पाँड़ेपुर के पाँड़े जी ने छपरावालों को छेड़ दिया।

''ए पाँड़े जी, देख-अ, बेसी बन-अ मत, आरा से छपरा दूबर ना ह-अ, जब चाहे तब फड़िया ल-अ!'' सतर्कता के बावजूद 'फरिया' को 'फड़िया' बोलने के चलते वह हँसी मची कि लच्छन और सखीचंद समेत सभी डूब गए उस हँसी में।

दिनोंदिन इरादा पक्का होता जा रहा है लच्छन राय का। उम्र के उतार पर बहुतेरे आदमियों को लगता है कि अभी भी वे चाहें तो बहुत कुछ कर सकते हैं। मन-ही-मन हिसाब लगाते हैं लच्छन राय कि ठाकुर जी की उम्र ही उन्हें मिले तो भी अभी आगे दस साल तो बड़े मजे में काट ही ले जाएँगे वे। नया दल खड़ा करने के लिए तीन साल ही काफी हैं। आज वे ऐसे दोराहे पर हैं कि या तो अपने जीवन और अपनी प्रतिभा के साथ न्याय करें या फिर पुराने दल में रहकर गौरीशंकर की गुलामी करें। मलिक जी तक तो गुलामी निभ गई, लेकिन गौरीशंकर की गुलामी नहीं निभ पाएगी। कायदे से दल का मालिक उन्हें ही होना चाहिए था, लेकिन ठाकुर जी ने बेईमानी की और मालिक गौरीशंकर को बना दिया। यहाँ जातिवाद और परिवारवाद नहीं है ? मन होता है कि

पूछें--बोलो मलिक जी, तुम तो बखानते नहीं थकते थे कि हमरा नाचदल में जमुना राउत कुरमी; लालू, जगदेव, दुर्गा, लच्छन राय अहीर; रामचन्नर पंडित कुम्हार, धिनावन शर्मा लोहार; भोला, बिन्द, राम चन्नर दुसाध; सखीचंद, कनैयाराम रविदास; तफजुल, अलीजान मुसलमान, माने कि सरबो जात हैं। जहाँ सरबो जात हैं, वहाँ उसका मालिक नाई ही क्यों, आपका भतीजा ही क्यों ? लेकिन किससे पूछे, कौन बतएगा ? भूल हुई, समय रहले दल छोड़कर अपना दल बना लेना चाहिए था, लालू-जूठन की तरह! खैर, अभी भी बहुत समय है। कहे कबीर जाए द-अ बही। जबै से चेतो तबे से सही!

लच्छन राय की तकलीफ बहुत कुछ विश्वामित्र की तकलीफ है, अपना यथायोग्य पीढ़ा न पाने की तकलीफ।

हर आदमी में ही यह विश्वामित्र छुपा रहता है, कहीं पहले जग जाता है, कहीं देर से। लच्छन राय में यह जगा तो पहले ही था, मगर उसे पहचाना उन्होंने देर से। इसी के तहत तो जीवन और नाटक में नित नए-नए प्रयोग करते आए थे वे। बचपन में गाय चराई, स्कूल गए, बेल का लट्टू नचाया, पतंग उड़ाई, रेलवई में नौकरी पकड़ी, एक-एक कर सबको छोड़ते गए। अब भिखारी के दल को भी छोड़ देंगे। अपनी नेतृत्व-क्षमता, प्रतिभा, कौशल और महत्वाकांक्षा के साथ देश, काल, पात्र और नियति का संतुलन नहीं बिठा पाने के कारण अक्सर असफल होता आया है यह विश्वामित्र और 'अमित्र' बनकर दुनिया से रार मोल लेता आया है। बहुतेरे त्रिशंकु उलटे झूल जाते हैं स्वर्ग और पृथ्वी के बीच। तब पराजय और क्षोभ में तिलमिलाते हुए वह ब्रह्मा की सृष्टि के बरअक्स एक समानांतर सृष्टि रच डालने का संकल्प लेता है। अद्भुत-अद्भुत जीव-जंतु बनाता है...गरज कि नाच का सारा सरंजाम तिल-तिल कर जोड़ लिया है लच्छन ने। कमी है तो उस सृष्टि को संचालित करने की। एक दिन लट्टू की तरह घुमाकर फेंक देंगे अपनी निर्मित पृथ्वी को ब्रह्मांड में और वह नाचने लगेगी...भन-भन, भन-भन! मगर नियति की डोर उनकी डोर से लंबी निकली! अंतिम काम जो इस विश्वामित्र ने किया वह कपिला गाय के चुरा लाने का--गाय नहीं, भैंस!

आरोप था कि दबाव डालने के लिए कलाकार की भैंसें खोलकर हाँक ले गए थे। इस कारण में दल छोड़ने का कारण भी आ जुड़ा। पद-पंचायत हुई, थाना-पुलिस का चक्कर चला और जेल के खाँचे में बन्द हुए विश्वामित्र!

वशिष्ठों की चाल की काट नहीं है उनके पास! खाँचे में टहलते हैं विकल बन्दी विश्वामित्र, "ये साले उन्हें ब्रह्मर्षि क्यों बनने देंगे ? डर रहे हैं, कहीं भिखारी से भी ऊँचा नाम हो गया लच्छन राय का तो क्या पत रह जाएगी!"

मलिक जी, कहाँ हो तुम ?

मलिक जी से उठा नहीं जाता अब। उठा क्या, सुना भी नहीं जाता। एक-एक कर सारी इन्द्रियाँ शिथिल पड़ती जा रही हैं। काफी बूढ़े हो चले हैं, अब शायद नाटकों में पाट भी न कर पाएँ।

सुन पाते तो एक बार पूछते तो सही, "क्यों लच्छन, तुम तो मेरे लछिमन थे, मेरी

इन्द्रिय-ज्ञानेन्द्रिय और कर्मेन्द्रिय दोनों ही। अन्य इन्द्रियों की तरह तुम भी साथ छोड़े जा रहे हो अंत-अंत तक !''

नहीं, छुड़वाया तो भिखारी के भतीजे गौरीशंकर ने ही, बाबू बलेश्वर सिंह की मदद से! कहीं यह सब उसकी माया तो नहीं ? बहुत मायावी होते हैं नाई--उनके एक हाथ में उस्तरा होता है, दूसरे में आपकी गरदन! घर-घर के बिलाय, चुपके-चुपके सारा दूध पी जायँ, पकड़े जाने पर सिर्फ एक मासूम-सी 'म्याऊँ !'

37

सासाराम के एकवाली बादशाह शेरशाह ने अपने समय में जो सड़क बनवाई थी, जो सीधे कलकत्ता से शुरू होकर देश-देश धाँगती हुई पेशावर पहुँचकर ही दम लेती है, उसी का नाम जी.टी. रोड है। बराकर नदी जहाँ इस सड़क को काटती है, उसके पश्चिम बिहार शुरू होता है और पूरब बंगाल! बहुत एकवाली नदी हैं बराकर और दामोदर—कारखाना ही कारखाना, कोइलौरी ही कोइलौरी। पहाड़ की खोह की तरह कुआटर बने हुए हैं, जिनमें मय बिहार, यू.पी. उड़ीसा, रायपुर-बिलासपुर के लोग भरे पड़े हैं, बाकी बंगाली, मारवाड़ी, क्रिस्तान और पंजाबी लोग तो हैं ही। उस पार बराकर, कुल्टी, बरनपुर, आसनसुर और रानीगंज में कहाँ नहीं नाचे हैं, लेकिन इस बार इस पार नाच होगा—लाइकडीह कोइलौरी का कल्याण केन्द्र बना है, उसी के जलसे में।

कलकत्ते में नाचना एक बात है, कल-कारखानों के घौड़ों में नाचना बिल्कुल दूसरी बात—यह अपने अब तक के अनुभवों से अच्छी तरह जान चुके हैं भिखारी। यहाँ पछिमाहा बाबू-बबुआनों की यूनियन चलती है, जो मजदूरों से काम करवाती है। यूनियन के लीडर ही सूदखोरी भी करते हैं, सो आपस में आए दिन मार-पीट होती रहती है। वही आरा, बलिया, छपरा, गोरखपुर, जौनपुर के लोग हैं जिन्होंने कुल्टी में नाच नहीं होने दिया। वो तो कहिए कि...खैर! लाइकडीह में क्या होगा ? वही अनुभव फिर से दुहराया जाएगा या सब कुछ 'शांती' से निबट जाएगा। राम-राम करते भिखारी का दल टरक से लाइकडीह पहुँचा।

लीडर रामनारायण शर्मा जी के यहाँ उनके टिकने की व्यवस्था थी, बाकी लोगों की अलग क्वार्टरों में...। सबसे पहले उन्हें चने का सत्तू घोलकर पीने को दिया गया, फिर नहाने-धोने के बाद सूजी का हलवा।

गाड़ी की थकान और थकी-थकी उमर! खा-पीकर जो सोए तो उठे ठीक प्रदर्शन के पहले। यूनियन के दूसरे लीडर मथुरा सिंह, रोहन राय और जाने कितने लोग स्वागत में खड़े थे।

मंच बिजली के बल्बों और ट्यूब लाइटों से जगमगा रहा था। हजारों की भीड़ उचक-उचककर अपने प्रिय कलाकार को देखना चाहती थी। दोनों ओर से बाँह पकड़कर लिवा आ रहे हैं लोग मंच पर। अब न वह व्यास है, न रामायणी, ज्यादा देर तक खड़े रहने पर पाँव काँपने लगते हैं। माइक से किसी ने एनाउंस किया, "आज हमें बताते हुए परम प्रसन्नता हो रही है कि भोजपुरी के इतने बड़े कलाकार भिखारी ठाकुर हमारे

बीच उपस्थित हैं। ठाकुर जी अस्वस्थ हैं। पहले आप अपना एक गीत पेश करेंगे, उसके बाद आपका दल पेश करेगा आपका विश्वप्रसिद्ध नाटक 'बेटी बियोग!' ''

तालियाँ!

भिखारी ने अपना बिल्कुल नया गीत पेश किया—

मत मारो बेदरदा गैया हूँ।
जब तक जीयूँ, दूध पिलाऊँ,
समाजी—और.... ?
भिखारी—मुअला पे गोड़ की पनहियाँ हूँ
मत मारो बेदरदा गैया हूँ।
मत मारो...

काँपते गले से गाए गए इस गीत से मानो असहाय करुणा सिर धुनकर विलाप करने लगी और बेटी-वियोग का माहौल पहले ही तैयार हो गया।

बाजा बज उठा—गगम-गम्म-गम-गम्म!

समाजियों ने सुर साधा। सखीचंद आकर नाच गया। बाद में चार नचनिए एक साथ रामचन्नर, सूदन, रहीम और शिवबालक; नाचते-नाचते चार-चार हाथ की कुलाँच! माहौल उत्तेजित हो उठा है।

''एकरा बाद भिखारी फिर आएँगे!'' दर्शकों में से एक टिप्पणी।

''न ऊ अब कहाँ आते हैं उनका भतीजा आएगा।'' दूसरा दर्शक बताता है।

गौरीशंकर आते हैं आज भिखारी की जगह—

''हाँ, भाई लोग! ऊ हे भिखारी ठाकुर रहलन, जिनका खातिर कोई कहता 'भिखारी', कोई कहता 'भिखारिया'—कौनो विधि से उनका याद करेला लोग। तो ऽऽऽ ! नाच काँच ह—अ बात साँच ह-अ। आज के तमाशा 'बेटी बियोग'!

''कइसन करेजा होला ऊ बाप के जे बेटी बेचेला...? हियाँ कुमरडूबी के बजरिया में बहुत जड़ी-बूटी बिकाला, एक गो दवाई, एक गो टोटका हम भी बताते हैं। किसी गाइ-गोरू-भैंस को कीड़ा पड़ा हो तो पाँच सूदखोरन, चाहे पाँच बेटी बेचवन के नाम पीपर के पात पर लिख के खिला दीजिए, चाहें गला में कपड़ा से बाँध दीजिए, कीड़ा साफ हो जाएगा।''

सूदखोरी से संत्रस्त मजूरों के घाव पर ठंढे मरहम की तरह लगी यह बात।

''जीयो, जीयो, क्या नुस्खा है!'' किसी मजदूर ने उठकर कहा और रोहन राय ने जलती आँखों से भीड़ को देखा, ''ए चुप नहीं रहेगा, गर्दन पकड़ के बाहर कर देंगे!''

भीड़ शान्त हो गई।

वह तो चुप हो गया, लेकिन 'जियो-जियो' की आवाज किसी और कोने से उभरी। सिंह और राय जी के लोग वहाँ पहुँचते कि फिर तीसरी, चौथी, पाँचवीं जगह से। 'मारो, मारो!' की आवाज आई और भीड़ उठकर खड़ी हो गई।

नाच करानेवाले और नाच पेश करनेवाले—दोनों परेशान! ऐसा तो न कभी देखा,

न सुना।

नाच करानेवाले इसलिए परेशान थे कि यह एक तरह से मियाँ की जूती मियाँ के सर वाली बात हो रही थी।

''ई ससुर छोट जतियन का नाच कराके हमलोगों को गारी दिला रहे हैं ?'' सिंह जी ने कहा।

''हमही ठीक कराने गए थे ?'' राय जी तैश में आ गए।

''हम गए थे।'' पाँड़े जी ने कहा, ''लेकिन सुझाव तो आपही लोगन का था कि जैसे भी हो, भिखरिया का नाच होखे के चाहीं।''

''तो हम का जानते थे कि...।'' सिंह जी कुचले साँप-सा छटपटाए, ''पइसा नहीं देना है सार लोगन को, बोलो अभी जाओ, बराकर टेशन से गाड़ी धर लो।''

''दिमाग मत खराब कीजिए बबुआन।'' शर्मा जी ने कहा, ''मनीजर साहब, और सेठ जी को क्या जवाब देंगे ? अकिल से काम लीजिए।''

''तो लीजिए न अकिल से काम, कल से सूद का काम बन्द करवा दीजिए।''

''अरे ना जी, ऊ तो भक्त आदमी हैं, उसको तनिको मालूम होता कि ऐसा मामला है तो ऊ थोड़े बोलता, ऊ तो पबलिक का मनोरंजन के लिए...''

''अब सँभालिए पब्लिक को!''

''अरे उसको धीरे से कह न दीजिए कि ई नाटक नहीं, कोई दूसरा नाटक करे।''

''ऊ का कहेगा, हमही मैक से बोल देते हैं।''

अभी वे जा ही रहे थे कि माइक से नाचदल की उद्घोषणा हुई, ''जनता जनार्दन के इस अभूतपूर्व स्वागत पर मलिक जी भिखारी ठाकुर और उनका दल आप सबको परनाम करता है।'' (तालियाँ।)

''और एक खास बात। आज ठाकुर जी अपनी अंतिम भूमिका करके अभिनय से संन्यास लेंगे। ठाकुर जी को सच्चे मन से विदा करें, पूरा नाटक देखकर जायँ।''

भीड़ फिर से खड़ी हो गई--इस बार अभ्यर्थना में...!

''तब तक आपलोग दल के नामी कलाकार रहीम के नाच का मनोरंजन कीजिए।''

माइक झट छीन लिया किसी ने, ''किन्हीं कारणों से आज 'बेटी बेचवा' का नाच नहीं होगा।''

भीड़ ने यूनियन लीडर को पहचान लिया, जो एक बड़े लीडर का लठैत था और पे काउंटर पर पेमेन्ट छीनता था।

''मारो-मारो।''

लगा गृहयुद्ध की स्थिति आ गई। कौन कहाँ, किससे बतिया रहा है, कौन किसे धकिया रहा है, किससे किसकी हाथापाई हो रही है, समझना मुश्किल हो गया। जब तक मालिक और मैनेजर की गाड़ियाँ धूल उड़ाती आईं, समझौता हो गया था किसी तरह। नाटक की चूँकि घोषणा हो चुकी है, सो वही होगा। हाँ, बीच में नाच दल की ओर से कोई और टिप्पणी नहीं होगी--'बेफालतू' की।

आखिरी शो है आज। अब आज के बाद अभिनेता के रूप में नहीं आएँगे मलिक जी, सो रचना, अभिनय और प्रस्तुति में वो सारी कसर निकाल देनी है आज। आज न निकाले तो और कब निकालेंगे मलिक जी ? आज चाहे इधर की पृथ्वी उधर हो जाय, मन की कोई अहक बाकी न रह जाय। डर किस बात की है, जनता तुम्हारे साथ है।

नाटक किसी सर्कस के तंबू-सा तनता गया। भिखारी आज बूढ़े वर के रूप में असली बूढ़ वर लग रहे थे। जब तक चटक, लोभा, पंडित जी और विवाह का प्रसंग चलता रहा, लोग रस लेते रहे लेकिन जैसे ही बूढ़े वर से विवाह कर देने के लिए बेटी ने माँ, बाप और समाज को कोसना शुरू किया, सारा रोमांस दरक गया। रहीम बेटी का मर्मांतक अभिनय कर रहा था। विदा होती बेटी पछाड़ें खा-खाकर मंच पर गिरती और विलाप करती।

"रोपेया गिनाइ लिहल-अ, पगहा धराइ दिहल-अ, चेरिया के छेंरिया बनवल-अ हो बाबूजी!"

फिर जैसे ही बेटी ने विलाप में कोसा, "अगुआ के पूत मरे, बभना के पोथी जरे..." तो एक साथ ही दो परस्पर विरोधी प्रतिक्रियाएँ अपने विस्फोटक बिन्दु पर आ गईं, "बन्द करो यह नाटक!"

"किसकी माँ ने दूध पीया है, कि नाटक बन्द कराएगा।" यह दूसरी प्रतिक्रिया किसी सरदार जी की थी। भीड़ फिर उठकर खड़ी हो गई सरदार जी के समर्थन में! लगा कि आज खून-खराबा होकर रहेगा। समझाने-बुझाने पर किसी तरह उत्तेजना शांत हुई तो वहाँ निर्वेद की तीसरी प्रतिक्रिया को उभरने का मौका मिला, जिसका स्वर अब तक पहली दो प्रतिक्रियाओं में दबा हुआ रह गया था। लगभग पाँच सौ दर्शक फूट-फूटकर रो रहे थे। ये हजारीबाग के लोग थे। इनके यहाँ बेटी बेची जाती थी। नाटक मंच से उतरकर दर्शकों में आ गया था !

प्रतिक्रिया का शेष पर्व पूरा हुआ दूसरे दिन। पहली बात, एक नई यूनियन की सुगबुगाहट हुई जो सूदखोरी का विरोध करेगी। दूसरी बात, हजारीबाग के मजूरों ने घौड़े में एक सभा की। औरतें ओसारे में बैठी थीं, मरद अँगना में।

"आज की घरी से अपने समाज में बेटी बेचने का परथा बन्द!" खिरोधर ने कहा।

तो रामधनी सिंह ने समर्थन किया, "एकदम से बन्द।"

"जो कोई भी चोरी-छुपे बेटी का सौदा करते हुए पकड़ा जाएगा, उसका नाई, कहार, हुक्का-पानी सब बन्द।"

"फेड़ में उलटा लटका देंगे।"

"थाना में दे देंगे।"

"थाना घूस-पाती ले के छोड़ देगा, हमी को ठीक करना पड़ेगा।"

एक दल आग छुआकर जा रहा था, एक दल दीये-सा जलता हुआ मन्दिर आ रहा था, शिवजी पर हाथ रखकर कसम खाने, "बेटी नहीं बेचेंगे आज से।"

38

अस्सी को छूने लगी है उमर!

देह थकती गई, मन टूटता गया। देह के थकने का तो एक कारण है, लेकिन मन के टूटने के पचास! माई-बाबू मर गए, मेहरारू का मरते वक्त मुँह तक नहीं देख सके। रामानन्द सिंह मू गए, बाबूलाल मू गए, धोबइन भौजी मू गई, सोनिया बेटी मू गई, 'छोटकी दुलहिन' मू गई। लालू अलग हो गए, सोमारू अलग हो गए, चाँदी सिंह कलकत्ते जा बैठे। और तो और, जूठन और लच्छन राय भी अलग हो गए आखिर-आखिर तक...! पद-पंचायत, मार-पीट, थाना-पुलिस क्या-क्या नहीं देखना पड़ा इस बुढ़ाई में। दुनिया है, यह सब तो होता ही रहता है। इतना ही होता तो भी मन इस तरह नहीं टूटता। वह एक निजी दुःख है, जिसे खुद से कहने में भी घबराहट होती है। अब यह भी कोई कहने की बात है कि उनका भतीजा गौरीशंकर दारू पीने लगा है। लोग समझाएँगे कि इसमें कौन-सी नई वात है। गाँव में बहुत-से लोग तो पीते हैं, उससे क्या बन-बिगड़ जाता है ? गौरीशंकर तो खुद भी शीलवान और समझदार है, सौ मर्दों में एक मर्द, कितना अदब-लिहाज करता है सबकी !

न! कोई भी इस दर्द के मर्म तक नहीं पहुँच पाएगा, कोई नहीं! जिस नाच को कबीरदास की चदरिया की तरह कभी दाग तक लगने नहीं दिया, उसी का मउर जिस भतीजे के सिर पर बड़े अरमान से रखा, दल बँटा तो उसी के भरोसे दूसरे दल में गए तक नहीं, वही गौरीशंकर दारू पीने लगा ? जिस दारू, जिस ताड़ी के विरोध में 'पिया निसइल' लिखा और कवि-सम्मेलनों में घूम-घूमकर कविताएँ बाचीं वही उनके अपने घर में, अपने ही गिरोह का मुखिया, अपना ही भतीजा निसइल निकल गया ? जिन नाटकों के चलते लोग भोंकार मारकर रो पड़े, बेटी न बेचने की कसमें खाईं, कुटेव छोड़े, वही उनका अपना ही, अपना नायक उनके संचित आदर्शों पर पाँव रखकर खड़ा हो गया ! अब पत राख-अ हे गिरधारी!

कई बार देखा कि नाती दिनकर कमीज में छुपाकर ले जा रहा था बोतल। सब कुछ देखते हैं, लेकिन कहते नहीं। गौरीशंकर को विश्वास है कि बाबूजी कुछ भी नहीं जानते, वे भी यह विश्वास टूटने नहीं देना चाहते। एक लाज-लिहाज का ही तो परदा है, जिस दिन यह परदा हट गया, बचेगा क्या ?

एक कसक-सी उठती है हिया में, गौरीशंकर में प्रतिभा थी, डील-डौल था। वह चाहता तो 'दूसरा भिखारी' बन सकता था, लेकिन नहीं। अब इस परिवार और गिरोह

के राम ही मालिक हैं, दारू जो घुस आया है। मन को समझाते हैं कि बहोर अभी नहीं जानते इस बात को। अच्छा है कि वे न ही जानें।

यही स्थिति बहोर की भी है। बेटे के सामने बाप लाचार है। नहीं, जवानी के सामने बुढ़ापा लाचार है। सब कुछ जानते हैं बहोर, लेकिन डर के मारे उनसे कहते नहीं कि भैया का दुःख उनसे देखा नहीं जाएगा। दोनों ही भाई अकेले-अकेले घुलते रहते हैं। काँपते हाथों से लिख रहे हैं भिखारी—बबुआ बाबूजी से नइखन बतियात हो मइया!

यह भादों की रात का सन्नाटा है। झिरझिराती झीसी ! उमस भरी रात! गंगा जी के अरार भरे हुए हैं, अरार के ऊपर कुतुबपुर के दियारे की भदई के हरे पत्ते भींज रहे होंगे, भीज रहे होंगे, उन्हें चरनेवाले साँड़ और नील गाएँ। पानी तेज हुआ और हथिया नखत तक बरसता रह गया तो फिर बाढ़ आएगी। चन्ननपुर में पानी बरस रहा होगा। बहुत दिनों से महेन्दर के घर का हाल-हवाल नहीं मिला, बहुत दिनों से सरजू और शत्रुघन का भी हाल नहीं मिला। एक-एक कर सारी रिश्तेदारियाँ झाँक आते हैं, सभी जगह पानी बरस रहा है। लौट आते हैं छपरा। पानी में भींजते खड़े हैं भाप छोड़ते हुए इंजन। यह बौरहवा इंजन है, घों ऽऽऽ—साँड़-सा डकारता है। डाक गाड़ी में जोता जाता है। रात वाली गाड़ी आकर खड़ी हो गई है,...राजेन्दर कुआटर में सो रहा है। बूँदों की झालर फैलती जाती है आसाम, कलकत्ता, आसनसुर, धनबाद, मुजफ्फरपुर, आरा, छपरा, गोरखपुर, बनारस...रेशा-रेशा पकड़कर घूम रहा है मकड़ी-सा मन!

बीच-बीच में बहोर की खाँसी पर भाई की पीठ सहलाते हैं। लौटकर फिर अपनी खाट पर। बदरी की धूप-छाँव-सी नींद।

दिन बीता, रात हुई। रात बीती, दिन! दिन-रात पाली बदलते रहे। पोखर की परछाईं से काँपते दिन, काँपती रातें...और अस्सी के पार जा लगी उमर! देश-देश तक उड़ते रहनेवाले पंख अब थककर झूल गए हैं, उनसे और उड़ान भरी नहीं जाती अब! बाहर जाना कम हो गया है। बहुत जिद की तो पालकी पर ढोकर लिवा गए लोग! तन-मन दोनों पस्त। कहाँ जाएँगे ? क्या करेंगे ? दुनिया उनके अकेले के वश की नहीं।

सबसे दुःखद यह कि लछिमन जैसे भाई बहोर ही बीमार हो गए। बिछावन पर पड़े तो ऐसे कि उठने का नाम ही नहीं लेते अब! बहोर को हुआ क्या है ? खाँसी ही न!

न! कोई ऐसी-वैसी खाँसी नहीं! एक बार सुरसुरी चढ़ती है तो थमने का नाम ही नहीं लेती, जैसे गले में कोई गोजर चिपक गया है; बाहर निकलता ही नहीं। भिखारी रात-दिन भाई की पीठ सहलाते रहते हैं। अपने हाथों उनका बलगम साफ करते हैं, कपड़े बदलते हैं। भाई को लिटाकर भाँट की तरह निर्गुन सुनाते हैं—

पिया राम नाम रस घोरी हे,
अब ईहे अरज बा मोरी
....
गुरु ने पठाया चेला ना मत लाना

....

काहें रे नलिनी तू कुम्हलानी
तेरे ही नाल सरोबर पानी!

अब वे किसी के लिए नहीं गाएँगे, कोई सुर नहीं साजेंगे किसी और के लिए। सारी साँसें भीड़ को ही समर्पित रहीं, बची-खुची साँसें उस भाई के लिए जिसके रहते कभी सोचने की जरूरत ही नहीं पड़ी कि घर में क्या हो रहा है, क्या नहीं। आधा जनम दूसरों की टहलुअई में बीता, आधा अपनी 'बहार' में—भिखारी बहार—भाई-भावज, माई-बाबू, मेहरारू, बाल-बच्चे, नाती-पोते—इन्हें जब भी देखा भीड़ के पार से देखा। अब नहीं।

बहोर को सुलाने के लिए लोरी गाई जा रही है। छोटा भाई सो जाय तो कल परे—मगर लोरी भी क्या...

कवन देश का राजा अच्छा,
कवन देश की रानी ?
कवन देश का कपड़ा अच्छा,
कवन देश का पानी ?

सचमुच के सो गए बहोर। वह एकल श्रोता सो गया सदा के लिए !

नहीं, तुम ऐसे नहीं जा सकते बहोर! तुम्हारी खाँसी की आवाज सुनते-सुनते मैंने रातें जाग-जागकर बिताई हैं—

सुत पितु नाथ धरम परिवारा, होहिं जाहिं जग बारम्बारा।
अस जिय जानि सुनहु मम भ्राता, मिलहि न बहुरि सहोदर भ्राता।

रो रहे हैं भिखारी। जो भिखारी मनतुरना देवी के मरने पर नहीं रोया, बहोर के मरने पर भोंकार मारकर रो रहा है, सिसक-सिसककर रो रहा है, फफक-फफककर रो रहा है!

दरियावगंज घाट पर चिता जल रही है। गौरीशंकर मुखाग्नि दे रहे हैं। लप-लप करती चिता की लपटें डँस रही हैं चेहरों को—काली-पीली धारियाँ...!

चिता अभी जल ही रही है कि रामदयाल सिंह गाड़ी लेकर हाजिर, "सीवान में कविता पढ़नी है।"

"ई हालत में ?"

"हम सब समझते हैं लेकिन लाचार हैं...इज्जत का सवाल है। आपही के नाम से पब्लिक जुटी है। आपको लेकर वहाँ न पहुँचा तो उनके 'रिस' को सँभालना मुश्किल हो जाएगा।"

हमेशा से यही तो होता आया है, आज भी हो रहा है। जा रहे हैं, उनकी इज्जत का सवाल है। पब्लिक को भिखारी चाहिए, भिखारी के दुःख-दर्द से उन्हें क्या!

जा रहे हैं, पीछे मुड़-मुड़कर ताकते हुए। सदा-सदा के लिए कुछ छूट रहा है।

आज कौन-सी कविता पढ़ेंगे भिखारी ठाकुर...?

"भाई वियोग!"

39

अब कहीं आना-जाना संभव नहीं रहा। पाँव थमते नहीं। हाथ उठते नहीं, गर्दन तक मोड़ने में कष्ट होता है। रीढ़ हर घड़ी अकड़ती और दुखती रहती है। आँखों के आगे परछाइयाँ नाचती रहती हैं। नजदीक खड़े परिचित आदमी को भी आवाज से पहचानने में भी देर लगती है, हे रघुनाथ जी!

क्या यही आदमी पन्द्रह-पन्द्रह, बीस-बीस कोस की यात्राएँ किया करता था ? क्या इसी आदमी ने रामलीला में हनुमान जी बनकर राम-लछिमन को कंधे पर उठाया था कभी ? क्या इसी आदमी ने बाली बनकर सुग्रीव बने बाबू रामानन्द सिंह से युद्ध किया था ? क्या इसी आदमी ने लाखों नसेड़ियों, भगेडुओं, बेटी बेचवों, सूदखोरों, जातिवादियों, ढोंगियों से रार मोल ली थी और उन्हें झुकने पर विवश किया था ?

लोग अब भी कहाँ मानते हैं ? गाड़ी पर, डोली में ले ही जाते हैं, मंच पर गठरी की तरह बैठा दिया जाता है। कुछ समझ में नहीं आता कि सामने कितनी भीड़ है। जिन आँखों ने पच्चीस-पच्चीस हजार तक के उमड़ते जन-समुद्र को देखा है, उसे एक आदमी भी नहीं लौकता, फिर भी गाने की काशिश करते हैं, जैसे अदृश्य को संबोधित कर रहे हों।

चन्ननपुर छूट गया है।

कुतुबपुर में ही पड़े रहते हैं।

भिखारी से बड़ा भिखारी का नाम!

भिखारी के अभाव में भिखारी की नाच-मंडलियों के जादुई सम्मोहन टूट रहे हैं। दल में उनका चित्र रखकर किसी तरह उनकी उपस्थिति के एहसास को बनाए रखा जा रहा है।

मगर लोगों को भिखारी चाहिए !

आकाशवाणी को भिखारी चाहिए !

सूचना एवं जनसंपर्क विभाग को भिखारी चाहिए ! परिवार नियोजन के प्रचार को को भिखारी चाहिए !

1971 की एक शाम!

पेशाब करने के लिए उठे और गिर पड़े।

उठाकर लाया गया। ओसारे में खटिया पर लिटा दिया गया। तबसे खटिया पर

ही सबकुछ...!

रामानन्द सिंह के लड़के गुप्तेश्वर सिंह आए हैं। सरजू सिंह आए हैं। तिवारी बाबा का पोता आया है...। उठो, उठकर परनाम नहीं करोगे भिखारी ? तुम तो बड़जात के एक अदने-से बच्चे के आने पर भी कापी-किताब छोड़कर खड़े हो जाते थे। एकदम्मे 'मरजाद' भूल गए क्या ?"

निबटान के लिए आधे-आधे कोस तक चले जाते थे और आज खटिया पर ही टट्टी-पेशाब ! हद हो गई बेशर्मी की !

यादवजी की पतोहू पूछ रही है, "बबुरा की कुरकुरी गुड़वाली जलेबी है बाबा, खइब-अ ?" जवाब में जनम-भर की पियासी चिरई की तरह मुँह बा दिए तुमने। लार होंठ के कोरों से बह रही है। पोंछेंगे नहीं ? इतने फूहड़ तो कभी नहीं रहे मलिक जी !

न। नहीं। अब कभी नहीं। देश-परदेश तक फैलते वितान की डोर खटिया की किसी कील में जा फँसी है।

तो क्या सबको फालिज मार गया ? नहीं, दिमाग के किसी कोने में अभी भी रह-रहकर बिजुरी चमक रही है—वह गंगा-सरयू-सोन तक फैला दूर-दूर तक दीयर, गाँव-गिराँव, पाठशाला, चरवाही, भगवान साहु, ठग लोहार, रामानन्द सिंह, पाँच साल की गठरी पहली पत्नी, दूसरी, फिर तीसरी मनतुरनी देवी। पहला बेटा केदार आज कितना बड़ा होता, पहली बेटी सोनिया, जिन्दा होती तो दौड़ी आती...अरे-अरे उसकी जाँघ में तो फोड़ा है ! फतनपुर, खड़गपुर, चन्ननपुर, कलकत्ता, बम्बई, आरा, बलिया, छपरा, बनारस, गोरखपुर, धनबाद, आसनसुर—बाबा, बाबू, बबुआ, माई, बहोर और जाने क्या-क्या ! वे चरम अपमान के संदर्भ और उच्छ्वसित सम्मान की चौंधें ! ठीक-ठीक कुछ याद नहीं आता। कैसे-कैसे तो भूलता जा रहा है सारा कुछ, जैसे गंगा की रेत पर लिखे गए आखर...!

"अरे कोई है ?" स्वर टूट रहा है, शुद्ध उच्चारण करनेवाले भोजपुरी के नट-सम्राट का एक भी उच्चारण स्पष्ट नहीं, "करवट बदल दो कोई।"

40

एक अनवरत साक्षात्कार खुद से खुद का चलता रहता है। इस करवट से उस करवट, उस करवट से इस करवट...। एक भिखारी दूसरे भिखारी से सवाल कर रहा है–

"जो भी दो टूक कहा, ब्राह्मणों के खिलाफ कहा, राजपूतों के खिलाफ क्यों नहीं कहा ?"

"... ... ..."

"चुप क्यों हो गए ? कहीं ऐसा तो नहीं कि वहाँ रामानन्द सिंह खड़े थे ?"

"... ... ..."

"अगर वही बात थी तो तुम्हारे तुलसीदास ही क्या थे, बबुरा के रघु पाँड़े, मीरगंज के पंडी जी और साधु गोसाईं या तिवारी बाबा क्या थे...और तुम्हारे मिर्चइया बाबा...?"

"... ... ..."

"बताऊँ, एक ओर तो तुम पुरोहितों की धूर्त्तता, ढोंग और लूट पर कसमसाते रहते थे, दूसरी ओर ब्राह्मण बनना तुम्हारा भी लक्ष्य था–ब्राह्मण ही नहीं, व्यास ! संस्कृत के श्लोकों का शुद्ध पाठ तुमने सीखा, जबकि कायदे से तुम्हें हिन्दी भी नहीं आती थी ! कुतुबपुर छोड़कर चन्ननपुर ही क्यों गए तुम ?"

"... ... ..."

"इतने हठयोग के बाद भी तो विद्वानों और पंडितों के समाज में तुम्हें कोई कदर न मिली। बड़ जात तो बड़ जात, निरगुनिया कबीरपंथियों तक में तुम नाई थे, सिर्फ नाई !"

"... ... ..."

"अपने गुरु गोसाईं जी की तरह चमत्कारों का सहारा भी कहीं इसीलिए तो नहीं लेना पड़ा तुम्हें, जैसे, एक बीमार लड़के की देह पर तुमने हाथ फेरा और लड़का ठीक हो गया ! सूर्यगढ़ा में तुम देवता मानकर पूजे जाने लगे हो, मिर्चइया बाबा ने माता शिवकली देवी को यह कहकर प्रणाम किया कि उनकी कोख से उनसे भी बड़े भक्त ने जनम लिया ?"

"... ... ..."

"चलो मान लिया कि इनमें तुम्हारा हाथ नहीं रहा, लेकिन जो तुम्हारे हाथ से रचा हुआ तीस पोथियों और फुटकर रचनाओं का विशाल खजाना है, जिसमें तुम्हारा व्यास

नाई जाति से लेकर हर जाति, हर माता-पिता और हर देवी-देवता से लेकर बूढ़ों तक के लिए मुक्ति और सम्मान की बात करता है, खुद को भी आईने में देखने से नहीं चूकता, वहाँ स्वाधीनता-संग्राम के बारे में एक शब्द भी नहीं ? देश-प्रेम तुम्हें कहीं से भी उत्साहित नहीं करता ? 'बटोहिया' के रघुवीर नारायण और तुम्हारे दोस्त चाँदी सिंह की देश-प्रेम की रचनाएँ भी तुम्हें प्रेरित न कर सकीं ? कुँवर सिंह भी नहीं ?''

''अरे केहू बा...तनी करवट बदल दो।'' जवाब में फिर वही घरघराता अस्पष्ट स्वर।

गौरीशंकर और शीलानाथ करवट बदल देते हैं।

''करवट बदल देने-भर से सवाल पीछा नहीं छोड़ते भिखारी !''

दूसरा भिखारी फिर हाजिर है, ''देश तुम्हारे लिए देश की दीन-हीन गँवई जनता, उसका माटी-पानी था, चलो मान लिया। तो क्या उसी जनता की माँग पर तुम शृंगार की ओर झुकते रहे...? और जब पापबोध कचोटने लगता तो जल्दी-जल्दी 'राम-राम' जपने लगते ?''

बेचैन हो रहे हैं भिखारी।

''परेशान हो गए ? खैर मनाओ कि मैं यह नहीं पूछ रहा हूँ कि बन-ठनकर कभी मीरगंज क्यों गए थे तुम, कि पानी पीकर लोटा थमानेवाली उस गौने की दुलहिन से लेकर धोबइन भौजी, धनी सिंह बहू, बिन्द बहू और कौन-कौन-सी नायिकाएँ नाचती रहीं तुम्हारे मन के मंच पर, कि तुमने क्यों लिखा कि तीस बरिस के उमर भइल, बेधलस तब कलिकाल के मइल !...कहत कोई 'परदेसिन' की बात !''

''... ... ...''

''कहीं उन्हीं ने तो तुम्हें इस कदर मोह नहीं लिया कि तुम जो हर 'विदेसी' को उसकी 'प्यारी धनी' से मिलाते रहे, खुद मनतुरनी देवी की मौत की खबर पाकर भी गाँव नहीं गए ? इसे क्या कहें—तुलसी ग्रन्थि ?''

''सारे भेद जान ही लोगे ! इतने बेदरदी न बनो, कुछ कसक, कुछ भेद मेरे साथ ही जाने दो।'' भाखा लड़खड़ा रही है। आँख लिबलिबा आई है...थथम जाता है दूसरा भिखारी, जैसे श्मशान में अपनी ही परछाईं पर भूँकता हुआ कुत्ता धीरे-धीरे चुप हो जाता है। अब परछाईं और उनमें सन्धि हो गई है। करवटें अब नहीं बदली जा रहीं, चित लिटा दिए गए हैं। दोनों एक-दूजे को समझने की चेष्टा कर रहे हैं—

''मरद से बिछुड़ल मेहरारू, माई से बिछुड़ल लइका-लइकी, भाई से बिछुड़ल भाई, अदमी से बिछुड़ल अदमी, जेकर आगे अन्हार, पाछे अन्हार...अभी तुम चाँदी सिंह की बात कर रहे थे, चाँदी सिंह देश की दुर्दशा पर रोते थे और मैं चाँदी सिंह के लिए, उनकी मेहरारू के लिए, उनके उन बाल-बच्चों के लिए, जो जनम ही न ले पाए। मेरा वश चलता तो नियति के सामने सिर पटक-पटककर पूछता—तुम्हारा नियाव कहाँ है ? हर जगह, हर काल, हर समाज में होता रहा यह सब लेकिन...लेकिन कितना असहाय था मैं !''

मन के मंच पर स्मृतियों का अविराम मंचन चल रहा है।

कोई नृत्य, कोई गीत, कोई छंद...बढ़ते हुए हठीले कदमों को पकड़कर निहोरा करती कोई पीर और अनुनय भरी तान दर्द की कुहरीली वादियों से उड़ रही है, दिशाओं के पारद स्तम्भ हिल रहे हैं, दिक्पाल झूम रहे हैं, मंथर-मंथर आ पहुँची है नाव मुहाने पर...।

''एक ही रचना को बार-बार लिखते रहे तुम ! प्रवास, परदेश, विदेश, विछोह—घूम-फिरकर एकही बात भिन्न-भिन्न भंगिमाओं में। वही तो मथती रही तुम्हें कभी 'बिदेसिया' की तरह ऊपर-ऊपर दिखाई पड़ती है—कभी अन्दर-ही-अन्दर अंतःस्राव-सी रिसती रहती है—'बेटी-वियोग' में बेटी की, 'पिया निसइलन' और 'गबरघिचोर' में पुत्र की, 'विदेसिया' में मेहरारू की, 'गंगा स्नान' में महतारी की...कृष्ण लीला में गोपियों की! समाज, परिवार और घर को तुम बाँधकर रखना चाहते थे प्रेम की डोर से और ये थे कि बिखरते ही जा रहे थे। खुद भी तो प्रवासी ही रहे, फतनपुर, खड़गपुर, चन्ननपुर या दर-दर के भटकाव में, समाज से भी तो...! अन्दर-ही-अन्दर कसमसाते रहे जनम-भर, जैसे अपने गिरोह से भटका कोई भेंड़ का बच्चा तलाश रहा हो अपने प्रियजनों को—में में, भें-भें ! चिहाकर ताकते हो भीड़ में धक्के खाते हुए दूर-दूर तक, कहाँ हैं तुम्हारे अपने ? कोसों दूर ! एह पार गंगा, ओह पार जमुना, बिचवा में परि गइल रेत रे!

वो कहाँ गया जो कुत्ते की तरह पीछा कर रहा था ?

कुत्ता और गंगा-यमुना!

वह घटना क्यों याद आ रही है इतने दिनों बाद, हे रघुनाथ जी!

तब गंगा कुतुबपुर दीयर के उत्तर की ओर बहती थीं। बाढ़ आई हुई थी। दूर-दूर तक मटियाला पानी! बौखलाती धारा। कहीं उमड़ती, कहीं झाग बनाती हुई, कहीं भँवर! किनारे पर गाँव के कई ढीठ लड़के ठिठोलियाँ कर रहे थे। कुछ बहता हुआ आ रहा है पानी में। छप्पर या पेड़ ? छप्पर पर वह उजला-सा क्या नजर आ रहा है ? कुत्ता! कभी 'कूँ-कूँ' करता, कभी छप्पर पर ही इधर-उधर सूँघता, कभी पंजों से अपने मुँह पर के जख्म पर की मक्खियों को हड़ाता, डंक सहलाता, यहाँ भी मक्खियाँ ? कूँ-कूँ करता कुत्ता अपने सामने आदमियों की भीड़ देखकर कातर स्वर में आर्तनाद कर उठा है। लो, भरोसा पाकर वह पंजों के बल कूदकर बाहर आना चाह रहा है, मगर बिना पंजों को नीचे दबाए यह उछाल संभव नहीं। उसने पंजे दबाए मगर पलानी पानी में डूबने लगी और उचक पाना संभव न हो सका। वह भूँकने लगा है अब। फिर वही कूँ-कूँ ! फिर वही कातर गुहार! किनारे-किनारे दौड़ रहे हैं तमाशबीन, दौड़ रहा है उन्हीं के संग भिखारी भी—आठ साल का बालक भिखारी!

एक-दो बार लहरों ने पलानी को फिर किनारे की ओर किया, कुत्ते ने फिर उचकने की कोशिश की, मगर इस बार तमाशबीन लड़के ढेले मारने लगे। कुत्ते की कोशिश फिर टूट गई।

कितने बर्बर और निर्दयी हैं ये लड़के—किनारे पर सुरक्षित दौड़ते हुए एक जीव के

जीवन-मृत्यु का संघर्ष देखकर मजे ले रहे हैं, जबकि इन्हें उसे निकालने में मदद करनी चाहिए थी। क्या सबके सब ? नहीं, कुछ तो होंगे ही जिनके मन में दया-माया होगी।

"इस बेचारे को निकाल लिया जाय, नहीं तो यह मर जाएगा।" भिखारी ने आगे बढ़कर कहा था।

"चुप बे नौआ-कौआ!" एक दबंग लड़के ने डाँट दिया। जातिगत अपमान की जहर भरी उस छोटी-सी डाँट ने कुंद कर दिया उस बालक को। इसके पहले कि वह इस जहर के असर से उबर पाता, इसके पहले कि भीड़ की रही-सही करुणा और इंसानियत उस बर्बरता को अतिक्रमित कर पाती, देर हो चुकी थी। एक भँवर लील गई कुत्ते को।

इतने वर्षों बाद वह घटना क्यों याद आई आज ?

वह कुत्ता कौन था ?

अरे, वह तो मैं था ! मैं ही था ! नीचे से कोई बल मिलता नहीं, सुरक्षित किनारों पर के लोग ढेले बरसाते मजे लेते रहे...।

कोई भँवर थी, जिसमें समाता जा रहा था सब कुछ! हे रघुनाथ जी! भँवर के अतिक्रमण की यह अंतिम छलाँग है क्या ?

आँखों के आगे जाले पड़ते जा रहे हैं।

धरती का वह किनारा जो आसमान से मिलता है, धूसर, कुहरीला, तिलिस्मी... उसके किस अजाने ठाँव से उठ रही हैं काली आँधियाँ ? किस दूरस्थ पहाड़ की खोह से उठता है टिड्डियों का दल–अंगार-सी दहकती लहर! धरती के नीचे किस गहरे तल प्रदेश से उठता है आलोड़न ! डोल रही है ऊपर की धरती, फौव्वारे की तरह झर रहे हैं ज्वालामुखी, ढकते-निगलते चले जा रहे हैं सब कुछ–शुचि भी अशुचि भी, सुन्दर भी, असुन्दर भी...पटाक्षेप, सिर्फ पटाक्षेप!

शनिवार

दोपहर तक दिन साफ था। एकाएक आँधी उठी और देखते-ही-देखते मौसम बिगड़ गया। भरी दोपहरी अँधियारा !

शामियाने की बत्तियाँ बुझ गईं एक-एक कर। बुझ गए मशाल। लम्बे-लम्बे परदे गिरा दिए बादलों ने। नेपथ्य में चला गया सारा मंच। वही अंतिम दृश्य था यवनिकापात का।

पूर्ण विराम!

दिन शनिवार, 10 जुलाई, सन् 1971, अपराह्न दो बजे, उम्र 84 साल!

पानी धार-धार बरस रहा था। लाश को अंतिम संस्कार के लिए पटना ले जाया जाना था, लेकिन ऐसा कुदिन! नाव से चिराँद तक ले जाने में ही कूबत जवाब दे गई।

इसी माटी-पानी में बँधा रहा जीवन, लाश भी 'परदेश' क्योंकर जाती ! परदेश...? हाँ, कुतुबपुर गंगा, दीयर—इसके सिवा जो कुछ था, परदेश ही तो था उसके लिए।

वहीं रख दी गई भिखारी की देह। पट-पट बरसती रहीं बूँदें देह पर।

कितनी प्यास थी! कितना पानी चाहिए ?

दैव पिला रहे हैं—लो पियो, पियो...! सात स्वर्गों का रस निचोड़कर बरस रहे हैं दैव!

कहाँ की लकड़ी, कहाँ की आग, कहाँ का पानी !

गुरु ने पठाया चेला ना मत लाना।

ना...? ना करने से काम कैसे चलेगा !

गीली है लकड़ी। ढाबर है पानी, धीमी है आग, जल नहीं पा रही है लाश!

जलेगी कैसे ? कितना रस था !

रस का अक्षय, अनन्त स्रोत !

किसी भी अगिन में इतनी तपन कहाँ कि इतनी जल्दी सोख ले सारा रस ?

वह रस वहाँ की माटी का था। बरसों-बरसों भाप बनकर उड़ता रहेगा और फिर संघनित होकर बूँद-बूँद बरसता रहेगा भोजपुर की उसी माटी पर बरसों-बरसों !

परिशिष्ट

वह एक युग था।

सन् 1857 के सिपाही विद्रोह के अवसाद और ब्रिटिश शासन, स्वाधीनता आन्दोलन, सामाजिक नव-जागरण काल से स्वातंत्र्योत्तर काल के सातवें-आठवें दशक तक का काल ! सभी प्रदेशों में, सभी भाषाओं में एक से बढ़कर एक विभूतियाँ अवतरित हुईं। पराभव, नवोन्मेष, संक्रमण से कहीं-कहीं अतिक्रमण तक पूरा होता है यह कालचक्र। पुरानी भीतें गिर रही थीं, नई-नई भीतें उठ रही थीं।

संक्रमण और संघात के घटनाबहुल इस युग में गँवई चेतना का भी एक उभार आया था, जिसे प्रायः अनदेखा कर दिया गया। साहित्य, कला और संस्कृति में इस गँवई चेतना ने कतिपय ऐसे स्थलों को भी अपना उपजीव्य बनाया, जहाँ हिन्दी साहित्य की नजर तक न गई। गदर के शौर्य, भारतीय किसानों की दुर्दशा और गिरमिटिया मजदूरों की हूक तत्कालीन भोजपुरी और अवधी तथा अन्य बोलियों में ही सुलभ है, हिन्दी में नहीं।

वह एक युग था। छपरा की पतुरिया गुलाबो, मुजफ्फरपुर की ढेला बाई, मीरगंज (गोपालगंज) की बहनें मुनिया बाई, दुनिया बाई का युग; बरेली के पंडित राधेश्याम कथावाचक, मुरादाबाद के मास्टर फिदा हुसेन नरसी का युग, बनारस के शंकर डांसर, मुकुंदी भाँड़, छपरा के महेन्दर मिसिर, सीवान के रसूल और दरबारी गिरि, फकुली के बसुनायक सिंह, बक्सर के पं. द्विजराम पाठक सोहरा के चाँदी सिंह...और भी कितने जगमगाते नक्षत्रों का युग, जिनमें से ज्यादातर इतिहास में दर्ज हुए बिना ही अस्त हो गए।

हिन्दी में भारतेन्दु, रामचन्द्र शुक्ल, प्रेमचन्द से लेकर प्रसाद, निराला, पंत आदि और शिवपूजन सहाय, दिनकर तक और भोजपुरी-हिन्दी के सेतु सन्दर्भ में राहुल सांकृत्यायन, रघुवीर नारायण, हवलदार त्रिपाठी 'सलिल', गणेश चौबे आदि तक फैला हुआ—अनेकानेक दिग्पालों और दिग्दर्शकों का युग !

भिखारी इसी युग के भोजपुरी भाषी जनता के सबसे चहेते, सबसे जगमगाते सितारे थे, जिनके सौरमंडल के ग्रह-उपग्रहों तक की कथाएँ भी मिथक बनती गईं। ये सभी नान्ह जातियों और निचले वर्ग के कुछ बड़ी जातियों के लोग थे। उपेक्षा के अपने-अपने नारकीय दलदलों से ऊपर उठकर इन उपेक्षित कलाकारों ने गीत-संगीत नृत्य और

अभिनय के क्षेत्रों में कहीं-कहीं तो विशिष्ट से विशिष्ट और विरल से विरल प्रयोग किए। सतह से ऐसे ही ऊपर उठता है आदमी।

मगर हर युग का अवसान होता है, इस युग का भी हुआ। महाभारत के नायकों की तरह इस महाभारत के नायकों का भी एक-एक कर अन्त होता गया और उनके 'हस्तिनापुर' का भी।

1. भिखारी का जीवन 'भिखारी' से शुरू होता है और 'ठाकुर' के शिखर तक पहुँचता है। भिखारी के मरने के बाद 'भिखारीशाही' समय की गंगा के कटाव से गंगा के पेट में समाती रही—अन्दर-ही-अन्दर गलता, कटता, बैठता रहा एक-एक चप्पा—निःशब्द !

2. भिखारी के बाद दल को पहले गौरीशंकर चलाते रहे, बाद में शीलानाथ के छोटे बेटे दिनकर। गौरीशंकर बूढ़े हो गए, दिनकर जल्द ही दिवंगत हो गए। अन्त-अन्त तक गिरोह चलानेवाले गौरीशंकर के बेटे राजेश कुमार सन् 99 में घर से झगड़कर मुम्बई चले गए। शीलानाथ का भी 2001 में अवसान हो गया।

3. दल में प्यारी धनी की भूमिका करनेवाले रूखी ठाकुर, प्रख्यात नर्तक रहीम एवम् कुछ अन्य कलाकार नाव से गंगा पार कर रहे थे कि चिराँद के पास नाव इन्हें लिए-दिए डूब गई।

4. गिरोह के नामी-गिरामी कलाकारों में से लालू अपने अन्तिम दिनों में पागल होकर मरे, रामचन्नर पंडित, जूठन ठाकुर, सखीचन्द और तफजुल आदि भी एक-एक कर दिवंगत होते गए। शिवलाल, रामचन्नर राम, सूदन और जमुना लबार सन् 2000 तक जैसे-तैसे जीवित थे।

5. सन् 2000 तक भिखारी के नाम से पाँच नाच-गिरोह रह गए—

1. गौरीशंकर, शीलानाथ।
2. भिखारी ठाकुर की नातिन तेतरी देवी के पति शत्रुघ्न ठाकुर।
3. बुद्धूराय, कुतुबपुर।
4. रामाज्ञा राम, डुमरिया।
5. धर्मनाथ माझी, छपरा।

भिखारी ठाकुर की स्मृति को जिलाए रखने के लिए रामदास राही ही संयोजक और सेतु का काम करते रहे।

6. चाँदी सिंह ने कलकत्ते की ट्राम कम्पनी में नौकरी पकड़ ली, मगर न गीत-संगीत को कभी छोड़ा, न अपनी खुद्दारी को, और उपेक्षाओं से लड़ते-लड़ते सोहरा वापस आकर मरे।

7. दरबारी गिरि विदेसिया की कत्थक शैली का प्रयोग करते-करते बुढ़ा गए। अन्तिम दिनों में उनसे उठा न जाता, अपनी कोठरी में पड़े रहते, लेकिन 1995, (मरने से पहले) तक 'विदेसिया' नाचना उन्होंने नहीं छोड़ा। उन्हें बस उठाकर खड़े कर देने भर की जरूरत होती।

8. कायदे से न कुतुबपुर में 'भिखारी ठाकुर शोध संस्थान' बन सका है, न ठाकुर जी की कृतियों का संकलन ही प्रकाशित हो पाया है। ठाकुर जी के गिरोह की एक भव्य प्रतिमा (सोनपुर-छपरा मार्ग पर) भिखारी ठाकुर के नाम पर बिहार सरकार ने अवश्य बनवा दी है। इस प्रतिमा से गंगा घाट की ओर जाती कच्ची उपेक्षित सड़क और बिहार संगीत-नृत्य कला अकादमी द्वारा 'भिखारी मुक्तांगन नाट्य मंच' की घोषणा, कुछ एक शोध--कुल इतना-सा मान-सम्मान !

9. भिखारी ठाकुर की विदेसिया शैली भिखारी-शैली का पर्याय बनती गई। कथाकार हृषीकेश सुलभ और संजय उपाध्याय और कुछ अन्य रंगकर्मियों ने इनका स्वस्थ उपयोग किया और आज भी प्रयोग जारी हैं। मगर समय के प्रवाह में सब कुछ पीछे छूटता जा रहा है। नाच की जिस परम्परा को भिखारी ने गौरव दिलाया, आज उसकी नॉस्टल्जिया ही शेष है।

10. भिखारी-अभियान के प्रमुख लच्छन राय, जिन्होंने अन्तिम दिनों में अलग दल बनाकर नया नाच खड़ा करने का सपना देखा था, एक दिन बैल बाँध रहे थे कि बैल के भागने से घिसटा गए। कमर टूट गई और कमर टूटने के साथ उनका सपना भी। जब नर्तक की कमर ही टूट जाए, तो नाचने की चुनौती कैसे पूरी कर पाए वह ? अंततः 1999 में टूटी कमर और टूटे सपने मन में दबाए हुए इस जहान से कूच कर गए।

11. लोक-संस्कृति और अपसंस्कृति के इस महाभारतीय युद्ध का समापन भी शान्ति पर्व जैसा होता है। गौरीशंकर पीकर मंच पर आने लगे थे, पीने के चलते ही दिनकर अकाल काल-कवलित हो गए। महाभारत के परीक्षित ! 'कलि' ने इतना ही वरदान तो माँगा था राजा परीक्षित से कि राजन् मुझे अपने राज्य में आश्रय दो, परीक्षित ने सोने में आश्रय दिया और कलि सोने के मुकुट के बहाने सवार हो गया सिर पर...! और इस महाभारत में कहाँ आश्रय मिला—कारण (दारु) और कंचन और कामिनी में...आज भी नाच रहा है कलियुग इन तीनों में। पता नहीं, यह तांडव है या और कुछ—

नाच काँच है।
बात साँच है॥

●●●